Thomas Ochs

Funktionär oder privilegierter Heiliger?

Thomas Ochs

Funktionär oder privilegierter Heiliger?

Biblisch-theologische Untersuchungen zum Verhältnis von Person und Funktion des sakramental ordinierten Amtsträgers

echter

Bibliografische Information der Deutschen Nationalbibliothek
Die Deutsche Nationalbibliothek verzeichnet diese Publikation in der Deutschen Nationalbibliografie; detaillierte bibliografische -Daten sind im Internet über <http://dnb.d-nb.de abrufbar.

D 25

www.echter-verlag.de
Umschlag: Peter Hellmund
Druck und Bindung: Druckerei Friedrich Pustet, Regensburg
ISBN 978-3-429-02995-1

Vorwort

In seinem apostolischen Schreiben »Pastores dabo vobis« spricht Papst Johannes Paul II. von einer wesentlich »relationalen« Kennzeichnung der Identität des Priesters und beschreibt das priesterliche Amt als eine Beziehungswirklichkeit, die im Geheimnis der göttlichen Trinität gründet.* Der Priester wird seinem Amt gerecht, wenn er die in der Priesterweihe wesentlich geschenkte Befähigung zum Dienst aus der bleibenden Relation zu Gott fruchtbar werden lässt in den entsprechenden Funktionen für die Menschen. Indem er sich in den Heilswillen Gottes für die Menschen »einreiht« und dafür mit seiner ganzen Person in Dienst genommen wird, erfährt der Priester seine Freude und sein Heil. Die vorliegende Untersuchung widmet sich dieser Thematik und wurde unter dem Titel »Sakramentales Amt in relational-ontologischer Perspektive. Biblisch-theologiegeschichtliche Untersuchungen zum Verhältnis von Person und Funktion des ordinierten Amtsträgers« von der Theologischen Fakultät der Albert-Ludwigs-Universität Freiburg i. Br. als Dissertation angenommen. Für die vorliegende Buchveröffentlichung wurde sie zum Teil gekürzt und mit einem im Blick auf die Person des Priesters »griffigeren«, etwas provokativen Haupttitel versehen: »Funktionär oder privilegierter Heiliger«?

Mein Dank gilt der Erstgutachterin Frau Professorin Dr. Eva-Maria Faber von der Theologischen Hochschule Chur/Schweiz sowie dem Zweitgutachter, Prof. Dr. Peter Walter von der Albert Ludwigs-Uni-

* Vgl. Johannes Paul II.: Nachsynodales Apostolisches Schreiben PASTORES DABO VOBIS an die Bischöfe, Priester und Gläubigen über die Priesterbildung im Kontext der Gegenwart. In: Verlautbarungen des Apostolischen Stuhls 105 (hg. vom Sekretariat der Deutschen Bischofskonferenz), Bonn 1992, 26-36, v. a. 25: »Man kann die im wesentlichen ›relationale‹ Kennzeichnung der Identität des Priesters so verstehen: Durch das Priestertum, das der Tiefe des unaussprechlichen Geheimnisses Gottes, das heißt der Liebe des Vaters, der Gnade Jesu Christi und der Gabe der Einheit des Heiligen Geistes, entspringt, ist der Priester sakramental in die Gemeinschaft mit dem Bischof und mit den anderen Priestern eingebunden, um dem Volk Gottes, das die Kirche ist, zu dienen und alle zu Christus hinzuführen ... Man kann also das Wesen und die Sendung des Priestertums des Dienstes nur in diesem vielfältigen und reichen Zusammenspiel von Beziehungen bestimmen, die aus der innergöttlichen Trinität kommen und sich in die Gemeinschaft der Kirche, als Zeichen und Werkzeug in Christus für die innigste Vereinigung mit Gott wie für die Einheit der ganzen Menschheit, hinein fortsetzen.«

versität Freiburg i. Br. Dem Dekan der Theologischen Fakultät Freiburg, Prof. Dr. Helmut Hoping, danke ich für die gute Zusammenarbeit und die Ermutigung in der Endphase der Promotion. Mein besonderer Dank gilt Herrn Erzbischof Dr. Robert Zollitsch. Er hat mich für vier Jahre neben einer seelsorglichen Tätigkeit in der Gemeinde für das Dissertationsprojekt freigestellt und begleitet. Ihm und seinem Vorgänger, dem verstorbenen Erzbischof em. Dr. Dr. Oskar Saier, danke ich für die persönliche Begleitung und Hilfestellung. Herzlichen Dank sage ich meinen Eltern, die mich in der Zeit der Promotion wie in allen Phasen meines Lebens unterstützt haben. Danken möchte ich auch allen Gläubigen sowie den haupt- und ehrenamtlichen Mitarbeiterinnen und Mitarbeitern der Pfarrgemeinde St. Urban in Freiburg-Herdern und den Gemeinden der Seelsorgeeinheit Bruder Klaus in Gundelfingen und St. Blasius in Freiburg-Zähringen. Mit ihnen und für sie durfte ich während der Erstellung der Dissertation als Priester wirken.

Eine wertvolle und unerlässliche Hilfe waren mir viele Bekannte und Freunde, die die Arbeit begleitet haben. Für Korrekturen, technische Hilfen und weiterführende Informationen danke ich ganz herzlich Elisabeth Acker, Dominik Baltes, Herbert Frey, Fabian Gabler, Irma Gremmelspacher, Matthias Huber, Thomas Huber, Tobias Katona, Angelika Kügele, Alfred Mathis, Jörg Müller, Barbara Selz, Sandra-Maria Würges und Andreas Zwerger. Den Priesterkandidaten, Angestellten und meinen Kollegen im Priesterseminar danke ich für ihr Wohlwollen und ihr Verständnis während des letzten Jahres der Fertigstellung der Dissertation, das gleichzeitig mein erstes Jahr im Dienst als Regens des neu konzipierten Priesterseminars »Collegium Borromaeum« in Freiburg war. Schließlich gilt mein Dank Herrn Lektor Heribert Handwerk vom Echter Verlag für die gute Betreuung während der Drucklegung des Buches und der Erzdiözese Freiburg für den großzügigen Druckkostenzuschuss. Den Priesterkandidaten und Priestern sowie allen Gläubigen, die sich haupt- oder ehrenamtlich engagieren, soll dieses Buch eine Ermutigung sein, sich ihrer jeweiligen Sendung entsprechend ganz von Gott für die Menschen in Dienst nehmen zu lassen und so ihr Heil und ihre Freude zu finden.

Freiburg im Breisgau, *Thomas Ochs*
am Hochfest der Erscheinung des Herrn 2008

Inhaltsverzeichnis

2. Kapitel:
Person und Funktion der Amtsträger anhand beispielhafter Amtsauffassungen von der nachapostolischen Zeit bis zum Konzil von Trient

Einleitung

1. Priesterbilder heute im Kontext der gegenwärtigen Entwicklungen der Pastoral

Die Statistiken über den Beruf des Priesters in der katholischen Kirche verzeichnen für Deutschland und weite Teile Europas schon seit Jahren einen kontinuierlichen Rückgang in der Zahl der Priester, verbunden mit einem gewaltigen Umbruch der konkreten Gestalt der Kirche.[1] Viele Berufungsinitiativen und Pastoralpläne wurden entwickelt, um diesem Trend zu begegnen und entgegenzuwirken. Bisher eigenständige Pfarrgemeinden werden zusammengefasst zu Seelsorgeeinheiten, die ein oder mehrere Priester zu leiten und zu betreuen haben. Das auf dem Zweiten Vatikanischen Konzil neu akzentuierte und ins Bewusstsein gehobene gemeinsame Priestertum aller Gläubigen hat die Grundlage zu einer verstärkten Verantwortung und Mitarbeit vieler ehrenamtlicher und neuer hauptamtlicher Dienste wie in deutschsprachigen Ländern z.B. von Gemeinderefe-

[1] So sank beispielsweise im Zeitraum von drei Jahren die Zahl der Welt- und Ordenspriester in Europa von 213 398 im Jahr 1997 auf 208 659 im Jahr 2000 (Quelle: www. fides.org/deu/statistiche/2000_4.html (26.02.2007), Statistiken der Agenzia Fides. Palazzo di Propaganda Fide, Città del Vaticano).
In Deutschland sank die Zahl der Welt- und Ordenspriester im selben Zeitraum von 17 911 im Jahr 1997 auf 17 129 im Jahr 2000, im Jahr 2005 waren es nur noch 16 190 (Quelle: www.dbk.de/imperia/md/content/kirchlichestatistik/welt_ordenspriester_1992_2005.pdf (26.02.2007), Statistiken der Deutschen Bischofskonferenz). Vgl. dazu auch Walter Kasper: Diener der Freude. Priesterliche Existenz – priesterlicher Dienst, Freiburg – Basel – Wien 2007, 9f: »In der westlichen Welt stecken das priesterliche Amt und mit ihm die konkrete Gestalt der Kirche in Mittel- und Westeuropa gegenwärtig in einem dramatischen Umbruch. Er zeigt sich bereits auf den ersten Blick, wenn man sich den Rückgang der Zahlen der Priesteramtskandidaten und der Priesterweihen in fast allen westlichen Ländern anschaut. Man darf diese Zahlen freilich nicht isoliert betrachten; nicht nur die Zahlen der Priesterweihen und der Ordenseintritte, sondern auch die Zahlen der Taufen, der Eheschließungen, der praktizierenden Gläubigen, vor allem der Kinder und Jugendlichen sind zurückgegangen. Das kirchliche Leben insgesamt ist in einem Umbruch begriffen oder, positiv formuliert: Die Kirche ist in Bewegung geraten; sie versteht sich als Bewegung, als Volk Gottes unterwegs. Der kirchliche Umbruch steht seinerseits im größeren Zusammenhang des rapiden umfassenden gesellschaftlichen Wandels auf allen Lebensgebieten, nicht zuletzt des demographischen Wandels.«

rent/innen, Pastoralreferent/innen und ständigen Diakonen geschaffen.
Zusätzlich zum Rückgang der Zahl der Priester hat das sakramental ordinierte Amt des Priesters zwei weitere Umbrüche bzw. Krisen zu bewältigen: Zum einen ist das ordinierte Amt nicht mehr wie noch vor Jahrzehnten fast wie selbstverständlich und unhinterfragt getragen von weiten Teilen der Gesellschaft und der Gemeinden. Damit einhergehend und durch die Mehrbelastung durch zusammengelegte Gemeinden sowie die Zahl der vielen haupt- und ehrenamtlichen Mitarbeiterinnen und Mitarbeiter verstärkt ist der ordinierte Amtsträger zum anderen herausgefordert, seine spezifische Identität und die dem ordinierten Amt eigenen Funktionen für sich selbst und für andere zu klären. Nur wer seine Identität und Aufgaben kennt, kann in Zeiten des Umbruchs und des Aufbruchs konstruktiv seinen Beitrag leisten und wird weder negativ-abgrenzend gegen andere durch Taufe und Firmung für ihren spezifischen Dienst bevollmächtigte Christen agieren noch persönlich resignieren und vor der Vielfalt der Herausforderungen flüchten oder sich in Aktivismus stürzen. Die Klärung der Identität des ordinierten Amtes und seiner Funktionen sowie des Zueinanders von gemeinsamem und ordiniertem Priestertum ist deshalb dringend geboten, um den jeweiligen Personen, aber auch um den pastoralen Herausforderungen in heutiger Zeit gerecht zu werden.[2]
Die notwendige Klärung der Identität des ordinierten Amtsträgers trifft in der gegenwärtigen pastoralen Situation auf eine große Bandbreite von Amtsauffassungen mit verschiedenen Akzenten. Unterschiedliche Sichtweisen und Spannungen im Selbstverständnis von Priestern und ihren Funktionen spiegeln sich z.B. wider in der Studie »Priester 2000« von Paul M. Zulehner und Anna Hennersperger.[3]

---

[2] Siehe ebd., 10: »Die Wahrnehmung des Priesters wie auch dessen eigenes Selbstverständnis sind durch die tiefreichenden Umbrüche der letzten Jahrzehnte freilich nicht unberührt geblieben. Selbst- wie Fremdwahrnehmung der Priester sind vielfach unsicher und undeutlich geworden; und nicht selten werden Dienst, Amt und Lebensform des Priesters grundsätzlich infrage gestellt ... Nicht wenige sind deshalb resigniert. Die Priester bedürfen daher der Ermutigung und der Anerkennung. Die Identität und die Motivation der Priester zu stärken, scheint mir eine der wichtigsten Aufgaben zu sein.«

[3] Paul M. Zulehner / Anna Hennersperger: »Sie gehen und werden nicht matt« (Jes 40,31). Priester in heutiger Kultur. Ergebnisse der Studie Priester 2000, Ostfildern [2]2001.

Darin wird deutlich, wie ordinierte Amtsträger sich selbst und ihren Dienst verstehen, worin sie alle übereinstimmen und welch große Ausgestaltung und Bandbreite ihre Amtsauffassung aufweist. Allen gemeinsam ist das Verständnis ihres priesterlichen Amtes als *Dienst an der Gemeinde*. Dieser kleinste gemeinsame Nenner sagt schon etwas Wichtiges über das Selbstverständnis aller befragten Amtsträger aus: Der ordinierte Dienst ist nicht um seiner selbst willen da, er hat als Funktion und als Ziel den Dienst an der Gemeinde. Wie dieser Dienst zu verstehen ist, wo er herkommt, wie er ausgeübt werden soll und wie stark der Einzelne als Person dadurch beansprucht und in Beschlag genommen wird, darin gibt es zum Teil große Unterschiede. Die Herausgeber der Umfrage versuchen, durch die Einteilung in vier Haupttypen die unterschiedlichen Auffassungen in einem Überblick darzustellen.

Der erste Haupttyp, der *zeitlose Kleriker*, sieht das ordinierte Amt ganz von Christus her. Er weiß sich von ihm berufen und erwählt, sein ganzes innerstes Wesen wird von ihm beansprucht und ihn repräsentiert er. Während das »Woher« des Amtes eindeutig geklärt ist, besteht beim »Wozu« Klärungsbedarf. Die Gefahr bei dieser Amtsauffassung ist, dass sie zu sehr um sich selbst und diese Vorstellung vom Amt kreist, ja, dass das Amt zu einem Selbstläufer und der Dienstcharakter verunklart wird. Das konkrete und zeitgemäße »Worum-willen« des ordinierten Amtes, die Dienstfunktion an den Menschen in der heutigen pastoralen Situation, kommt trotz der allgemeinen Amtsauffassung, dass es Dienst an und in der Gemeinde ist, zu kurz.[4]

Der zweite Haupttyp, der *zeitoffene Gottesmann*, sieht sich ebenfalls in seinem Innersten von Christus erfasst. An ihn rückgebunden repräsentiert er Christus um des Wachstums der Gemeinde willen. Er geht sozusagen von dieser Rückbindung an Christus auf die Gemeinde und die einzelnen Menschen zu. Sein Ziel ist es, in der Balance zwischen der repraesentatio Christi und der repraesentatio ecclesiae seinen Dienst zu tun. In dieser Balance und Spannung beim zeitoffenen Gottesmann wird wohl am besten von den vier Haupttypen deutlich, dass das wesentliche Ergriffensein der Person im In-

[4] Vgl. ebd., 30: »Mit der Gemeinde fängt er wenig an – sieht man vom kleinsten gemeinsamen Nenner ab, dass alle Priester ihr Amt als Dienst in einer Gemeinde verstehen … Geschichtliche Entwicklungen kennt der zeitlose Kleriker nicht.«

nersten durch Gott und die konkrete Dienstfunktion an der Gemeinde sich nicht ausschließen, sondern im Gegenteil einander zugeordnet sind.
Der dritte Haupttyp, der *zeitnahe Kirchenmann*, weiß sich ebenfalls von Christus berufen, schafft sich aber eine schützende Distanz zwischen seinem Ich und der anfordernden priesterlichen Aufgabe. Seine Berufung ist ihm zum Beruf geworden, er »managt« professionell, wobei oft die Spiritualität auf der Strecke bleibt. Die Frage ist hier, ob und wie sich das existenzielle Ergriffensein durch Christus auswirkt in den entsprechenden Funktionen, v. a. in geistlichem Dienst und in einer Hingabe, die sich nicht in Arbeitsmethoden und professionellen Strukturen erschöpft. Die Repräsentation Christi und der Kirche spielen bei ihm eine untergeordnete Rolle.
Der vierte und letzte Haupttyp, der *zeitgemäße Gemeindeleiter*, sieht seine Berufung eher auf der »horizontalen« Linie im Dasein als Bruder unter Brüdern und Schwestern und in der Sorge, dass alle ihre Charismen entfalten können. Die Herkunft des ordinierten Amtes von Christus sowie die Funktion der Repräsentation Christi und der Gemeinde spielen bei ihm keine Rolle.[5] Geistliches Leben und Bezug zu Christus ereignen sich bei ihm im alltäglichen Vollzug seines pastoralen Dienstes. Der zeitgemäße Gemeindeleiter hat ein »funktional-ekklesiales« Amtsverständnis.[6]
Interessant ist bei diesen grob skizzierten vier Haupttypen priesterlichen Selbstverständnisses (die in der Praxis sicher noch vielfältiger und differenzierter sind) das Zueinander von »vertikaler« und »horizontaler« Amtsauffassung innerhalb der einzelnen Typen selbst und im Vergleich untereinander: Wird das Amt mehr von Christus eingesetzt bzw. (in aller geschichtlicher Wandlung) von Christus herkommend betrachtet oder ist es mehr von der Gemeinde her gesehen eine notwendige Aufgabe, die übertragen wird um der Funktion an der Gemeinde willen? Der zweite Haupttyp macht darauf aufmerksam, dass dies nicht von allen Priestern als Widerspruch empfunden wird. Die »zeitoffenen Gottesmänner« verstehen sich ganz von Jesus Christus her, und erkennen darin den Grund ihres Dienstes an der Gemeinde. Genau diese Vermittlung der christologi-

[5] Siehe ebd., 31f: »Repräsentation ist für ihn überhaupt kein Thema: weder jene Christi, noch der Gemeinde ... Diese Art von Amt ist nicht von Christus eingesetzt, sondern geschichtlich gewachsen.«
[6] Vgl. ebd., 54–60.

schen Begründung des in der sakramentalen Ordination gründenden Amtes mit seinem Dienstcharakter für die Gemeinde ist Thema der vorliegenden Arbeit.

2. Zum Thema der vorliegenden Untersuchung

Die Identitätsfrage des sakramental ordinierten Amtes konzentriert sich in dieser Studie hauptsächlich auf die Frage nach der Art und Weise und dem Verhältnis von wesentlichem Ergriffen- und In-Beschlag-genommen-Sein des Amtsträgers durch Christus und auf die Funktionen an der Gemeinde. Wie sieht diese Inbeschlagnahme durch Christus in der Ordination aus und was unterscheidet den so Ordinierten vom allen Christen gemeinsamen Priestertum? Wie ist das Zueinander von wesentlichem In-Dienst-genommen-Sein durch die Ordination und den daraus folgenden entsprechenden Funktionen zu denken? Verändert die Amtsübertragung durch die sakramentale Ordination etwas im Wesen bei der so in Beschlag genommenen ordinierten Person oder reicht die durch Taufe und Firmung geschehene ontologische Prägung aus für die Funktionen des ordinierten Dienstes? Ist der Ordinierte durch die sakramentale Ordination ein besserer Christ und ist dies ein privilegierter Weg zur persönlichen Heiligung, wie es in manchen Epochen verstanden wurde und von manchen Zeitgenossen eventuell auch heute noch verstanden wird?
Etwas schematisierend gesagt, gibt es ein eher »ontologisches« Verständnis von Amt, das sich auf die Person des Amtsträgers konzentriert, und ein mehr »funktionales« Verständnis, das hauptsächlich von den Funktionen her denkt. Wenn das ordinierte Amt von Christus herkommend *nur* im Blick auf die Wesensverwandlung der ordinierten Person ohne den Bezug zum Dienst und zu den entsprechenden Funktionen gesehen wird, kommt es leicht zur Einseitigkeit einer ontologischen Erhöhung des Ordinierten im Sinne eines besseren Christen und eines »privilegierten Heiligen«. Wenn das ordinierte Amt von der Gemeinde herkommend *nur* im Blick auf die Funktionen des Dienstes gesehen wird, tritt leicht die Frage der Grundlegung und des bevollmächtigten »Von-her« dieser Funktionen sowie deren Verhältnis zur Person des Ordinierten in den Hintergrund. In einer säkularen Welt besteht dann die Gefahr, dass der Priester nur

noch soziologisch von seinen Funktionen her als »Manager« bzw. »Funktionär« betrachtet wird, wie es sie auch in der Wirtschaft, in der Politik und im Sport gibt.[7]
Um nicht einer plakativen Betrachtung von entweder »ontologischem« oder »funktionalem« Amtsverständnis zu verfallen, wird ein entscheidender Teil dieser Arbeit der Suche nach grundlegenden Aussagen über den Zusammenhang von Person und Funktion des ordinierten Amtsträgers gewidmet sein. Häufig werden ontologische Sichtweisen (zum Teil in statisch-dinglicher Auffassung wie z.B. des character indelebilis als einer objektiv-materialen Größe in der Person) gegen funktionale Begründungen (die ins andere Extrem einer rein aktualistischen Betrachtung der Funktion ohne tiefere Grundlegung in der Person gesehen werden) ausgespielt.
Die in dieser Untersuchung in allen untersuchten Epochen herausgestellte Tatsache, dass die jeweilige Person des Amtsträgers ganz in Beschlag genommen wird, deutet auf ein wesensmäßiges, ontologisches Erfasst-Sein hin, jedoch nicht für sich, sondern im Dienst der »Funktion«, im Dienst für die Gemeinschaft der Glaubenden. Wenn der ordinierte Amtsträger nicht für sich ordiniert wird, sondern um einer »Dienstfunktion« willen, kann weiter gefragt werden, woher der Auftrag zu diesen Funktionen kommt, wie die Person des Amtsträgers davon geprägt ist und woraufhin diese Funktionen ausgerichtet sind. Die Sichtweise einer »relationalen Ontologie« kann wie in anderen Bereichen der Theologie auch in der Amtstheologie fruchtbar gemacht werden, indem die Beziehung Gottes zum Amtsträger als wesentliche und gnadenhaft geschenkte Grundlegung der Funktionen betrachtet wird.

---

[7] So wird im »Duden« ein Funktionär als »offizieller Beauftragter eines wirtschaftlichen, sozialen od. politischen Verbandes od. einer Sportorganisation« definiert (in: Duden. Fremdwörterbuch [Band 5] Mannheim – Leipzig – Wien – Zürich [7]2001, 334). Der Priester ist sicher *auch* ein offizieller Beauftragter der Kirche bzw. der Gemeinde und hat konkrete Funktionen in deren Namen und für sie zu erfüllen. Reicht jedoch eine solche lediglich soziologisch verstandene Beauftragung, wie sie im säkularen Bereich praktiziert wird, für spezifische und grundlegende Funktionen des Priesters aus? Ähnliches lässt sich auch hinsichtlich der Funktionen des gemeinsamen Priestertums aller Gläubigen fragen.

Die falsche Alternative von entweder ontologischem oder funktionalem Amtsverständnis kann zu Missverständnissen und falschen Auffassungen vom ordinierten Amt bis hin zu Spaltungen führen, wie sie historisch aufgetaucht sind und zum Teil weitertradiert wurden. Ein bedeutsames Beispiel:[8] Vor allem in der Zeit der Reformation und zum Teil im Anschluss an das Trienter Konzil wurde die Ordination von manchen als ein besserer und privilegierter Weg zur Heiligung verstanden und die Geweihten als mit der Weihe wesensmäßig (ontologisch) ausgezeichnet in sich betrachtet. Die Funktionen wurden enggeführt auf die Darbringung des eucharistischen Opfers (hier speziell im Sprechen der Einsetzungsworte) und die Vollmacht zur sakramentalen Lossprechung. Dies brachte die Gefahr mit sich, dass der Priester als quasi-magisch gesehen wurde, vor allem in seiner Konsekrations- und Lossprechungsgewalt. Auch außerhalb dieser Bereiche wurde er leicht als »Hochwürden« betrachtet in dem Sinne, dass er wesensmäßig eine Stufe höher steht als die nicht-ordinierten Personen.

Wirken solche Auffassungen heute nach, so bedeutet das neben der eigenen »ontologischen Erhöhung« eine Abwertung des in Taufe und Firmung begründeten gemeinsamen Priestertums und eine Missachtung der Verantwortung und Mitarbeit der ehren- und hauptamtlichen Mitarbeiter/innen.

Als Gegenbewegung wurden historisch auf reformatorischer Seite zunächst vor allem die »Funktionen« betont, die sich hauptsächlich auf die Verkündigung des Evangeliums und auf die Verwaltung der Sakramente bezogen. Die Ordination geschieht nicht um der ordinierten Person, sondern um dieser Funktionen willen, die eine christliche Gemeinde benötigt. Die Frage, ob und wie die Ordination und die Funktionen die entsprechende Person prägen, stand dabei nicht im Vordergrund. Das entscheidend prägende Sakrament ist für alle Gläubigen gemeinsam die Taufe. Trotz unterschiedlicher Entwicklungen gilt heute als weitgehende Übereinstimmung mit der katholischen Position, dass die Ordination einmalig und auf Lebenszeit verliehen wird und dass sie Voraussetzung für die Übernahme

[8] Vgl. die weiteren und differenzierteren Ausführungen dazu im 2. Kapitel unter V. und VI.

eines speziellen Amtes ist. Auch in der Aussageintention des »character indelebilis« wurden Übereinstimmungen gefunden.[9]
Die Präzisierung der Frage nach den spezifischen Funktionen des ordinierten Amtes, nach dem »Woher« dieser Funktionen und der persönlichen Befähigung des Amtsträgers dazu in der Ordination, ist somit eine auch ökumenisch wichtige Angelegenheit. Gelingt es nicht, die Frage des Zueinanders von Person und Funktion des ordinierten Amtsträgers neu zu klären, dann besteht nicht nur das Risiko eines Identitätsverlustes für ordinierte Amtsträger, sondern auch die Gefahr, dass sich angesichts der pastoralen Umbrüche und Herausforderungen verschiedene Formen von Amtsverständnissen sowohl innerhalb der katholischen Kirche als auch in der ökumenischen Verständigung unversöhnlich gegenüberstehen und historische Einseitigkeiten sich auf neue Weise wiederholen. Da die Taufe – darauf haben vor allem die reformatorischen Kirchen Wert gelegt und dies ist durch das Zweite Vatikanische Konzil wieder eindringlich ins Bewusstsein gerufen worden – das grundlegende Sakrament ist, durch das alle Glieder der Kirche Anteil am gemeinsamen Priestertum haben, stellt sich die Frage der Verhältnisbestimmung von Taufe und Ordination.

4. Zur Verortung der Studie innerhalb der neueren amtstheologischen Diskussion

In der Fülle der Literatur zur Amtstheologie taucht nach dem Zweiten Vatikanischen Konzil immer wieder die Frage nach einer mehr ontologischen oder mehr funktionalen Begründung des ordinierten Amtes auf. Die Frage des Zueinanders von Person und Funktion des ordinierten Amtsträgers in relational-ontologischer Perspektive wird jedoch nirgends durchgehend erörtert und in einer biblischtheologiegeschichtlichen und im Vergleich mit aktuellen relationalontologischen Entwürfen sowohl in der Philosophie als auch in der Theologie zusammenhängenden Form gesehen. Viele Arbeiten beschäftigen sich mit einer geschichtlichen Epoche bzw. geschichtlichen Darstellung der Entwicklung des ordinierten Amtes, innerhalb derer die Fragestellung der vorliegenden Untersuchung direkt oder indirekt berührt wird.

[9] Vgl. Peter Neuner / Birgitta Kleinschwärzer-Meister: Kleines Handbuch der Ökumene. Düsseldorf, 2002, 162f.

So fragt Robert Zollitsch in seiner Arbeit »Amt und Funktion des Priesters. Eine Untersuchung zum Ursprung und zur Gestalt des Presbyterats in den ersten zwei Jahrhunderten« nach dem presbyteralen Amt und seinen Funktionen, ohne näher auf die Frage der wesensmäßigen Wirkung der Indienstnahme und der Funktionen auf die Person des Amtsträgers einzugehen.[10]
Felix Genn zeigt in seinem Buch »Trinität und Amt nach Augustinus« das communiale und relationale Amtsverständnis von Aurelius Augustinus auf und sieht darin eine Möglichkeit, die exklusive Einteilung in »ontologisch« oder »funktional« heute zu überwinden.[11]
Paul Josef Cordes behandelt in »Sendung zum Dienst. Exegetisch-historische und systematische Studien zum Konzilsdekret »Vom Dienst und Leben der Priester«« die Debatte der Darlegung und Begründung des ordinierten Amtes und seiner Funktionen während des Zweiten Vatikanischen Konzils.[12] Hier wird deutlich, wie auf dem Konzil verschiedene Richtungen um eine angemessene Beschreibung des ordinierten Amtsträgers und seiner Funktionen gerungen haben. Aus diesem Buch werden in der vorliegenden Studie immer wieder wichtige Hinweise zu einzelnen Fragestellungen in der Theologiegeschichte und v.a. auf dem Zweiten Vatikanischen Konzil genommen.
Edward Schilleebeeckx ist mit seiner Formel »Amt von unten ist Amt von oben« zu einem Vertreter der eher funktionalen Begründung geworden, während für Gisbert Greshake die grundlegende Ermächtigung zum amtlichen Dienst nicht durch die Gemeinde, sondern von Christus her durch die sakramentale Inbeschlagnahme in der Ordination geschieht. Auf beide Theologen und den Vergleich ihrer Ansätze wird im 3. Kapitel ausführlich eingegangen.[13]

---

[10] Robert Zollitsch: Amt und Funktion des Priesters. Eine Untersuchung zum Ursprung und zur Gestalt des Presbyterats in den ersten zwei Jahrhunderten, Freiburg i. Br. 1974 (Freiburger theologische Studien 97).

[11] Felix Genn: Trinität und Amt nach Augustinus, Einsiedeln 1986 (Sammlung Horizonte, Neue Folge 23).

[12] Paul Josef Cordes: Sendung zum Dienst. Exegetisch-historische und systematische Studien zum Konzilsdekret »Vom Dienst und Leben der Priester«, Frankfurt/Main 1972 (Frankfurter theologische Studien 9).

[13] In dieser Studie wird in Kapitel 3 hauptsächlich Bezug genommen auf: Edward Schillebeeckx: Das kirchliche Amt, Düsseldorf 1981 und Ders.: Christliche Identität und kirchliches Amt. Plädoyer für den Menschen in der Kirche, Düsseldorf 1985 sowie: Gisbert Greshake: Priester sein in dieser Zeit. Theologie – pastorale Praxis – Spiritualität, Freiburg – Basel – Wien [2]2000.

George Augustin sieht in seinem Artikel »Das Weihesakrament als Kraftquelle des priesterlichen Lebens« die sakramentale Ordination als Befähigung zum Dienst.[14] Ohne die gnadenhafte Ermächtigung in der sakramentalen Ordination blieben die priesterlichen Funktionen rein menschliches Tun. Die Ordination hat eine dauerhafte Beanspruchung des Geweihten für die Sendung Christi zur Folge, die ihn als dynamische Beziehung zu Gott und den Menschen ein Leben lang prägt. Diese Auffassung Augustins entspricht in etwa dem gnadentheologischen Ansatz in den amtstheologischen Ausführungen in Kapitel 3, I.7 der vorliegenden Arbeit und den an dieser und anderer Stelle im Zusammenhang mit dem Zweiten Vatikanischen Konzil dargestellten gnadentheologischen Überlegungen von Ottmar Fuchs.[15]

Guido Bausenhart behandelt in seinem Buch »Das Amt in der Kirche. Eine not-wendende Neubestimmung« viele Aspekte des Amtes innerhalb theologisch-philosophischer und soziologischer Überlegungen und bietet einen geschichtlichen Überblick. Er gibt daraus Impulse für die Amtsgestalt und zur Frage der Zulassungsbedingungen und Amtsinhaber heute.[16] Die verschiedenen Funktionen des Amtes und die Frage der ontologischen Sichtweise kommen immer wieder zur Sprache, ohne dass sie in ausdrücklich relational-ontologischer Perspektive durchgehend betrachtet werden.

Judith Müller gibt in ihrem Buch »In der Kirche Priester sein. Das Priesterbild in der deutschsprachigen katholischen Dogmatik des 20.

---

[14] George Augustin: Das Weihesakrament als Kraftquelle des priesterlichen Lebens, in: Ders. / Günter Risse (Hgg.), Die eine Sendung – in vielen Diensten. Gelingende Seelsorge als gemeinsame Aufgabe in der Kirche, Paderborn 2003, 31–69.

[15] Vgl. Ottmar Fuchs / Peter Hünermann: Theologischer Kommentar zum Dekret über die Ausbildung der Priester *Optatam totius*, in: Peter Hünermann / Bernd Jochen Hilberath (Hgg.), Herders theologischer Kommentar zum Zweiten Vatikanischen Konzil (Bd. 3), Freiburg – Basel – Wien 2005, 315–489. Siehe speziell zum Priesterdekret des Zweiten Vatikanischen Konzils auch Dies.: Theologischer Kommentar zum Dekret über den Dienst und das Leben der Presbyter *Presbyterorum ordinis*, in: Peter Hünermann / Bernd Jochen Hilberath (Hgg.), Herders theologischer Kommentar zum Zweiten Vatikanischen Konzil (Bd. 4), Freiburg – Basel – Wien 2005, 337–580. Ottmar Fuchs: Exkurs II. Das Presbyteramt in ökumenischer Perspektive, in: Peter Hünermann / Bernd Jochen Hilberath (Hgg.): Die Dokumente des Zweiten Vatikanischen Konzils: Theologische Zusammenschau und Perspektiven, Freiburg – Basel – Wien 2006 (Herders theologischer Kommentar zum Zweiten Vatikanischen Konzil, Bd. 5), 229–238.

[16] Guido Bausenhart: Das Amt in der Kirche. Eine not-wendende Neubestimmung, Freiburg – Basel – Wien 1999.

Jahrhunderts« einen Überblick über verschiedene gegenwärtige Amtsauffassungen. Obwohl sie viele Entwürfe als einseitig christomonistisch kritisiert und schließlich auf der Basis funktional-ontologischen Denkens mit Hilfe der Kategorie Funktion eine ekklesiologische Einordnung des ordinierten Amtes fordert, fällt bei ihr die Perspektive einer relational-ontologischen Fragestellung mit Blick auf das grundlegende »Von-her« und »Auf-zu« sowie die Frage des Verhältnisses von Person und Funktion des ordinierten Amtsträgers um des Dienstes willen aus.[17]
Piotr Pasterczyk hat in seiner Dissertation »Theologie des kirchlichen Amtes. Das priesterliche Amt in den Dokumenten des 2. Vatikanischen Konzils und in der nachkonziliaren Theologie« die konziliaren Perspektiven und die nachkonziliaren Amtsaufassungen dargestellt.[18] Gegen den Reduktionismus eines vertikalen oder horizontalen Amtsverständnisses und einer ontologischen oder funktionalen Engführung propagiert er eine integrierende Sicht, die er in der sakramentalen Struktur des Amtes begründet sieht. Er betont die »ontologische« Auslegung der Taufe und den »funktionalen« Charakter des Amtes. Eine relational-ontologische Sicht des ordinierten Amtes, wie sie die vorliegende Studie bietet, kann eine solche von Pasterczyk geforderte integrierende Sicht des Amtes in Bezug auf die Person und Funktion des sakramental ordinierten Amtsträgers bieten, in der das Zueinander von »ontologisch« und »funktional« sowohl im Blick auf die Taufe als auch auf die Ordination angemessen dargestellt werden kann.
Die aufgeführten Beispiele zur neueren amtstheologischen Diskussion zeigen: Das Thema ontologische und/oder funktionale Sichtweise des ordinierten Amtes kommt in irgendeiner Weise immer vor, ohne eine größere Gesamtsicht in Bezug auf das Verhältnis von Person und Funktion des ordinierten Amtsträgers zu bieten. Die vorliegende Untersuchung mit dem Desiderat einer relational-ontologischen Perspektive für die Amtstheologie leistet dazu ihren Beitrag.

[17] Judith Müller: In der Kirche Priester sein. Das Priesterbild in der deutschsprachigen katholischen Dogmatik des 20. Jahrhunderts, Würzburg 2001.

[18] Piotr Pasterczyk: Theologie des kirchlichen Amtes. Das priesterliche Amt in den Dokumenten des 2. Vatikanischen Konzils und in der nachkonziliaren Theologie, Frankfurt/Main – München – Miami – New York 2002.

5. Aufbau und Methodik der Studie

Im ersten Kapitel der Untersuchung werden anhand von Beispielen aus dem Neuen Testament die Fragen behandelt: Welche Funktionen haben die Amtsträger und was bedeutet das Amt für ihre Person? Kann man überhaupt »ontologische Aussagen« im Neuen Testament in Bezug auf den Amtsträger finden, wenn ja in welcher Form und mit welchem Anliegen? Wie ist das Verhältnis der Gläubigen und der Amtsträger? Wie verändert sich die Stellung und Sichtweise des Amtsträgers in späteren Schriften des Neuen Testaments und in anderer Gemeindesituation wie z.B. in den Pastoralbriefen?
Diese Fragen setzen sich im 2. Kapitel in der theologiegeschichtlichen Betrachtung des ordinierten Amtes von der nachapostolischen Zeit bis zum Konzil von Trient fort. Neben der schon im ersten Kapitel festgestellten grundsätzlichen Beziehungswirklichkeit des ordinierten Amtsträgers, der immer in einem grundlegenden »Von-her« und »Auf-zu« steht, stellt sich über kirchengeschichtliche Fehlentwicklungen, Einseitigkeiten und Spaltungen bis zum Umbruch der Denkweisen die Frage: Welche Denkformen und Kategorien werden in den jeweiligen Situationen für den ordinierten Amtsträger und seine Funktionen verwendet und was soll damit ausgesagt werden?
Im 3. Kapitel werden neuere Sichtweisen des ordinierten Amtes und des Verhältnisses von Person und Funktion des Amtsträgers ausgehend vom Zweiten Vatikanischen Konzil über ökumenische Aspekte bis zu beispielhaften Amtsauffassungen von Theologen des 20. Jahrhunderts untersucht. Dabei wird deutlich: Der Amtsträger wird um des Dienstes an der Gemeinde willen ordiniert. Aufgrund dieser Grundfunktion steht er in verschiedenen Beziehungen. Ohne grundlegende Relationen, von denen her und auf die hin der Amtsträger »kraft Amtes« da ist und da zu sein hat, hängt sein Amt grundlos in der Luft, »funktioniert« sein Amt nicht. Solche grundlegenden Relationen bestehen zur Gemeinschaft der Glaubenden, vor allem aber hat er eine spezifische Relation zu Christus, von dem sein Dienst ausgeht.
So ergibt sich im 4. Kapitel schließlich das Desiderat einer relational-ontologischen Perspektive für die Amtstheologie. Die grundlegende Bedeutung der Relation wird anhand von zeitgenössischen philosophischen Überlegungen und von relational-ontologischen Denkweisen in der Trinitätslehre, der Christologie und der Eucharistielehre

dargestellt. Dabei wird deutlich, dass die durch die Taufe allen Christen geschenkte Relation zu Gott und den Menschen und nochmals die spezielle Beziehung aus der Indienstnahme durch Gott in der sakramentalen Ordination eine gnadentheologische Vorgabe für die entsprechenden Funktionen ist und wesentlich prägt, also ontologischen Charakter hat.

In einem abschließenden Ausblick zeigt sich die Notwendigkeit, das untrennbare Zueinander von Person und Funktion sowie die ontologische Bedeutung der Relation für die Amtstheologie weiter zu entfalten und fruchtbar zu machen, damit unter anderem der ordinierte Amtsträger weder in falscher Weise überhöht, noch gnadenlos überfordert wird und damit alle Glaubenden ihre in Taufe und Firmung grundgelegten Funktionen einbringen.

1. Kapitel:

Person und Funktion der Amtsträger anhand von Beispielen aus dem Neuen Testament

Die folgende biblische Untersuchung geht anhand ausgewählter Beispiele der Frage nach, worin die Indienstnahme von Menschen im Neuen Testament gründet, worauf sie ausgerichtet ist und was diese Indienstnahme für die entsprechende Person bedeutet. Dabei ist zu beachten, dass die biblischen Schriften jeweils in unterschiedlichen Situationen und Denkhorizonten verfasst wurden, die sich häufig von heutigen Denkformen und Verständnisweisen unterscheiden und deshalb auch andere Kategorien und Ausdrucksweisen verwenden. Für das Thema dieser Arbeit heißt das z.B. konkret, dass keine explizite Betrachtung oder gar Aufspaltung zwischen eher »funktionalen Aussagen« oder mehr »ontologischer Sprache« in der Weise erwartet werden darf, wie es in der Philosophie und Theologie späterer Epochen und heutiger Zeit geschieht. Das ganzheitlich-personale Denken der Heiligen Schrift trennt nicht zwischen Person und Funktion: Wen Gott in Dienst nimmt, dem schenkt er seine liebende Beziehung und Nähe und befähigt diese Person zu den entsprechenden Funktionen.
Die mehr geschichtlich-ereignishafte Sprache der Bibel kennt der Sache nach die den ganzen Menschen umgestaltende und wesentlich prägende Nachfolge aller Christen (vgl. z.B. die Darlegungen in II.3, aus denen deutlich wird, dass Paulus von einer radikalen Neuwerdung und Umgestaltung des ganzen Christen inklusive seiner Naturanlagen ausgeht). Ebenso kennt die Bibel eine spezielle Indienstnahme Einzelner durch Gott für die Menschen, die für die entsprechende Person nochmals umgestaltende und prägende Wirkung hat (z.B. durch das Verlassen gewohnter Bindungen und Beziehungen und die um des Dienstes willen neue Beziehung zu Gott und zu den Menschen, in die die Person ein für alle Mal hineingestellt und für die sie ganz in Beschlag genommen ist, s.u. I.1). So stehen die im

Neuen Testament in den entsprechenden Sprachformen zu findenden »funktionalen« und »ontologischen« Aussagen sowohl über die Gläubigen als auch über die speziellen Amtsträger nie in sich und für sich allein, sondern immer in untrennbarem Bezug zueinander. Person und Funktion gehören zusammen. Man kann also im Neuen Testament spezielle Funktionen und die Wirkung der damit verbundenen Indienstnahme auf die entsprechende Person eruieren.
Im Folgenden wird nun ein kurzer Überblick über die Amtsentwicklung im Neuen Testament (I.) gegeben. Anschließend werden dann beispielhaft anhand des 1. Korintherbriefes (II.), der Apostelgeschichte (III.) und der Pastoralbriefe (IV.) wichtige Fragestellungen zum Thema Amt entfaltet sowie die Bedeutung der Indienstnahme für die Person und ihre Funktionen dargestellt.

I. Grundzüge der Ämterentwicklung im Neuen Testament

1. Vorösterliche Berufung und Sendung durch Jesus

1.1 Neue Relation zu Gott und Differenzierung der Nachfolge Jesu

Die Botschaft Jesu vom kommenden Reich Gottes und sein Ruf zur Umkehr sind vor jeder Differenzierung grundsätzlich an *alle* Menschen gerichtet, die zum damaligen Adressatenkreis Jesu gehören. Alle sollen durch Jesus in eine neue Heilsbeziehung zu Gott kommen. Während die Verheißungen des Evangeliums allen Menschen gelten, fällt auf, dass Jesus nicht alle *in gleicher Weise* in seine Nachfolge beruft: »Während die Forderung der Umkehr angesichts der nahen Gottesherrschaft und das Angebot eines neuen Gottesverhältnisses (Mk 1,15) grundsätzlich an alle Hörer Jesu gerichtet war, galt der *Ruf in die Nachfolge Jesu* zunächst nur ausgewählten Einzelnen. Ihnen wurde die Aufgabe des bisherigen Berufes (Mk 1,18; 2,14), die Lösung von Familie (Mt 8,21f; 10,37 par.) und Besitz (Mk 10,17–22) und die Teilnahme am unsteten Wanderleben Jesu (Mt 8,20) abverlangt.«[19] Die neue Beziehung zu Gott durch Christus, die allen Menschen gilt, hat also nicht für alle die gleichen Konsequenzen. Sie ist in sich nochmals differenziert. Einzelne Menschen werden von Jesus in spezieller Weise in Dienst genommen, um in seiner Nachfolge der neuen Beziehung Gottes zu den Menschen zu dienen.

[19] Jürgen Roloff: Art. Amt / Ämter / Amtsverständnis. IV. Neues Testament, in: TRE (Bd. 2) 1978, 509–532, hier: 510. Siehe auch G. Greshake: Priester sein in dieser Zeit, 65: »Als historisch sicher darf gelten, dass Jesus selbst zu seinen Lebzeiten Menschen Anteil an seiner eigenen Sendung im Dienst für die anbrechende Gottesherrschaft, also für die endgültige Communio Gottes mit den Menschen und der Menschen untereinander, gab ... Alle werden durch ihn [Jesus] zur Gemeinschaft mit Gott gerufen; allen gelten die Verheißungen des Evangeliums. Zum Jüngersein dagegen ist nur eine Minderheit angesprochen, und auch diese ist in sich noch einmal differenziert.«

1.2 Ganzheitliche Inbeschlagnahme der Person durch Jesus und spezielle Sendung um des Dienstes willen

Man kann sicher nicht von fest umrissenen »Ämtern« im heutigen Sinn sprechen, in die die o.g. Jünger durch Jesus berufen wurden. Sie bekommen jedoch *Anteil an seiner Sendung*, indem sie um des Dienstes Jesu an den Menschen willen *in eine neue Beziehung zu Person und Handeln Jesu* gestellt werden. Aus dieser neuen Beziehung zu Jesus können sie ihre spezifischen »Funktionen« wahrnehmen. Wie er sollen sie das kommende Reich Gottes verkünden und die dafür stehenden Zeichen wirken: Kranke heilen, Tote auferwecken, Aussätzige rein machen und Dämonen austreiben (vgl. Mt 10,8).

Alle Menschen sind also durch die Botschaft Jesu und den Dienst seiner Mitarbeiter zur Umkehr und zum neuen Heilsverhältnis zu Gott und seinem anbrechenden Reich gerufen. Die Mitarbeiter werden für diesen Dienst jedoch nochmals ganz persönlich in Beschlag genommen und in eine neue Relation zu Jesus gestellt, damit sie wirklich ihn und seine Sendung vergegenwärtigen können, damit sein Handeln durch sie zur Heil schaffenden Wirklichkeit für die Menschen wird.

Diese neue Beziehung für den speziellen Dienst hat auch einschneidende Konsequenzen für die entsprechenden Personen: »Bis in ihre Lebensform (Armut, Verfügbarkeit, Entschiedenheit) hinein müssen sie ihm gleichen. Somit sind sie nicht nur ›Boten‹, sondern beauftragte Zeugen, Mitarbeiter, ›Repräsentanten‹ Jesu. Dabei gründet ihr Zeugnis und ihre Vollmacht nicht in einer Art von juridischer Bevollmächtigung, sondern in einer *die ganze Existenz bestimmenden Sendung* [Hervorhebung TO], die dem persönlichen Mit-Sein des Jüngers mit Jesus entspringt. Weil sie ›zu ihm‹ gehören, ja ›mit ihm‹ sind (Mk 3,14), können und sollen sie ihn und seine ›Sache‹ auch wirksam dorthin weitertragen, wohin er selbst kommen will (vgl. Lk 10,1).«[20] Um der »Funktion« (Sendung) willen werden also Menschen mit ihrem ganzen Sein von Gott in Dienst genommen. Die Betrachtung der Funktionen kann nicht von der Betrachtung der dafür von Gott wesentlich in eine neue Beziehung zum Heilsdienst an den Menschen genommenen Person getrennt werden.

---

[20] G. Greshake: Priester sein in dieser Zeit, 65.

In einem kurzen Überblick wird nun die nachösterliche Entwicklung der Ämter unter dem Aspekt der Person und Funktion des Amtsträgers im Neuen Testament dargestellt, bevor dann beispielhaft anhand des 1. Korintherbriefes, der Apostelgeschichte und der Pastoralbriefe wichtige Gesichtspunkte konkreter herausgearbeitet und vertieft werden.

2. Kurzer Überblick über die nachösterliche Entwicklung der Ämter im Neuen Testament

2.1 Verschiedene Dienste und das dreigliedrige Amt

In den nach Ostern entstehenden christlichen Gemeinden gibt es eine Vielfalt von verschiedenen Diensten und »Ämtern«, die je nach biblischem Buch und entsprechendem Umfeld unterschiedliche Bezeichnungen haben und bestimmte Funktionen erfüllen. So gibt es in den paulinischen Gemeinden (vor allem in der Gemeinde von Korinth) eine Vielzahl von Charismenträgern, deren Funktionen und Beziehungen untereinander und zu den anderen Diensten und Ämtern nicht immer genau abzugrenzen und zu definieren sind. Im 1. Korintherbrief sind aus der Fülle der Charismen (vgl. 12,1–11: die Gabe, Weisheit mitzuteilen; die Gabe, Erkenntnis zu vermitteln; Glaubenskraft; die Gabe, Krankheiten zu heilen; Wunderkräfte; prophetisches Reden; Unterscheidung der Geister; verschiedene Arten von Zungenrede und die Gabe, sie zu deuten) drei besonders hervorgehoben: »So hat Gott in der Kirche die einen als Apostel eingesetzt, die andern als Propheten, die dritten als Lehrer« (12,28).

In der Apostelgeschichte ist von »sieben Männern für den Dienst an den Tischen« die Rede (6,1–6), außerdem von »Ältesten« (14,23), »Bischöfen« (20,28), »Propheten und Lehrern« (13,1), »Evangelisten« (21,8) und verschiedenen Helfern und Begleitern der Apostel (13,5; 15,39.40; 19,22).

Aus der anfänglichen Vielfalt und Offenheit entwickeln sich im Lauf der Zeit mehr und mehr verschiedene »Ämter«, die auf Dauer angelegt sind. Außer dem Amt der Apostel ist das spätere dreigliedrige Amt »Bischof, Presbyter, Diakon« neben anderen Diensten und Ämtern als ein schon vom Namen her zumindest in Ansätzen bestimmtes Amt im Neuen Testament gegeben.[21] So werden z.B. in der Anschrift des früh entstandenen Philipperbriefs als besondere Gruppe die »Bischöfe und Diakone« angesprochen: »Paulus und Timotheus, Knechte Christi Jesu, an alle Heiligen in Christus Jesus, die in Philippi sind, mit ihren Bischöfen und Diakonen« (1,1). Eine genaue Beschreibung der Aufgaben und Funktionen dieser Bischöfe und Diakone kann aus dem Philipperbrief nicht ermittelt werden. Es zeigt sich jedoch, dass sie als *eigene Gruppe* gleich zu Beginn des Briefes genannt werden und es sich deshalb »um bestimmte, von der übrigen Gemeinde unterschiedene und der Gemeinde bekannte Leute handeln [muss] ... Zugleich müssen sie eine Stellung in der Gemeinde haben, die es möglich macht und nahe legt, sie eigens zu nennen.«[22]

Während die aus dem heidenchristlichen Umfeld herkommenden Episkopen und Diakone sowie eine Reihe anderer Aufgabenträger in den paulinischen Briefen eine wichtige Rolle spielen, kommt in den aus presbyterialem Ansatz stammenden Gemeindeverfassungen judenchristlicher Tradition die Bezeichnung »Presbyter« vor (vgl. z.B. die in der Apostelgeschichte genannten Presbyter der Jerusalemer Urgemeinde: Apg 11,30; 15,2.4; 21,18 u.a.). Die Presbyter werden auch in anderen Schriften ausdrücklich genannt, so beispielsweise im ersten Petrusbrief (z.B. 5,1–5), im Jakobusbrief (z.B. 5,14), im zweiten und dritten Johannesbrief (z.B. 2 Joh 1; 3 Joh 1) und in anderen Schriften.[23]

Wichtig ist, dass sich diese Ämter als *Dauerstellung* entwickelt haben, in der bestimmte Personen mit bestimmten Funktionen kontinuierlich *in Dienst für die Gemeinde* genommen werden. Die Entwicklung von verschiedenen Diensten und einer konkreten »Amtsstruktur« im Neuen Testament und in der nachapostolischen Zeit ist bis zum Anfang des 2. Jh. noch vielgestaltig und je nach Situation fließend, bis sich schließlich das dreigliedrige Amt »Bischof, Presby-

[21] Siehe dazu die Arbeit von R. Zollitsch: Amt und Funktion des Priesters, in der der Ursprung und die Gestalt des Presbyterats in den ersten zwei Jahrhunderten untersucht werden und die einen guten Überblick über die frühchristliche Entwicklung der Ämter und speziell des Presbyteramtes bietet.

[22] Ebd., 28. Vgl. auch die weiteren Ausführungen ebd., 29: »'Επίσκοπος und διάκονος sind hier offensichtlich technisch, d.h. als Amtsbezeichnungen gebraucht. Demnach gibt es in Philippi feste Gemeindeämter mit festen Amtsbezeichnungen.«

[23] Siehe die genaue Aufstellung in der gesamten Untersuchung von R. Zollitsch: Amt und Funktion des Priesters.

ter, Diakon« durchsetzt. Bemerkenswert ist, dass sich diese Amtsstruktur trotz der anfänglich pluriformen Ausgestaltungsweisen mit unterschiedlichen Akzentuierungen relativ schnell entwickelt und schon im 2. Jh. n. Chr. eine erstaunlich einheitliche Gestalt gefunden hat.
Am Amtsverständnis und der Art und Weise der Amtsausübung von Paulus werden einige wichtige Aspekte deutlich. Bevor diese Spezifika in der Betrachtung des 1. Korintherbriefes unter II. näher herausgearbeitet werden, erfolgt eine kurze allgemeine Darstellung der paulinischen Amtstheologie.

2.2 Grundzüge paulinischer Amtstheologie

2.2.1 Ursprung und Ziel der Ämter und Dienste

In den paulinischen Gemeinden gibt es, wie in 2.1 erwähnt, sowohl konkret bezeichnete »feste« Amtsträger als auch eine Vielzahl von Charismenträgern, deren Funktionen und genaue Beziehungen untereinander und zu den anderen Diensten und Ämtern nicht immer genau abzugrenzen und zu definieren sind.
Alle Gnadengaben und Ämter haben nicht in der entsprechenden Person ihre Wurzel und sind auch nicht zum Selbstruhm dieser Person gegeben (vgl. dazu die ausführliche Darlegung am Beispiel des 1. Korintherbriefes unter II.). Die Indienstnahme einer Person von *Gott her zum Dienst an den Menschen* zieht sich wie ein roter Faden durch die paulinische Amtstheologie. Charismen- und Amtsträger ist man nicht aus sich selbst oder aus irgendeiner menschlichen Macht heraus und auch nicht für sich selbst. Paulus sieht seine persönliche Berufung zum Apostelamt »nicht von Menschen oder durch einen Menschen, sondern durch Jesus Christus und durch Gott, den Vater« (Gal 1,1; vgl. Röm 1,1.5; 1 Kor 1,1; 2 Kor 1,1). Mit dieser Berufung durch Gott ist für Paulus *gleichzeitig und untrennbar* davon die Indienstnahme und Sendung zur Verkündigung des Evangeliums verbunden (vgl. Gal 2,7f; Röm 11,13; 1 Kor 1,17; 2 Kor 4,5). Der Apostel und seine Mitarbeiter stehen also im Dienst Gottes, der durch die Indienstnahme ihrer Person sein Heil für die Menschen in den dem jeweiligen Dienst entsprechenden Funktionen vermittelt.

2.2.2 »Gesandte an Christi Statt« – Das Amt als personale Vermittlung der Heilstaten Gottes

Als von Gott berufene und gesandte Verkündiger werden Paulus und seine Mitarbeiter persönlich neu geprägt und bestimmt. Sie stehen dadurch nicht für sich selbst, sondern Gott »bedient« sich ihrer Person als seine Werkzeuge. So werden sie »Mitarbeiter Gottes«, durch die Gott selbst redet und handelt. Die so Berufenen und Gesandten reden und handeln *»an Christi Statt«*, sie vermitteln das Heil. Eine wichtige Stelle dafür ist 2 Kor 5,20: »Wir sind also Gesandte an Christi Statt, und Gott ist es, der durch uns mahnt. Wir bitten an Christi Statt: Lasst euch mit Gott versöhnen!« Eine weitere in dieser Richtung bedeutende Stelle ist 2 Kor 6,1: »Als Mitarbeiter Gottes ermahnen wir euch, dass ihr seine Gnade nicht vergebens empfangt.« Die Versöhnung, die Christus erwirkt hat, soll also *durch den Dienst von konkreten Personen* (hier des Paulus und der dazu beauftragten Mitarbeiter), die *an Christi Statt* handeln, *für die Menschen* fruchtbar werden.

Somit ist das Amt eine menschlich-personale Vermittlung der Heilstaten Gottes. Gott wirkt das Heil in Christus nicht »un-persönlich abstrakt«, sondern bewirkt die Vermittlung durch das Amt von konkret dafür in Beschlag genommenen Menschen und ihre Funktionen. In der Zusammenfassung dieses Überblicks über die paulinische Amtstheologie zeigt sich, dass für Paulus das Heil und alle damit zusammenhängenden Gaben und Dienste von Gott kommen und in ihm verankert sind. Für Gottes Heilswirken an den Menschen werden bestimmte Menschen in Dienst genommen, damit durch sie Gottes Heilstaten konkret gegenwärtig gesetzt werden. Dies geschieht durch das apostolische Amt des Paulus und verschiedene feste Ämter ebenso wie durch verschiedene Gnadengaben einzelner Christen. Die Person des so von Gott in Beschlag genommenen Menschen und die jeweilige Funktion, die sich für diese Person aus der Indienstnahme ergeben, gehören zusammen. In den verschiedenen Ämtern »bedient« sich Gott der jeweiligen Person für den entsprechenden Dienst, was Konsequenzen für diese Person hat. Alle diese Ämter und Gnadengaben mit den entsprechenden Funktionen sind jedoch keine »persönlich-privaten Privilegierungen«, sondern die Ämter und Gnadengaben stehen im Dienst an der Gemeinde und den Menschen.

3. Auswertung

Es ist festzuhalten, dass sowohl in der vorösterlichen als auch in der nachösterlichen Zeit das Entscheidende ist, dass alle Menschen Anteil an der neuen Heilsbeziehung zu Gott bekommen. Dieses neue »Sein in Christus« prägt die Person der Glaubenden neu und grundlegend. Dafür sollen die, die schon in diese neue Relation zu Gott gestellt sind, Zeugnis ablegen und dafür gibt es auch bestimmte Gnadengaben und Dienste, mit denen sie anderen nützen sollen. Bei aller Offenheit der Amtsstrukturen, aber auch in der dargestellten Tendenz zu konkreten und dauerhaften Diensten und Ämtern wird deutlich, dass um dieser neuen Heilsbeziehung aller Menschen willen bestimmte Menschen ganz in Beschlag genommen werden. Ihre Funktionen im Dienst Christi für die Menschen beanspruchen ihre ganze Person. In allem soll deutlich werden, dass Christus selbst durch sie handelt. Diese neue Relation – von Gott her für die Menschen – und die daraus erwachsenden Funktionen um des Heiles aller Menschen willen prägen ihren Dienst und ihr ganzes Leben.

In den o.g. Ausführungen wurde deutlich, dass neben den zitierten biblischen Schriften v.a. auch anhand des 1. Korintherbriefs wichtige Aussagen zum Amt bei Paulus gemacht werden können. Es lohnt sich, im Folgenden die bisherigen Ergebnisse mit Hilfe einer ausführlicheren Betrachtung des 1. Korintherbriefes noch zu vertiefen, da in der dort beschriebenen Gemeindesituation von Korinth unter anderem die Person einiger Charismen- und Amtsträger von ihren »Dienst-Relationen« und ihrer Verwiesenheit auf Gott und die Menschen getrennt wird, was für Paulus Anlass ist, die grundlegenden und wesensbestimmenden Bezüge der Person der Charismen- und Amtsträger herauszustellen.

II. Ämter und Dienste im 1. Korintherbrief

Für diese Untersuchung von Bedeutung sind das Verhältnis Gottes zur Person des menschlichen Dieners und die Auswirkungen dieser Beziehung auf das Wesen der menschlichen Person sowie der Stellenwert dieses menschlichen Dieners gegenüber den Menschen, denen er von Gott her dient. Diese Beziehungen waren in der Gemeinde von Korinth gestört und einseitig auf die Person des Dieners fixiert. Die Gemeinde in Korinth kennt verschiedene Lehrer und Verkündiger, durch die sie den Glauben empfangen hat. Die Persönlichkeiten dieser Amtsträger (zu denen auch Paulus zählt) werden von den Korinthern jedoch so ungebührlich in den Mittelpunkt gerückt, von ihren wesentlichen Bezügen zu Gott und den Menschen getrennt und gegeneinander ausgespielt, dass es Streit um ihre jeweilige Person und daraus folgend Spaltungen in der Gemeinde gibt. In dieser Situation des Selbstruhms der einzelnen Parteien, die sich jeweils auf »ihren« Verkündiger beziehen mit der Folge der Aufwertung der jeweils eigenen Weisheit und Charismen und der Abwertung der anderen, betont Paulus die Gleichursprünglichkeit aller Verkündigung und Charismen in Gott bzw. in Christus.

1. Gott als Ursprung und Mittelpunkt aller Dienste

Die Dienste und Ämter werden von Paulus im 1. Korintherbrief ausdrücklich auf *Gott als Ursprung* zurückgeführt und sind zum *Dienst an den Menschen* gegeben (vgl. 1 Kor 12,4–7: »Es gibt verschiedene Gnadengaben, aber nur den einen Geist. Es gibt verschiedene Dienste, aber nur den einen Herrn. Es gibt verschiedene Kräfte, die wirken, aber nur den einen Gott: *Er bewirkt alles in allen.* Jedem aber wird die Offenbarung des Geistes geschenkt, *damit sie anderen nützt.*« [Hervorhebungen TO]).
Die Gnadengabe und Funktion, die einer Person aus der Relation zu Christus für andere erwächst, nennt Paulus »Charisma«, und zwar

am häufigsten im ersten Korintherbrief (1,7; 7,7; 12,4.9.28.30.31).[24] In den erwähnten Spannungen im ersten Korintherbrief wird deutlich, dass Paulus neben den »Ämtern« auch alle Gaben des Geistes *auf den Geber* zurück bezieht. Nur in Bezug zu ihm sind die Charismen echt und ist der Träger ein echter Charismatiker: »Für Paulus wäre es ein Kardinalfehler, die Gnadengaben und Kraftwirkungen als vom Geist, vom Herrn und von Gott isolierbar zu halten, also zu glauben, über diese Geistesgaben autonom verfügen und diese selbst inszenieren zu können. Wo die Gabe vom Geber getrennt wird, da wird aus der Gabe usurpierter Eigenbesitz, Selbsttäuschung oder, wie in Korinth besonders deutlich, Zerfall der Gemeinde in religiöse Individualisten und pneumatische Solisten. Gegenüber solcher fehlenden Rückbindung an den Ursprung beharrt Paulus darauf, dass in der Gabe der Geber selbst präsent ist und präsent bleibt. Wo aber der Geber selbst auf den Plan tritt, da ist es vorbei mit Privilegien, Aufgeblasenheit und Selbstsicherheit der Begabten, da erkennt sich der Begabte als der Begnadete und zum Dienst Verpflichtete.«[25]
Somit sind das wesentliche Ergriffensein der Person durch Gott und die damit verbundenen Begabungen keine isolierte »Auszeichnung« für den so begnadeten Menschen und schon gar kein Grund, sich selbst allein deshalb zu rühmen. Gott tritt mit dem Menschen in eine neue Beziehung und stellt ihn gleichzeitig damit in neue Beziehungen zu seinen Mitmenschen. Der von Gott »begabte« Christ – wiederum alle Christen insgesamt und die Amtsträger im Besonderen – soll die Wirkungen dieser Umgestaltung im Dienst an den Menschen sichtbar und fruchtbar werden lassen.
Die verschiedenen Ämter und Charismen sind also Dienste, die zwar durch konkrete Personen als »Werkzeuge« ausgeübt werden, die aber nicht auf die Person des jeweiligen Trägers verweisen, sondern nur aus der Beziehung zu Christus und im bleibenden Verweis auf ihn bestehen und fruchtbar werden können. Die Person mit ihrer Funktion »ist« nur etwas in Bezug zu Christus und zu den Menschen. Deshalb zeigt Paulus den christologischen Grund des Glaubens und aller Weisen der Verkündigung auf. So verweist z.B. die Taufe nicht auf die Person des Taufenden, sondern auf Christus

[24] Vgl. dazu und allgemein zum Begriff »Charisma« bei Paulus Wolfgang Schrage: Der erste Brief an die Korinther (3. Teilband: 1 Kor 11,17–14,40), Zürich – Düsseldorf – Neukirchen-Vluyn 1999 (EKK VII,3), 138.
[25] Ebd., 143.

selbst. Die Taufe geschieht allein auf den Namen Jesu Christi und drückt die Zugehörigkeit zu ihm aus, *unabhängig* vom menschlichen Verkündiger und Spender der Taufe: »Ich meine damit, dass jeder etwas anderes sagt: Ich halte zu Paulus – ich zu Apollos – ich zu Kephas – ich zu Christus. Ist denn Christus zerteilt? Wurde etwa Paulus für euch gekreuzigt? Oder seid ihr auf den Namen des Paulus getauft worden? Ich danke Gott, dass ich niemand von euch getauft habe, außer Krispus und Gaius, so dass keiner sagen kann, ihr seiet auf meinen Namen getauft worden« (1,12–15). Alle Dienste und Ämter verweisen also nicht auf die Person, die sie ausübt, sondern auf Gott bzw. Christus als Ursprung und eigentlich Handelnden.

Gegen die Tendenz in der Gemeinde Korinths, bestimmte Personen und bestimmte Gaben über alles zu schätzen und zu verabsolutieren, andere dagegen als unpneumatisch verächtlich abzutun, nivelliert Paulus keineswegs alle Charismen. »Aber bevor er differenziert und die Vielfalt herausstellt, schärft er mit Hinweis auf den einheitlichen Ursprung die prinzipielle Gleichrangigkeit aller Gnadengaben ein, und eben die wird in Korinth von bestimmten Kreisen mit Superioritätsansprüchen offensichtlich bestritten.«[26] Die Dienste und Ämter und damit die Personen, die sie ausüben, dienen von Gott her den Menschen. Der Verkündiger ist nur der *Diener, durch den Christus wirkt*: »Sie sind also Diener, jeder, wie der Herr es ihm gegeben hat: Ich habe gepflanzt, Apollos hat begossen, Gott aber ließ wachsen. So ist weder der etwas, der pflanzt, noch der, der begießt, sondern nur Gott, der wachsen lässt ... Denn wir sind Gottes Mitarbeiter; ihr seid Gottes Ackerfeld, Gottes Bau« (3,5–9). Somit ist der Verkündiger Mitarbeiter und *Diener Gottes*, von dem er sich in Dienst nehmen lässt, und *Diener der Menschen*, für die er in Dienst genommen ist. Der Verkündiger steht in einem »Dienstverhältnis« zu Gott und zu den Menschen, damit Gott durch ihn zum Zuge kommen kann.

Die Frage stellt sich nun, welche Voraussetzungen bei einem Menschen gegeben sein müssen, damit Gott ihn in Dienst nehmen kann.

---

[26] Ebd., 135.

2. Voraussetzungen beim Menschen, damit Gott durch ihn wirken kann

Der oben dargestellten Fehlentwicklung in der Gemeinde von Korinth, dass die jeweilige Person ungebührlich in den Mittelpunkt gestellt und der Bezug zu Gott und der Dienst an den Menschen dadurch verstellt wird, setzt Paulus eine Voraussetzung von Seiten der menschlichen Person entgegen. Diese Voraussetzung gilt für alle Christen und ihr jeweiliges Handeln als Glaubende, es gilt jedoch in verstärktem Maße speziell für diejenigen, die öffentlich verkündigen und dauerhaft ein Amt ausüben.

2.1 Die Schwachheit der menschlichen Person als »Einfallstor« Gottes

Gottes Kraft entfaltet sich nicht in der von ihrer eigenen menschlichen Stärke überzeugten und darauf bauenden Person, die damit in sich verschlossen ist und um sich selbst kreist, sondern *in der Schwachheit* des Glaubenden. Wenn der Glaubende diese Schwachheit seiner eigenen Person annimmt und sich damit Gott zur Verfügung stellt, wird seine Person aufgebrochen aus ihrer Verschlossenheit und offen: Gott kann mit diesem Menschen in Beziehung treten und ihn mit seiner Kraft erfüllen. So wird diese Person zu einem wahren Mitarbeiter Gottes, durch die hindurch Gott selbst zum Zuge kommt. Die menschliche Schwachheit ist sozusagen der »Leerraum« und das »Einfallstor« für Gottes Beziehung und Kraft. Gegen die Überheblichkeit durch die eigene Weisheit und das Sich-selbst-Rühmen setzt Paulus ganz bewusst die Torheit des Kreuzes und die menschliche Schwachheit, in der allein Gottes Kraft wirksam wird: »Seht doch auf eure Berufung, Brüder! Da sind nicht viele Weise im irdischen Sinn, nicht viele Mächtige, nicht viele Vornehme, sondern das Törichte in der Welt hat Gott erwählt, um die Weisen zuschanden zu machen, und das Schwache in der Welt hat Gott erwählt, um das Starke zuschanden zu machen ... damit kein Mensch sich rühmen kann vor Gott« (1,26–29).[27] Gott beruft und erwählt Menschen in

[27] Vgl. auch die Aussagen des Paulus über sich selbst in 2 Kor 12,1–10, v.a. 12,5b: »Was mich selbst angeht, will ich mich nicht rühmen, höchstens meiner Schwachheit«; 12,9: »Er [der Herr] aber antwortete mir: meine Gnade genügt dir; denn sie erweist ihre Kraft in der Schwachheit. Viel lieber also will ich mich meiner Schwachheit rühmen, damit die Kraft Christi auf mich herabkommt.«

seine Nachfolge (damit sind alle Christen insgesamt und insbesondere die mit einem öffentlichen Amt in der Gemeinde Betrauten gemeint), die nicht mit der irdischen Weisheit, der Weisheit dieser Welt, gefüllt sind, damit *seine* Weisheit in ihnen Platz greifen kann.

2.2 Die Person wird »durchlässig« für Gott und den Dienst an den Menschen

Damit wird wieder wie in II.1 deutlich, dass nicht die menschliche Person, sondern Gott Mittelpunkt und Urheber aller Dienste ist, dass Gott jedoch *im Menschen* einen Leerraum ausfüllt und dadurch handelt. Der Mensch kann also Träger der Gnade und Kraft Gottes sein für andere. In solchen in den Augen der Welt »schwachen« und dadurch für ihn offenen Menschen kann Gott seine Kraft und Weisheit entfalten, und nur in dieser bleibenden Relation – wenn Gott der in der Person eigentlich Handelnde für die Menschen ist – wird die Person ihrer Aufgabe gerecht, ansonsten stellt sie sich ungebührlich »zwischen« Gott und die Menschen. Nicht die in sich stehende und sich selbst genügende menschliche Person, sondern Christus allein ist die Quelle des Glaubens und aller Gaben des Glaubens. Er wurde von Gott zur Weisheit, Gerechtigkeit, Heiligung und Erlösung gemacht (vgl. 1,30). Dafür soll die in Dienst genommene Person Raum bieten und *durchlässig* sein. Nur in diesem Verhältnis (von Christus her für die Menschen), das jedoch in der Person des Mitarbeiters Platz greift (s.u. 3.1), wird deutlich, dass diese Gaben letztlich nicht in der menschlichen Person, sondern in Christus verankert sind. Christus füllt den so in Dienst genommenen Menschen umso mehr aus, je offener dieser dafür ist, je mehr er eine »Schwäche« dafür hat und sich nicht seiner eigenen Stärke rühmt: »Wer sich also rühmen will, der rühme sich des Herrn« (1,31). Dies unterstreicht die Intention des Paulus: die Verankerung aller wahren Weisheit und Kraft in Christus und nicht in einem menschlichen Verkünder.
Wie sehr Paulus diese Beziehung und Durchlässigkeit der Verkündigung weg von aller selbstherrlichen Menschenweisheit hin auf die Kraft Gottes am Herzen liegt, wird an Paulus selbst deutlich: Er verkündigte in »Schwäche und in Furcht« Jesus Christus als den Gekreuzigten, nicht mit »Überredung durch gewandte und kluge Worte«, sondern in Verbindung mit dem Erweis von »Geist und Kraft«, damit sich der Glaube »nicht auf Menschenweisheit stütze, sondern

auf die Kraft Gottes« (vgl. 2,1–5). Die Voraussetzung dafür, dass Gott durch den menschlichen Diener wirken kann, ist also, dass die entsprechende Person leer wird von eigenem »Machen« und damit offen wird für Gott. So kann Gottes Geist den Menschen in Dienst nehmen und durch ihn wirken. Die Funktionen dieses in Dienst genommenen Menschen stehen in Bezug zu Gott als dem eigentlich Handelnden.

Schon mehrfach ist angeklungen, dass Gott in eine neue Beziehung zum menschlichen Diener tritt, die das ganze Sein dieses Menschen betrifft. Was ereignet sich nun im Inneren der Person, die so für Gott »leer« und »durchlässig« geworden ist? Was bedeutet diese neue Relation von Gott her zu den Menschen, diese Indienstnahme für die entsprechende Person und was geschieht dabei mit ihren Naturanlagen?

3. Wirkungen der Indienstnahme durch Gott auf die Person

3.1 Umgestaltung der Person

Die neue Heilsbeziehung Gottes zum glaubenden Menschen greift im Innersten dieser Person Platz und schenkt ihr einen je spezifischen Anteil an der Sendung Christi.

Paulus lässt offen, ob dieser spezifische Anteil des Einzelnen an Christus auf den natürlichen Begabungen der jeweiligen Person aufbaut oder ob »Charisma« etwas völlig Neues ist, das nicht an mitgebrachte natürliche Fähigkeiten anknüpft. Für Paulus ist auf jeden Fall klar, dass die Beziehung und Indienstnahme durch Gott die betreffende Person *radikal und wesentlich umgestaltet*: »Paulus selbst lässt sich darüber nicht aus, vermutlich darum, weil er Gott *beidemal* als den schöpferisch Wirkenden versteht (vgl. 4,7), vor allem aber darum, weil er von einer radikalen Neuwerdung und Umgestaltung des ganzen Christen inklusive seiner sog. Naturanlagen ausgeht (vgl. 2 Kor 5,17[28]; Röm 12,1f u.a.) und keinerlei Interesse an einer solchen Aufteilung hat. Sowenig Charisma nur ein anderes Wort für Natur-

[28] Diese Stelle drückt besonders das neue Sein des Christen durch seine Zugehörigkeit zu Christus aus: »Wenn also jemand in Christus ist, dann ist er eine neue Schöpfung: Das Alte ist vergangen, Neues ist geworden«.

talent ist, sosehr kann ein solches charismatisch qualifiziert und wie alle anderen Schöpfungsgaben in Dienst genommen werden...«[29] Festzuhalten bleibt somit bei allen offenen Detailfragen, dass der von Gott mit einem Charisma begabte und in Dienst genommene Mensch dadurch *wesentlich* umgestaltet wird. Das Neuwerden der so von Gott in Dienst genommenen menschlichen Person ist grundlegend.

Diese Umgestaltung darf jedoch nicht statisch-isoliert in und für sich allein betrachtet, sondern muss in ihrem dynamischen »Woher« und »Wozu« beachtet werden, was in den bisherigen Ausführungen schon angeklungen ist. Die Umgestaltung geschieht in Beziehung: *durch Gott – für die Menschen.* Sie greift *von Gott ausgehend* Platz im dafür offenen Menschen *um des Dienstes willen.* Wiederum wird deutlich: Die ontologische Umgestaltung der Person durch die neue Beziehung zu Gott und den Menschen und die daraus folgenden Funktionen gehören untrennbar zusammen.

An Paulus und den von ihm genannten vorbildlichen Verkündigern wird sichtbar, wie die Indienstnahme durch Gott die entsprechenden Menschen in neue Beziehungen stellt, sie wesentlich prägt und umgestaltet: sie leben nun nicht mehr für sich selbst und ihre eigene Ehre, sondern aufgrund ihrer neuen Beziehung zu Gott für die Menschen. Nur aufgrund dieser Indienstnahme kann sich Paulus dann mit dem Ehrentitel eines »geistlichen Vaters« bezeichnen, der seine neue Beziehung als Vorbild für die Glaubenden ausdrückt.

3.2 Das neue Sein des Paulus als »geistlicher Vater« und Vorbild

Paulus stellt wie dargelegt die Schwäche der Verkündiger und seines Apostelamtes als Erweis der alleinigen Wirksamkeit und Stärke Gottes dar. Nachdem so sichergestellt ist, dass der Ruhm allein Gott gebührt, beschreibt er seine Beziehung zu den von ihm »gewonnenen« Gläubigen nicht nur als Diener, sondern als Vater und Vorbild, an das sie sich halten sollen: »Nicht um euch bloßzustellen, schreibe ich das, sondern um euch als meine geliebten Kinder zu ermahnen. Hättet ihr nämlich auch ungezählte Erzieher in Christus, so doch nicht viele Väter. Denn in Christus Jesus bin ich durch das Evangelium

[29] W. Schrage: Der erste Brief an die Korinther, 139.

euer Vater geworden. Darum ermahne ich euch: Haltet euch an mein Vorbild!« (4,14–16).[30]
Der Apostel und seine Mitarbeiter sind also »jemand« geworden durch Jesus Christus und das Wirken seines Geistes in ihnen. Sie sind Diener Christi und der Menschen. Paulus ist geistlicher Vater derer, die durch ihn zum Glauben gekommen sind; alle Autorität und Vollmacht zum Dienst haben er und seine Mitarbeiter nicht aus sich und für sich selbst. Sie sind was sie sind durch Christus für die Menschen.

4. Auswertung

Die neue Heilsbeziehung zu Gott prägt das Leben und gestaltet die Person aller Christen dauerhaft neu, damit sie vor anderen und für andere davon Zeugnis ablegen. Man kann sagen, dass in der Person des Christen die neue Heilsrelation von Gott her Platz greift und das ganze Leben des Glaubenden immer mehr prägen und verwandeln will. Ähnliches gilt für Amtsträger: Um des Heilsdienstes an anderen willen werden Menschen von Gott speziell in Dienst genommen, damit er durch sie wirken kann. Durch die Person und das Handeln dieser Diener hindurch soll deutlich werden, dass sie nicht aus sich selbst und nicht kraft ihrer eigenen Person, sondern ganz aus dieser Relation – von Gott her für die Menschen – handeln. Wenn der Diener dafür »durchlässig« ist, d.h. dieser neuen Relation – und damit seinem eigentlichen »Wesen« als besonders in Dienst genommenem Diener Gottes und der Menschen – entspricht, wird er seinem Auftrag gerecht. Wenn der Diener jedoch nicht »durchlässig« ist für Gott als den eigentlich Handelnden und für Gottes Wirken an den Menschen, dann stellt er sich selbst oder wird, wie in Korinth geschehen, von anderen ungebührlich mit seiner Person in den Mittelpunkt gestellt.
Das untrennbare Zueinander von »ontologisch« und »funktional« ist hier in gewisser Weise zu finden: Um des Heilsdienstes willen nimmt Gott eine Person wesentlich in Beschlag. Die Funktionen gehören durch die von Gott geschenkten neuen Relationen zum Wesen des Amtsträgers, ohne dass seine Person dadurch als Ursprung und End-

[30] Zur Rolle des Erziehers und zur geistlichen Vaterschaft des Paulus an anderen Stellen vgl. ebd., 355f.

ziel dieser Funktionen unrechtmäßig ausgezeichnet wird. Gott bleibt durch die dauerhaft geschenkte Beziehung zum Amtsträger der eigentlich Handelnde und die Menschen das Ziel der Funktionen des Amtsträgers.

Das Hauptanliegen des Paulus, alle Dienste und Ämter sowie die Personen, die sie innehaben, in eindeutige Relation zu Gott und den Menschen zu stellen, wird in ähnlicher Weise in der Apostelgeschichte bei Lukas deutlich. Es geht auch hier nicht in erster Linie um die Person des menschlichen Dieners, sondern um Gottes Dienst durch die Person des Dieners an den Menschen. Diese neue »Dienstrelation« – von Gott her für die Menschen – prägt jedoch auch die Person des Dieners.

III. Ämter und Dienste in der Apostelgeschichte

In der Apostelgeschichte, die mit dem Lukasevangelium das Doppelwerk eines Verfassers bildet, der in der Tradition mit Lukas benannt ist, sind die Apostel und Missionare Zeugen der Großtaten Gottes und des Heilsereignisses in Christus, das allen Menschen verkündet werden soll. Diese Verkündigung steht im Mittelpunkt ihrer Sendung, für diese Funktion werden sie mit ihrer ganzen Person in Dienst genommen. Als Werkzeuge der Ausbreitung des Wortes Gottes werden sie nicht mehr erwähnt, wenn sie nach Meinung des Verfassers ihre Aufgabe erfüllt haben.[31] Die Apostelgeschichte kennt außer dem Apostelamt noch weitere verschiedene Dienste und Ämter (1.), deren Träger neben ihrem Geistempfang in der Taufe nochmals durch die Kraft des Heiligen Geistes für ihre speziellen Funktionen zugerüstet und befähigt werden (2.). Der Heilige Geist bewirkt die ständige Beziehung des Verkündigers und Amtsträgers zu Christus (3.) und die Ausrichtung der Person und Funktion des Amtsträgers auf die Sendung zu einem jeweils spezifischen Dienst (4.). Die Auswertung zeigt, dass die Ämter und Dienste der Apostelgeschichte unerlässlich sind für die Verkündigung und Ausbreitung des Wortes Gottes. Als »personales« Werkzeug ist die Person des dafür in Dienst genommenen Menschen jedoch nicht zur eigenen Ehre ausgezeichnet, sondern kraft des Heiligen Geistes in eine neue Beziehung zu Gott für den Dienst an den Menschen gestellt (5.).

1. Das Amt der Apostel und weitere Dienste

Neben dem zentralen Amt der Apostel werden weitere Ämter und Dienste genannt wie die »sieben Männer«, die für den Dienst an den Tischen bestellt werden (6,1–6) und die »Ältesten« (14,23, in 20,28 auch als »Bischöfe« bezeichnet). Außerdem werden noch »Prophe-

[31] Vgl. Klaus Kliesch: Apostelgeschichte, Stuttgart 1986 (Stuttgarter kleiner Kommentar. Neues Testament 5), 15.

ten und Lehrer« (13,1), sowie »Evangelisten« (21,8) und verschiedene Helfer und Begleiter der Apostel (vgl. 13,5; 15,39.40; 19,22) aufgeführt. Die Personen, die für diese Ämter und Dienste bestellt sind, haben wie bei Paulus ihre Funktionen nicht aus sich selbst und wirken nicht aus eigenem Vermögen, sondern in der Kraft des Heiligen Geistes, der für Lukas eine wichtige Rolle spielt. Die Frage stellt sich nun, wem der Heilige Geist persönlich zugesagt ist – ob nur den speziellen Diensten oder allen Christen – und wie diese Mitteilung des Geistes geschieht.

2. Die Empfänger des Geistes

Für Lukas ist eine Theologie des Heiligen Geistes zentral: Insgesamt zweiundsiebzigmal ist in der Apostelgeschichte von ihm die Rede. Die Zeit der Kirche ist die Zeit des Heiligen Geistes. Die Mitteilung des Heiligen Geistes ist jedoch nicht auf die Träger spezieller Dienste und Ämter beschränkt: Grundlegend für alle Christen ist der Geistempfang bei der Taufe.[32] Die Aussagen des Petrus an die fragende Menge nach seiner Pfingstpredigt in Apg 2,38 sind dafür ein Beispiel: »Petrus antwortete ihnen: Kehrt um, und jeder von euch lasse sich auf den Namen Jesu Christi taufen zur Vergebung seiner Sünden; *dann werdet ihr die Gabe des Heiligen Geistes empfangen*« (Hervorhebung TO). Die Mitteilung des Geistes geschieht an verschiedenen Stellen durch Handauflegung bzw. wird durch sie begleitet. Dies gilt für die Taufe wie für die Sendung zu einem speziellen Dienst. So wird durch Handauflegung und Gebet den sieben Männern eine spezielle Funktion übertragen, damit die Apostel beim Gebet und beim Dienst am Wort bleiben können (vgl. 6,1–6). Unter Fasten, Gebet und Handauflegung werden Barnabas und Saulus ausgesondert zu der Aufgabe, für die sie der Geist Gottes berufen hat (vgl. 13,1–3).[33] Während ihrer Mission bestellen diese in jeder Ge-

---

[32] Nach Gerhard Schneider wird dies auch durch Apg 8, 14–17 und 10, 44–48 nicht prinzipiell in Frage gestellt, vgl. Gerhard Schneider: Die Apostelgeschichte. Erster Teil, Apg 1,1–8,40, Freiburg – Basel – Wien, Ungekürzte Sonderausgabe 2002 (Herders theologischer Kommentar zum Neuen Testament, Apostelgeschichte und Briefe), 258.

[33] Siehe dazu auch Gerhard Schneider: Die Apostelgeschichte. Zweiter Teil, Apg 9,1–28,31, Freiburg – Basel – Wien, Ungekürzte Sonderausgabe 2002 (Herders theologischer Kommentar zum Neuen Testament, Apostelgeschichte und Briefe), 114.

meinde durch Handauflegung Älteste und empfehlen sie mit Gebet und Fasten dem Herrn (14,23).
Der Heilige Geist bewirkt also die Beziehung zu Gott als dem Urheber des Heils und der Verkündigung und der Heilige Geist befähigt zur Sendung im Namen Gottes.

3. Das »Woher« der Befähigung: in der Kraft des Heiligen Geistes

Durch die Kraft des Geistes werden die genannten Verkündiger und Mitarbeiter von Christus in Dienst genommen, d.h. ihr Dienst ist nicht aus ihnen selbst abgeleitet, sondern rückgekoppelt an den Auferstandenen, der durch den Geist wirkt.
Bei Lukas ruht der Geist in der Zeit des irdischen Jesus nur auf Jesus allein.[34] Nach seiner Erhöhung geschehen die Vervollständigung der Zwölferzahl der Apostel, ihre Verkündigung, Heilungen und Zeichen sowie der Dienst der von ihnen eingesetzten Mitarbeiter *nicht durch eigene Kraft, sondern durch den Auferstandenen*. Der Auferstandene ist durch den Heiligen Geist in seiner Kirche gegenwärtig. Erst die Kraft des Geistes ermöglicht die Zeugenschaft und macht die dazu bestellten Menschen zu Dienern des Wortes.[35] Er ermöglicht es den Aposteln, Zeugen zu sein in Jerusalem bis an die Grenzen der Erde, er führt sie und zeigt ihnen die verschiedenen Wege. Die Zeit der Kirche nimmt die vorausgegangene Heilsgeschichte auf und setzt sie vom Heiligen Geist geführt fort. Das zeigt sich z.B. in der Wahl des neuen Apostels in 1,15–26. Für Lukas muss es zwölf Apostel geben. Sie verbürgen die Kontinuität zwischen dem Christusereignis und der Zeit der Kirche. Sie stellen die Verbindung zum alten Israel her und sind zugleich als Stammväter des neuen Gottesvolkes Träger des Heiligen Geistes. Die Kirche ist wesentlich apostolische Kirche: Durch die zwölf Apostel wird die Kontinuität zwischen Israel, dem Jesusgeschehen und der Zeit der Kirche hergestellt. In der Taufe wird durch die Kraft des Heiligen Geistes für alle Christen die grundlegende Heilsbeziehung zu Gott gestiftet. Zur Ausbreitung des Evangeliums werden für spezielle Dienste und Ämter bestimmte Personen durch den Heiligen Geist befähigt, indem sie in

[34] Vgl. G. Schneider: Die Apostelgeschichte. Erster Teil, 258.
[35] Vgl. ebd., 224.

eine neue »Dienstbeziehung« von Christus her zu den Menschen gestellt werden.

4. Das »Woraufhin« der Geistmitteilung: Sendung zum Dienst

Die Geistmitteilung für spezielle Amtsträger ist keine Auszeichnung dieser Person für sich selbst um ihrer eigenen, höheren Würde willen, sondern Sendung zu einem bestimmten Dienst. Der Heilige Geist wird den Personen der verschiedenen Dienste und Ämter *für ihre spezielle Funktion und Sendung* verliehen. Wie oben dargelegt, haben die Apostel und Missionare eine Funktion und weltweite Sendung, für die sie mit ihrer ganzen Person in Dienst genommen sind: Sie sollen als Werkzeuge der weiteren Ausbreitung des Wortes Gottes von Jerusalem aus »bis an die Grenzen der Erde« (1,8) dienen. Die Apostel und ihre Mitarbeiter bringen als Zeugen das Christusereignis zu seiner Erfüllung, der Geist Gottes gibt ihnen dazu die notwendige Parrhesia, den Freimut der Verkündigung. Durch das Wirken Gottes fällt das Los auf Matthias, um mit den elf Aposteln Zeuge der Auferstehung zu sein (vgl. 1,15–26).[36] Im Pfingstereignis bekommen die Apostel und die Jünger durch den Heiligen Geist die Gabe und Sendung, auch anderen Völkern verstehbar die Großtaten Gottes zu verkündigen (vgl. 2,1–13). Die »Glossolalie« wird dabei von Lukas der missionarischen Verkündigung zugeordnet: »Sie befähigt zu jenem weltweiten Zeugnis, das den Aposteln 1,8 zugesagt und aufgetragen ist.«[37] Für den Dienst an den Tischen werden aus den Jüngern die schon erwähnten sieben Männer von gutem Ruf und voll Geist und Weisheit ausgewählt, um die Apostel bei ihrer Aufgabe zu entlasten (vgl. 6,1–6). Alle diese Aufgaben sind bestimmte, vom Geist bewirkte und getragene Sendungen für bestimmte Personen, die dadurch Gottes Werk fortsetzen, der sie zum Dienst an den Menschen beruft. Das Christusereignis wird also durch den Heiligen Geist in der Kirche für die Welt wirksam und fortgeführt, unter anderem durch konkret dafür in Beschlag genommene Menschen.

[36] Zur Voraussetzung und Funktion des Apostelamts siehe außerdem G. Schneider: ebd., 219 u. 224 ff.
[37] Ebd., 250.

5. Auswertung

Die Ämter und Dienste in der Apostelgeschichte sind Teil der »Beziehungsgeschichte« des Heiligen Geistes mit konkret dafür in Dienst genommenen Personen, durch die Gott zum Heil der Menschen wirkt. Das Amt der Apostel und die weiteren Ämter und Dienste in der Apostelgeschichte sind wie bei Paulus keine in sich stehenden Größen um ihrer selbst oder um der persönlichen Auszeichnung willen, sondern »Werkzeuge« des Heiligen Geistes, durch die Christus sein Werk zum Heil der ganzen Menschheit fortsetzt. Als solche »personalen« Werkzeuge bekommen die in Dienst Genommenen Auftrag und Kraft von Gott, dem sie sich mit ihrer Person zur Verfügung stellen und auf dessen Beistand sie in ihrer jeweiligen Sendung vertrauen dürfen. Die Person des menschlichen Dieners wird wiederum in eindeutige Relation – von Gott her zu den Menschen – gestellt und ist wesentlich davon geprägt.
Zum Abschluss des biblischen Teils werden nun noch die Pastoralbriefe betrachtet, in denen durch eine im Vergleich zu den paulinischen Schriften und der Apostelgeschichte neue Situation auch ein neues Anliegen deutlich und dadurch ein weiterentwickeltes Amtsverständnis hervorgerufen wird.

IV. Amt in den Pastoralbriefen

Die so genannten Pastoralbriefe (1 und 2 Tim, Tit) sind vermutlich Ende des 1., Anfang des 2. Jahrhunderts entstanden. Sie spiegeln die Zeit des Übergangs von der apostolischen zur nachapostolischen Kirche wider und sind somit ein wichtiges Zeugnis für die weitere Entwicklung der verschiedenen Ämter in dieser Übergangszeit. Als Adressaten werden die beiden Apostelschüler Timotheus und Titus genannt, die jedoch eine stellvertretende Funktion haben: Als Empfänger der Weisungen des »Paulus« stehen sie für die Personen, die in den christlichen Gemeinden und ihren speziellen Situationen bereits eine besondere Verantwortung und Leitungsaufgabe für das Leben und den Glauben dieser Gemeinden übernommen haben (1.).[38]

Zu den bisher in den echten Paulusbriefen und in der Apostelgeschichte dargestellten wesentlichen Relationen der Amtsträger (von Gott her ermächtigt zu spezifischen Dienst-Funktionen für die Menschen) kommt in den Pastoralbriefen eine weitere wesentliche Beziehung hinzu: die Beziehung zu Paulus bzw. zu apostolischen Repräsentanten der Kirche und damit zum apostolischen Ursprung. Ziel dieser wesentlichen Relationen ist auch in den Pastoralbriefen trotz der eindeutigen Hervorhebung der Autorität der Amtsträger nicht die Person des Amtsträgers und ihre persönliche Auszeichnung, sondern ihre soteriologische Funktion im Dienst der Heilsvermittlung

[38] Zentrale Aufgabe des Amtsträgers in den Pastoralbriefen sind seine gemeindeleitenden und -ordnenden Funktionen, die deshalb auch bei den folgenden Ausführungen im Mittelpunkt stehen. Weitere konkrete Angaben über die jeweiligen Aufgaben der Bischöfe, Presbyter und Diakone sind aus den Pastoralbriefen nur schwerlich zu entnehmen. Vgl. dazu Lorenz Oberlinner: Erster Timotheusbrief, in: Ders., Erster Timotheusbrief, zweiter Timotheusbrief: Auslegung, Freiburg – Basel – Wien, Ungekürzte Sonderausgabe 2002 (Herders theologischer Kommentar zum Neuen Testament, Apostelgeschichte und Briefe), 248–254, bes. 251: »Eine eindeutige Aufgliederung und gegenseitige Abgrenzung der Gemeindedienste ist nicht ohne weiteres möglich und entspricht auch nicht der Intention der Past. Die zentrale Aufgabe der Gemeindeleiter und ihre erste Pflicht liegt, entsprechend der Gefährdung des rechten Glaubens durch Irrlehrer, in der Fürsorge für die Glaubensüberlieferung, im Dienst an der Verkündigung des Wortes und in dem Bemühen um die Bewahrung der Lehre.«

(2.). Daraus ergeben sich bestimmte Voraussetzungen und Anforderungen an die Person des Amtsträgers, aber auch eine Verantwortung der Gemeinde für ihre Gemeindeleiter (3.). Die Geistmitteilung für das entsprechende Amt geschieht durch Handauflegung, die in den Pastoralbriefen Ordination bedeutet (4.).
Die abschließende Auswertung zeigt eine auf Grund aktueller Gefahren in den Gemeinden deutlichere Profilierung der Person und Funktionen des Amtsträgers in seinen Bezügen zu Gott/Jesus Christus, zum apostolischen Ursprung und zur Gemeinde. Nur wenn der Amtsträger in diesen Relationen seinen Dienst ausübt, sind seine Funktionen soteriologisch fruchtbar für ihn selbst wie für die ihm anvertraute Gemeinde (5.).

1. Situation der Gemeinden und Funktion der Gemeindeleiter

Die Gemeindeleiter haben angesichts der pastoralen Situation zwei Aufgaben: Zum einen soll das Glaubensgut, das in der Autorität des Paulus begründet ist, von den durch »Paulus« eingesetzten und so legitimierten Gemeindevorstehern in den Gemeinden bewahrt und weiter überliefert werden, zum anderen sollen sie Irrlehren und ihre Vertreter bekämpfen, die mit dem Anspruch von Gnosis auftreten.
Diese beiden Grundbestimmungen der Funktion des Gemeindeleiters werden durch alles Weitere spezifiziert und erläutert, immer in der Grenzsituation zwischen Orthodoxie und Häresie. »Darin zeigt sich auch eine bedeutsame Verschiebung im Blick auf den historischen Paulus. Nicht mehr die nach außen missionarisch wirksame Verkündigung des Evangeliums steht im Vordergrund und wird als Auftrag weitergegeben, sondern die innergemeindliche Auseinandersetzung um Gestalt und Inhalt dieses Evangeliums steht an oberster Stelle.«[39]
Die Irrlehren und ihre Anhänger, gegen die zum Teil heftig polemisiert wird, waren die aktuelle Bedrohung für die nachapostolischen Gemeinden. Der Gemeindeleiter bekommt im Unterschied zu den echten Paulusbriefen, in denen die Gemeinde für ihre Einheit selbst verantwortlich war[40], eine zentrale Schlüsselrolle: »Das Kriterium

[39] Ebd., 21.
[40] Vgl. ebd., XXV.

der Rechtgläubigkeit liegt für die christlichen Gemeinden im Nachweis der Kontinuität zur Glaubensüberlieferung; diese Kontinuität aber wird garantiert durch den die Gemeinde repräsentierenden Nachfolger des Paulus im Amt des Gemeindeleiters.«[41]
Charakteristisch für die Pastoralbriefe ist diese *Herausstellung einzelner Personen*, die für die Lehre, die Weitergabe und Bewahrung der Glaubenstradition und für die Abwehr der Irrlehrer Verantwortung tragen. »In der vorgestellten Personenfolge von ›Paulus‹ bis in die Gemeinden der Past zeigt sich deutlich, wenn auch nicht ausdrücklich festgehalten und reflektiert, der Sukzessionsgedanke.«[42]
Der Apostteltitel betrifft besonders auch diejenigen, an die der Apostel sich wendet: »Wer das Wort des ›Paulus‹ an ›Timotheus‹ und des in seiner ›Nachfolge‹ stehenden Gemeindevorstehers annimmt, der steht zugleich in der Tradition der apostolischen Verkündigung, des apostolischen Evangeliums.«[43] Mit dem Apostolat ist sowohl der Gedanke der Übereinstimmung mit der apostolischen Tradition verbunden, wie auch der Gedanke der Einheit der Kirche in der Hinordnung auf und in der Unterordnung unter die apostolische Autorität. Die Linie in den Pastoralbriefen geht von der Vergangenheit der apostolischen Zeit über die Gegenwart der nachapostolischen Zeit in die Zukunft.
Die Frage stellt sich, worin die Vollmacht der Gemeindeleiter letztlich gründet und woher sie diese Vollmacht bekommen. Dabei wird deutlich, dass sie immer in verschiedenen Relationen stehen und innerhalb dieser Beziehungen ihre Funktionen ausüben. Zu den in den bisherigen Ausführungen zu Paulus und der Apostelgeschichte deutlich gewordenen Relationen der Amtsträger kommt in den Pastoralbriefen aus der o.g. neuen Situation die wichtige Relation zu apostolischen Repräsentanten der Kirche hinzu.

[41] Lorenz Oberlinner: Der Titusbrief, in: Ders., / Mußner, Franz, Der Titusbrief: Auslegung, Der Jakobusbrief: Auslegung, Freiburg – Basel – Wien, Ungekürzte Sonderausgabe 2002 (Herders theologischer Kommentar zum Neuen Testament, Apostelgeschichte und Briefe), 13.
[42] Ebd., 77. Lorenz Oberlinner greift die Ausführungen von Gerhard Lohfink auf und ergänzt: »Allerdings ist mit G. Lohfink zu betonen, dass das Schema der Sukzession nicht darauf ausgerichtet ist, die Weitergabe der Amtsvollmachten zu deklarieren; entscheidend ist vielmehr, dass durch die in verschiedenen Funktionen und Ämtern vorgestellten Verantwortlichen, die im Auftrag des »Paulus« handeln, ›die unverfälschte Weitergabe des der Kirche von Gott anvertrauten Evangeliums‹ garantiert ist.«
[43] L. Oberlinner: Erster Timotheusbrief, 2.

2. Ermöglichungsgrund der Funktionen und verschiedene Relationen

Der Gemeindeleiter handelt sowohl hinsichtlich seiner Vollmacht als auch hinsichtlich seiner Aufgaben und Funktionen niemals aus sich und für sich allein, er steht immer in deutlichen *Bezügen zu Gott, zu apostolischen Repräsentanten der Kirche und zur Gemeinde*. Im Folgenden werden der Ermöglichungsgrund der Funktionen und die verschiedenen Relationen, in denen die Amtsträger stehen, betrachtet.

2.1 Relation zu Gott/Jesus Christus als Ermöglichungsgrund der Funktion

Gleich zu Beginn des 1. Timotheusbriefes, in 1 Tim 1,1, wird die göttliche Legitimation des Apostolats von »Paulus« herausgestellt: »Paulus, Apostel Christi Jesu durch den Auftrag Gottes unseres Retters, und Christi Jesu, unserer Hoffnung.« Die Indienstnahme, die wesenhaft zum Apostelverständnis des Paulus gehört, wird zwar erst in 1,11; 2,7 und 2 Tim 1,11 ausdrücklich ausgesprochen, die Kennzeichnung als Apostel »Christi Jesu« zeigt jedoch dasselbe an: »Paulus« ist als bevollmächtigter Apostel selbst ein Beauftragter und Gesandter, *vollkommen abhängig von seinem Herrn, in dessen Auftrag und Vollmacht er handelt*. Dies wird untermauert durch 1,16, wo nicht von der dynamis des Paulus gesprochen wird, sondern vom machtvollen Handeln des Kyrios an ihm.

Der Kyrios Jesus Christus wird als der entscheidend Handelnde vorgestellt. Dies gilt sowohl für die Autorität des Apostels als auch für die in den Pastoralbriefen als Nachfolger der Apostel tätigen Gemeindeleiter. »Paulus« sieht sich als von Gott beauftragter »Verkünder und Apostel« Jesu Christi (1 Tim 2,4–7), ebenso wird der Gemeindeleiter als von Gott eingesetztes Werkzeug der Vermittlung seines Heils angesprochen (s.u. 2.4). Er ist Glied der Gemeinde, Bruder unter Brüdern und Schwestern und wird gleichzeitig in besonderer Weise in Dienst genommen, in den Dienst Jesu Christi. Sein Dienst der Unterweisung gründet im Auftrag Jesu Christi.[44]

»Timotheus« bzw. der damit bezeichnete Gemeindeleiter wird als *»Mann Gottes«* angesprochen (1 Tim 6,11), was ihn von den in den

[44] Vgl. ebd., 189.

vorausgegangenen Versen beschriebenen Irrlehrern unterscheidet. Diese Anrede ist aus der alttestamentlichen Tradition geläufig für »durch Gott und für Gott zu besonderem Dienst erwählte Personen. Es entspricht dem Grundverständnis vom Amtsträger in den Pastoralbriefen, dass dieser mit der verwendeten Anrede zuerst in seiner besonderen Verantwortung für die Gemeinde angesprochen ist, insofern also in seiner Stellung als von Gott beauftragter, aber zugleich vom Apostel autorisierter Verteidiger des rechten Glaubens (vgl. auch 3,17).«[45]

Gott bzw. Christus handelt also durch von ihm bestellte Menschen, die diese Vollmacht weitergeben. Aus der Relation zu Christus ergibt sich die Relation zum Apostel, der die apostolische Überlieferung repräsentiert und die Vollmacht an andere weitergibt.

2.2 Relation zu Paulus als Repräsentanten der apostolischen Überlieferung

Der Auftrag und die Vollmacht zur Heilsverkündigung geht aus von Gott/Jesus Christus über den Apostel zu den von ihm eingesetzten Gemeindeleitern, die diese Vollmacht an geeignete Personen durch Handauflegung weitergeben (vgl. z.B. 1 Tim 4,14; 2 Tim 2,2 u. siehe die näheren Ausführungen zur Bedeutung der Handauflegung unter 4.) und für die Bewahrung der Lehre sorgen. So ist auch das Tun dieser Gemeindeleiter und der von ihnen eingesetzten rechtmäßigen Nachfolger von »Paulus« als dem Repräsentanten der authentischen apostolischen Überlieferung legitimiert und hat amtliche Funktion. Das Evangelium wird in den Pastoralbriefen nicht mehr wie bei Paulus vorgestellt als das Evangelium Christi bzw. als Evangelium von Gottes Sohn, es wird definiert in der Relation zur Person und zur Autorität des Paulus als Repräsentanten des apostolischen Glaubens.[46]

Der in der Autorität des Apostels schreibende Verfasser lässt Paulus den Gemeindeleiter mit »Sohn« ansprechen (z.B. 2 Tim 1,2; 2,1 u.a.), was die Bedeutung der engen Beziehung und Verbundenheit mit Paulus und dem apostolischen Ursprung unterstreicht. Erst durch diese »Beziehungsfolge« der Rückbindung an Gott über die Autori-

[45] Ebd., 289.
[46] Vgl. ebd., 33.

tät des Paulus besitzt die Verkündigung der Gemeindeleiter soteriologische Relevanz: Sie handeln dadurch nicht aus eigener Anmaßung, sondern in göttlichem Auftrag und göttlicher Vollmacht (vgl. die näheren Ausführungen unter 2.4). Dabei wird jedoch die Bezeichnung »Soter« in den Pastoralbriefen niemals für eine menschliche Autorität, sondern ausschließlich für Gott und Jesus Christus gebraucht. Das Heil geht von Gott und seinem Willen aus und wird durch Christus Jesus vermittelt (vgl. 1 Tim 2,5), wobei die Beauftragung von Boten, die in der Beziehung zu Paulus und damit zum apostolischen Ursprung stehen, Bestandteil dieses Heilsplanes und Heilshandelns Gottes ist. Sie sollen diese Heilsbotschaft allen Menschen verkünden und durch ihren Dienst Gottes Heil vermitteln.[47]
Dem Gemeindeleiter kommt im Auftrag des Paulus eine Funktion zu, die nicht von der Gemeinde legitimiert werden kann, da die Gemeinde in erster Linie die Betroffene ist. Daraus ergibt sich eine gewisse Unabhängigkeit von der Gemeinde[48], die jedoch keine eigenmächtige Willkür bedeuten darf, sondern eingebunden sein muss in die *Dienstfunktion* des Vorstehers, in die er zu der ihm anvertrauten Gemeinde gestellt ist.

2.3 Relation zur Gemeinde

Der Anfang des Titusbriefes kennzeichnet »Paulus« und damit in gewisser Weise die von ihm autorisierten Boten in ihrer auf Grund ihres Dienstes spezifischen Beziehung zu Gott und zur Gemeinde als wichtige Personen mit wesentlichen Funktionen innerhalb des Heilsgeschehens: »Paulus, Knecht Gottes und Apostel Jesu Christi, berufen, um die Auserwählten Gottes zum Glauben und zur Erkenntnis der wahren Gottesverehrung zu führen« (Tit 1,1). Die Beziehung zur Gemeinde ist somit für Paulus und den jeweiligen Gemeindeleiter wesentlich: »... er ist in der Bestimmung seiner Stellung grundsätzlich angewiesen auf die Beziehung zur Gemeinde, die erst seine Eingliederung in das Heilsgeschehen ermöglicht. Unter diesem Aspekt der Einbindung des Paulus und des von ihm her autorisierten Gemeindeleiters in die Soteriologie und damit in die Verkündigung vom Heilshandeln Gottes zeigt der Autor, dass diese soteriolo-

[47] Vgl. L. Oberlinner: Der Titusbrief, 15.
[48] Vgl. L. Oberlinner: Erster Timotheusbrief, 53.

gische Komponente, nämlich die Frage nach der Fähigkeit der Vermittlung dieses Heilswillens Gottes, ein Kriterium und ein Prüfstein für den Gemeindeleiter ist«[49] (s.u. 2.4).
Der Dienst des Apostels und der von ihm autorisierten Gemeindeleiter geschieht zum Heil der Gemeinde und der Gemeindeleiter ist zunächst als Bruder unter Brüdern und Schwestern Teil der Gemeinde. Der in der Person des Timotheus angesprochene Gemeindeleiter steht jedoch in der Aufgabe der Bewahrung des rechten Glaubens und der Abwehr von Irrlehrern auch der Gemeinde gegenüber.
Weitere Vergleiche, die die Beziehung zur Gemeinde ausdrücken, sind die Bilder vom »Haus« (1 Tim 3,4.5) bzw. vom »Hausverwalter« (Tit 1,7). Sie spiegeln die vom rechtmäßigen »Hausherrn« her gesehene Gemeindesituation der Pastoralbriefe, in denen der Gemeindeleiter dem »Hauswesen« Gemeinde wie ein guter Hausvater vorzustehen hat und dafür auch Unterordnung und Gehorsam verlangen darf.[50] Der Amtsträger steht somit in verschiedenen Relationen, damit seine Funktionen wirklich der Heilsvermittlung dienen.

2.4 Die Soteriologie als Ziel der Relationen und Funktionen des Amtsträgers

In allen o.g. verschiedenen Relationen ist immer wieder ein entscheidender Punkt angeklungen: Der Amtsträger ist *um des Heiles willen* von Gott in Dienst genommen, seine Person und seine Funktionen stehen im Dienst der Soteriologie. So kommt z.B. nach mehreren Ermahnungen und Anforderungen an den Amtsträger in 1 Tim 4,16 dieses entscheidende und zentrale Ziel der Amtsträger in den Pastoralbriefen zur Sprache: »Achte auf dich selbst und auf die Lehre; halte daran fest! Wenn du das tust, *rettest* [Hervorhebung TO] du dich und alle, die auf dich hören.« Die Amtsträger haben somit eine entscheidende Funktion in der Soteriologie, die Person des Amtsträgers ist Werkzeug und »personales Medium«, das Gottes Heil vermittelt:

---

[49] L. Oberlinner: Der Titusbrief, 15.
[50] Zur Metapher vom Haus und Hausverwalter vgl. ebd., 78–83. Oberlinner hebt den Unterschied zum paulinischen Gemeindeverständnis hervor, wo »das Bild vom Leib von allen Gläubigen ihren Beitrag zur Gestaltwerdung der Gemeinde einfordert (vgl. 1 Kor 12,12–31a; Röm 12,4–8). [Dagegen] erscheint die Gemeinde der Past als eine ›institutionelle Größe‹, zu der die Gläubigen wie die Mitglieder einer Hausgemeinschaft gehören« (ebd., 80). Für die Pastoralbriefe liegt die Bedeutung der Funktionsbezeichnung »Oikonomos« auf der Linie der am Hauswesen orientierten Ekklesiologie.

»Dem Gemeindeleiter wird die Aufgabe zugesprochen, als ›Mittler‹ der von Gott geschenkten und in Christus offenbarten σωτηρία zu wirken. Damit sind zwei auf den ersten Blick gegensätzliche, letztlich aber doch innerlich zusammengehörige Bestimmungen für das Gemeindeleiteramt gegeben. (1) Das Ziel allen Handelns des Gemeindeleiters liegt in der Vermittlung des Heiles, der σωτηρία, die ... nur als freies und unverdientes Geschenk Gottes zu sehen ist; und deshalb ist das Charisma des Amtsträgers, seine ›Amtsgnade‹, grundsätzlich zu bewerten als Ausdruck einer *Dienst*funktion, die ganz und ausschließlich von Gott her definiert wird. Wo diese Bindung und diese Bedingung vergessen werden bzw. in ihrem bestimmenden Charakter nicht mehr deutlich sind, da verliert das Amt seine *theologische* Legitimation, mag es auch formal und vordergründig-faktisch weiterhin Bestand haben. (2) Mit der Hinordnung auf die Heilsvermittlung wird dem Amt die letztlich entscheidende Begründung und Legitimation gegeben. Wie ›Paulus‹ sich im Anschluss an das Credo 2,4–6 als (von Gott beauftragter) ›Verkünder und Apostel‹ vorgestellt hat (2,7), so wird der Gemeindeleiter als von Gott eingesetztes Werkzeug der Vermittlung seines Heils angesprochen.«[51] Weil Gott sich der Person des Amtsträgers zur Vermittlung seines Heils »bedient«, sind an den Amtsträger auch bestimmte Anforderungen und Bedingungen gestellt, damit sein Dienst glaubwürdig ist.

3. Anforderungen an die Person des Amtsträgers und Verantwortung der Gemeinde

Mehrfach taucht in einer Art Vergleich mit dem »Kriegsdienst« die Aufforderung zum »guten Kampf« auf (1 Tim 1,18; 6,12; 2 Tim 2,3f; 4,7). Dieses Bild war auch außerhalb der Pastoralbriefe eine geläufige Aufforderung, die sich an jeden Christen richtete. In den Pastoralbriefen geschieht jedoch durch die Aufnahme dieses Bildes in die spezielle Gemeindeleiterparänese eine Akzentverschiebung: Das Motiv des »Mit-Leidens« als »guter Soldat Jesu Christi« in 2 Tim 2,3 wird mit Rückgriff auf 2 Tim 1,8–12 nicht mehr wie in einigen Paulusbriefen (z.B. Röm 6,13; 2 Kor 6,7 u.a.) auf jeden einzelnen Christen, sondern exklusiv auf den Gemeindeleiter bezogen. »In der Cha-

[51] L. Oberlinner: Erster Timotheusbrief, 214.

rakterisierung als ›Soldat Christi Jesu‹ wird zusammen mit der Verpflichtung auf das Vorbild des Paulus die Vorrangstellung des Vorstehers unterstrichen.«[52] Der Einsatz des durch apostolische Autorität legitimierten Gemeindeleiters gilt der Gemeinde, für sie kämpft er. Deshalb hat der Gemeindeleiter selbst ein tadelloses Leben zu führen, wie die vielen Aufforderungen dazu in den Pastoralbriefen zeigen (z.B. 1 Tim 3,1–13). Im Gegenzug dazu hat die Gemeinde für das Leben ihres Leiters Sorge zu tragen.
Auf Grund der objektiven, gemeindebezogenen Beauftragung geschieht eine Art Rückkoppelung: »Der Gemeindeleiter muss in besonderer Weise dafür Sorge tragen, dass die von ihm geforderte Reinheit des Glaubens, die ›gesunde Lehre‹, mit allen Konsequenzen im sittlichen Bereich, zuallererst von ihm selbst verwirklicht wird. Aus der Sorge des Gemeindeleiters für den rechten Glauben seiner Gemeinde entwickelt sich die Sorge der Gemeinde um das rechte Leben und Verhalten ihres verantwortlichen Leiters bzw. der in verantwortlicher Position stehenden Leitungsgremien.«[53] Wie geschieht nun die Indienstnahme durch Gott zum Heil der Menschen und was wird der entsprechenden Person dabei vermittelt, damit sie ihren Dienst ausüben kann?

4. Die Bedeutung von Charisma, Handauflegung und Ordination in den Pastoralbriefen

Der Begriff »Charisma« wird in den Pastoralbriefen nur zweimal verwendet (1 Tim 4,14 u. 2 Tim 1,6). Charisma ist hier immer bezogen auf den Amtsträger und steht in Verbindung mit der Handauflegung, die in diesem Fall Ordination bedeutet.[54] Durch den Akt der Handauflegung geschieht in den Pastoralbriefen die *Geistmitteilung für das entsprechende Amt.* Während in den echten Paulusbriefen mit Charisma im Blick auf die einzelnen Gemeinden durch Paulus die unterschiedlichen, in einzelnen Personen wirksamen Geistesgaben, die auf

[52] Lorenz Oberlinner: Zweiter Timotheusbrief, in: Ders., Erster Timotheusbrief, zweiter Timotheusbrief: Auslegung, Freiburg – Basel – Wien, Ungekürzte Sonderausgabe 2002 (Herders theologischer Kommentar zum Neuen Testament, Apostelgeschichte und Briefe), 70. Oberlinner spricht unter Bezug auf H. Merkel hier sogar von einem »Ehrentitel«.
[53] L. Oberlinner: Erster Timotheusbrief, 54.
[54] Vgl. ebd., 208–211.

das Zusammenleben einwirken, bezeichnet werden, hat sich die Bedeutung von Charisma in den Pastoralbriefen entscheidend verändert. »Zwei Zusammenhänge kennzeichnen jetzt den Begriff: er wird nur noch bezogen auf den Amtsträger, und das Charisma ist verknüpft mit dem Akt der Handauflegung. Es ist deshalb gerechtfertigt, bezogen auf die Past von ›Amtscharisma‹ zu sprechen.«[55] Auch hier zeigt sich die weitere Entwicklung und Institutionalisierung der Gemeinde, in der es zwar weiterhin unterschiedliche Dienste gibt, »Charisma« aber nun durch Handauflegung nur auf den Gemeindeleiter in offizieller Weise übertragen wird, der dadurch zu seinen Aufgaben und Funktionen ermächtigt wird. Während nach 1 Tim 4,14 die Übertragung des Charismas durch Handauflegung des Presbyterkollegiums vollzogen wird, geschieht dies nach 2 Tim durch die Handauflegung des Apostels.[56] Die Tatsache, dass nach 2 Tim 1,6 Timotheus aufgefordert wird, das durch die Handauflegung vermittelte Charisma neu zu entfachen, zeigt die Verpflichtung der Gemeindevorsteher, ihre einmal übernommene Aufgabe immer wieder zu überdenken und ihr durch aktives Handeln gerecht zu werden: »Die Amtsgnade darf nicht zu einer statischen Größe werden, die nur noch aus der Erinnerung lebt und von der Vergangenheit zehrt ... Es liegt darin ein Akzent, welcher der Gefahr des ›ein für alle Male‹ und damit eines statischen Besitzdenkens entgegenwirken soll.«[57]

5. Auswertung

Der in den Pastoralbriefen deutlich werdende Übergang von der apostolischen zur nachapostolischen Zeit mit den Gefahren der Entfernung vom apostolischen Glauben und der Irrlehren bringt eine deutliche Akzentuierung und Positionierung der Person und Funktionen der speziellen Amtsträger mit sich. Die Amtsträger werden im Vergleich zu den echten Paulusbriefen gegenüber der Gemeinde

[55] L. Oberlinner: Zweiter Timotheusbrief, 28–29, vgl. auch 31: »An die Stelle der ›charismatischen Gemeindeordnung‹ bei Paulus tritt in den Past die ›charismatische Gemeindeleitung‹.«

[56] Weitere Ausführungen dazu siehe ebd., 29ff. Eine Folgerung Oberlinners lautet: »Mit der doppelten Bezugnahme auf die Ordination durch Paulus *und* durch das Presbyterkollegium wird erneut die Bedeutung der Tradition und damit der Kontinuität unterstrichen« (ebd. 30).

[57] Ebd., 31.

und ihren sonstigen verschiedenen Diensten deutlich hervorgehoben, jedoch nicht um ihrer selbst willen.
Zur Verdeutlichung der Kontinuität der Amtsträger zur apostolischen Überlieferung werden in den Pastoralbriefen ihre Relationen zu Gott/Jesus Christus und zu Paulus herausgestellt. Ohne diese grundlegenden und wesentlichen Beziehungen sind sie keine wahren Amtsträger und haben somit auch keinen amtlichen Bezug zur Gemeinde. Erst durch diese Relationen ergibt sich ihr »Dienst-Bezug« zur Gemeinde: Sie sind personale Werkzeuge im Dienst Gottes für die Menschen, durch die Gott sein Heil wirkt. Gott handelt durch konkrete Menschen, die er in Dienst nimmt und die sich dafür mit ihrer ganzen Person zur Verfügung stellen und in ihrem ganzen Leben dieser Relation entsprechen sollen. Für diese Heilsfunktion bekommt der Amtsträger die entsprechende »Amtsgnade«, die keine persönliche Auszeichnung und Höherstellung an sich bedeutet, sondern der Heilsvermittlung dient. Die Person des Amtsträgers wird also in spezifische Relationen hineingestellt und für ihren Dienst mit der entsprechenden Gnade ausgestattet. Der Amtsträger darf sich jedoch nicht darauf ausruhen: Sowohl vor als auch nach der Indienstnahme sind an seine Person bestimmte Anforderungen gestellt, um seinen Aufgaben gerecht zu werden. Nur wenn der Amtsträger in den genannten Beziehungen lebt und aus der geschenkten Gnade handelt, ist sein Dienst fruchtbar.
Trotz der jeweils unterschiedlichen Situationen werden also als durchgehendes Element und als »roter Faden« wie schon in den echten paulinischen Briefen und in der Apostelgeschichte auch in den Pastoralbriefen verschiedene Relationen betont, in die die Amtsträger mit ihrer ganzen Person hineingestellt sind und von denen sie wesentlich geprägt werden.
Wie eingangs dieses Kapitels zu den Ämtern und Diensten im Neuen Testament erwähnt, trennt das ganzheitlich-personale Denken der Heiligen Schrift nicht zwischen Person und Funktion: Wen Gott in Dienst nimmt, dem schenkt er seine liebende Beziehung und Nähe und befähigt diese Person wesentlich zu den entsprechenden spezifischen Funktionen.
Nach den neutestamentlichen Aussagen und Beispielen zur Amtstheologie werden nun weitere Entwicklungen anhand von einzelnen Beispielen außerhalb des Neuen Testaments und aus der nachapostolischen Zeit bis zum Konzil von Trient dargestellt.

2. Kapitel:

Person und Funktion der Amtsträger anhand beispielhafter Amtsauffassungen von der nachapostolischen Zeit bis zum Konzil von Trient

I. Amt im ersten Clemensbrief

Der wahrscheinlich im letzten Jahrzehnt des ersten Jahrhunderts entstandene erste Clemensbrief[58] ist neben den Pastoralbriefen ein bedeutendes, nicht in den Schriftkanon aufgenommenes Zwischenglied zwischen der apostolischen und der nachapostolischen Zeit. Interessant ist hier die Weiterentwicklung des Amtsverständnisses, das – wie so oft – auf Grund einer schwierigen Situation in einer konkreten Gemeinde dargelegt wird.

1. Situation in Korinth: Gefahr für die Gemeindeordnung und das Amt

In der Gemeinde von Korinth gab es Spaltungen und Aufruhr, in deren Verlauf bewährte Amtsträger abgesetzt wurden. Die Aufrührer wollten darüber hinaus offenbar das Presbyteramt als solches abschaffen.[59] Somit ist mit dem Amt an sich auch die bestehende Gemeindeordnung in Gefahr. Der erste Clemensbrief legt dar, dass dieser Vorgang der göttlichen und kosmischen Ordnung widerspricht. Wie die Pastoralbriefe ist der Clemensbrief nicht nur für bestimmte Personen oder nur für die Gemeinde in Korinth bestimmt. Er argumentiert nicht zugunsten einzelner Personen, sondern *zugunsten des Amtes*: »Dieses soll entsprechend der Ordnung, die sich aus den biblischen und apostolischen Weisungen ergibt, wiederhergestellt werden (Kap. 44–47). Auf diese Weise sollen nach Zielsetzung des Briefautors ›Friede‹ und ›Eintracht‹ wiedergewonnen werden (57,1).«[60] Die Anerkennung des Amtes soll also die Spaltungen

[58] Zur Verfasserfrage und Entstehungszeit siehe Der erste Clemensbrief, übers. und erkl. von Horacio E. Lona, Göttingen 1998 (Kommentar zu den Apostolischen Vätern, Bd. 2), 66–78.

[59] Vgl. die Einleitung von Gerhard Schneider, in: Clemens von Rom: Epistola ad Corinthios, übersetzt und eingeleitet von Gerhard Schneider, Freiburg – Basel – Wien 1994 (FC 15), 8 u. Anm. Nr. 291, 181. Siehe auch H. E. Lona: Der erste Clemensbrief, 78–89.

[60] Einleitung von G. Schneider, Clemens von Rom: Epistola, 8.

überwinden und die Ordnung und Einheit der Gemeinde wiederherstellen. Im Folgenden werden v.a. die Herleitung des Amtes und der Argumentationsgang des ersten Clemensbriefes zugunsten des Amtes näher betrachtet.

2. Wichtige Aussagen des ersten Clemensbriefes

Zwei Abschnitte aus dem ersten Clemensbrief sind für das Thema dieser Untersuchung von Bedeutung. Im ersten Abschnitt wird das Amt aus der »göttlichen Ordnung« in einer Art »Reihe« von Gott über Jesus Christus und die Apostel bis zu den Episkopen und Diakonen abgeleitet. Im zweiten Abschnitt wird das Episkopenamt und die (von Gott gewollte) Fortsetzung dieses Amtes durch bewährte Männer gegen die (willkürliche) Absetzung von solchen rechtmäßigen und in Übereinstimmung mit dem göttlichen Willen eingesetzten Amtsträgern verteidigt.

1. »Die Apostel empfingen die frohe Botschaft für uns vom Herrn Jesus Christus; Jesus, der Christus, wurde von Gott gesandt. Christus kommt also von Gott und die Apostel von Christus her. Beides geschah also in guter Ordnung nach Gottes Willen. Sie empfingen Aufträge, wurden durch die Auferstehung unseres Herrn Jesus Christus mit Gewissheit erfüllt und durch das Wort Gottes in Treue gefestigt, zogen dann mit der Fülle des Heiligen Geistes aus und verkündeten die frohe Botschaft vom Kommen des Gottesreichs. So predigten sie in Ländern und Städten und setzten nach vorausgegangener Prüfung im Geiste ihre Erstlinge zu Episkopen und Diakonen für die künftigen Gläubigen ein. Und dies war nichts Neues, stand ja doch seit langen Zeiten über Episkopen und Diakone geschrieben. Denn so sagt die Schrift: ›Ich werde einsetzen ihre Episkopen in Gerechtigkeit und ihre Diakone in Treue‹ …« (42,1–5a).

2. »Auch unsere Apostel wussten durch unseren Herrn Jesus Christus, dass es Streit geben würde um das Episkopenamt. Aus diesem Grund nun setzten sie, da sie genauen Bescheid im Voraus erhalten hatten, die oben Genannten ein und gaben danach Anweisung, es sollten, wenn sie entschliefen, andere bewährte Männer deren Dienst übernehmen. Dass nun die, die von jenen oder hernach von

anderen angesehenen Männern unter Zustimmung der gesamten Gemeinde eingesetzt wurden, die untadelig der Herde Christi in Demut dienten, friedlich und großherzig und von allen lange Zeit mit einem guten Zeugnis versehen, dass diese vom Dienst entfernt werden, halten wir für nicht recht« (44,1–3).[61]

3. Konsequenzen für das Amtsverständnis

Folgende wichtige Strukturen und Argumentationslinien lassen sich in diesem Brief erkennen:[62]

3.1 Amtsträger haben ihren festen Platz in der göttlichen Ordnung

Betont wird vor allem die göttliche Ordnung, die sich im Verhältnis der kirchlichen Glieder und Amtsträger widerspiegelt: Die Episkopen und Diakone haben in der göttlichen Ordnung ihren festen und unaustauschbaren Platz. Sie übernehmen nicht nur gelegentlich bestimmte Funktionen, sondern haben einen fest zugewiesenen Ort, durch göttliche Einsetzung legitimiert sind sie unantastbar. Die geistliche Vollmacht der »Führenden« wird im ersten Clemensbrief durch den Ordnungsgedanken institutionalisiert, indem diese Ordnung umfassend theologisch begründet und als gottgegeben dargestellt wird: »Die kosmische Ordnung, die atl. Kultformen (40–41; 43,1–6) und ein gezielter Blick in die kirchliche Vergangenheit, der Bischöfe (oder Presbyter, die Terminologie ist schwankend; offensichtlich wird zwischen beiden noch nicht unterschieden) und Diakone als Nachfolger der Apostel ausweist (42,1–5), dienen als Beweise, dass die Gemeindeordnung die göttliche Ordnung repräsentiert.«[63] Hinter diesem stark betonten Ordnungsgedanken treten inhaltliche Kriterien, die Verkündigung des Evangeliums und die Bewahrung der Tradition, zurück.

[61] Beide Abschnitte in der deutschen Übersetzung zitiert nach ebd., 167f u. 171f. Die griechischen und lateinischen Versionen sind dort parallel zur deutschen Übersetzung abgedruckt und werden hier aufgrund der Länge der beiden Textabschnitte nicht eigens aufgeführt. Siehe auch die Ausführungen von H. E. Lona: Der erste Clemensbrief, 442–448 u. 455–471.

[62] Vgl. auch H. E. Lona: Der erste Clemensbrief, 471–481.

[63] Karl Suso Frank: Lehrbuch der Geschichte der Alten Kirche. Paderborn ^{2}1997, 101.

3.2 Sukzessionsgedanke und »Gegenüber« von Amtsträgern und »Laien«

Wie unter 2. dargestellt, werden die Amtsträger in eine Beziehungslinie zu ihren Vorgängern und zu Gott gestellt. Mit den beiden oben zitierten »Sendungsreihen« (42,1–4 u. 44,1–3) formuliert der Verfasser den Sukzessionsgedanken, der schon im Neuen Testament beim Übergang von der apostolischen zur nachapostolischen Zeit sichtbar wird.[64] Gegen die Spaltung in Korinth, die viele entmutigt, wird das Bild von der Einheit des Leibes gestellt, die durch die göttliche Ordnung und die von ihr eingesetzten Amtsträger, die wiederum bewährte Nachfolger bestimmen, gewährleistet wird.
Der Verfasser scheint an eine prinzipiell auf Lebenszeit angelegte Amtsinhaberschaft zu denken (44,5f).[65] Es entwickelt sich ein stärkeres Gegenüber der »bestellten Presbyter« (54,2) zu den anderen Gliedern der Gemeinde. Zum ersten Mal taucht hier im christlichen Bereich der Begriff »Laie« (40,5 im Sinne von »laikos« = zum Volk gehörig) auf. Dieser bei Clemens festzustellende Umbruch zum stärkeren Gegenüber von Amtsträgern und Gemeindemitgliedern wird sich in der Folgezeit weiter fortsetzen.[66]
Jeder dieser in der Relation Gott – Jesus Christus – Apostel stehenden weiteren Amtsträger und Laien soll sich an die dem jeweiligen »Stand« und der jeweiligen Aufgabe entsprechenden Anordnungen halten (40,5). Beide, Amtsträger und Laien, repräsentieren damit Gott und seine Ordnung.
Der in der Person des Clemens schreibende Amtsträger »repräsentiert« auch die Kirche, indem er im Namen der römischen Gemeinde an die Gemeinde in Korinth schreibt.[67]

3.3 Zunehmender Ordnungs- und Rechtsgedanke

Trotz der stärkeren Gegenüberstellung von Amtsträgern und der apostolischen Begründung ihrer Dienste ist die charismatische, in

[64] Vgl. Einleitung von G. Schneider, Clemens von Rom: Epistola, 38 und Gerhard Ludwig Müller (Hg.): Der Empfänger des Weihesakraments. Quellen zur Lehre und Praxis der Kirche, nur Männern das Weihesakrament zu spenden, Würzburg 1999, 65.
[65] Einleitung von G. Schneider, Clemens von Rom: Epistola, 38.
[66] Vgl. dazu auch K. S. Frank: Lehrbuch, 101f. u. G. Greshake: Priester sein in dieser Zeit, 26–29.
[67] Vgl. dazu G. Greshake: Priester sein in dieser Zeit, 125.

der Liebe des Geistes zentrierte Einheit der Gemeinde nicht abgelöst oder fraglich geworden (vgl. 48–49).[68] Insgesamt lässt sich jedoch aufgrund der in einzelnen Gemeinden auftretenden Konflikte und Spaltungen eine gewisse »Verrechtlichung« des Amtes feststellen. Im Unterschied zu den im 1. Kapitel untersuchten Texten der Heiligen Schrift wird im ersten Clemensbrief weniger von inhaltlichen Kriterien, Bezügen und Relationen gesprochen, dafür aber umso mehr die dargestellte Ordnung als von Gott gegeben betont, an die sich deshalb alle zu halten haben.

4. Auswertung

Das Amt und die entsprechenden Amtsträger bekommen im ersten Clemensbrief durch die Ableitung aus der göttlichen Ordnung eine starke Stellung. Wie schon in den Pastoralbriefen deutlich, braucht es als Reaktion auf verschiedene Gefahren in den nachapostolischen Gemeinden ein starkes Amt. Die Gefahren der Spaltung und der Absetzung bewährter Amtsträger – und damit auch die Gefahr für das Amt selbst – machen diese Herleitung und Aufwertung des Amtes notwendig. Die starke Betonung des Amtes und das stärkere Gegenüber zur Gemeinde geschehen wie in den Pastoralbriefen weder zur persönlichen Auszeichnung noch als privilegierter Weg des Glaubens und der persönlichen Heiligung der entsprechenden Person, sondern dienen der Einheit und dem Frieden der Gemeinde.

Somit ist auch im ersten Clemensbrief das Amt in seiner dargestellten Herleitung aus der göttlichen Ordnung und in seinen verschiedenen Relationen und Funktionen nicht als persönliche Machtstellung, sondern *zum Dienst von Gott her für die Menschen* gegeben. Dieser Dienst steht in verschiedenen Bezügen und stellt an die Person der Amtsträger und die Art und Weise ihrer Einsetzung konkrete Anforderungen: Es sollen bewährte Männer sein, die von den Aposteln oder danach von anderen angesehenen Männern unter Zustimmung der ganzen Gemeinde eingesetzt werden. Sie sollen untadelig der Herde Christi in Demut dienen, friedlich und großherzig und von allen lange Zeit mit einem guten Zeugnis versehen (vgl.

[68] Vgl. G. L. Müller: Empfänger, 65.

44,1–3). Das Amt in seiner gerade in Gefahrensituationen unerlässlichen Dienstfunktion – nicht die jeweilige Person des Amtsträgers – steht an erster Stelle. Der Amtsträger muss jedoch mit seiner Person und den dargestellten Anforderungen dieser wichtigen Dienstfunktion entsprechen. Auch im ersten Clemensbrief sind also trotz der neuen Situation und der damit verbundenen starken Betonung des Amtes die grundlegenden Beziehungen genannt, die sowohl die Dienstfunktionen als auch die Person des Amtsträgers prägen und bestimmen.

II. Beispiele weiterer Entwicklungslinien des Amtes bis Augustinus

1. Tendenz zur Betrachtung der inneren Struktur der Ämter

Der im ersten Clemensbrief stark betonte Ordnungsgedanke taucht in verschiedenen Variationen immer wieder auf. In Abwehr von Häresien und Spaltungen werden die ordentlich eingesetzten Amtsträger in ihrer Herleitung von Gott und in ihrer Funktion als Garanten der Einheit und Rechtgläubigkeit gesehen. In diesem Sinn betont z.B. Ignatius von Antiochien[69] die Ämterhierarchie und darin v.a. das Bischofsamt.[70] Die dreistufige irdische Hierarchie ist Abbild der himmlischen mit Gott Vater, Jesus Christus und den Aposteln: »Seid bestrebt, alles in Gottes Eintracht zu tun, wobei der Bischof an Gottes Stelle und die Presbyter an Stelle der Ratsversammlung der Apostel den Vorsitz führen und die mir besonders lieben Dia-

[69] Genaue Zeitangaben von Ignatius fehlen, sein Tod wird zumeist in die Regierungszeit des Kaisers Trajan (98–117) datiert. Im Folgenden werden, wenn nicht auf andere Editionen verwiesen wird, alle Ignatiusbriefe nach der Ausgabe Die apostolischen Väter, griechisch und deutsch, eingel., hrsg., übertr. und erl. von Joseph A. Fischer, Darmstadt 1959, 109–225 nach Originaltext und Übersetzung zitiert. Für die zitierten Briefe werden folgende Abkürzungen verwendet: Brief an die Trallianer: Ign. Trall.; Brief an die Smyrnäer: Ign. Smyrn.; Brief an die Magnesier: Ign. Magn. Für diese und die anderen in diesem Kapitel zitierten Briefe wird im Text die deutsche Übersetzung verwendet, in der Fußnote steht der Originaltext.

[70] Vgl. z.B. Ign. Trall. 2,1f: »Denn wenn ihr euch dem Bischof wie Jesus Christus unterordnet, scheint ihr mir nicht nach Menschenart zu leben, sondern nach Jesus Christus … Darum ist es notwendig, wie ihr ja tut, dass ihr nichts ohne den Bischof unternehmt, vielmehr euch auch dem Presbyterium unterordnet wie den Aposteln Jesu Christi …« ("Οταν γὰρ τῷ ἐπισκόπῳ ὑποτάσσησθε ὡς Ἰησοῦ Χπιστῷ φαίνεσθε μοι οὐ κατὰ ἄνθρωπον ζῶντες, ἀλλὰ κατὰ Ἰησῦν Χριστὸν … ἀναγκαῖον οὖν ἐστίν, ὥσπερ ποιεῖτε, αὔευ τοῦ ἐπισκόπου μηδὲν πράσσειν ὑμᾶς, ἀλλ' ὑποτάσσεσθε καὶ τῶ πρεσβυτερίῳ ὡς τοῖς ἀποστόλοις Ἰησοῦ Χριστοῦ …).
Siehe auch Ign. Smyrn., 8,1f. u. K. S. Frank: Lehrbuch, 174: »Leitgedanke der … Briefe ist die Einheit, die es gegen judaistische, gnostische und doketistische Strömungen zu bewahren gelte … Ihr Garant ist der Bischof in der Gemeinde, der den einen Gott bzw. Christus repräsentiert. Ignatius vertrat energisch die monepiskopale Verfassung als ideale Form christlicher Gemeindeordnung.«

kone mit dem Dienst Jesu Christi betraut sind, der vor aller Zeit beim Vater war und am Ende erschienen ist.«[71]

Auch Clemens von Alexandrien († vor 215) deutet die kirchlichen, hierarchisch gestuften Ämter als Abbild der himmlischen Ordnung: »...denn auch die hiesigen kirchlichen Würden der Bischöfe, Presbyter und Diakone sind, meine ich, Nachahmungen der Herrlichkeit der Engel und der jenseitigen Welteinrichtung, welche nach der Schrift diejenigen erwartet, welche den Spuren der Apostel nach in vollkommener Weise dem Evangelium gemäß gelebt haben.«[72] Ähnliches Denken findet sich des Öfteren, bis hinein ins 5. Jh., bei Dionysius Areopagita in seinem Buch »Die himmlischen Hierarchien«.[73]

Während bei Clemens von Rom (und in ähnlicher Weise auch bei Ignatius von Antiochien, v.a. in Bezug auf das Bischofsamt und die dreistufige Ämterordnung) die »Herleitung« der Ämter noch aus der Notsituation der Spaltung und des Angriffes auf das Presbyteramt als solches geschah und deshalb auf den göttlichen Ursprung zurückgeführt werden musste, steht in späterer Zeit manchmal mehr die innere Struktur der Amtsordnung und weniger die Bezogenheit der Ämter auf die Kirche im Vordergrund. Das hierarchische Denken steht in der Gefahr, sich zu verselbständigen, indem es die Amtstheologie aus der ekklesialen Bezogenheit löst und die

---

[71] Ign. Magn., 6,1: παραινῶ, ἐν ὁμονοίᾳ θεοῦ σπουδάζετε πάντα πράσσειν, προκαθημένου τοῦ ἐπισκόπου εἰς τόπον θεοῦ καὶ τῶν πρεσβυτέρων εἰς τόπον συνεδρίου τῶν ἀποστόλων, καὶ τῶν διακόνων τῶν ἐμοὶ γλυκυτάτων πεπιστευμένων διακονίαν Ἰησοῦ Χριστοῦ, ὃς πρὸ αἰώνων παρὰ πατρὶ ἦν καὶ ἐν τέλει ἐφάνη.
Vgl. Ign. Trall., 3,1: »Desgleichen sollen alle die Diakone achten wie Jesus Christus, ebenso den Bischof als Abbild des Vaters, die Presbyter aber wie eine Ratsversammlung Gottes und wie eine Vereinigung von Aposteln. Ohne diese ist von Kirche nicht die Rede« (Ὁμοίως πάντες ἐντρεπέσθωσαν τοὺς διακόνους ὡς Ἰησοῦν Χριστόν, ὡς καὶ τὸν ἐπίσκοπον ὄντα τύπον τοῦ πατρός, τοὺς δὲ πρεσβυτέρους ὡς συνέδριον θεοῦ καὶ ως σύνδεσμον ἀποστόλων. χωρὶς τούτων ἐκκλησία οὐ καλεῖται).

[72] Clemens Alexandrinus (Bd. 2): Stromata (Buch I – VI), hgg. von Otto Stählin und Ludwig Früchtel, Berlin ³1960 (GCS 52 [15]), Buch VI., Kap. XII., 107,2: ἐπεὶ καὶ αἱ ἐνταῦθα κατὰ τὴν ἐκκλησίαν προκοπαὶ ἐπισκόπων, πρεσβυτέρων, διακόνων μιμήματα, οἶμαι, ἀγγελικῆς δόξης κἀκείνης τῆς οἰκονομίας τυγχάνουσιν, ἣν ἀναμένειν φασὶν αἱ γραφαὶ τοὺς κατ' ἴχνος τῶν ἀποστόλων ἐν τελειώσει δικαιοσύνης κατὰ τὸ εὐαγγέλιον βεβιωκότας. Deutscher Text nach der Übersetzung von Titus Flavius Klemens von Alexandria: Die Teppiche (Stromateis), übers. von Franz Overbeck, hgg. von Carl Albrecht Bernoulli und Ludwig Früchtel, Basel 1936, 547.

[73] Pseudo-Dionysius Areopagita: De ecclesiastica hierarchia, in: Corpus Dionysiacum II, hgg. von Günter Heil und Adolf Martin Ritter, Berlin – New York 1991 (PTS 36), 61–132.

Funktionen, um deretwillen eine Person ordiniert wird, in den Hintergrund treten. Damit einhergehend wird die Betrachtung der Person des Amtsträgers und die Frage ihrer inneren, ontologischen Umgestaltung durch die Ordination und der daraus erwachsenden Würde verstärkt zum Thema.

2. Ein Beispiel ontologischer Betrachtung des Amtsträgers: Gregor von Nyssa

Diese Tendenz, die Ämter in sich, in der ihnen innewohnenden Würde zu betrachten, ist z.B. bei Gregor von Nyssa († nach 394) stark vorhanden. Die Priesterweihe wird als Ursache einer inneren Verwandlung des Geweihten zu einem besseren Seinszustand und zu höheren Fähigkeiten gesehen. Er legt die Ordination nicht nur als Indienstnahme, sondern vor allem als innere Umgestaltung des Ordinierten aus und nimmt dazu die Eucharistie als Vergleichspunkt:
»Ebenso ist das Brot anfangs gewöhnliches Brot. Wo aber das Mysterium es im Opfer geweiht hat, da wird es Leib Christi und heißt so. Ebenso ist es bei dem mystischen Öl, ebenso bei dem Wein: Obwohl es vor der Segnung Dinge von geringem Wert sind, wirken beide nach der Heiligung, die vom Geist ausgeht, in erhabener Weise. Ebenso macht dieselbe Kraft des Wortes den Priester erhaben und verehrungswürdig, und sie trennt ihn aufgrund des neuen Segens von der Gemeinschaft des gewöhnlichen Volkes. Während er nämlich gestern und in der früheren Zeit noch einer aus der Menge und aus dem Volke war, wird er plötzlich zum Gesetzgeber, zum Vorsteher, zum Lehrer der Frömmigkeit, zum Künder verborgener Geheimnisse; und dieses wird ihm zuteil, obwohl nichts an Körper oder Gestalt verwandelt ist, sondern, was die äußere Erscheinung angeht, er jener ist, der er war, wohingegen er durch eine unsichtbare Kraft und Gnade eine ins Bessere verwandelte unsichtbare Seele besitzt.«[74]

[74] Gregor von Nyssa: Oratio in diem luminum (PG 46, 581 C – 584 B): Ὁ ἄρτος πάλιν ἄρτος ἐστὶ τέως κοινός · ἀλλ᾽ ὅταν αὐτὸν τὸ μυστήριον ἱερουργήσῃ, σῶμα Χριστοῦ λέγεταί τε καὶ γίνεται. Οὕτως τὸ μυστικὸν ἔλαιον, οὕτως ὁ οἶνος · ὀλίγου τινὸς ἄξια ὄντα πρὸ τῆς εὐλογίας, μετὰ τὸν ἁγιασμὸν τὸν τοῦ Πνεύματος, ἑκάτερον αὐτῶν ἐνεργεῖ διαφόρως. Ἡ αὐτὴ δὲ τοῦ λόγου δύναμις, καὶ τὸν ἱερέα ποιεῖ σεμνὸν καὶ τίμιον, τῇ καινότητι τῆς εὐλογίας τῆς πρὸς τοὺς πολλοὺς κοινότητος χωριζόμενον. Χθὲς γὰρ καὶ

Die Verwandlung der Person des Ordinierten wird von Gregor von Nyssa hier mit der Verwandlung der eucharistischen Gaben verglichen – ein kühner Vergleich! Es ist hier nicht der Ort, um ausführlich auf die damaligen Ausdrucks- und Verständnisweisen etwa der Sakramente und insbesondere der Art und Weise der eucharistischen Wandlung einzugehen. Für das Verständnis Gregors ist wichtig, dass er in seinem theologischen Denken (vor allem in seinen exegetischen Werken) häufig Allegorien, Metaphern und Analogien verwendet, um die (unsichtbare) Wirkung Gottes am Menschen zu verdeutlichen.[75] Dabei dürfen die verwendeten Bilder nie absolut gesetzt, sondern müssen immer in Beziehung zu dem gesehen werden, was sie aussagen wollen. Für Gregor ist die Wandlung der eucharistischen Gaben und deren Wirkung beim Menschen vor allem ein gnadenhaft-geistiges Geschehen.[76] Der Aufstieg der Seele zu Gott und die Annäherung und Angleichung, die »Anähnlichung« an Gott, sind wichtige Themen für Gregor, die er in verschiedenen Werken behandelt.[77] Diese Anähnlichung ist nach Thomas Böhm

---

πρωην εἷς ὑπάρχων τῶν πολλῶν καὶ τοῦ δήμου, ἀθρόον ἀποδείκνυται καθηγεμὼν, πρόεδρος, διδάσκαλος εὐσεβείας, μυστηρίων λανθανόντων μυσταγωγός · καὶ ταῦτα ποιεῖ, μηδὲν τοῦ σώματος ἢ τῆς μορφῆς ἀμειφθείς · ἀλλ' ὑπάρχων κατὰ τὸ φαινόμενον ἐκεῖνος ὃς ἦν, ἀοράτῳ τινὶ δυνάμει καὶ χάριτι τὴν ἀόρατον ψυχὴν μεταμορφωθεὶς πρὸς τὸ βέλτιον. Deutsche Übersetzung: Gregor von Nyssa: Rede auf den Tag der Lichter (übers. von Günter Koch), in: Sakramentenlehre II, bearb. von Günter Koch, Graz – Wien – Köln 1991 (Texte zur Theologie, D9), 219.

[75] Vgl. z.B. Martin Esper: Der Mensch: Ein Turm – keine Ruine. Überlegungen zum Denkprinzip Gleiches zu Gleichem bei Gregor von Nyssa, in: Drobner, Hubertus R. / Klock, Christoph (Hgg.), Studien zu Gregor von Nyssa und der christlichen Spätantike, Leiden – New York – Kopenhagen – Köln 1990 (Supplements to Vigiliae christianae 12), 83–97. Siehe zur Sprache von Gregor auch Thomas Böhm: Theoria – Unendlichkeit – Aufstieg. Philosophische Implikationen zu »De vita Moysis« von Gregor von Nyssa, Leiden – New York – Köln 1996 (Supplements to Vigiliae Christianae 35), 212f: »Allein Metaphern, Symbole, Analogien vermögen trotz ihrer ›Differenziertheit‹ auf den vorlaufenden Grund der Wirklichkeit zu verweisen.«

[76] Vgl. Reinhard M. Hübner: Die Einheit des Leibes Christi bei Gregor von Nyssa. Untersuchungen zum Ursprung der ›physischen‹ Erlösungslehre, Leiden 1974 (Philosophia patrum 2), 175–179.

[77] Siehe dazu z.B. die Ausführungen zum Begriff der Theoria bei Gregor von Nyssa von Th. Böhm: Theoria – Unendlichkeit – Aufstieg, 70–79. Vgl. auch K. S. Frank: Lehrbuch, 410: »In *De inscriptionibus Psalmorum* deutet er den Psalter als Wegweisung zum allmählichen Aufstieg der Seele in fünf Schritten; *De vita Moysis* stellt Moses als Beispiel für die Annäherung an Gott dar; die durch ständige Reinigung und Askese ermöglicht und durch immer noch tiefere Erkenntnis und größere Liebe motiviert wird; die Homilien zum Hohenlied kreisen um die Angleichung der Seele an Gott und die Einswerdung.«

ein *Gnadengeschenk* Gottes, das dem Menschen die Abkehr vom irdisch-materiellen und die Ausrichtung auf das Geistige und damit auf Gott schenkt: »Anähnlichung des Menschen an Gott wird dadurch erreicht, dass der Mensch – bei Gregor durch die Gnade im Sinne einer dem menschlichen Handeln vorgängigen Zuwendung Gottes – sich durch die Abwendung von der Leiblichkeit auf das Geistige richtet.«[78] Gott gibt also dem Menschen die Gnade, nach dem Geistigen zu streben und ihm ähnlich zu werden. Am Beispiel des Lehrers oder Exegeten der Heiligen Schrift zeigt Böhm, dass Gott nach Gregor bestimmten Menschen »besondere« Gnaden schenkt, damit sie anderen damit dienen. Die Gnade wird um der Funktion willen verliehen. Dies bleibt jedoch nicht ohne Auswirkung auf die Person des Menschen, die eine »höhere Stufe« erreicht, um von dort aus ihre Funktion ausüben zu können: »Der Lehrer oder Exeget muss also bereits eine höhere Stufe im Aufstieg erreicht haben ... Wie sich Gott vorgängig vor dem Aufstieg des Menschen diesem in der ›Gnade‹ zuwendet, so teilt der Lehrer oder Exeget das durch die Interpretation Erreichte dem Hörer mit ... In der Auslegung ahmt der Lehrer im Sinne einer ὁμοίωσις θεῷ die Hinwendung Gottes zum Menschen nach. Er wendet sich in seinem erworbenen ›Tugendzustand‹ selbst den Menschen zu, die eine solche ›Stufe‹ noch nicht erreicht haben, und übt so auch in seiner Funktion als Lehrer die Anähnlichung an Gott aus.«[79]
Somit lässt sich der anfangs zitierte Text von Gregor aus »oratio in diem luminum« besser einordnen: Wer von Gott etwas vermitteln will, muss nach Gregor zuvor einen gnadenhaft geschenkten »geistigen Aufstieg« und damit eine Angleichung an Gott vollziehen, um die Gnadengaben Gottes im Heiligen Geist für andere gegenwärtig setzen zu können. Damit der Priester als Lehrer und Heilsvermittler dienen kann, muss bei ihm eine gnadenhaft-geistige Wandlung seiner Seele und damit eine Angleichung an Gott geschehen.

---

[78] Th. Böhm: Theoria – Unendlichkeit – Aufstieg, 215. Zur Bedeutung der Gnade vgl. auch ebd., 230: »Ein tugendhaftes Leben bedeutet, die göttlichen Eigenschaften durch einen Weg in das Innere nachzuahmen, um im inneren Menschen den Gott in uns, d.h. in der Seele als Bild Gottes, betrachten zu können ... Im Gegensatz zum Neuplatonismus setzt Gregor allerdings als wesentliches Moment eine Aktivität Gottes voraus, die dem Menschen den Aufstieg als Anähnlichung erst ermöglicht: die ›Gnade‹.«
[79] Ebd., 220f.

Positiv ist auch, dass im o.g. Text zuerst gesagt wird, *auf welche Funktion hin* die verwandelte Kraft wirksam wird: Der Dienst des Priesters ist, Gesetzgeber, Vorsteher, Lehrer der Frömmigkeit und Künder verborgener Geheimnisse zu sein.
Die Aufgabe, um derentwillen ordiniert wird, ist noch genannt, das Unterscheidende zu den anderen Christen wird aber nicht mehr nur in der Aufgabe, sondern im verwandelten Sein des Amtsträgers festgemacht, das große Aufmerksamkeit an sich zieht. Das Hauptaugenmerk liegt in diesem Text von Gregor von Nyssa nicht mehr nur auf dem Dienst und der Funktion, sondern auf dem verwandelten Sein des Amtsträgers, das ihn vom »gewöhnlichen« Volk unterscheidet und entsprechende Ehrerbietung dem Priester gegenüber fordert.

3. Offene Fragen

Die deutliche Akzentuierung in Richtung einer ontologischen Betrachtung der Person des Amtsträgers kann Gefahr laufen, den Dienstcharakter zu verdunkeln. Was bedeutet es z.B. und welche weiterführenden Konsequenzen kann es haben, wenn Gregor von Nyssa sagt, dass die Ordination den Priester »erhaben und verehrungswürdig« macht, dass er »von der Gemeinschaft des gewöhnlichen Volkes getrennt« ist und dass er »eine ins Bessere verwandelte unsichtbare Seele« besitzt? Bewirkt damit die ontologische Umgestaltung durch die Ordination ein »höheres« Christsein, ist Priestersein ein besserer Weg zur persönlichen Heiligung, wie dies im Mittelalter bisweilen gesehen wurde und eine Klerikalisierung bewirkt hat (vgl. IV.1.1)? Oder drückt die ontologische Betrachtung aus, dass es für bestimmte Aufgaben und Funktionen des Ordinierten eine gnadenhaft-seinsmäßige Grundlegung in seiner Person um des Dienstes willen braucht, damit der Ordinierte seine spezifischen Funktionen erfüllen kann? Die Frage stellt sich also, wie sich die vermehrt aufkommende ontologische Betrachtung der Person des Ordinierten zu seinen Dienstfunktionen verhält. Geschieht die ontologische Betrachtung der Person des Ordinierten allein um seiner Person willen oder ist diese Betrachtung notwendig um des Dienstes willen?

Die Betrachtung von Hierarchien und verschiedenen »Würden« lag im Zuge der damaligen Zeit und übertrug sich auch auf die Amtstheologie. Gegen die Gefahr der Verselbständigung solchen Denkens und der Verdunkelung des Sinnes der Amtsstrukturen gab es auch in der Alten Kirche schon Korrektive. So betont z.B. Theodor von Mopsuestia († 428) gegen anders gerichtete Tendenzen den Dienstcharakter der Ämter und die Dienstfunktion des Amtsinhabers und versucht, metaphysische Fragestellungen im Blick auf die Person des Amtsträgers herauszuhalten. Die Beauftragung mit einem kirchlichen Amt ist nicht Erhebung zu größerer Würde, sondern Übernahme eines Dienstes. Die Ämter und die Amtsstrukturen sind nicht in erster Linie für den Amtsträger da, sondern zum Dienst an den Menschen, wie Theodor in seinem Kommentar zum ersten Timotheusbrief darlegt: »Mit Recht sprach er [»Paulus«] von ›Werk‹ (opus) und nicht von Würde (dignitas); nicht nämlich Würden sind die kirchlichen Funktionen, sondern Dienstleistung; denn jede von ihnen ist für den gemeinsamen Nutzen geschaffen, sei es der Episkopat, sei es der Diakonat oder irgendetwas anderes. Wer nämlich dazu erwählt wird, wird offenbar zu einem heiligen Werk erhoben, wobei er es erhält um des Bedürfnisses und des Nutzens der anderen willen.«[80] Die »Erhebung« ist also keine isolierte Auszeichnung und Privilegierung der Person des Amtsträgers, sondern ist auf das Werk, auf den Dienst für andere bezogen. Dies wird besonders bei Augustinus deutlich, der wichtige Aussagen zum ordinierten Amt gemacht hat, die im Folgenden v.a. im Hinblick auf das Thema dieser Arbeit ausführlich dargestellt werden.

[80] Theodor von Mopsuestia: Kommentar zu 1 Tim 3,1, in: Theodori Mopsuesteni in epistolas B. Pauli commentarii, griech. und lat. Text, hg. von Henry Barclay Swete, 2 vols., Cambridge 1880–82 (In 1 Tim 3,1: Bd. 2, 97f): Bene *opus* dixit et non ›dignitatem‹, nec enim dignitates sunt ecclesiasticae functiones, sed opus; eo quod unumquodque horum pro communi est utilitate constitum, sive episcopatus, sive diaconia, sive et aliquid aliud. qui enim in hoc creatur, evidens est quoniam in opere sancto producitur in medium, pro aliorum necessitate et utilitate functionem adsequens hanc. Deutsche Übersetzung: Theodor von Mopsuestia: Kommentar zu 1 Tim 3,1 (übers. von Günter Koch), in: Sakramentenlehre II, bearb. von Günter Koch, Graz – Wien – Köln 1991, 219f. (Texte zur Theologie, D9).

III. Amt bei Augustinus

Aurelius Augustinus († 430) hat entscheidende Impulse für die Theologie des ordinierten Amtes gegeben. Obwohl er keine eigene systematische Abhandlung darüber verfasst hat, beschreibt er an verschiedenen Stellen aus unterschiedlichen Situationen heraus seine Auffassung dazu. Aus der Vielzahl seiner Werke werden zunächst einzelne Aussagen und Bilder entnommen, die beispielhafte Grundzüge seiner Amtskonzeption beschreiben (1.). Darin wird von Augustinus vor allem betont, dass der Amtsträger nicht um seiner selbst und seiner persönlichen Würde und Auszeichnung willen ordiniert wird, sondern in verschiedene Beziehungen hineingestellt ist: Von der entscheidenden Beziehung (von Gott) her übt er seinen Dienst in Beziehung zu und für die Menschen aus. In dieser Hinsicht kann man von einer »relationalen« Amtsauffassung bei Augustinus sprechen, von »Dienstrelationen«, die die ganze Person des Ordinierten wesentlich prägen und seinen Dienst an und in der Kirche ausmachen.[81] Übt der Ordinierte seinen Dienst nicht in diesen Relationen aus, bedeutet es Gefahr für das Heil seiner eigenen Person, während die von ihm gespendeten Sakramente unabhängig vom persönlichen Heilszustand des Spenders das Heil für die Gläubigen bewirken.

Daran anknüpfend wird eine wichtige Kernaussage des augustinischen Amts- und Sakramentenverständnisses aufgezeigt: Christus (und nicht der Amtsträger) ist der entscheidend Handelnde (2.). In diesem Zusammenhang wird der Aspekt des character indelebilis näher beleuchtet, der auf die augustinische Sakramententheologie zurückgeht und der die weitere Amtstheologie, gerade auch was die ontologische Fragestellung angeht, bis heute geprägt hat (3.). In der Auswertung wird deutlich, dass die Amtskonzeption von Augustinus wichtige Bilder und Kategorien liefert für eine Beschreibung des sakramentalen Amtes in relational-ontologischer Perspektive

[81] Felix Genn hat in seiner Arbeit »Trinität und Amt nach Augustinus« diese relationale und das Sein des Ordinierten prägende Amtsauffassung im Zusammenhang mit der Trinitätstheologie des Augustinus dargestellt. Aus seiner Arbeit sind für diese Untersuchung einige wichtige Stellen und Hinweise entnommen.

und für das untrennbare Zueinander von Person und Funktion des ordinierten Amtsträgers (4.). Schließlich werden noch Hinweise zur Bedeutung des character indelebilis über Augustinus hinaus und ein kurzer Ausblick über den weiteren Verlauf der Untersuchungen gegeben (5. und 6.).

1. Beispiele für die relationale Amtsauffassung von Augustinus

1.1 Sermon 340,1: »Für euch bin ich Bischof, mit euch bin ich Christ«

Die meisten Aussagen zum ordinierten Amt macht Augustinus, wenn er über seine Tätigkeit als Bischof spricht. Eines der bekanntesten Zitate, das auch vom Zweiten Vatikanischen Konzil in LG 32 übernommen wurde, stammt aus serm. 340,1. Der größere Rahmen dieser Textstelle ist eine von Augustinus gehaltene Predigt anlässlich des Jahrestages seiner Bischofsweihe, in der er ohne Bild direkt von seinem Amt spricht. Das vollständige Zitat lautet: »Wo mich erschreckt, was ich für euch bin, dort tröstet mich, was ich mit euch bin. Für euch nämlich bin ich Bischof, mit euch bin ich Christ. Jenes ist der Name der übernommenen Pflicht, dieses der der Gnade; jenes ist Gefahr, dieses Heil.«[82] Wichtig ist, den Kontext dieser Aussage zu beachten: Augustinus spricht als existenziell Betroffener von seiner Aufgabe als Bischof und den Konsequenzen daraus für sein eigenes Heil oder Unheil. Er nennt mit Erschrecken die Gefahren, die dieses Amt für seine Person als Amtsträger mit sich bringt, *wenn es nicht in den entsprechenden Bezügen gelebt wird*. Die Gefahr, ein schlechter Amtsträger zu sein, mehr die Ehre der eigenen Person und den eigenen Vorteil im Bischofsamt zu sehen (und damit um sich selbst zu kreisen, ohne den Bezug zu Gott und zu den Menschen), als die übernommene Pflicht von Gott her für die ihm anvertrauten Gläubigen wahrzunehmen, wird von Augustinus deutlich thematisiert.

Das »Sein« als Bischof ist ein »Sein-für« und ein »Sein-mit«, ein *Sein im Bezug*: [Das Amt] »ist nur das, was es ist, wenn es bezogen

[82] CCL 104,919: »Ubi me terret, quod vobis sum, ibi me consolatur, quod vobiscum sum. Vobis enim sum episcopus : vobiscum sum christianus. Illud est nomen suscepti officii, hoc gratiae ; illud periculi est, hoc salutis.«

ist auf das Heil der Anvertrauten. Es hat sein Sein im Bezug, im Für: ›Für euch bin ich Bischof‹. Es ist mehr als eine Funktion, die bloß ausgeführt zu werden braucht. Der Bischof steht mit seiner ganzen Existenz in seinem Dienst: er *ist* Bischof ... Das Gegenüber von Bischof und Gemeinde ist kein Gegensatz, sondern wird bestimmt vom Einsatz für die Gläubigen ... Das Christsein ist Bischof und Gläubigen gemeinsam. Das Gegenüber der beiden geht nicht so weit, daß es diese Verbindung aufhöbe. Das Gegenüber gibt es nur im Miteinander: Dort, wo es das Erschrecken über das Amt gibt, dort gibt es auch den Trost der Gnade des Christseins. Der Trost liegt darin, daß mit dem Christennamen grundlegend das gemeinsame Erlöstsein bezeichnet wird.«[83]

Hier werden zwei wichtige Aspekte des augustinischen Amtsverständnisses deutlich, die immer wieder auftauchen. Amtsträger sein bedeutet immer Bezogen-Sein: Amt ist Mit-Sein und Gegenüber-Sein im Dienst für die Menschen. Dieses besondere Verhältnis prägt den Amtsträger nicht nur in seinen dienstlichen Funktionen, sondern betrifft seine Person in Bezug auf sein persönliches Heil oder Unheil. Es gereicht seiner Person zur Ehre und zum Heil, wenn er darin seinen Dienst von Gott her für die Menschen wahrnimmt. Es gereicht ihm persönlich zum Unheil und Gericht, wenn er sein Amt nur auf sich und seine Ehre bezogen ausübt. Die Person des Amtsträgers bleibt also nicht außen vor, sondern ist involviert in die Art und Weise, wie der Amtsträger seinen Dienst ausübt, ob nur für und aus sich selbst oder in Relation zu Gott und den Menschen. Damit der Amtsträger seinen Dienst in richtiger Weise ausüben kann, wird er mit seiner ganzen Person in diese neue Relation hineingestellt.

1.1.1 Amt als »Mit-Sein«

In der Aussage »Mit euch bin ich Christ« wird deutlich, dass das allen Christen Gemeinsame und Verbindende durch das Amt und sein Gegenüber nicht ausgelöscht wird. Der Amtsträger ist und bleibt gleichzeitig auch Teil der Gläubigen. Der gemeinsame »Stand« des Christseins bedeutet für Augustinus Trost, Gnade und Heil. In diesem Sinn schreibt Joseph Ratzinger zu dieser Stelle bei Augustinus: »Für sich gesehen und auf sich allein hin gesehen, ist jeder Christ nur Christ und kann gar nichts Höheres sein. Es gibt die Einheit

[83] F. Genn: Trinität und Amt, 154f.

und Unteilbarkeit des einzigen christlichen Rufes. ›Ad se‹ ist jeder nur Christ, und das ist seine Würde.«[84] Beide, Amtsträger und Gläubige, gehören beziehungsmäßig zusammen und sind aufeinander verwiesen. Dies kommt auch in verschiedenen Bildern zum Ausdruck, mit denen Augustinus den Amtsträger im gemeinsamen Beziehungsgefüge aller Christen im Leib Christi beschreibt, z.B. als »Schaf und Mitschüler« in und mit der Gemeinde.[85] Der Amtsträger ist Hirte und Lehrer, der weidet, leitet und lehrt – und er ist gleichzeitig mit den anderen Gläubigen »Schaf und Mitschüler« unter dem einen Hirten und Magister Christus. Der Amtsträger ist mit seinem spezifischen Dienst persönlich »hineingestellt in das Beziehungsgefüge des einen Leibes als Mitchrist, Miterbe, Mitknecht, als Glied; oder um es in den anderen Bildern zu sagen, als Schaf einer Herde oder als Mitschüler in der einen Schule des Herrn. Damit steht er in der Beziehung zu den anderen Gliedern und zugleich in einer um so tieferen Einheit mit Christus, als alle Glieder den einen Christus bilden.«[86] Der Amtsträger ist und bleibt somit Teil der Gemeinschaft der Gläubigen, er steht ihnen aber auch gegenüber.

1.1.2 Amt als »Gegenüber-Sein«

Mit der Aussage »Für euch bin ich Bischof« bezeichnet Augustinus bei aller bleibenden Gemeinsamkeit auch den Unterschied zwischen Amtsträgern und den ihnen anvertrauten Gläubigen. Es bedeutet ein Gegenüber-Sein, das für Augustinus äußerlich auch im Gottesdienst sichtbar wird, wo der Bischof einen erhöhten Platz im Kirchenraum einnimmt, der jedoch kein Grund zum Stolz sein darf.[87] Die besondere Stellung ist *um des Dienstes Willen* da, um den Dienst gut auszuüben. Das Gegenüber-Sein bedeutet wie in serm. 340 eine Gefahr für seine Person, wenn sich der Amtsträger als schlechter Diener erweist.[88] Der besondere Platz ist keine persönliche Auszeichnung für den Amtsträger, sondern dient der (auch äu-

[84] Joseph Ratzinger: Zur Frage nach dem Sinn des priesterlichen Dienstes, in: GuL 41 (1968) 347–376, hier: 371.
[85] Vgl. z.B. En. in ps. 126, 3 (CCL 40,1859).
[86] F. Genn: Trinität und Amt, 159.
[87] Siehe z.B. Serm. 91,5 (PL 38,569); Serm. 96,9 (PL 38,588).
[88] Vgl. z.B. Serm. Guelf. 32,8 (MA I 569): »Equidem bonus est nobis, ut boni praepositi episcopi esse debeamus … quanto enim in altiore loco, tanto in maiore periculo sumus.«

ßerlich sichtbaren) Funktion seines Amtes als Wächter und Verkünder innerhalb der Gemeinschaft der Glaubenden und unterstreicht sichtbar seinen Dienst: »In dieser Gleichheit sind die Prediger dennoch wie die ›maiores scholae‹, haben sie das ›magisterium‹ inne, predigen vom ›superior locus‹ aus. Das Bild vom erhöhten Platz erklärt Augustin mit dem Herold- oder Wächteramt: Die Amtsträger wachen und werden bewacht. Sie sind in derselben Schule und doch ›maiores‹.«[89] Das kennzeichnende »Für euch ...« des Amtes wird als Pflicht, als Dienst, als Funktion an den Gläubigen beschrieben, die der Person des Amtsträgers zum Heil oder Unheil gereichen. Der Amtsträger ist das, was er ist, nur im Bezug auf die Gläubigen. Verfehlt er diesen Dienst an den Gläubigen, bedeutet es für ihn Gefahr, da er sein Amt nicht im Sinne Christi ausübt.
Zu dieser Augustinusstelle schreibt wiederum kommentierend Ratzinger: »›Pro vobis‹, d.h. in der Relation auf die andern hin, allerdings in einer *unumstößlichen und den Betroffenen in seinem ganzen Sein tangierenden Relation* [Hervorhebung TO], wird man Träger dieses Amtes. Amt und Relation sind identisch, Amtsein und Relationsein fallen ineinander. Das Amt ist Relation des ›Für euch‹.«[90] In den nun folgenden beispielhaft ausgewählten Begriffen und Bildern, die Augustinus im Zusammenhang mit dem Amt verwendet, zieht sich diese für das ganze Sein des Amtsträgers wesentliche und bleibende Relation im Mit-Sein und Für-Sein durch und vertieft das bisher Gesagte.

1.2 Begriffe und Bilder für den Amtsträger und seine Relationen

1.2.1 Der Amtsträger als Hirte und Lehrer

Oft nennt Augustinus sich selbst und die ordinierten Amtsträger »pastor«. Auch das Wort »doctor« verwendet er, um das Sein und die Aufgaben der Ordinierten zu verdeutlichen. Dieses Hirte- und Lehrer-Sein steht in verschiedenen Bedeutungszusammenhängen und Beziehungen.

---

[89] F. Genn: Trinität und Amt, 152.
[90] J. Ratzinger: Zur Frage nach dem Sinn des priesterlichen Dienstes, 371.

1.2.1.1 Von Christus her

Die Bezeichnung »Hirte« verwendet Augustinus in bildhaftem Vergleich häufig für Christus[91], der als guter Hirte gleichzeitig der Hirte schlechthin, das Haupt und die Richtschnur aller menschlichen Hirten ist.[92] Allein die Relation zu Christus macht aus den Amtsträgern wirkliche Hirten, die vom eigentlichen Hirten Christus ermächtigt und von ihm in den Dienst seines Leibes, der Kirche, gestellt sind. So spricht Augustinus von sich als Hirten, der jedoch nicht aus eigener Ermächtigung, sondern durch die Gnade Gottes die Herde zu weiden hat.[93] Er und die anderen Bischöfe sind nur dann wahre Hirten und werden ihrem Hirtenauftrag von Christus her gerecht, wenn sie nach dem Vorbild Christi gute Hirten sind. Nur wenn sie diese grundlegende Beziehung von Christus her leben und in ihrem Dienst für die Gemeinde durchscheinen lassen, werden sie ihrem Amt gerecht und finden auch persönlich das Heil. In ihrem Tun sollen die Menschen den eigentlichen Hirten Christus erkennen. Auf ihn, nicht auf die Amtsträger als seine Diener sollen sie ihre Hoffnung setzen[94] (vgl. auch die Ausführungen zur Taufe unter 2., in denen der Blick auf Christus als den eigentlich Handelnden und nicht auf den Amtsträger gelenkt wird).

Hier kommt zu den o.g. Aspekten des Mit- und Für-Seins der Amtsträger entscheidend hinzu, dass sie »Von-her« sind: Nicht aus eigener Kraft, sondern nur im Rückbezug auf Christus und in seiner Ermächtigung sind sie Amtsträger. Diese Relation von Christus her ermöglicht erst die Funktionen der Amtsträger für die Gemeinde. Christus wirkt sein Heil für die Gemeinde durch die wesentliche Indienstnahme des Amtsträgers in den dem Amt spezifischen Funktionen.

1.2.1.2 Für die Gemeinde

Das Hirte-Sein der Amtsträger im Auftrag und in ständiger Bezogenheit zum einen Hirten Christus stellt den Amtsträger in eine

[91] Vgl. En. in ps. 69,6 (CCL 39,936); En. in ps. 79,1 (ebd. 1111,16); Tr. in Joh. Ev. 47,3 (CCL 36,406,33–34.35); u.a.

[92] Siehe z.B. Tr. in Joh. ev. 45,14 (CCL 36,396,5); Serm. 138,1.3.5 (PL 38,763,764,765); Serm. 46,18 (CCL 41,545,467); Serm. 138,4.6 (PL 38,765.766); Ep. 23,6 (CSEL 34.1,70,18–19); Serm. Denis 12,2 (MA I 51,30).

[93] Vgl. Serm. 340,2 (CCL 104,920).

[94] Zur Thematik der guten und schlechten Diener und der Auseinandersetzung von Augustinus mit den Donatisten siehe F. Genn: Trinität und Amt, 124f.

»Dienst-Relation« zur Gemeinde und hat u.a. folgende Aufgaben für die Gemeinschaft der Glaubenden: Der Amtsträger hat die Herde zu weiden[95], über sie zu wachen[96], sie zu leiten und zu lehren.[97] In solchen Funktionen steht er wiederum der Gemeinde gegenüber, damit er in Christi Auftrag seinen Hirtendienst für sie ausüben kann.

Diesem Gegenüber-Sein als Hirte entspricht jedoch ähnlich wie in Serm. 340,1 ein Mit-Sein mit der Herde unter dem einen Hirten Christus, das auch die Bezeichnung Lehrer – Mitschüler ausdrückt. Hier wird wiederum deutlich, dass das Gegenüber-Sein des Amtsträgers nur in Relation zum eigentlichen Hirten Christus und *um des Dienstes Christi an der Gemeinde willen* besteht: »Denn aufgrund des Amtes wachen wir über euch, wir wollen aber auch mit euch zusammen behütet werden. Wir sind gleichsam die Hirten für euch, wir sind aber auch mit euch unter jenem Hirten die Schafe. Wir sind gleichsam Lehrer für euch von diesem Platz aus, aber unter jenem einen Lehrer sind wir mit euch zusammen Mitschüler in dieser Schule.«[98]

Der Amtsträger verbleibt weiterhin mit der Gemeinde gemeinsam unter dem einzigen Hirten Christus, in seinem neuen »amtlichen Bezug« zu Christus bekommt der Amtsträger jedoch gleichzeitig einen neuen Bezug zur Gemeinde, einen Bezug, der durch seinen Dienst im Namen Christi für die Gemeinde gekennzeichnet ist.

Damit der Amtsträger in seinem Dienst gegenüber der Gemeinde sich nicht in falscher Weise zwischen Christus und die Gläubigen stellt, sondern wirklich »nur« als Diener des Herrn für die Gemeinde erfahren wird, der durchlässig ist und auf Christus verweist, sind die Begriffe »Diener«, »Knecht« und »Gefäß« für Augustinus hilfreiche Verdeutlichungen. Diese Begriffe drücken wie die oben bereits genannten aus, dass der Amtsträger nicht für sich, sondern in Beziehung steht: Diener, Knecht und Gefäß gibt es nur in Bezug auf eine Aufgabe von jemandem für jemanden bzw. etwas.

---

[95] Vgl. Serm. 47,1 (CCL 41,572); Serm. 137,15 (PL 38,762); Serm. Bibl. Casin. I 133,5.13 (MA I 404.410); Tr. in Joh. ev. 123,5 (CCL 36,679) u.a.

[96] Siehe Serm.146,1 (PL 38,796).

[97] Vgl. Tr. in Joh. ev. 123,5 (CCL 36, 680,100–101).

[98] En. in ps. 126,3 (CCL 40,1859): »Custodimus enim vos ex officio dispensationis; sed custodiri volumus vobiscum. Tamquam vobis pastores sumus, sed sub illo Pastore vobiscum oves sumus. Tamquam vobis ex hoc loco doctores sumus; sed sub illo uno Magistro in hac schola vobiscum condiscipuli sumus.«

1.2.2 Der Amtsträger als Diener und Knecht[99]

1.2.2.1 Der Amtsträger als »minister« und »Gefäß« für das Wort Gottes

Augustinus bezeichnet sich selbst als Diener[100] und seinen Dienst als Amtsträger in der Kirche als »ministerium«[101]. Er bezieht seinen Dienst vor allem auf die Verkündigungstätigkeit[102], in der er sich als »Gefäß« dem Wort Gottes zur Verfügung stellt, welches durch ihn hindurch den Gläubigen dargereicht wird: »Herrlich aber sind die Worte der Weisheit Gottes, unseres Herrn. Sie werden euch durch uns wie in Gefäßen dargeboten.«[103] Neben dem Dienst am Wort und seiner Verkündigung ist es der Dienst an den Sakramenten, zu denen Christus die Amtsträger als Diener bestellt hat: »qui nos ministros constituit verbi et sacramenti sui.«[104] Auch hier wird wieder die Struktur des »Von-her« und des »Für« ersichtlich, in die der Amtsträger als Diener eingebunden ist. Er stellt seine Person zur Verfügung, damit *durch sie hindurch* das Wort Gottes und die Sakramente den Menschen dargereicht werden.

Das Bild des (unpersönlichen) Gefäßes könnte suggerieren, dass es auf die Person des Amtsträgers eigentlich gar nicht ankommt, sondern dass er nur als »Mittel zum Zweck« dient, damit Christus durch ihn handeln kann. Die o.g. Bilder vom Hirten, Lehrer und Diener sowie die folgenden Bilder vom Knecht und Freund des Bräutigams zeigen jedoch, dass für Augustinus die von Christus in Dienst genommene Person des Amtsträgers nicht ausgelöscht und als bloße »Hülle« gebraucht wird, sondern um dieses Dienstes wil-

[99] Der von Augustinus für den ordinierten Amtsträger verwendete Begriff »servus« wird in der vorliegenden Arbeit stets mit »Knecht« übersetzt. Zur Bedeutung der Ausdrücke »minister« und »servus« siehe auch F. Genn: Trinität und Amt, 95–123.

[100] Vgl. De trin. VIII 9,13 (CCL 50,289,20) u.a.

[101] Siehe En. in ps. 118 XXXII 8 (CCL 40,1775,4); Tr. in Joh. ev. 34,1 (CCL 36,311,8–9); Ep. 34,1 (CSEL 34,2,23,13) u.a.

[102] Vgl. Conf. I 1,1 (CSEL 33,2,8), wo vom »ministerium praedicatoris« die Rede ist; En. in ps. 103 I 15–16 (CCL 40,1488–1489); En. in ps. 103 II 4 (ebd. 1493,5); Tr. in Joh. ev. 57,2 (CCL 36,470) u.a.

[103] En. in ps. 141,1 (CCL 40,2046,7–9): »Praeclara autem verba sapientiae Domini Dei sunt. Per nos tamquam per vascula vobis ministrantur.«

[104] En. in ps. 109,1 (CCL 40,1601,1–2). Augustinus erwähnt vor allem den »minister« der Taufe, vgl.: Tr. in Joh. ev. 5,6 (CCL 36,43) u.a. Außerdem spricht er vom »ministri altaris« in De op. mon. 21,24 (CSEL 41,570,1), bzw. vom »ministerium dominici corporis« in Ep. 228,6 (CSEL 57,489,12) und vom »ministerium reconciliatonis« in En. in ps. 71,6 (CCL 39,975,6–7), vgl. auch: Tr. in Joh. ev. 22,7 (CCL 36,227,35–38).

len in eine besondere personale Beziehung zu Christus und zur Kirche gestellt ist, die dem Amtsträger wie dargestellt zum persönlichen Heil oder Unheil gereicht. Der Amtsträger stellt sich mit seiner Person dem Wirken Christi zu Verfügung und ist somit ein »Knecht« Christi für die Menschen und darin gleichzeitig »Freund des Bräutigams« Christus.

1.2.2.2 Der Amtsträger als »Knecht« und »Freund des Bräutigams«
Auch mit dem von Augustinus verwendeten Begriff »Knecht« bzw. »Mitknecht« lässt sich beispielhaft darlegen, dass der Amtsträger zum einen Knecht Christi, also von ihm her in Dienst genommen ist: Augustinus nennt sich und die Amtsträger »servus« oder »servi Christi«[105]. Der Amtsträger ist als Knecht Christi jedoch nicht Herr über die Gemeinde, sondern gleichzeitig auch Knecht der Gemeinde. Das Vorsteher-Sein als Amtsträger geht nur im Für-Sein als Knecht der ihm Anvertrauten: »Derjenige nämlich, der dem Volk vorsteht, muss sich zuerst als Knecht für Viele begreifen«[106] und im Mit-Sein als »Mit-Knecht«: »...Wir sind eure Knechte: eure Knechte, aber auch eure Mitknechte; wir sind eure Knechte, wir haben aber alle einen [gemeinsamen] Herrn.«[107]
Ein spezielles personales Verhältnis im Sinn des »Von-her« des Amtsträgers drückt Augustinus jedoch mit dem Titel »Freund des Bräutigams« aus. Er bezieht ihn sowohl im ursprünglich-biblischen Sinn auf Johannes den Täufer (Joh 3,29)[108], als auch im weiterführenden Sinn auf die Apostel[109] und die Amtsträger, die als »Freunde des Bräutigams« nicht ihre eigene Stimme erschallen lassen, sondern die des Bräutigams: »Die Freunde des Bräutigams sagen nämlich nicht ihre eigenen Worte, sondern freuen sich an den Worten des Bräutigams.«[110] Während alle Gläubigen »Freunde des Herrn« sind,

[105] Vgl. Serm. Guelf. 9,4 (MA I 470,23–24); Serm. Wilm. 2,8 (MA I 680); Ep. 130 (CSEL 44,40,2); Ep. 228,2 (CSEL 57,485,17) u.a.
[106] Serm. Guelf. 32,1 (MA I 563,6–7): »Debet enim, qui praeest populo, prius intellegere se servum esse multorum.«
[107] Serm. Guelf. 32,1 (MA I 564,29–31): »...servi vestri sumus: servi vestri, sed et conservi vestri: servi vestri sumus, sed omnes unum dominum habemus.«
[108] Vgl. Tr. in Joh. ev. 5,17 (CCL 51,19–20) u.a.
[109] Siehe z.B. En. in ps. 35,9 (CCL 38,328–329).
[110] Serm. 46,30 (CCL 41,556,759–760): »Non enim vocem suam dicunt amici sponsi, sed gaudio gaudent propter vocem sponsi.« Vgl. auch Tr. in Joh. ev. 13,16 (CCL 36,139,16–17).

wird mit diesem Zitat deutlich, dass die ausschließliche Verwendung der Bezeichnung »Freund des Bräutigams« für den Amtsträger dessen besondere Beziehung zu Christus (und damit auch zu Christi »Braut«, der Kirche!) besagt, damit sichergestellt ist, dass der Diener nicht sich selbst, sondern Christus verkündet: Mit Christus, dem Bräutigam, geht es den Amtsträgern als Freunden des Bräutigams um die Braut, die Kirche. Gegen die donatistischen Bischöfe[111] betont Augustinus, dass die Amtsträger nicht der Bräutigam selbst sind, sondern seine Freunde, die ihn zur Sprache bringen.

In den bisherigen Ausführungen sind mit den Begriffen und Bildern zum Amt exemplarisch einige Grundzüge des augustinischen Amts- und Sakramentenverständnisses aufgetaucht und es ist deutlich geworden, wie sehr der Amtsträger seinen Dienst in verschiedenen Relationen ausübt, die seine Person und sein ganzes Sein betreffen. Dies wird nun noch weiter entfaltet.

2. Eine Kernaussage des relationalen Sakramenten- und Amtsverständnisses von Augustinus: Christus ist der eigentlich Handelnde

2.1 Der Hintergrund: Die Auseinandersetzung mit der donatistischen Lehre

Im so genannten »Donatistenstreit« spitzte sich die Frage des Verhältnisses der Person des Amtsträgers und der Wirksamkeit Christi in den amtlichen Funktionen im Falle eines unwürdigen Amtsträgers zu. Der geschichtliche Hintergrund ist, dass im Verlauf der Christenverfolgung unter Kaiser Decius um das Jahr 250 nicht wenige Gläubige, Priester und Bischöfe wieder den heidnischen Göttern und Kaisern geopfert und die heiligen Schriften und Geräte an die Heiden ausgeliefert hatten. Im Februar 303 erließ Kaiser Diokletian ein Edikt, in dem die Zerstörung der christlichen Gotteshäuser und die Übergabe aller im Besitz der Christen befindlichen Exemplare der Heiligen Schrift an die Behörde verfügt wurden.

Wer sich dieser Übergabe nicht widersetzte, wurde von einer Gruppe von Christen als »traditor« bezeichnet. Diese so genannten »Tra-

[111] Vgl. C. ep. Parm. 2,7, 14 (CSEL 51,60,4–5). Siehe auch En. in ps. 128,13 (CCL 40,1889,46–49).

ditoren« sorgten vor allem in Nordafrika für heftige Auseinandersetzungen, die dann im Donatistenstreit ihren Höhepunkt fanden. Bischof Donatus († um 355) und seine Anhänger erklärten die Priester- und Bischofsweihe der Traditoren für ungültig, ebenso sämtliche Sakramente, die sie gespendet hätten.[112] Unter Parmenian († 391), dem ersten Nachfolger von Donatus, findet sich die Theorie, der Ordo (das ius dandi) ginge beim Amtsträger verloren, wenn er in der Verfolgung von seinem Glauben abfiele und so des Glaubens unwürdig geworden wäre. Sakramente, die von ihm gespendet würden, blieben dann ohne Gnadenwirkung. Der entscheidende Punkt und das große Problem an dieser (in den Augen des Augustinus irrigen) Auffassung sind also, dass die ordinierten Traditoren nicht mehr wirksam Sakramente spenden können. Die von ihnen Getauften und Ordinierten sind nach dieser Lehre in Wirklichkeit gar nicht getauft und ordiniert, was bei den Gläubigen eine große Unsicherheit und Heilsangst bewirkte. Nach einer Zeit der Buße wurden deshalb mancherorts die zurückkehrenden Traditoren reordiniert und viele der von diesen getauften Gläubigen erhielten die Wiedertaufe.

Die Donatisten stellen in ihrer Sakramententheologie also die Person des Spenders in den Mittelpunkt. Von seiner Heiligkeit wird die Heilskraft der Sakramente abhängig gemacht.

2.2 *Die Antwort des Augustinus*

In der donatistischen Auseinandersetzung kämpft Augustinus leidenschaftlich dafür, dass die Person des Amtsträgers nicht an die erste Stelle gerückt wird und im Vordergrund steht, sondern dass *Christus der eigentlich Handelnde durch den Amtsträger* ist.

Es braucht die Person des Amtsträgers, der im Auftrag Christi die Heilszeichen für die Gemeinde gegenwärtig setzt, indem er z.B.

[112] Vgl. Bernhard Kriegbaum: Art. Donatismus, Donatisten, in: LThK[3] (Bd. 3) 1995, 332–334, hier: 332: »Der D. [Donatismus], eine Folgeerscheinung der diokletian. Christenverfolgung im röm. Afrika (worauf er im wesentl. immer beschränkt blieb), setzt Cyprians Ekklesiologie u. Sakramentsverständnis voraus, welches seit dem Ketzertaufstreit zw. den Kirchen Karthagos u. Roms strittig waren ... Die Auslieferung (*traditio*) kirchl. Geräte u. der Hl. Schrift an den Staat in der diokletian. Verfolgung wurde v. einer rigorist. Minderheit z. Anlaß genommen, die sog. *traditores* zu Apostaten zu erklären, die als v. der Kirche Getrennte Cyprian zufolge die Vollmacht z. Sakramentenspendung verloren hätten.«

dem Gottesdienst und den Feiern der Sakramente vorsteht. Entgegen allem äußeren Augenschein nimmt der Amtsträger jedoch nicht die Stelle Christi in der Weise ein, dass er aus eigener Vollmacht handelt, sondern dass er sich mit seiner Person als »Gefäß« im unter 1.2.2.1 dargestellten personalen Sinn zur Verfügung stellt, damit Christus durch ihn handeln kann: »Es hätte der Herr Jesus Christus, wenn er gewollt hätte, irgendeinem seiner Diener die Macht verleihen können, seine Taufe gleichsam an seiner Statt zu spenden, indem er die Gewalt zu taufen von sich weggab und irgendeinem Diener übertrug und der auf den Diener übertragenen Taufe dieselbe Kraft gab, die die vom Herrn gespendete Taufe hätte. Das wollte er deshalb nicht, damit die Hoffnung der Getauften auf dem ruhte, von dem sie wussten, dass er sie getauft hat. Er wollte also nicht, dass der Diener seine Hoffnung auf den Diener setzte.«[113] So ist der Amtsträger »nur« Zeichen bzw. »Gefäß« für das, was der Herr selbst durch ihn tut. Die Amtsträger sind nur »Adoptivsöhne«, dem Erstgeborenen allein kommt die Macht zu.[114]

Der Glaubende wird somit nicht auf die Person des Amtsträgers verwiesen, sondern auf Christus als den eigentlich Handelnden: »Die ein Trunkenbold taufte, die ein Mörder taufte, die ein Ehebrecher taufte, taufte, wenn es die Taufe Christi war, Christus. Ich fürchte nicht den Ehebrecher, nicht den Trunkenbold, nicht den Mörder, weil ich auf die Taube[115] schaue, durch die mir gesagt wird: *Dieser ist es, welcher tauft.*«[116] Der Amtsträger wird dafür in Dienst genommen, es kommt auf seine Person und seinen (gut ausgeübten) Dienst an, ohne dass dabei seine Person im Vordergrund steht und die Quelle des Heils und der Heilsvermittlung wäre.

Augustinus unterscheidet zwischen *»potestas«* und *»ministerium«*, um zu verdeutlichen, dass die Amtsträger in ihren Funktionen nicht

---

[113] Tr. in Joh. ev. 5,7 (CCL 36,44): »Potuit autem Dominus Iesus Christus, si vellet, dare potestatem alicui servo suo, ut daret baptismum suum tamquam vice sua, et transferre a se baptizandi potestatem, et constituere in aliquo servo suo, et tantam vim dare baptismo translato in servum, quantam vim haberet baptismus datus a Domino. Hoc noluit ideo, ut in illo spes esset baptizatorum, a quo se baptizatos agnoscerent. Noluit ergo servum ponere spem in servo.«

[114] Siehe Tr. in Joh. ev. 7,4 (CCL 36,69).

[115] Mit »Taube« meint Augustinus die katholische Kirche.

[116] Tr. in Joh. ev. 5,18 (CCL 36,51f): »Sic ergo quos baptizavit ebriosus, quos baptizavit homicida, quos baptizavit adulter, si baptismus Christi erat, Christus baptizavit. Non timeo adulterum, non ebriosum, non homicidam ; quia columbam adtendo, per quam mihi dicitur : *Hic est qui baptizat.*«

aus eigener Kraft und in persönlicher Vollmacht handeln, sondern Christus durch sie am Werk ist. Er verwendet die Unterscheidung zwischen »potestas« und »ministerium« wiederum im Zusammenhang mit der Taufe: »Sich selbst hat der Herr die Vollmacht [potestas] zu taufen vorbehalten, den Dienern gab er das Amt [ministerium].«[117] Die potestas der Herrentaufe geht also vom Herrn auf keinen Menschen über, lediglich das ministerium zur Sakramentenspendung wird weitergegeben.[118] Dadurch wird deutlich, dass Christus allein die potestas besitzt und auch im menschlichen Spender Christus der eigentliche Träger des sakramentalen Geschehens ist. Er allein hat die Vollmacht, eine Heilsbegegnung sich ereignen zu lassen.[119] Dazu Paul Josef Cordes: »An mehreren Stellen erläutert Augustinus an diesem Gegensatzpaar *potestas – ministerium* das jeweilige Spezifikum derer, die das Heilsgeschehen ermöglichen ... Christus ist selbst am Werk; er bleibt auch im individuellen Heilsprozess Mitte und Grund der Hoffnung, so daß jede bange Frage nach der Heiligkeit des Amtsträgers entfallen kann, wenn der Glaubende in Zweifel kommt über den Effekt des gesetzten Heilszeichens.«[120] Das heißt also für den »Grenzfall«: Selbst wenn der Amtsträger persönlich versagt, bleiben seine gesetzten Heilszeichen gültig und wirksam, weil er sie nicht kraft eigener Person, sondern kraft der Vollmacht Christi gesetzt hat, die auch durch einen schlechten Diener wirksam bleibt.
Hier ist ein wichtiger Punkt erreicht, der im Anschluss an die augustinische Rede vom »bleibenden Eigentumszeichen« zur Entstehung der Lehre vom »character indelebilis« geführt hat.

3. Das »bleibende Eigentumszeichen« bei Augustinus und die sich entwickelnde Lehre vom »character indelebilis«

Eine im wahrsten Sinne des Wortes »prägende« und entscheidende Bedeutung für die Kennzeichnung des ordinierten Dienstes bekam die auf die Sakramententheologie des Augustinus zurückgehende

[117] Tr. in Joh. ev. 5,7 (CCL 36,44): »Sibi tenuit Dominus baptizandi potestatem, servis ministerium dedit.«
[118] Siehe Tr. in Joh. ev. 5,11 (CCL 36,46).
[119] Vgl. Tr. in Joh. ev. 6,6 (CCL 36,56). Siehe dazu auch: P. J. Cordes: Sendung, 180.
[120] P. J. Cordes: Sendung, 180f.

»Charakter-Lehre«, wonach bei Taufe, Firmung und Ordination ein unauslöschliches Prägemal eingestiftet wird. Ausgehend von Augustinus hat die Lehre vom »Charakter« verschiedene Weiterführungen und Wandlungen in der Sakramenten- und Amtstheologie erfahren. Häufig wird in den verschiedenen Darlegungen zum character indelebilis im Lauf der Geschichte ausdrücklich von einer wesensmäßigen Prägung der Person im Sinne einer ontologischen Wirkung gesprochen. Deshalb werden nun seine Ursprünge etwas ausführlicher behandelt.

3.1 Zum Begriff »Charakter«

Von seinem profanen Ursprung her bedeutet das Wort χαρακτήρ im Griechischen die Prägung auf einer Münze, den Prägestempel. Im Lateinischen bezeichnet character das Prägemal eines Soldaten als Zeichen seiner Zugehörigkeit zu einem bestimmten Feldherrn, der Besitzanspruch auf diesen Soldaten hat. Ebenso kann es ein Knecht oder Sklave tragen als Zeichen, das ihn einem bestimmten Herrn zuordnet. Auch das Brandzeichen eines Tieres kann damit gemeint sein, also wiederum ein Eigentumszeichen, das auf den Besitzer verweist.[121] Schon vor Augustinus wurde die Bezeichnung Charakter sowohl im profanen Bereich als auch bei den lateinischen Kirchenvätern verwendet. Im griechischen Sprachgebrauch entsprach das Wort σφραγίς (Siegel) dem lateinischen character. Auch hier war es sowohl vor als auch nach Augustinus bei den griechischen Kirchenvätern eine geläufige Bezeichnung. Die Grundbedeutung ist das Siegel, mit dem man etwas im realistischen oder bildlichen Sinne verschließt und sichert. Aber auch der Siegelabdruck selbst, die Tätowierung eines Tieres oder das Stigma eines Soldaten kann mit σφραγίς/character ebenso bezeichnet werden wie das Instrument, mit dem man siegelt, sowie das Siegelbild bzw. die Inschrift, die eingeprägt wird.[122]

Im biblischen Sprachgebrauch kommt χαρακτήρ in der Septuaginta dreimal vor (Lev 13,28; 2 Makk 4,10f; 4 Makk 15,4), im NT nur einmal in Hebr 1,3 im christologischen Zusammenhang: »[Der Sohn]

[121] Vgl. Dorothea Sattler: Art. Charakter, sakramentaler, in: LThK³ (Bd. 2) 1994, 1009–1013, hier: 1010.

[122] Siehe Ernst Dassmann: Charakter, in: Cornelius Petrus Mayer (Hg.): Augustinus-Lexikon (Bd. 1), Basel 1986, 835–840, hier: 835.

ist der Abglanz seiner [Gottes] Herrlichkeit und das Abbild χαρακτήρ seines Wesens.«[123] An einigen Stellen im NT ist der Ausdruck σ ein Synonym für χαρακτήρ und drückt die Versiegelung durch Gottes Geist aus (2 Kor 1,22; Eph 1,13; 4,30) bzw. wird als Eigentums- und Schutzzeichen der Glaubenden beschrieben (vgl. Offb 3,12; 7,2–8; 14,1; 22,4: Der Name Gottes bzw. Christi ist hier das »Siegel Gottes«, das Zeichen, das die Geretteten als Eigentum Gottes ausweist und ihnen Schutz garantiert).

3.2 Das augustinische Verständnis des Begriffes »Charakter« und seine Aussageintention

Dem augustinischen Verständnis des Begriffes Charakter war eine längere Zeit der Auseinandersetzung, der Krise und des Umbruchs vorausgegangen, die im Donatistenstreit ihren Höhepunkt fand (vgl. 2.1). In Auseinandersetzung damit betont Augustinus die unwiderrufliche Treue Gottes trotz aller Untreue des Menschen. Durch Taufe und Ordination (wobei Augustinus die meisten Aussagen zum Charakter im Zusammenhang mit der Taufe macht[124]), prägt sich Christus unwiderruflich dem Empfänger ein. Dieses Prägemal *bleibt* als Eigentumszeichen unabhängig von der späteren Würdigkeit oder Unwürdigkeit des Empfängers bestehen. Augustinus beschreibt die Sakramente der Taufe und Ordination als Vermittlung einer Beziehung im Sinne einer unauslöschlichen Eigentumszugehörigkeit und Prägung durch Christus. Diese bleibende Beziehung zu Christus kann – im Bild ausgedrückt – so wenig wie

[123] Vgl. die weiteren Ausführungen dazu von D. Sattler: Art. Character, sakramentaler, 1012: »Ein Rückgriff auf die in Hebr 1,3 gegebene *christolog. Bestimmung* des Begriffs χαρακτήρ ist auch für die sakramententheol. Fragestellung hilfreich: Das Verständnis des Ch. als Bekenntnis z. Abbild des göttl. Wesens in Leben u. Schicksal Jesu Christi reiht sich ein in die Zahl der Schriftstellen, die v. Offenbarwerden des unsichtbaren Gottes in seinem sichtbaren Bild sprechen (2 Kor 4,4; Kol 1,15). Im μυστήριον τοῦ θεοῦ lat. *sacramentum Dei* (Kol 1,27; 2,2), in Christus Jesus hat Gott sein Wesen als Liebe geoffenbart. Der ntl. Einbezug der in der Nachf. Jesu Christi Stehenden in die Urbild-Abbild-Analogie wird ausdrücklich in 1 Kor 15,49; 2 Kor 3,18; Röm 8,29: Alle Erwählten sollen verwandelt werden in das Bild Jesu Christi. Auf dieser christolog. Bestimmung basiert die theol. Rede insbes. v. Tauf-Ch. – Die dem Ch.-Begriff zugrunde liegende Urbild-Abbild-Vorstellung ... verweist darüber hinaus in bibl. Perspektive auf die *schöpfungstheol. Aussage*, wonach der Mensch v. Gott als sein Bild erschaffen wurde (vgl. Gen 1,26f.; Ps 8,6f.; Sir 17,2f.).«

[124] Vgl. dazu E. Dassmann: Character, 837.

ein Brandzeichen oder eine Besiegelung rückgängig gemacht werden, auch nicht, wenn die betreffende Person sich dieser Zugehörigkeit zu Christus unwürdig erweist oder sich dieser Beziehung entzieht.

In immer neuen sprachlichen Wendungen variieren die zahlreichen Texte des Augustinus denselben Gedanken vom Eigentumsmerkmal, das die Taufe verleiht. Dabei benutzt er in einer Textgruppe den Vergleich mit Hirt und Herde. Dort sind donatistische und andere häretische Hirten diejenigen, die den gestohlenen Schafen trotzdem das Siegel des von ihnen betrogenen Herrn einbrennen und damit den Diebstahl vertuschen: »Der Herr aber bestraft die Diebe, wenn sie sich nicht gebessert haben und ruft ebenso die Schafe von ihrem Irrweg zurück zur Herde, *zerstört in ihnen aber nicht sein Prägemal* [nec in eis suum exterminat *characterem*, Hervorhebungen TO].«[125] Eine weitere Textgruppe benutzt das Bild vom Soldaten, der das Zeichen seines Feldherrn trägt. Obwohl es dem Soldaten zur Schande gereicht, wenn er desertiert, verliert er doch nicht dieses Prägemal: »Für die Häretiker ändern wir die Taufe nicht. Weshalb nicht? Weil sie die Taufe haben, wie der Fahnenflüchtige sein Prägemal [caracterem] hat, so haben auch diese die Taufe. Sie haben sie allerdings, um dadurch verurteilt, nicht belohnt zu werden. Und doch, wenn der Fahnenflüchtige selbst, nachdem er sich gebessert hat, wieder zu dienen anfinge, *wird es da jemand wagen, sein Prägemal zu ändern?* [audet quisquam ei *caracterem* mutare? Hervorhebungen TO].«[126] Man beachte in beiden Augustinuszitaten die Betonung des Prägemals als *bleibendes Eigentumszeichen*.

In Bezug auf die Ordination bleibt der Ordinierte Eigentum Christi. So ist gewährleistet, dass auch ohne die persönliche Heiligkeit des Amtsträgers dessen amtliche Funktionen von Christus her Wirksamkeit haben und von Seiten der Gläubigen die ängstliche Frage der Gültigkeit und Wirksamkeit der von ihm gespendeten Sakramente entfällt. Augustinus benutzt zur Darlegung dieses Sachverhaltes neben dem Ausdruck »character« auch die Begriffe »sacra-

---

[125] Ep. 105,1 (CSEL 34,596): »Sed dominus et fures punit, si non se correxerint, et oves ab errore revocat ad gregem nec in eis suum exterminat characterem.«

[126] Sermo ad Catechumenos de symbolo 16 (CCL 46,199): »Sed haereticis baptismum non mutamus. Quare? Quia sic habent baptismum, quomodo desertor habet caracterem: ita et isti habent baptismum; habent, sed unde damnentur, non unde coronentur. Et tamen si desertor ipse correctus incipiat militare, numquid audet quisquam ei caracterem mutare?«

mentum« und »consecratio«: »Beides nämlich ist Sakrament und beides wird durch eine Weihe [consecratione] dem Menschen gegeben, das eine dadurch, dass er getauft wird, das andere, indem er ordiniert wird [cum ordinatur] ... [Wenn die Ordinierten vom Irrtum der Spaltung zurückkehren] sind sie nicht von neuem ordiniert, sondern, genauso wie ihnen die Taufe bleibt, bleibt auch die Ordination unberührt ... werden ihnen nicht die Sakramente der Ordination selbst entzogen, sondern bleiben bei ihnen.«[127] Die Prädikate »indelebilis« oder »inamissibilis« wurden später in die Charakter-Lehre eingeführt, Augustinus selbst gebraucht diese Bezeichnungen dem Wortlaut nach nicht.[128]

Über die bleibende Inbeschlagnahme der Person im Sinne einer dauerhaften Zugehörigkeit zu Christus hinaus werden keine weiter gehenden Wirkungen dieses Prägemals beschrieben. Eine unmittelbare systematische Entfaltung und inhaltlich weitere Bestimmung des Begriffes Charakter und des damit auch in den synonymen Ausdrücken angezeigten Sachverhaltes fehlt bei Augustinus. Es ging ihm primär nicht um eine sakramentale Theorie, sondern um das pastorale und seelsorgerliche Anliegen der unverlierbaren Zugehörigkeit und Beziehung zu Christus durch Taufe und Ordination und der Gültigkeit dieser Sakramente auch bei einem unwürdigen Sakramentenspender. Augustinus verwendet in seinen Texten das Wort Charakter zumeist in der Bildhälfte des Vergleiches (wie oben beschrieben einfach als Prägemal oder Eigentumszeichen), während die sakramentale Seite (die über die Inbeschlagnahme hinaus gehende genaue Wirkung z.B. auch in ontologischer Hinsicht) für verschiedene Umschreibungen offen bleibt und bei Augustinus nicht eigens weiter entfaltet wird.[129]

Erst in späteren Zeiten wird nicht nur das einfache Vorhandensein, das »dass« des Charakters, sondern auch das »was«, seine Wirkung, näher beschrieben, wie z.B. bei Thomas von Aquin, für den der

[127] Contra epistolam Parmeniani 2,13,28 (CSEL 51,79): »Utrumque enim sacramentum est et quadam consecratione utrumque homini datur, illud cum baptizatur, illud cum ordinatur ... nam si quando ex ipsa parte venientes etiam praepositi bono pacis correcto schismatis errore suscepti sunt, etiamsi visum est opus esse ut eadem officia gererent quae gerebant, non sunt rursus ordinati, sed sicut baptismus in eis ita ordinatio mansit integra ... non eis tamen ipsa ordinationis sacramenta detrahuntur, sed manent super eos.«

[128] Vgl. E. Dassmann: Character, 837.

[129] Siehe ebd., 839.

Charakter eine Gleichgestaltung mit Christus und eine Hinordnung zur Gottesverehrung und zum Dienst bedeutet (vgl. IV.).

3.3 Voraussetzungen einer fruchtbaren Relation zu Christus

Notwendig für den Charakter, für die bleibende Relation im Sinne einer unwiderruflichen Zugehörigkeit zu Christus ist die gültige Spendung des Sakramentes der Taufe und der Ordination. Dies schließt jedoch die damit verbundene gnadenhafte Heiligung nicht automatisch ein: »Sicher ist, dass er [der sakramentale Charakter der Taufe] durch die korrekte trinitarische Sakramentenspendung verliehen wird. Ebenso klar ist Augustinus von der geistlichen Fruchtlosigkeit jedes unwürdigen Sakramentenempfanges überzeugt; er weiß: ›aliud esse signum salutis, aliud ipsam salutem: aliud formam pietatis, aliud virtutem pietatis‹ ... Es gibt keinen magischen Formalismus, der einem Sakrament allein durch seinen Vollzug die Gabe des Geistes garantiert; aber auch so leer kann es nicht werden, dass nicht in jedem Fall, sofern es gültig empfangen wird, Spuren einer Eigentumszugehörigkeit hinterbleiben, die die geistliche Wirkung aufleben lassen, sobald nach Buße oder Rückkehr ein Mensch das sakramentale Zeichen nicht mehr ›foris ecclesia catholica‹ trägt.«[130]
So sind für Augustinus die Taufe und die Ordination der Donatisten wie aller außerhalb der Kirche Stehenden gültig und bleibend, wenn sie richtig vollzogen wurden. *Fruchtbar* im Sinne der Gnadenwirkung können sie jedoch erst innerhalb der Gemeinschaft der Kirche werden. Die in Taufe und Ordination geschenkte unwiderrufliche Beziehung zu Christus wird somit erst fruchtbar und wirksam, wenn auch die anderen Beziehungen »stimmen«: die Relation zur Gemeinschaft der Kirche und darin die richtige Verhaltensweise zu und der richtige Dienst an ihren Gliedern.
Cordes unterscheidet beim augustinischen Charakter das signum als unwiderrufliches In-Besitz-genommen-Sein und Abhängigkeit von Christus und die res significata, den Geist, der jedoch nicht automatisch dadurch garantiert ist: »Darum wäre es unsinnig und auch unmöglich, den durch dieses sakramentale Geschehen einmal Bezeichneten noch einmal zeichnen zu wollen; das Sakrament kann also dem Empfänger kein zweites Mal gespendet werden. Das gilt

[130] Ebd.

unabhängig davon, ob es außerhalb der *ecclesia catholica* empfangen wurde oder ob der Empfänger nach seiner Abwendung von der Kirche zu dieser zurückkehrt.«[131]

4. Auswertung und weitergehende Reflexionen

Die Übereignung jedes Christen an Gott in der Taufe und die spezielle Indienstnahme eines Amtsträgers durch die Ordination hinterlassen von Gottes Seite ein bleibendes Eigentumsmerkmal an der Person des Getauften bzw. Ordinierten, unabhängig von deren späterem Verhalten. Mit dem Bild vom Charakter gelingt es Augustinus, die unwiderrufliche Relation zu Christus im Sinne einer dauerhaften Zugehörigkeit der entsprechenden Person zu Christus durch Taufe und Ordination darzustellen.

In den Auszügen aus der augustinischen Amtstheologie wird deutlich, dass der Amtsträger durch die Ordination in verschiedene Beziehungen gestellt ist, die wesentlich und untrennbar zum Amt gehören. Augustinus bleibt eher in der dargestellten Bild- und Vergleichsebene und lässt die genauere Beschreibung der ontologischen Wirkung dieser grundlegenden Relationen auf die Person des Ordinierten offen. Die Person des Amtsträgers erhält auf jeden Fall durch die Ordination keine auf sich selbst bezogene höhere Würde und Auszeichnung, sondern wird als Werkzeug von Christus in Dienst für andere genommen. Diese Indienstnahme muss der Amtsträger in seinem Leben und Wirken verdeutlichen, indem er in der ihm geschenkten und ihm aufgetragenen »Beziehungswirklichkeit« lebt.

Im Kontext der damaligen Auseinandersetzungen brauchte Augustinus die Charakter-Aussagen über die genannten Ergebnisse hinaus nicht weiter zu entfalten. Es ging ihm nicht um ontologische Aussagen, sondern um das dargestellte pastorale Anliegen in der Auseinandersetzung mit den Donatisten. So lässt sich auch die Frage der genauen Wirkung und Prägung des Charakters in der Person des Amtsträgers bei Augustinus über die genannte bleibende Eigentumszugehörigkeit mit den dargestellten Konsequenzen hinaus nicht beantworten.

---

[131] P. J. Cordes: Sendung, 253.

Unabhängig davon kann jedoch aus der bisherigen Darstellung der (von Augustinus selbst nicht systematisch gemachten) Amtsaussagen eine für das Thema dieser Arbeit weiterführende Zusammenschau und »Synthese« mit offenen Fragen gewagt werden:
Wenn, wie dargestellt, ordiniertes Amt nur in verschiedenen Relationen (im »Von-her-, Für- und Mit-Sein«) möglich ist und der Amtsträger mit seiner ganzen Person (die Art und Weise der Amtsausübung entscheidet schließlich sogar über das Heil oder Unheil der Person des Amtsträgers) dafür von Gott unwiderruflich in Dienst genommen wird, hat dies dann nicht auch grundlegende Auswirkungen auf das Wesen der entsprechenden Person, die über eine rein äußerlich bleibende Prägung und Kennzeichnung hinausgehen? In dieser Richtung spricht Ratzinger im Zusammenhang mit serm. 340,1 in Bezug auf das Für-Sein des Amtsträgers von einer »unumstößlichen und den Betroffenen *in seinem ganzen Sein* tangierenden Relation, in der man Träger dieses Amtes wird« (s.o. 1.1.2). Wenn in diesem Sinn Christus durch die Person und den Dienst des Amtsträgers handelt und Augustinus in vielen personalen Bildern vom Amtsträger spricht, die eine dienende Beziehungswirklichkeit ausdrücken (vgl. 1.2: Hirte, Lehrer, Diener, Knecht, Freund des Bräutigams ...), dann kann diese Art von personaler Indienst- und Beschlagnahme nicht nur äußerlich bleiben und spurlos am Wesen der entsprechenden Person vorbeigehen. Man kann somit gut begründet die Frage stellen und die These wagen, ob nicht um des Dienstes Gottes an den Menschen willen der Person des Amtsträgers diese Relationen durch die Ordination unwiderruflich und diese Person in ihrem Wesen prägend gegeben werden, *damit* für den Amtsträger wie für die Gemeinde ein für alle Mal klar ist, dass Gott in allen Bezügen der Urheber und entscheidend Handelnde ist (im Grenzfall deshalb auch durch einen schlechten Amtsträger). In diesem Fall wäre klargestellt, dass ontologische Aussagen nicht um ihrer selbst und um der höheren Würdigkeit und Auszeichnung einer Person, sondern um des Dienstes und um der Klärung des Bezuges der verschiedenen Funktionen der Amtsträger willen gemacht werden.
Dies sind wie gesagt offene Fragen, die über Augustinus hinausgehen, sich aber dennoch im Anschluss an ihn gerade auch in heutiger Zeit stellen, in der personal-relationale Kategorien einen wichtigen Stellenwert haben.

Wie angedeutet, hat die Lehre vom Charakter viele Jahrhunderte nach Augustinus eine Fortführung und Entwicklung durchgemacht, die bis heute andauert. Deshalb soll an dieser Stelle ein kurzer Hinweis gegeben werden, welche Bedeutung die Rede vom Charakter für das Verständnis des ordinierten Amtes heute haben kann. In den später noch fortzuführenden Erörterungen zum Charakter über Thomas von Aquin und Trient bis zum Zweiten Vatikanischen Konzil gilt wie bei Augustinus die stete Mahnung, dass trotz der »objektiven« Heilszusage Christi in den sakramentalen Handlungen der Ordinierten das priesterliche Leben auch immer dem priesterlichen Dienst entsprechen muss.

In Bezug auf die Ordination steht heute »hinter dieser Ausdrucksweise die Überzeugung, dass die ordinierte Person unwiderruflich für ihren Dienst in Beschlag genommen ist.«[132] Der Getaufte und Ordinierte verdient sich dies gerade nicht durch eigene Anstrengung und Perfektion, sondern durch die reuelose Zusage Christi. Der Charakter drückt somit den Vorrang der göttlichen Initiative und das ständige Bezogensein des Amtsträgers auf Gott und die Menschen aus. Deshalb ist die Bezeichnung mit dem sakramentalen Charakter in der Ordination keine wesensmäßige Auszeichnung der betreffenden Person im Sinne einer rein persönlichen Überordnung über die Laien oder eines besseren Weges zur persönlichen Heiligung, sondern eine unverbrüchliche Zusage Gottes und ein »Demutszeichen« des Menschen. Die durch die Ordination verliehene Befähigung ist nicht an den personal-existenziellen Vollzug des Priesters, sondern an sein Amt, d.h. an Berufung, Weihe und Sendung gebunden.[133] Die Kirche kann sich sicher sein, dass im Amtsträger Christus handelt, dessen Eigentum und Werkzeug er ist, unabhängig von seiner persönlichen Heilssituation vor Gott. »Für den Amtsträger jedoch ist der durch die Weihe verliehene ›character‹ ein ›Demutszeichen‹, zur ständigen Erinnerung daran, dass er nicht die Macht hat, das Werk Christi und die Existenz seiner Kirche zu zerstören.«[134]

---

[132] Eva-Maria Faber: Einführung in die katholische Sakramentenlehre, Darmstadt 2002, 170.

[133] Vgl. G. Greshake: Priester sein in dieser Zeit, 282f.

[134] Ebd., 283.

Für die altkirchliche Theologie war der character indelebilis »eine similitudo, eine Verständnishilfe, die es Menschen möglich macht, ohne Anmaßung, aber auch ohne Angst und Verlegenheit ein kirchliches Amt zu übernehmen.«[135]

Viele der bei Augustinus aufgetauchten wichtigen Fragen z.B. einer wesentlichen Prägung der Person, des Handelns Christi durch eine Person und der Bedeutung der Relation für die spezifischen Funktionen der ordinierten Amtsträger, werden Jahrhunderte später v.a. von Thomas von Aquin weiter behandelt und vertieft. Nach einem kurzen theologiegeschichtlichen Überblick wird deshalb bei Thomas von Aquin beispielhaft aufgezeigt, wie sich im Mittelalter die Amtstheologie weiter entwickelt hat und wie und mit welchem Ziel Thomas auch ontologische Begrifflichkeit verwendet.

[135] E. Dassmann: Charakter indelebilis. Anmaßung oder Verlegenheit? Köln 1973 (Kölner Beiträge, 11), 20.

IV. Amt bei Thomas von Aquin

1. Veränderungen im Zuge des Umbruchs von der Antike zum Mittelalter

1.1 Sazerdotalisierung des ordinierten Amtes – Ordination als Auszeichnung der Person und besserer Weg zur persönlichen Heiligung

Im Mittelalter geschieht mehr und mehr eine Sazerdotalisierung des ordinierten Amtes: Von den drei »munera Christi« (Christus als Prophet, König und Priester), an denen das ordinierte Amt entsprechenden Anteil im Lehr-, Leitungs- und Heiligungsauftrag hat, wird hauptsächlich der sazerdotale Aspekt des Heiligungsauftrages betont. Die Konsekration des Leibes Christi in der Eucharistiefeier ist dabei die Hauptaufgabe des ordinierten Amtes, während seine anderen Dienste für die Kirche und Gemeinde deutlich dahinter zurücktreten.[136] Somit ist zwar in der Betonung der Konsekration des Leibes Christi in der Eucharistiefeier noch eine Ausrichtung auf den Dienst für die Gemeinde gegeben. Durch die Vernachlässigung bzw. den Ausfall des Leitungs- und Lehrdienstes (z.B. der Predigt und Katechese) waren jedoch Bedingungen gegeben, die das ordinierte Amt losgelöst von seiner (in den bisherigen Ausführungen dieser Arbeit als in allen Epochen wesentlich dargestellten) vielfältigen Beziehungswirklichkeit im Dienst Gottes an den Menschen und fast nur noch in sich selbst und um seiner selbst willen da sein lassen. Dies alles bringt die Gefahr einer einseitigen Zentrierung auf die Person des Ordinierten und seines »Standes« mit sich, bei der das Priestertum zu einem persönlichen »Mittel zum Zweck« (zu einem privilegierten Christsein und zu einer höheren Würde) wird.

In dieser Richtung beschreibt Arnold Angenendt den Umbruch von der Alten Kirche zum Mittelalter in Bezug auf den Amtsträger wie folgt: »Über aller Amtstätigkeit stand [in der Alten Kirche] das Jesus-Wort: ›Wer der Erste sein will, soll der Letzte von allen und der

[136] Vgl. Arnold Angenendt: Geschichte der Religiosität im Mittelalter, Darmstadt 1997, 444f.

Diener aller sein‹ (Mk 9,35). Die Amtsweihe meinte keine Auszeichnung der eigenen Person, sondern den Dienst an und in der Gemeinde. Darum hatte das Konzil von Chalcedon (451) jede Weihe untersagt, die nicht mit der Betrauung einer Seelsorgsaufgabe verbunden war: Absolute, das heißt vom Dienst losgelöste Weihen sollten null und nichtig sein. Zum Mittelalter hin ist gerade hier eine Umwertung festzustellen, das Bestreben nämlich, sich Weihen erteilen zu lassen, die nicht mehr zuerst auf eine gemeindliche Amtsausübung zielten, sondern auf die Heiligung der eigenen Person.«[137] Am Beispiel der zunehmenden Zahl von Priestern unter den Mönchen[138] beschreibt Angenendt die veränderte Auffassung der Ordination im Mittelalter als Auszeichnung der eigenen Person und als besserer Weg der persönlichen Heiligung: »Eine solch eklatante Veränderung vom Laien- zum Priesterkloster kann nur Motiven entsprungen sein, denen zufolge die Weihe auch ohne direkten Bezug auf eine Seelsorgeaufgabe erlaubt war, ja geboten schien. Tatsächlich schob sich die Vorstellung in den Vordergrund, dass die Weihe die höchste Bekrönung des geistlichen Lebens darstelle.«[139] Je weiter also der unmittelbare Bezug des ordinierten Amtes mit seinen Dienstfunktionen auf die Kirche zurücktritt, desto mehr wird das Priestertum zu einem Weg der persönlichen Heiligkeit und Vollkommenheit.

1.2 Neue theologische Denkmodelle

Durch den Umbruch von der Antike zum Mittelalter und den Übergang in den germanischen Bereich wird auch das theologische Denken in der Sakramentenlehre in andere Kontexte weitertradiert. Mit der Frühscholastik (9.–10. Jh.) setzt ein allgemeiner Prozess der Verwissenschaftlichung ein, der mit der um 1150 beginnenden Aristoteles-Rezeption neue Begriffe und Denkformen in die Theologie einführt. Man ist von Aristoteles ausgehend zunehmend an »Sein

[137] Ebd. 442.

[138] Vgl. die Ausführungen zur zunehmenden Klerikalisierung des Mönchtums ebd., 442f: »Das westliche Mönchtum hat denn auch vom 7. bis zum 9. Jahrhundert einen Prozess der Klerikalisierung durchlaufen, an dessen Ende in den Männerklöstern kaum noch jemand ohne Weihen war. Am Beispiel der Abtei St. Germain-des-Prés in Paris hat sich feststellen lassen, dass zur Mitte des 8. Jahrhunderts schon die Hälfte der Mönche ordiniert war und hundert Jahre später sogar drei Viertel.«

[139] Ebd. 443.

und Wesen« der Dinge interessiert und fragt nach den ontologischen Grundlagen der Seienden und ihrer Tätigkeiten. Ohne die gesamte Entwicklung und die scholastischen Axiome im Einzelnen darzustellen[140], kann für das Thema dieser Untersuchung festgehalten werden, dass durch die Betrachtung aristotelischer Metaphysik und die Verwendung ihrer Kategorien vor allem bei Thomas von Aquin († 1274) auch in die Amtstheologie Begriffe neu eingeführt werden, die ontologische Bedeutung haben können (vgl. z.B. die Begriffe »potentia activa« und »potentia passiva« in 2.2 und den für die hier interessierende Fragestellung wichtigen Begriff der »Relation« in 2.4.1; 2.4.2 u. 3.). Diese wollen ursprünglich die wesensmäßige Grundlegung des ordinierten Dienstes in der Person des Amtsträgers im Sinne einer aus der Beziehung zu Christus erfolgenden Teilhabe an seinem Wirken aussagen und Christus als den in den Funktionen des ordinierten Amtsträgers eigentlich Handelnden darstellen.

Sie stehen aber auch immer wieder in der Gefahr, diese wesensmäßige Grundlegung vom eigentlichen Ziel des Dienstes zu isolieren und als persönliche Auszeichnung und Höherstellung, als (mit Ausnahme des von der aristotelischen Kategorienlehre ausgehenden, aber erweiterten Begriffes der Relation) beziehungsloses, statisch-objektives »Etwas« im Wesen des Ordinierten angesehen zu werden.

Thomas von Aquin hat entscheidende theologische Aussagen zum ordinierten Amt gegeben, die bis zur Gegenwart bleibende Bedeutung haben. Eine Gesamtdarstellung des thomanischen Werkes, etwa in Bezug auf das ordinierte Amt, auf die einzelnen scholasti-

[140] Als kurzer Überblick bieten sich folgende Darlegungen an: Ludger Honnefelder: Art. Metaphysik. I. Systematisch, in: LThK³ (Bd. 7) 1998, 190–192; Jan Szaif: Art. Metaphysik. II. Historisch. 1. Antike, in: LThK³ (Bd. 7) 1998, 192–194; Hannes Möhle: Art. Metaphysik. II. Historisch. 2. Mittelalter, in: LThK³ (Bd. 7) 1998, 194–196; Ludger Honnefelder / Hannes Möhle: Art. Scholastik. 1. Begriffliche Abgrenzung, in: LThK³ (Bd. 9) 2000, 199; Hannes Möhle: Art. Scholastik. 2. Entwicklung, in: LThK³ (Bd. 9) 2000, 199–200; Ludger Honnefelder: Art. Scholastik. 3. Strukturmerkmale, in: LThK³ (Bd. 9) 2000, 200–201; Johannes R. Söder: Art. Scholastik. 4. Institutionelle Gestalt, in: LThK³ (Bd. 9) 2000, 201–202. Siehe auch: Otto Hermann Pesch: Art. Thomas von Aquino / Thomismus / Neuthomismus, in: TRE (Bd. 33) 2002, 433–474, bes. Art. 4.2: Seinslehre, ebd. 442f. Zu den nach dem Übergang von der Antike zum Mittelalter durch die scholastische Theologie stattfindenden Veränderungen und Neuakzentuierungen in der Sakramentenlehre vgl. den Überblick von E.-M. Faber: Einführung in die katholische Sakramentenlehre, 38–41.

schen Kategorien oder auf die differenzierte Auffassung der Ontologie, würde den Umfang dieses Kapitels sprengen. Deshalb werden im Folgenden einige Grundaussagen von Thomas, die die Fragestellung dieser Arbeit betreffen, beispielhaft aufgeführt und in den Rahmen der Untersuchung eingeordnet.

2. Grundlegende Aussagen zum ordinierten Amt bei Thomas von Aquin

Der sazerdotale Dienst wird auch bei Thomas stark betont und in seiner Würde herausgestellt.[141] Gleichzeitig wird das ordinierte Amt aber in erster Linie nicht nur um seiner selbst willen und allein um die Person des Priesters kreisend gesehen, sondern in seinem Bezug zum Sakrament der Eucharistie, das für die Kirche heilsnotwendig ist und auf das die Menschen deshalb entsprechend vorbereitet und darüber unterrichtet werden müssen (2.1). Der Priester handelt in den amtlichen Funktionen nicht aus dem Vermögen seiner eigenen Person, sondern wird für diesen Dienst der Christus-Repräsentation sakramental ermächtigt (2.2). Die Vorstellung vom Sprechen in der Person eines anderen war für Thomas und die mittelalterliche Theologie eine wichtige Verständnishilfe für den Dienst des Priesters, wenn er »in persona Christi« für die Gemeinde handelt (2.3). Der Charakter wird bei Thomas inhaltlich definiert als Beziehungswirklichkeit, die wesentlich mit Christus gleichgestaltet und als Teilhabe am Priestertum Christi zu entsprechenden Funktionen befähigt (2.4). Thomas verwendet mit dem Begriff der Relation aristotelisches Gedankengut, das er zur Erläuterung der von Gott her seinsmächtigen Relation zu den Menschen weiterführt und modifiziert (3.). In den Darlegungen des Thomas dient die ontologische Sprache dazu, die Wirksamkeit Gottes in der getauften, gefirmten und ordinierten Person und die daraus folgenden Funktionen in jeweils eigener Form darzustellen (4.).

[141] Siehe z.B. STh III, 65, 3: »Nam in via necessitatis, baptismus est potissimum sacramentorum; in via autem perfectionis, sacramentum ordinis.«

2.1 Die Gemeinde benötigt das ordinierte Amt

Die Eucharistiefeier ist für Thomas geistliche Mitte der Kirche und Gemeinde. Im Sakrament der Eucharistie ist das geistliche Gemeinwohl der gesamten Kirche wesentlich enthalten.[142] Die Eucharistie ist das wichtigste Sakrament.[143]

Diese überragende Bedeutung der Eucharistie und ihre Heilsnotwendigkeit für die Gemeinde erfordern den Dienst des Priesters. Der Priester ist *um des Dienstes* an der Gemeinde willen ordiniert. Sein Amt ist nicht primär zur eigenen Heiligung da, sondern auf die Funktion der Heiligung der Menschen ausgerichtet. Die hauptsächliche Tätigkeit besteht darin, den wahren Leib Christi zu konsekrieren, daneben soll er das Volk auf den Empfang dieses Sakramentes vorbereiten.[144] Die Hirten- und Lehrtätigkeit des ordinierten Dienstes wird bei Thomas somit noch gesehen[145], im Mittelpunkt seiner Funktionen steht aber eindeutig die sazerdotale Tätigkeit, die durch die zentrale Heilsbedeutung der Eucharistie vor allem auf die Konsekration der eucharistischen Gaben fokussiert ist. Da die ordinierte Person diese für ihren Dienst spezifischen und für die Gemeinde wichtigen Funktionen nicht aus eigener Kraft vermag, sondern Christus selbst durch sie handelt, ist eine sakramentale Ermächtigung für diesen Dienst erforderlich.

2.2 Amtliches Handeln im Namen Christi erfordert sakramentale Ermächtigung

Nach Thomas können Menschen aus eigener Ermächtigung und Kraft weder Christen werden, noch »in persona Christi« amtlich für andere handeln. Wie Taufe und Firmung muss auch die Einweisung in das ordinierte Amt selbst ein gnadenvermittelndes Sakrament sein, das durch die Ordination die geistliche Kraft für die rechte Ausübung dieses Amtes schenkt.[146] Thomas unterscheidet zwischen

[142] Vgl. STh III, 65, 3: »Sed bonum commune spirituale totius Ecclesiae continetur substantialiter in ipso Eucharistiae sacramento.«

[143] Siehe STh III, 65, 3: »...sacramentum Eucharistiae est potissimum inter alia sacramenta.«

[144] Siehe STh suppl. 40, 4.

[145] So z.B. in STh I/II, 102, 4 ad 6: »...regens populum per potestatem divinam.«

[146] Vgl. weitere Ausführungen dazu von G. Greshake: Priester sein in dieser Zeit, 103.

einer »passiven« und einer »aktiven« Potenz.[147] Der Charakter, der bei Taufe, Firmung und Ordination wesentlich und bleibend eingeprägt wird (siehe 2.4.1), ermöglicht die Gottesverehrung: Durch Taufe und Firmung wird nach Thomas eine »passive Potenz« zur Gottesverehrung, v.a. zum Empfang der Sakramente und zur Teilnahme am Gottesdienst, verliehen.
Darüberhinaus spricht Thomas von einer »aktiven Potenz«, die bei der Ordination verliehen wird und die es ermöglicht, dass durch den Dienst des Ordinierten Christus selbst handelt und gegenwärtig wird: »Der göttliche Kult besteht jedoch entweder im Empfangen von etwas Göttlichem oder im Weitergeben an andere. Zu beidem aber braucht es eine Kraft [potentia]: denn zur Weitergabe von etwas an andere braucht es eine aktive Kraft [potentia activa], zum Empfangen aber braucht es eine passive Kraft [potentia passiva].«[148] Durch die Ordination wird zusätzlich zu der in Taufe und Firmung mitgeteilten passiven Potenz der Gottesverehrung, des Empfangs der Sakramente und der Teilnahme am Gottesdienst die aktive *Potenz zum Handeln in der Person Christi* mitgeteilt, damit durch den Ordinierten die Heilsereignisse Gottes v.a. in der Eucharistie und in den Sakramenten für alle gegenwärtig gesetzt werden.

2.3 Christus handelt durch die Person des Priesters

Eine wichtige Rolle zum Verständnis des amtlichen »agere in persona Christi« spielt die Vorstellung vom Sprechen bzw. Handeln in der Person eines anderen, mit deren Hilfe mittelalterliche Theologen wie Bonaventura, Alexander von Hales, Albert der Große und Thomas von Aquin das Geschehen in der Eucharistiefeier deuteten: »Der Gedanke wirkenden Gegenwärtigseins einer anderen Person in einem neuen Subjekt gewann im Mittelalter neue Bedeutung ...

[147] Auf die Problematik der Unterscheidung »aktiv« und »passiv« wird hier nicht näher eingegangen, da es jetzt hauptsächlich um die Frage geht, wie Thomas die sakramentale Ermächtigung beschreibt und wie er den Charakter im Sinne einer neuen, wesensmäßigen Relation versteht, die jeweils eigene Funktionen ermöglicht.
[148] STh III, 63, ad 2c: »Divinus autem cultus consistit vel in recipiendo aliqua divina, vel in tradendo aliis. Ad utrumque autem horum requiritur quaedam potentia: nam ad tradendum aliquid aliis, requiritur potentia activa; ad recipiendum autem requiritur potentia passiva.« Vgl. auch STh suppl. 35,3 u. STh III, 65, 3: Manifestum est enim quod sacramentum ordinis ordinatur ad Eucharistiae consecrationem. sacramentum vero baptismi ordinatur ad Eucharistiae receptionem.

Schon die Kirchenväter prägten in ihren biblischen Kommentaren die genannte Ausdrucksweise [ex bzw. in persona]. Mit ihrer Hilfe wollten sie darlegen, dass dieses oder jenes Wort der Schrift dem jeweils Sprechenden von einem anderen in den Mund gelegt wurde. Die Vorstellung vom Sprechen in der Person eines anderen nutzten die mittelalterlichen Theologen zunächst für die Explikation des eucharistischen Geschehens: Sie konnten auf diese Weise verständlich machen, dass die im Konsekrationsvorgang vom Zelebranten gesprochenen Worte die Worte des anwesenden Christus selbst sind.«[149]

Trotz der wichtigen und unverzichtbaren Rolle des Ordinierten, der sich mit seiner ganzen Person dem Dienst zur Verfügung stellt, steht in seinem »agere in persona Christi« nicht seine Person und nicht sein eigenes Vermögen im Vordergrund, sondern Christus, der durch ihn während seines Dienstes handelt.

Auch Thomas steht in diesem Kontext und stellt für den Dienst des Priesters während der Feier der Eucharistie, aber auch in den anderen amtlichen Handlungen heraus, dass der Priester dabei »in persona Christi« handelt und spricht und auf Grund der Ordination Christi Instrument geworden ist: »Christus nämlich ist die Quelle allen Priestertums: denn der Priester des [altbundlichen] Gesetzes war ein Bild von ihm; der Priester des neuen Bundes aber handelt in seiner Person ...«[150] So wird verständlich, dass sowohl in den Konsekrationsworten des Priesters als auch in seinen anderen amtlichen Handlungen Christus sich seiner Person »bedient«. In dieser Richtung stellt Greshake im Anschluss an Thomas und andere mittelalterliche Theologen heraus: »...durch ihn [den Priester] konsekriert Christus, d.h., er selbst kommt heiligend auf uns zu, nimmt uns in die Gemeinschaft mit sich auf, macht uns fähig, an seiner Hingabe an den Vater teilzunehmen und führt uns zur Gemeinschaft untereinander zusammen. Hier handelt der Priester sakramental-zeichenhaft ›im Namen Christi‹.«[151]

Die auf das Heilshandeln Gottes durch den Ordinierten ausgerichtete Gegenwart Christi im Ordinierten bedeutet, dass Christus für

[149] P. J. Cordes: Sendung, 185. Siehe auch die weiteren Ausführungen und Literaturangaben dazu ebd., 182–186.

[150] STh III, 22, ad 4c: »Christus autem est fons totius sacerdotii: nam sacerdos legalis erat figura ipsius; sacerdos autem novae legis in persona ipsius operatur...«

[151] G. Greshake: Priester sein in dieser Zeit, 127.

den Heilsdienst an den Menschen mit dem Ordinierten in eine neue Beziehung tritt und ihn für diesen Dienst wesentlich in Beschlag nimmt. Der Ordinierte »besitzt« dabei weder Christus selbst noch das Vermögen, in persona Christi zu handeln wie ein statisches Etwas, sondern eine neue Beziehung zu Christus greift in ihm Raum, die sein Wirken prägt.[152]

Eine Verstehenshilfe, wie es möglich ist, dass der Priester von Christus für diesen spezifischen Dienst in Anspruch genommen wird, Anteil an Christi Priestertum bekommt und entsprechend handeln kann, ist die von Thomas weiter entwickelte Charakter-Lehre, wonach der bei der Ordination verliehene »Charakter« den Priester mit Christus gleichgestaltet und Anteil gibt an seinem Priestertum.

2.4 Die Bedeutung des sakramentalen Charakters bei Thomas

Thomas definiert innerhalb der veränderten Wirklichkeitsauffassung und -beschreibung seiner Zeit auch den Charakter neu. Der Charakter ist nicht mehr nur wie etwa bei Augustinus ein (inhaltlich nicht näher definiertes) Bild, das auf Christus als den eigentlichen Besitzer und Handelnden verweist (vgl. III.3), sondern eine Aussage über eine Beziehungswirklichkeit, die im Wesen der damit geprägten Person Platz greift und durch sie wirkt.

2.4.1 Gleichgestaltung mit Christus und Teilhabe an seinem Priestertum

Mit Hilfe scholastischer Kategorien[153] kommt Thomas vom »Dass« des Vorhandenseins zum »Was« des Charakters in seinen Wirkun-

[152] In dieser Richtung zieht Cordes die auch für die heutige Verwendung des Ausdrucks vom »Sprechen bzw. Handeln in persona Christi« wichtige Schlussfolgerung: »Die im Sprechenden anwesende Person stellt sich also nicht auf Dauer ein und bildet mit der Person des Sprechenden keine künftig nicht mehr scheidbare Einheit. Die Anwesenheit der dar-gestellten Person im Darstellenden muss vielmehr auf die Zeit des Sprechens oder stellvertretenden Handelns beschränkt werden. Erst solche Auswertung entspricht schließlich der eigentlichen Absicht der Formel *ex* bzw. *in persona*: Sie wurde ja geprägt, um die Glaubensdimension im äußeren Phänomen zu benennen und hervorzuheben. Darum hat sie die Aufgabe, die Theozentrik des Geschehens zu sichern. *Sie intendiert nicht eigentlich die Positionsklärung oder gar Aufwertung des Dar-stellenden, sondern seine subsidiär-diensthafte Einordnung in das von Gott gewirkte Heilsgeschehen*« (P. J. Cordes: Sendung, 185f. Hervorhebung TO).

[153] Wie z.B. »potentia activa« und »potentia passiva«. Vgl. dazu auch die Ausführungen und kritische Auseinandersetzung von P. J. Cordes: Sendung, 189 u. 254–257.

gen: Der Charakter ist für ihn ein Zeichen, das *Gleichgestaltung* (configuratio) mit Christus und seinem Priestertum aussagt. »Gleichgestaltung« bedeutet, dass die entsprechende Person neu gestaltet wird auf Christus hin, eine ihr Wesen betreffende Veränderung in Beziehung zur Gestalt Christi erfährt. Diese inhaltliche Bestimmung des Charakters als Zeichen der Gleichgestaltung mit Christus kommt grundlegend allen Christen zu, die die Taufe und Firmung empfangen: »...durch dessen [Christi] Priestertum werden die Gläubigen gleichgestaltet nach den sakramentalen Charaktern, die nichts anderes sind als gleichsam Anteilhabe am Priestertum Christi, von Christus selbst abgeleitet.«[154]

Auch der Begriff der »Anteilhabe« bzw. »Teilhabe« (»participatio«) ist für Thomas eine Kategorie, die eine wirkmächtige Beziehung ausdrückt. Grundsätzlich ist es die Beziehung zum göttlichen Sein, an dem jedes geschaffene Seiende wesentlich Anteil hat und auf das es bezogen bleibt. In Taufe, Firmung und Ordination empfangen die jeweiligen Personen eine je neue und wesentlich-bleibende Teilhabe an Christus und seinem Priestertum im Sinne einer neuen Relation zu ihm, dem sie gleichgestaltet werden und auf den sie »in Sein und Tun« dauerhaft verwiesen bleiben: »...durch den Charakter wird eine dreifache Relation herbeigeführt. Der Charakter ist nämlich ein unterscheidendes und gleichgestaltendes Zeichen. Insofern er also Zeichen ist, führt er eine Relation zum Bezeichneten herbei; insofern er aber unterscheidend ist, führt er eine Relation zu dem herbei, von dem er unterscheidet; *insofern er aber gleichgestaltend ist, führt er zu einer Relation zu dem, dem er ähnlich macht* [Hervorhebung TO].«[155]

Der Charakter bewirkt also eine je eigene Beziehung zu Christus, dem die entsprechende Person *dieser spezifischen Relation gemäß* in »Sein und Tun« wesentlich ähnlich wird. Der Charakter ist ein wirkmächtiges Zeichen, das im Wesen der Person eine bleibende Beziehung zu Christus und dadurch Anteil an seinem Priestertum

[154] STh III, 63, ad 3: »...cuius sacerdotio configurantur fideles secundum sacramentales characteres, qui nihil aliud sunt, quam quaedam participationes sacerdotii Christi ab ipso Christo derivatae.«

[155] In IV Sent., d.4, q.1, ad 1: »...per characterem importari relationem triplicem. est enim character signum distinctivum et configurativum. inquantum ergo est signum, importat relationem ad signatum; inquantum autem est distinctivum importat relationem ad ea a quibus distinguit; inquantum autem est configurativum, importat relationem ad ea quibus assimilat.«

schenkt. Die wesentliche Prägung im Sinne der Gleichgestaltung durch Christus in Taufe, Firmung und Ordination bedeutet somit eine neue Weise des *Bezuges* zu Gott und seiner Verehrung, eine *neue Relation zu Christus* und für den Ordinierten eine *neue »Dienstrelation« zu den Menschen*. Keiner hat den »ganzen Christus« wesentlich eingeprägt in dem Sinn, dass er Anteil am gesamten Priestertum Christi hat und dadurch zu allen Funktionen befähigt ist. Die unterschiedliche Anteilhabe am Priestertum Christi, die unterschiedliche Relation zu Christus und seinem Priestertum ist ausgerichtet auf jeweils verschiedene Formen des Dienstes.
So wird deutlich, dass Thomas den Charakter als eine dynamische Beziehungswirklichkeit zu Christus und zu den Menschen definiert. Aus der relational-ontologischen Grundlegung und Prägung der Person ergeben sich die jeweils spezifischen Funktionen.

2.4.2 Dynamische, auf die Funktion ausgerichtete Beziehungswirklichkeit

Da Christus als Person nie in sich, d.h. unabhängig von seinem »Amt«, seinem Priestertum und seinen Funktionen betrachtet werden kann (»Sein und Funktion« gehören zusammen, vgl. dazu auch die Ausführungen in Kapitel 4, II.2), bedeutet Gleichgestaltung mit Christus eine der Gleichgestaltung entsprechende seinsmäßige Anteilhabe an seinem Priestertum, d.h. an seiner Person *und* ihren Funktionen. »Person und Funktion« können weder bei Christus noch bei der mit dem Charakter bezeichneten Person getrennt oder gegeneinander ausgespielt werden.
Die Präsenz Christi im Amtsträger ist auf die Funktion eines bestimmten Dienstes ausgerichtet. Thomas gelingt es, die seinsmäßige Prägung in der Ordination in eine dynamische Relation zu Christus und zum daraus folgenden Dienst zu setzen: »Thomas von Aquin stützt in seiner Summa theologiae die Fähigkeit, Gottesbegegnung im Gottesdienst zu ermöglichen, auf eine *potentia activa.* Dieser Terminus scheint geeignet, jedes amtliche Tun in der Person Christi im Sein des Handelnden zu verankern. Gleichzeitig bleibt die Ausrichtung solchen Seins auf das Tun unverdeckt.«[156] Die Funktionen sind also grundgelegt und ermöglicht durch die neue Beziehung, die der jeweiligen Person wesentlich geschenkt ist.

[156] P. J. Cordes: Sendung, 189.

In diesem Sinn schreibt Cordes ausgehend von Thomas von Aquin bis heute: »Darum kann bei einer so gedachten seinsmäßigen Grundlegung des Handelns wohl das Missverständnis vermieden werden, das den christlich interpretierten Repräsentationsbegriff einschränkungslos gebraucht, indem die Gegenwart Christi im Amtsträger in undifferenzierter Weise postuliert oder solche Gegenwart in einem nicht mehr erläuterten *sacerdos alter Christus* artikuliert wird.«[157]

Der ordinierte Amtsträger bleibt also in der Gemeinschaft der Getauften und Gefirmten und wird durch die Ordination *für* diese Gemeinschaft (nicht für sich selbst und um seiner höheren Würde oder besseren Heiligkeit willen) von Christus in Dienst genommen, der ihm diese spezifische »Dienstrelation« (wenn man so das bei der Ordination mit »Charakter« Gemeinte übersetzen will) wesentlich einprägt und ihn dadurch befähigt, in seiner Person zu handeln, damit Christus dadurch gegenwärtig wird.

Der Begriff der Relation hat, von der aristotelischen Philosophie herkommend, eine bestimmte Bedeutung, die in der Zeit des Thomas berücksichtigt werden muss. Da die Relation bei Thomas wie auch in der gesamten Untersuchung eine wichtige Rolle spielt, wird an dieser Stelle kurz dargelegt, wie Aristoteles »relatio« versteht, wie Thomas dies modifizierend aufgreift und welches Anliegen er damit verbindet.

3. Die Aufnahme der aristotelischen Kategorie »Relation« und ihre Modifizierung durch Thomas

In der aristotelischen Kategorienlehre steht auf der Kategorientafel als Übersicht zur Einteilung des Seins bzw. zu den Aussagemöglichkeiten über das Sein/Seiende an erster Stelle die Kategorie »Substanz«.[158] Für Aristoteles ist das eigentlich Seiende eine vollkommen selbständige Substanz, an die sich unselbständige Akzidenzien (wie z.B. Qualität, Quantität, Tun, Erleiden, Lage, Verhalten, Zustand und *Relation*) anlagern können, ohne jedoch diese Substanz dauerhaft in ihrem Wesen, in ihrem statischen Seinskern zu verändern.

[157] Ebd., 189.

[158] Zur Kategorientafel siehe Arno Anzenbacher: Einführung in die Philosophie, Wien – Freiburg – Basel 1981, 100. Vgl. auch den weiteren Überblick ebd., 91–115.

Substanz bedeutet »An-sich-Sein«, die Akzidenzien berühren das Wesen der Substanz nur peripher. Nach Aristoteles ist das Akzidenz »Beziehung« (relatio) die metaphysisch »schwächste« Art des Seins, weil sie ein reines »Zwischen« ist zwischen zwei Selbststandwesen. Thomas übernimmt den aristotelischen Begriff der Relation, jedoch mit der entscheidenden Modifizierung, dass die *Relation in Bezug auf Gott die seinsmächtigste Kategorie* ist: »Thomas freilich überschreitet (auch) hier Aristoteles: Die ›Schwäche‹ der relatio gilt für die Beziehung unter Seienden derselben (geschöpflichen) Ordnung. In bezug auf Gott aber ist die relatio die seinsmächtigste Kategorie, denn der Beziehung zu Gott verdankt alles Geschaffene, Substanzen wie Akzidenzien, das Sein, ohne daß Gott dabei eine Veränderung erleidet (S.th. I 13,7).«[159] Wenn nach Thomas durch die Gleichgestaltung in Taufe, Firmung und Ordination eine neue Beziehung zu Gott/Christus geschenkt wird, dann ist diese neue, von Gott geschenkte Relation eine seinsmächtig-bleibende, die die entsprechende Person wesentlich prägt.
Mit Hilfe und durch Weiterführung aristotelischer Kategorien gelingt es Thomas, die göttliche Relation zum Menschen als in der menschlichen Person seinsmächtig verankert und wesentlich prägend darzustellen und die daraus erwachsenden Handlungen der Person als von Gott und in Bezug zu ihm ermöglichte zu charakterisieren. Diese wesentliche Prägung ist demnach nicht materialistisch in dem Sinne zu verstehen, dass in das Wesen der entsprechenden Person ein statisch-substanzhaftes Etwas zur persönlichen Auszeichnung »eingepflanzt« wird. An Hand der (modifizierten) aristotelischen Kategorien beschreibt Thomas diese bleibende wesentliche Prägung als eine dynamische und sich in Relation ereignende.

4. Auswertung

Die wesentliche Prägung in Taufe, Firmung und Ordination ist nicht etwas Statisch-Objektives, sondern eine *bleibende dynamische Relation, die auf »Verwirklichung« angelegt ist:* Um zu Gott richtig in Beziehung treten zu können, wird den Gläubigen in Taufe und

[159] O. H. Pesch: Art. Thomas, 442.

Firmung eine neue Relation zu Gott geschenkt, die von Gott her unwiderruflich in der Person des Glaubenden verankert ist. Dadurch werden die Gläubigen zur richtigen Gottesverehrung und zum Empfang der Sakramente befähigt, sie werden durch den Charakter mit Christus gleichgestaltet und in bleibende Beziehung zu ihm gestellt. Somit kann für das Thema dieser Untersuchung bei Thomas festgehalten werden, dass das Wesen der Person nicht unveränderlich ist, sondern dass Gott seinsmächtig in Beziehung zur (getauften und gefirmten) Person tritt. Diese wesentlich geschenkte Relation will dynamisch Platz greifen in einem entsprechenden Leben und Handeln aus diesem Bezug zu Gott.

Dies gilt auch für die Person des Ordinierten *um seines Dienstes willen*. Niemand kann aus eigenem Vermögen Christus z.B. in der Feier der Eucharistie gegenwärtig setzen. Damit klar ist, dass Christus den Ordinierten dazu ermächtigt und durch ihn handelt, wird dem Ordinierten ein bleibendes und mit Christus gleichgestaltendes wesentliches Vermögen für seine spezifischen Handlungen geschenkt. Das bleibend Neue in der Person des Ordinierten ist also keine persönlich-statische Auszeichnung mit besserer Heiligkeit und »höherem Christsein«, sondern eine neue Relation zu Christus und seinem Priestertum, die vor allem der Ermöglichung der spezifischen Funktionen seines Dienstes gilt, aber auch in seinem Leben durch ein entsprechendes Verhalten sichtbar werden soll.

Die bei Thomas verwendete Begrifflichkeit mit den ontologischen Beschreibungen stellt das Heilshandeln Gottes als die Person des Menschen wesentlich prägend und neu gestaltend dar, *damit* die Menschen in Beziehung zu Gott leben und als Christen aus dieser Beziehung handeln können. Die wichtigen Funktionen des ordinierten Dienstes werden ebenfalls in der Person des Ordinierten als von Gott geschenktes Vermögen (»potentia«) grundgelegt, sodass der Ordinierte nicht kraft eigener Person und Vollmacht wirkt, sondern Christus selbst es ist, der durch die spezifischen Funktionen des Ordinierten handelt. Die ontologische Sprache dient dazu, die wirksame Beziehung Gottes in der getauften, gefirmten und ordinierten Person und die daraus folgenden Funktionen darzustellen.

Als nächster Schritt wird nun die Reformationszeit betrachtet, da im Zuge der Auseinandersetzungen der damaligen Zeit und der Missstände in der Kirche auch das sakramental ordinierte Amt in Frage gestellt und um die richtige Sichtweise dieses Amtes gerungen wurde.

V. Amt in der Reformation

1. Missstände, die zur Reformation geführt haben

Viele Faktoren, die hier nicht alle beleuchtet werden können, haben zur Kirchenspaltung geführt. Im Zusammenhang mit dem Thema der Amtsfrage ist festzuhalten, dass am Vorabend der Reformation sowohl in der Kirche insgesamt als auch bei einzelnen Gläubigen und Amtsträgern so manches im Argen lag.[160] Hatte Thomas von Aquin den ordinierten Dienst nicht nur um der Person des Amtsträgers willen beschrieben, sondern das Amt auf den notwendigen Heilsdienst an und in der Kirche bezogen, so schien vielerorts der »geistliche Stand« sowohl materiell sehr erstrebenswert als auch geistlich privilegiert im Sinne einer höheren Würde und eines besseren Weges zur persönlichen Heiligkeit. Die Ordination geriet in Gefahr, als eine persönliche Auszeichnung und Machtstellung der Person ohne Bezug zur Funktion des Dienstes an den Menschen und der bleibenden Verwiesenheit und Abhängigkeit von Christus gesehen zu werden. Viele Bischöfe und Priester vernachlässigten z.B. die Predigt und kamen nicht oder nur in defizienter bzw. missbräuchlicher Form ihren eigentlichen Aufgaben der Seelsorge und des Heiligungsdienstes nach. Die spätmittelalterliche Sakramentenpraxis wurde durch die Verquickung mit Finanzgeschäften entstellt, außerdem war sie durch Ritualisierung und infolge vernachlässigter Wortverkündigung kaum noch als Glaubensgeschehen erkennbar.
Das Missverständnis der Ordination als einer wesentlichen Auszeichnung der Person im Sinne der Übertragung eines besseren Christseins und eines privilegierten Weges zur persönlichen Heiligkeit hatte auch mit dem statisch-dinghaften Wirklichkeitsverständnis der (vor allem im Zuge der Aristotelesrezeption verwendeten aristotelischen) Denkformen in damaliger Zeit zu tun. Wichtig ist der Umbruch dieser Denkformen und Kategorien im Zuge der Re-

[160] Ein konkretes Beispiel ist der Missbrauch des Ablasses für finanzielle Zwecke, in dessen Zusammenhang Luther seine ersten Äußerungen über das Amt im Ablassstreit 1517–1519 gemacht hat. Siehe zum Zustand der damaligen Kirche auch Otto Hermann Pesch: Hinführung zu Luther, Mainz ^{3}2004, 231–233.

formation, der von einem statisch-dinghaften (und oft magisch missverstandenen) Denken im Gefolge der aristotelischen Substanzmetaphysik zu einem mehr personal-relationalen Denken und Personverständnis führt: »Man darf diese Verschiedenheit vielleicht in vorläufiger und etwas schlagwortartiger Formulierung so kennzeichnen, dass hier einem *substanzialen*, grundlegend an der Kategorie des Seinsbesitzes und der Seinsausstattung orientierten Personverständnis ein *relationales*, an der Begegnung von Ich und Du und dem Werden aus dem Dialogischen dieser Begegnung orientiertes Personverständnis entgegentritt ... Dem ›natur- und dinghaften‹, ›substanz-haften‹, ›metaphysisch-ontologischen‹ Denken des mittelalterlichen Sakramentalismus setzt Luther nach Gogarten ein ›personales‹ Denken entgegen. Der Begriff des Personalen tritt hier [bei Gogarten] offenbar an die Stelle dessen, was die früheren Forscher als das Beziehungshafte, Dynamische im Gegensatz zur Substanzontologie gesehen hatten.«[161] Dieser für das Thema der Untersuchung wichtige Bereich wird ausführlich behandelt (3.).
Zuvor erfolgt eine Darstellung des Beginns und des Verlaufs der Reformation durch Martin Luther unter besonderer Berücksichtigung seiner Aussagen zur Bedeutung des ordinierten Amtes (2.). Anschließend wird die Frage der Wirkung der Ordination bei Luther erläutert (4.). Nach einer Darstellung der Amtsauffassungen weiterer Reformatoren wie Philipp Melanchthon (5.) und Johannes Calvin (6.) erfolgt eine Zusammenfassung grundlegender Aspekte reformatorischer Amtstheologie (7.) und eine abschließende Auswertung mit weiterführenden Gedanken zum ordinierten Dienst (8.).

2. Die Reaktion von Martin Luther

Für Martin Luther († 1546) sind die o.g. Missstände Anlass zu zum Teil heftiger Kritik. Diese äußert sich bei ihm oft auch in polemischen Spitzen, bei denen stets die jeweils konkrete Situation und der Hintergrund seiner Äußerungen zu beachten sind. Luther selbst hat keine zusammenhängende Amtstheologie vorgelegt. Eine Gesamtdarstellung seiner Amtsauffassung ist schwierig, da seine Äußerungen dazu in jeweils verschiedenen Zusammenhängen vorkommen, in denen Teilaspekte erörtert werden.

[161] Wilfried Joest: Ontologie der Person bei Luther, Göttingen 1967, 28 u. 31.

Man kann etwas schematisierend drei Phasen bzw. Faktoren nennen, die Luthers Amtstheologie jeweils beeinflusst haben und deren (oft polemischen) Hintergrund man beachten muss:

– In einem ersten Stadium bis etwa 1525 entsteht bei ihm im Zuge seiner Proteste gegen die Missstände und der darauf folgenden Reaktionen seitens der Kirche eine wachsende Gegnerschaft zur katholischen Kirche und ihrer Amtsauffassung.

– In einer zweiten Phase zwischen 1525 und 1530 wächst eine weitere Gegnerschaft Luthers zu radikalen, sogenannten linken und schwärmerischen Reformern in den eigenen Reihen. Um ihnen gegenzusteuern, misst er dem ordentlich eingesetzten ordinierten Amt eine verstärkte Bedeutung zu.

– Schließlich müssen generell Luthers neue Erkenntnisse aus der Heiligen Schrift und seine daraus resultierende Einstellung zu Evangelium und Rechtfertigung berücksichtigt werden. Holsten Fagerberg fasst diesen dritten Aspekt in der Feststellung zusammen: »Die Autorität des Papstes und der Kirche wurden durch die Autorität der Heiligen Schrift ersetzt.«[162]

Gegen die Darstellung des ordinierten Amtes als ein »höheres Christsein« und einen besseren Weg zur persönlichen Heiligung hebt Luther die grundlegende Bedeutung der Taufe hervor.

2.1 Die Bedeutung der Taufe

Durch die Taufe sind nach Luther alle auf gleiche Weise Priester.[163] Die Taufe ist das entscheidende Sakrament, das die entsprechende Person in den geistlichen Stand versetzt: »Dem nach szo werden wir

---

[162] Holsten Fagerberg: Art. Amt / Ämter / Amtsverständnis. VI. Reformationszeit, in: TRE (Bd. 2) 1978, 552–574, hier: 553. Vgl. dazu auch die Einteilung von Luthers Äußerungen zur Amtsfrage in vier zeitliche Phasen von Bernhard Lohse in Ders.: Luthers Theologie in ihrer historischen Entwicklung und in ihrem systematischen Zusammenhang, Göttingen 1995, 307.

[163] Vgl. De captivitate babylonica, 1520, WA 6, 484–573, hier: 564: »...nos omnes esse aequaliter sacerdotes, quotquot baptisati sumus...«

allesampt durch die tauff zu priestern geweyhet...«[164] Diese Betonung des in der Taufe gründenden gemeinsamen Priestertums verteidigt die grundsätzliche priesterliche und königliche Würde *aller* Christen gegen einen selbstherrlichen Standesdünkel in der Amtsführung mancher Kleriker. Für Luther ist die Taufe das grundlegende Sakrament, das allen Christen die gleiche Würde und persönliche Auszeichnung von Gott her schenkt.

In der Situation der Bekämpfung der Missstände und der Verteidigung der Taufwürde richtet sich Luther zunächst gegen die Auffassung, dass nur dem ordinierten Amt die potestas ordinis und die potestas iurisdictionis zukomme, die Vollmacht der Sakramentenspendung (speziell die Feier der Eucharistie) und die Vollmacht des Lehrens, Führens und Leitens:[165] »Daher soll ein jeder, der sich als Christ erkennt, gewiss sein und bei sich wahrnehmen, dass wir alle in gleicher Weise Priester sind, das heißt, dass wir in Bezug auf das Wort und jedes Sakrament die gleiche Vollmacht haben.«[166] Alle Christen haben grundsätzlich durch ihr in der Taufe gründendes gemeinsames Priestertum eine wesentliche neue geistliche Würde mit daraus folgenden Aufgaben, die nicht nur auf das ordinierte Amt beschränkt sind. Luther zählt dazu z.B. die Aufgabe zu binden und zu lösen, zu beten und für andere zu opfern und in Glaubensfragen zu urteilen.[167]

Luther bezieht die Fähigkeit jedes getauften Gläubigen, das Wort zu verkünden und die Sakramente zu spenden, auf Christus selbst als Urheber zurück. Durch Taufe und Glaube haben alle Anteil an Christi königlichen und hohepriesterlichen Ämtern: »...Wer Christ ist, der hat Christus, wer Christus hat, der hat alles, was Christus gehört, er vermag alles...«[168]

In späteren Schriften[169] betont Luther ausdrücklich die Notwendig-

[164] An den christlichen Adel deutscher Nation, 1520, WA 6, 381–469, hier: 407, 22f.

[165] Siehe dazu die Ausführungen von H. Fagerberg: Art. Amt, 553f.

[166] De captivitate babylonica, WA 6, 566, 26–28: »Esto itaque certus et sese agnoscat quicunque se Christianum esse cognoverit, omnes nos aequaliter esse sacerdotes, hoc est, eandem in verbo et sacramento quocunque habere potestatem...«

[167] Vgl. De instituendis ministris ecclesiae, 1523, WA 12, 160–196, hier:180, 16–189, 16.

[168] De captivitate babylonica, WA 6, 567, 29f: »...qui Christianus est, Christum habet, qui Christum habet, omnia quae Christi sunt habet, omnia potens...«

[169] So z.B. in den Wochenpredigten über Joh 16–20, 1528/29, WA 28, 31–500, hier: 471, 18–22: »...Niemand sol sich unterstehen, die Gewalt Suende zuvergeben und zubehalten offentlich zu uben in der Christenheit, Er sey denn dazu gesand und beruf-

keit eines ordentlich eingesetzten Amtes zur öffentlichen Wortverkündigung und Sakramentenspendung (vgl. 2.4 u. 4.2).
Durch die Taufe wird dem Menschen kein »statisch-objektives Christsein« eingepflanzt, sondern ein *lebendiger Christusbezug* geschenkt, der sich im Glauben zeigt und bewährt. Bevor in 3. dieser personal-dynamische Christusbezug näher erläutert wird, werden noch einige Konsequenzen dargestellt, die Luther aus der personalen Relation des Getauften zu Christus zieht, besonders auch im Hinblick auf die »priesterlichen« Funktionen jedes Gläubigen, die Autorität der Heiligen Schrift und die Notwendigkeit der Kirche.

2.2 Rechtfertigung durch den Glauben, Autorität der Heiligen Schrift und Heilsnotwendigkeit der Kirche

Für den o.g. direkten Christusbezug bedarf es bei Luther keiner vermittelnden Person wie Papst, Bischof oder Priester. Der einzige Priester und Mittler ist Jesus Christus. Durch den Glauben an ihn ist der Mensch gerechtfertigt und hat dadurch Zugang zu Gott. Es geschieht bei Luther mehr und mehr eine Revision des (damals einseitig betonten) kultisch-sazerdotalen Denkens und eine Ablehnung des Opfercharakters beim Abendmahl. Die Gläubigen üben ihr priesterliches Amt aus, indem sie Gott Opfer darbringen in Gebet und Lobgesang. Diese sind die einzigen Opfer, die es nach Golgotha noch gibt.[170]
Solche reformatorischen Positionen entnimmt Luther der Heiligen Schrift, deren alleinige Autorität er an die Stelle des Papstes und der römischen Kirche setzt. Schriftstellen wie z.B. Mt 16,18–19, mit denen der Primat des Papstes begründet wird, bezieht Luther im Laufe der Auseinandersetzungen mit den Vertretern der katholischen Kirche immer mehr und schließlich in seinen Schriften ab 1520 ganz

---

fen durch gewissen Befelh. Wer keinen Befelh hat zu predigen, Teuffen, Absolviren, Sacrament zu reichen, Der sey zufrieden und unterstehe sich soelchs Ampts nicht.« Vgl. auch: Von den Konziliis und Kirchen, 1539, WA 50, 488–653, hier: 633, 5–11: »Denn der Hauffe ganz kann solchs nicht thun, sondern muessens einem befelhen oder lassen befolhen sein. Was wolt sonst werden, wenn ein jglicher reden oder reichen wolt, und keiner dem andern weichen. Es mus einem allein befolhen werden, und allein lassen predigen, Teuffen, Absolvirn und Sacrament reichen, die andern alle des zufrieden sein und drein willigen. Wo du nu solchs sihest, da sey gewis, das da Gottes Volck und das Christlich heilig Volck sei.«

[170] Vgl. Ein Sermon von dem neuen Testament, das ist von der heiligen Messe, 1520, WA 6, 349–378, hier: 369f.

auf die Kirche insgesamt und alle ihre Glieder, die durch Glaube und Taufe mit Christus verbunden sind. Mit Hilfe von Mt 18,18 und Joh 20,22f deutet er die o.g. Stelle nicht in Richtung eines Exklusivrechtes des Papstes, sondern als Vollmacht aller Christen: »›Was ihr binden werdet, ist gebunden‹ (Mt 18,18). Wer sind jene, die hier angesprochen werden? Etwa nicht alle Christen? Etwa nicht die Kirche?«[171]

Ein Christ kann jedoch durch diesen »direkten« Christusbezug nicht unabhängig von der Kirche, sozusagen »für sich allein«, existieren, sondern ist auf die Gemeinschaft der Kirche verwiesen. Die Kirche ist nach Luther Geschöpf des Evangeliums und für die Menschen heilsnotwendig, wie Otto Hermann Pesch herausstellt: »›Wer Christum finden soll, der muss die Kirche finden‹ ... Den Grundgedanken vom ›heiligen christlichen Volk‹ vertieft Luther ... durch die Bindung der Glaubensgemeinschaft an das Wort. So wie der persönliche Glaube allein am Worte hängt, so ist das ›heilige christliche Volk‹, der ›Haufe‹, durch das Wort Gottes zusammengebracht ... Die Kirche ist ›creatura verbi divini‹ – ›Geschöpf des Wortes Gottes‹. Noch genauer und ›lutherischer‹ sagt er aber: Sie ist ›Geschöpf des Evangeliums‹ – ›creatura evangelii‹.«[172]

Die besondere Betonung der persönlichen geistlichen Würde jedes einzelnen Getauften und der Bedeutung des gemeinsamen Priestertums in der Kirche lässt die Frage stellen, welche Bedeutung Luther dann noch den Amtsträgern zumisst.

2.3 Befugnisse der Amtsträger

Wenn jeder Christ durch Glaube und Taufe von Gott her die gleiche persönliche Würde und einen direkten Bezug zu Christus und dadurch Anteil an seinem Priestertum und den daraus resultierenden Aufgaben hat, ergibt sich für Luther in einigen seiner Schriften, dass grundsätzlich jeder Gläubige auch die potestas hat, das Wort zu verkünden und die Sakramente zu spenden. Das heißt aber nicht, dass Luther den besonderen Dienst in der Kirche ablehnt: »Doch es ist nicht erlaubt, dass jemand von dieser [Vollmacht] Gebrauch macht

[171] De instituendis ministris ecclesiae, WA 12, 184, 11f: »›Quodcunque ligaveritis, ligatum est.‹ Qui sunt illi, quos alloquitur? Nonne omnes Christiani? nonne Ecclesia?«
[172] O. H. Pesch: Hinführung, 233ff. Vgl. zur Thematik der Heilsnotwendigkeit der Kirche auch den ganzen Abschnitt »Das heilige Volk Gottes«, ebd., 233–237.

ohne Zustimmung der Gemeinschaft oder die Berufung durch einen Vorgesetzten (denn was allen gemeinsam ist, darf keiner alleine sich anmaßen, bevor er dazu berufen wird)...«[173] Besonders ab der Phase der Auseinandersetzung mit den »Schwärmern« innerhalb der Reformationsbewegung betont Luther verstärkt diese geordnete Amtseinsetzung (s.o., Anm. 169).
In der Frage der Leitung des Abendmahls herrschen bis heute unterschiedliche Meinungen bezüglich der nach Luther dazu befugten Person, die in verschiedenen, jeweils situationsbedingten Aussagen Luthers gründen. So spricht Luther etwa im Jahr 1523 davon, dass die Aufforderung Jesu beim letzten Abendmahl »Tut dies zu meinem Gedächtnis« ein Auftrag für alle Christen sei.[174] Peter Manns hat überzeugend dargestellt, dass Luther vor allem in späteren Schriften etwa ab 1530 eindeutig die Leitung des Abendmahles an das dazu befugte Amt bindet. So lehnt Luther im Zusammenhang mit der Frage der »Hauskommunion« (ist eine Eucharistiefeier etwa durch den Hausvater erlaubt, wenn z.B. eine Familie alleine in einem andersgläubigen Gebiet wohnt und kein ordinierter Amtsträger zur Verfügung steht?) eine Eucharistiefeier durch einen Nicht-Ordinierten ab. Während eine »Not-Taufe« und eine »Not-Beichte« auch durch Nicht-Ordinierte möglich sind, verneint Luther dies für eine »Not-Eucharistie« und empfiehlt, in diesem Fall den Empfang der Eucharistie durch die »geistliche Kommunion« zu ersetzen.[175]
Wichtig ist, dass Luther sowohl das gemeinsame Priestertum aus einem direkten und im Glauben sich zeigenden dynamischen Christusbezug ableitet, als auch das besondere Amt nicht nur aus den Erfordernissen der Gemeinde und ihrer Ordnung, sondern ebenfalls direkt von Christus für den ordentlich ausgeübten Dienst an der Gemeinde herleitet.

---

[173] De captivitate babylonica, WA 6, 566, 28–30: »...verum non licere quenquam hac ipsa [potestate] uti nisi consensu communitatis aut vocatione maioris (Quod enim omnium est communiter, nullus singulariter potest sibi arrogare, donec vocetur)...« Vgl. weitere Aussagen Luthers, die in dieselbe Richtung gehen in: An den christlichen Adel deutscher Nation, WA 6, 408, 13–17 u. De instituendis ministris ecclesiae, WA 12, 189, 17ff.

[174] Vgl. De instituendis ministris ecclesiae, WA 12, 182, 25ff.

[175] Siehe dazu und zu weiteren jeweils situationsbedingt unterschiedlichen Aussagen Luthers die Darstellungen und Folgerungen von Peter Manns: Amt und Eucharistie in der Theologie Martin Luthers, in: Peter Bläser (Hg.), Amt und Eucharistie, Paderborn 1973 (Konfessionskundliche Schriften des Johann-Adam-Möhler-Instituts 10), 68–173.

2.4 Herleitung des Amtes von Christus für die Gemeinde

Wie in der Betrachtung zur Bedeutung der Taufe unter 2.1 dargestellt, ist Christus der Grund und Urheber aller menschlichen Fähigkeiten zur Verkündigung des Wortes und zur Spendung der Sakramente. Gegen eine einseitige Deutung der Position Luthers hinsichtlich einer Ableitung des Amtes *nur* aus Gründen der Ordnung und der Funktion in der Öffentlichkeit und für eine ebenso gewichtige Ableitung aus der *Einsetzung Christi* plädiert Pesch: »›Das‹ Amt ist nach den klaren Aussagen Luthers einerseits dadurch begründet, daß Christus es eingesetzt hat, was Luther vor allem mit Eph 4,8.11 begründet, andererseits ist es nötig, damit der Dienst an Wort und Sakrament, zu dem an sich jeder Getaufte befugt ist, in seiner öffentlichen Wahrnehmung auf geordnete Weise erfolgt.«[176] Das Amt wird nach Pesch bei Luther also *»von Christus her – für die geordnete Ausübung in der Gemeinde«* gesehen.
In diese Richtung gehen auch Luthers Aussagen in seinen späteren Schriften, z.B. in den Wochenpredigten über Joh 16–20 aus den Jahren 1528/29: »Denn das Ampt ist nicht der Menschen, Sondern Christi, welcher den Menschen das Ampt auffleget und befilhet andern damit zu dienen.«[177] So geht die heutige Luther-Forschung davon aus, dass Luther die Begründung des Amtes von Christus her und die Berufung des Amtsträgers durch die Gemeinde für ihre Erfordernisse und für die geordnete Amtsausübung als miteinander vermittelt denkt.
Luther lässt keine Sakramente und keine Amtsaussagen gelten, die seiner Ansicht nach keine Einsetzung durch Christus in der Schrift haben. Dazu zählt die Ordination als eigenes Sakrament, die für Luther eine Erfindung der Kirche ohne göttliche Genehmigung in der Schrift ist[178], und die Lehre vom character indelebilis, der lediglich ein Stempel des Papstes, nicht aber Christi sei.[179]
Im Folgenden werden nun die Denkkategorien der damaligen Zeit und die Anliegen Luthers erläutert, die wichtig sind für das tiefere Verstehen des Konfliktes in Bezug auf die persönliche »Qualifizie-

[176] O. H. Pesch: Hinführung, 238. Vgl. zu dieser Thematik auch den ganzen Abschnitt »Das Amt und die Ämter, ebd. 238–243. Siehe dazu auch die Zusammenfassung von B. Lohse: Luthers Theologie, 312f (Punkt 2 und 3).
[177] Wochenpredigten über Joh 16–20, WA 28, 468, 6–8.
[178] Vgl. De captivitate babylonica, WA 6, 561, 19–20.
[179] Vgl. ebd., WA 6, 567, 22–25.

rung«, den personal-relationalen Christusbezug und die jeweiligen Funktionen von Getauften und speziellen Amtsträgern.

3. Umbruch von statisch-objektivem zu personal-relationalem Denken

Wie unter 1. bereits erwähnt, waren damalige Denkkategorien eher statisch-objektiv als relational-dynamisch. So erfuhr etwa der character indelebilis eine Vereinseitigung im Sinne eines statisch-dinghaften höherwertigen »Etwas«, das den Amtsträger zu einem Christen höherer Ordnung und ausgestattet mit Herrschaftsbefugnissen über die Nicht-Geweihten macht, dessen Dienstbezug zu Christus und der Gemeinde verdunkelt war, was Luther in dieser Form kennen gelernt und abgelehnt hat: »Den ›character indelebilis‹ lehnt Luther offensichtlich vor allem aus zwei Gründen ab: Einerseits bekämpft er ihn als ein magisch verstandenes Würde-Zeichen, durch das selbst ein abgesetzter Priester immer noch etwas Besseres ist als ein schlechter Laie. Andererseits wendet er sich gegen die ›Charakter-Lehre‹, sofern sie menschlich ›ertichte rede und gesetz‹ mit dem Anspruch von Glaubensartikeln ausstattet und so den Raum christlicher Freiheit einschränkt (vgl. WA 6, 408, 22–25; 562, 31 ff./563, 1–9; WA 12, 172, 12–17; 190, 24–31).«[180]

Luther betont eine personal-relationale Sicht der Person. An späterer Stelle dieser Arbeit werden heutige relational-ontologische Ansätze und Sichtweisen im Verständnis der Welt und des Menschen (siehe 4. Kapitel, I.) wie auch in der Theologie (z.B. in der Trinitätstheologie, Christologie und Eucharistielehre, siehe 4. Kapitel, II.) dargestellt. Da der Umbruch in den Denkformen und die damit einhergehende relational-ontologische Sichtweise der Ordination Thema der Untersuchung sind, wird an dieser Stelle etwas ausführlicher auf das personal-relationale Denken Luthers eingegangen. Dabei wird besonders auf Wilfried Joest Bezug genommen, der in seinem Werk »Ontologie der Person bei Luther« die relevanten Fragestellungen anhand des Umbruchs im Personbegriff von Luther verdeutlicht.

---

[180] P. Manns: Amt und Eucharistie, 139. Siehe dazu auch O. H. Pesch: Hinführung, 239f.

3.1 Relational-ontologisches Denken in der Personontologie Martin Luthers

Ausgehend von den bereits genannten unterschiedlichen Denkformen können hier im Zusammenhang mit dem Verständnis von »Person« und der Möglichkeit ihrer Gottesbeziehung die zwei Betrachtungsweisen »statisch-dinglich« und »dynamisch-relational« erkannt werden. Joest spitzt in seiner Untersuchung zunächst schlagwortartig den Unterschied auf diese zwei Denkformen zu: Er spricht von der im katholischen Denken überwiegenden aristotelischen Substanz-Akzidenz-Ontologie mit der Folge eines substantialen, grundlegend an der Kategorie des Seinsbesitzes und der Seinsausstattung orientierten Personverständnisses im Gegensatz zu einem reformatorischen Verständnis von Person, das ein »relationales, an der Begegnung von Ich und Du und dem Werden aus dem Dialogischen dieser Begegnung orientiertes Personverständnis« sei.[181] Person ist für Luther kein statischer »Stand«, sondern ein ständiges »Sein-in-Relation«. Das macht das Wesen des Menschen aus und kann bei Luther als neue »Ontologie der Person« bezeichnet werden. Diese Sichtweise unterscheidet sich vom damals geläufigen substantialen Personbegriff und hat Auswirkungen auf die Betrachtung der Person in ihrem Bezug zu Gott, zur Welt bzw. zu den Mitmenschen und zu sich selbst, was im Folgenden erläutert wird.

3.1.1 Vom substantialen zum relationalen Personbegriff

Für Luther ist das Innerste des Menschen kein in sich selbst ruhender statischer Kern, sondern das Wesen des Menschen ist immer schon Relation, immer schon von etwas anderem ergriffen: entweder von Gott oder von einer widergöttlichen Macht.[182] Person-Sein ist demnach keine feste Wesenssubstanz, die gleich einem Keim aus sich heraus verschiedene Möglichkeiten der Entfaltung hat, ist also kein mit Verhaltensmöglichkeiten ausgestatteter Eigenbestand, sondern immer ein aktuelles In-Relation-Sein.

[181] Vgl. W. Joest: Ontologie, 28. Diese Zuspitzung will Joest nicht als absolut betrachten, sie dient ihm lediglich zur Verdeutlichung der jeweiligen verschiedenen Ausgangspunkte, in denen er gleichzeitig auch im katholischen Personverständnis das Moment der Bezogenheit auf das Du sieht.

[182] Siehe dazu ebd., 215f: »Hier ist zunächst zu sagen, daß man in diesem Zentrum des Menschseins nach Luther den ›Ort‹ von dem ›Sich-abspielen‹, das ›Organ‹ von seiner ›Funktion‹ letztlich nicht mehr abstrahieren kann ... Das cor bzw. die voluntas ist

Das wahre Wesen des *glaubenden* Menschen ergibt sich für Luther grundlegend aus der aktualen Gottesbeziehung und dem daraus folgenden Verhalten. Für den Gläubigen heißt das: in aktualer Relation sein mit Gott und von daher mit sich selbst, den Mitmenschen und der Welt: »Menschsein heißt dann nicht eine Seinsausstattung haben, mittels derer der Vollzug von Gottesbeziehung möglich ist, bzw. in die Seinsausstattung hinein einen übernatürlichen Gehalt und damit die Potenz zu Akten einer übernatürlich vertieften Gottesbeziehung empfangen. Die Frage, was der Mensch in Natur und Gnade *ist* (im Sinne des Wesensbestandes) und *daher* im Vollzug von Beziehung vermag, ist als solche überholt. Das Personsein des Menschen ist je schon immer seine Gottesbeziehung *im Vollzug*; und zwar in einem Vollzug, in den der Mensch dadurch hineingezogen ist, daß Gott ihn an-geht im Wort und ihm dadurch ein Verhalten zu sich selbst eröffnet. Dies und nicht eine Ausstattung mit Wesenskräften ist das Konstitutivum des Personseins.«[183]
Entgegen der damals geläufigen Vorstellung, der Mensch besäße ein mit verschiedenen Potenzen ausgestattetes eigenes Wesen, das sich durch Gebrauch seiner Kräfte (bei den Scholastikern besonders durch den Gebrauch der ratio[184]) Gott bis zu einem gewissen Er-

---

eben nicht ›Vermögen‹, das zu geistlichem oder fleischlichem Einsatz aktualisiert werden kann, aber auch abgesehen von solcher Aktualisierung als die in sich gesammelte Möglichkeit des Menschen, sich so oder so einzusetzen, gegeben ist ... Jener Ort ist bereits das Sich-abspielen eines Grund-*Geschehens*: nicht das Selbst, das in sich ruhend die Kraft seiner Selbstbestimmung zu irgendwelchem Einsatz in sich trägt, sondern das Selbst, das ›sich tut‹ und in seinem Einsatz schon begriffen, ja zu ihm ergriffen ist von einer Macht, von der ergriffen und »engagiert« zu sein zum Wesen eben dieses Selbst gehört. Und diese Macht ist Spiritus oder Caro – Luther kann auch sagen: Gott oder der Satan.«

183 Ebd., 35.

184 Vgl. die von Joest beschriebene *scholastische* Ausgangsposition Luthers, ebd., 196f: »Insofern ist das intellectivum als der ontologische Ansatzpunkt für die Erhebung zum Heilsleben innerhalb der Konstitution des Menschen zu bezeichnen. Die ratio als Anlage und Funktion ist dasjenige im Menschen, was ihn potentiell auf die Verbindung mit Gott hingeordnet bleiben lässt ... Entscheidungen gemäß der ratio sind zwar ohne die gratia justificans nicht *heilbringend*, sie bleiben aber gut im Sinne des Gotteswillens. Sünder ist der Mensch nicht, insofern und soweit er solche Entscheidungen *übt*, sondern sofern er sie im Übermächtig-werden ungeordneten Triebverlangens *unterlässt*. Dies ist im wesentlichen ... die Position, die Luther vorfindet und mit der er sich auseinandersetzt.« Siehe auch ebd., 205: »Er [Luther] spricht der rationalen *Erkenntniskraft* die Möglichkeit ab, Gottes Verhältnis und Verhalten zum Selbst des Menschen, und Gottes Zielabsicht mit der Existenz des Menschen und der Schöpfung überhaupt, zu erkennen und zu beurteilen ... Damit zugleich spricht

kenntnisgrad nähern könnte, sieht Luther das Wesen von Person nicht in einer eigenen Seinsmächtigkeit, sondern in der aktualen Relation zu Gott begründet. Das Personsein ist ganz und gar ein »Sein-von-Gott-Her«, ein Ergriffen-Sein von Gott, das in *dieser* Beziehung keine eigene Selbstgestaltung mehr zulässt (s.u. 3.1.4). Für Luther bedeutet es das »nackte Stillhalten dem Wirken Gottes im Verzicht auf jeglichen Selbstgestaltungswillen. Im höchsten Seelenbereich fände demnach gerade nicht die Ausübung einer höchsten Potenz, sondern Entleerung zu völliger Passivität, nicht Selbstlenkung, sondern gewissermaßen ein Sich-selbst-weggenommen-Werden statt. Der *Gipfel* des Geistes ... wäre Hohlraum.«[185] Die menschliche Person besitzt somit keine Eigenständigkeit in ihrem Grundbezug zu Gott, sie ist je aktual, in der Relation zu ihm. Jedes angemaßte »eigene Wesen« einer Person wäre ein Sich-Verschließen gegenüber Gott und ein Verfehlen des Personseins: »Nicht erst die falsch gebrauchte Eigenständigkeit, sondern das Einnehmen einer Position der Eigenständigkeit überhaupt ist die Grund- und Personsünde.«[186]

Wenn das Ergriffenwerden durch Gott, die Relation, die das Personsein des Menschen nach Luther konstituiert, in keiner Weise aus einer eigenen Potenz des Menschen geschieht, stellt sich die Frage, *wie* der Mensch von Gott ergriffen und in heilsame Beziehung gebracht wird und was sich beim Menschen verändert.

3.1.2 Das Wort bringt den Menschen in Relation zu Jesus Christus und bestimmt sein Innerstes

Das Wort Gottes hat für Luther die zentrale Bedeutung für die neuschaffende Relation, die den Menschen umgestaltet. In diesem dialogisch-dynamischen Geschehen kommt Gottes Wort von außen an den Menschen heran und will sein Innerstes ergreifen und verwandeln. Indem der Mensch das Wort hört und es im Glauben zustimmend aufnimmt, bricht es den Menschen aus seiner Selbstbefangenheit und Eigenmacht auf in die neue und alles entscheidende Beziehung zu Gott: »Das gehörte Wort ist *im* Geschehen des Hörens die Schöpfermacht, die die Selbstbewegung des Menschen – cor et vo-

---

Luther der rationalen *Entscheidungskraft* die Möglichkeit ab, Organ einer Selbstbestimmung des Menschen zum rechten Verhältnis und Verhalten zu Gott zu sein.«

[185] Ebd., 177.

[186] Ebd., 305.

luntas – aus ihrer incurvitas herausbricht, sie auf die Ehre Gottes ausrichtet und in diese Richtung hinein gleichsam ›mitnimmt‹ ... Das Wort hören und glauben bedeutet, von Gott im Innersten umgeschaffen zu werden, Gottes Werk und den Untergang des eigenen Wesens und Wollens in sich zu erleiden.«[187] Wichtig ist auch hier die personal-relationale Dimension: Das Wort Gottes ist kein objektives »Etwas«, sondern das Medium, durch das die Relation zu Gott bzw. Jesus Christus geschieht: »Das Wort ist und hat diese Macht nicht ›an sich‹, sondern als das Medium, durch das die *Person*, deren Wort es ist, Christus selbst bzw. Gott in Christus, den Menschen an sich zieht.«[188]

Wie schon angeklungen, spielt für die durch das Wort bewirkte Beziehung zu Gott der Glaube des Menschen eine unabdingbar notwendige Rolle, damit diese Relation Bestand hat.

3.1.3 Der Glaubende empfängt im Glauben die dauerhafte Relation in ständig-aktualer Abhängigkeit von Christus

Die grundlegende Ausrichtung des Menschen auf Gott geschieht nicht nur einmalig, sie ist eine ständige Relation, sie geschieht immer wieder im Glauben. Der Glaube des Menschen ist somit keine ihm ins Innere eingegossene »statisch-innerseelische Qualität«, die der Mensch ein für alle Mal besitzt und selbst aktivieren kann, sondern geschieht durch eine aktuale und ihn immer neu gestaltende Beziehung zu Jesus Christus, die der Mensch erfährt und ergreift.[189] Von Christus ist der glaubende Mensch in jedem Augenblick abhängig und bestimmt. Diese Relation zu Christus und die davon aktuale Abhängigkeit des Menschen drückt Luther in verschiedenen

---

[187] Ebd., 224.

[188] Ebd., 225.

[189] Vgl. ebd., 368: »Luther ... setzt auch hier wieder als Alternative an die Stelle einer innerseelischen geistlichen Qualität die Person Christi selbst. Er ist es, der den Glauben qualifiziert. Der Glaube, von der menschlichen Gegebenheit her gesehen nichts als Hohlraum, tenebrae, Entblößung von eigener Qualität, ist allein dadurch von einer toten und formlosen Sache unterschieden, daß er ›Christum apprehendit‹ und daß Christus selbst in ihm ›adest‹. In immer neuen Wiederholungen kommt Luther darauf zurück, daß der Christus praesens selbst das ›Wesen‹ des Lebens im Glauben ist. Wenn schon von einer forma, einer Lebensgestalt des Glaubens die Rede sein soll, so ist dies paradoxerweise nicht eine der Person des glaubenden *Menschen* immanente Gestalt (wie dies der ontologischen Bedeutung des aristotelischen Formbegriffs entsprechen würde), sondern die Person des Christus, den der Glaube bei sich hat und in dessen Anwesen er sich überliefert. Seine eigene Lebensgestalt kommt dem Glaubenden zu von außerhalb seiner selbst, aus dem Mit-sein Christi.«

Bildern aus, die Joest z.B. in Luthers Vergleich von der für Christus stehenden Sonne und dem für den Menschen stehenden Lichtstrahl erläutert: »Der Lichtstrahl hat keine eigenständige Wirklichkeit. Er ›ist‹ überhaupt nur im Ausgestrahltwerden durch die Sonne, die allein in sich selbst die Wirklichkeit des Lichtes ist und hat. Zwischen Strahl und Sonne besteht ein Verhältnis strenger und aktueller ontologischer Abhängigkeit: die Sonne ist in jedem Augenblick der Seinsträger des Strahles. So ist Glaube als Vollzug geistlichen Lebens das, was er ist, jederzeit nur im Hängen an der aktuellen Gegenwart Christi und als das aus ihr im Menschen Wirkliche. Von dieser Gegenwart abstrahiert und als Vollzug des Subjektes ›gläubiger Mensch‹ genommen, würde er gleichsam wesenlos ... Was diese Bilder gemeinsam besagen wollen, ist also offenbar dies: Das geistliche Leben des Christen hat kein eigenes Fundament in ihm selbst. Es ist nicht das, was er ›kann‹ und darum vollzieht. Es geschieht allein dadurch, daß Christus gegenwärtig und wirksam mit ihm ist.«[190] Der Mensch ist also schon immer durch eine Beziehung in seinem Innersten bestimmt: entweder durch eine widergöttliche, die ihn nur um sich selbst kreisen lässt (incurvitas in se) oder durch das ihn umwandelnde Wort Gottes, durch das Christus selbst das Innerste des Menschen ergreift und in ihm handelt. Ist der Mensch damit als Person in seinen verschiedenen Relationen völlig inaktiv und total an Gott ausgeliefert, oder kann der Mensch in irgendeiner Weise selbst aktiv und mitgestaltend werden?

3.1.4 Aktive und passive Momente der personalen Relation

Die alles entscheidende *Relation zu Gott* geschieht nach Luther rein passiv, d.h. der Mensch hat in *dieser* Beziehung keinen Eigenstand und kein Eigenvermögen, aus dem heraus er etwas auf Gott hin tun könnte (vgl. 3.1.1). Der Mensch kann in diesem Fall nichts aktiv dazu tun oder mitbestimmen, er kann es sich nur von Gott schenken lassen, indem er sich ergreifen lässt. Die daraus resultierende

---

[190] Ebd., 378. Siehe auch die weiteren Vergleiche ebd.: »Der innere Logos der beiden anderen Bilder für die unio cum Christo ist offenbar derselbe. Das Strömen der rivuli ist abhängig von ihrer ständigen Verbindung mit der Quelle, die dieses Strömen aus sich selbst heraus verwirklicht. Getrennt von der Quelle würden die Bäche versiegen. Ebenso ist die Bewegung der Glieder, ihre Funktion und damit ihr Wesen *als* Glieder eines Leibes, abhängig von ihrer aktuellen Verbindung mit dem Haupt, dessen Intention und Impuls sie bewegt. Abgeschnitten von diesem Haupt wären sie keine Glieder des Leibes mehr, sondern Stücke toten Fleisches.«

richtige *Relation zum Mitmenschen* muss sich der Mensch ebenso von Gott schenken lassen.
In dieser Relation zum Mitmenschen jedoch kann er zum »Kooperator« Gottes werden, kann er mitgestaltenden Selbsteinsatz für den Nächsten üben. In der *Relation zu den Dingen der Welt* und in ihrer Gestaltung schließlich kann er frei wählen und aktiv werden, jedoch so, dass es dem Dienst am Nächsten dient.
Joest gliedert das Personverständnis Luthers und die daraus resultierenden verschiedenen Relationen auf diese dreifache Weise: Der Mensch ist Person als Selbst in der Beziehung zu Gott, in der Beziehung zum mitmenschlichen Selbst und in der Beziehung zu den welthaften Dingen. »In jeder dieser Beziehungen hat Selbst-sein eine verschiedene Struktur; aber nicht zusammenhanglos, sondern so, daß das dritte dem zweiten, das zweite mit dem dritten zusammen dem ersten sinnhaft zugeordnet ist.«[191]
Von diesen Feststellungen her ergibt sich die wichtige Frage, wie das geistliche Leben und Handeln des Menschen zu qualifizieren ist, vor allem auch das »amtliche« Wirken der durch Ordination für einen besonderen Dienst in der Kirche Beauftragten. Welche Rolle spielt für Luther dabei die Person des geistlich Handelnden?

---

[191] Ebd., 319. Siehe auch die ausführliche Erläuterung zu dieser dreifachen Gliederung der Relationen ebd., 319f:
1. Das rechte Verhältnis zu Gott können wir weder selbst *setzen*, noch können wir *innerhalb* seiner einen mitgestaltenden Einsatz üben ... Das Selbst (das wir freilich auch vor Gott bleiben) kann hier nur dabei-sein in der ... Weise, daß wir von Gott selbst dazu geöffnet werden. Zu Gott hin ist das Selbst schlechthin rezeptiv: weder setzend noch sich einsetzend.
2. Das rechte Verhältnis unseres Selbst zum Mitmenschen (die Liebe) können wir ebenfalls nicht setzen. Wir werden zu ihr ergriffen ebenso wie zum Glauben ... Aber *in* diesem Verhältnis – wenn wir zu ihm ergriffen sind – können wir einen mitgestaltenden Selbsteinsatz üben, indem wir uns selbst *füreinander* einsetzen und uns darin für das opus Dei am Nächsten brauchen lassen. In der Beziehung zum Nächsten wird das Selbst rezeptiv-aktiv: in die Bewegung der Liebe Gottes rezeptiv einbezogen, wird es innerhalb dieser Bewegung zum Mitmenschen hin aktiv.
3. Im Verhältnis unseres Selbst zu den unserer ratio unterstellten Dingen und Gegebenheiten können wir selbst in freier Wahl setzen, was wir zu setzen beschließen ... Hier, auf der Ebene seines Gegenüber zu den res, verhält sich das Selbst durchaus aktiv, verfügend, setzend-einsetzend ... Der Sinn der Weltmächtigkeit des Menschen ist der Selbsteinsatz für den Nächsten; der Ursprung des Selbsteinsatzes für den Nächsten ist die Enthebung von dem Selbsteinsatz für uns selbst vor Gott...«

3.1.5 Der Mensch als »mitwirkendes Werkzeug«, als »Kooperator« Gottes

Wie oben dargestellt, bringt das Wort Gottes den Menschen ins rechte Verhältnis zu Gott und nicht der Mensch sich selbst aus eigener Kraft. Anstatt nach einer eigenen geistlichen Qualität und Wirkmöglichkeit fragen zu müssen, bekommt der Mensch durch die umwandelnde Macht des Wortes Gottes Gott selbst als grundlegend Handelnden seines geistlichen Lebens geschenkt, ohne dass dabei die Person und Identität des Menschen »überfahren« oder gar ausgelöscht werden. Gott schenkt sich dem Menschen und wird dadurch zu seinem Mit-Seienden, zum »Träger und Wirker« seines geistlichen Lebens: »In der Begegnung von Wort und Glauben wird also der Mensch aus der von einem konzentrischen Selbstverständnis diktierten Fragestellung nach der eigenen geistlichen Qualität und Wirkmöglichkeit herausgerufen und in die exzentrische Situation der Preisgabe an den sein geistliches Sein alleinmächtig wirkenden Mit-seienden: Gott in Christus, gebracht ... Gott ›behandelt‹ den Menschen nicht einfach; *er gibt sich ihm dar* als der *Mit*-Seiende und *so* als der Träger und Wirker seines geistlichen Lebens.«[192]

Während der Mensch in der Beziehung zu Gott alles empfängt, was diese Beziehung ausmacht, ist der Mensch in seinem »Wozu«, in seiner Beziehung zum Mitmenschen und zur Welt dazu geschaffen, dem Wirken Gottes als mitwirkendes Werkzeug zu dienen. Gott will den Selbsteinsatz des Glaubenden zum anderen Menschen hin gebrauchen: »Gott will durch uns Betrübte so trösten, daß wir uns selbst zu ihrem Trost einsetzen; er will durch uns Bedrückten so Barmherzigkeit erweisen, daß wir uns selbst ihrer erbarmen; er will durch uns sein Wort so predigen lassen, daß wir selbst den Glauben und das Heil derer wollen, denen wir predigen, und unsere Aktivität für dieses Ziel einsetzen. Indem wir dies tun, nehmen wir mit unserer eigenen Absicht an der Absicht des auf den Nächsten gerichteten göttlichen Liebeswillens teil, stellen unsere eigenen Wirkmöglichkeiten ihm als Werkzeuge zur Verfügung und werden insofern zu seinen cooperatores...«[193]

In all dem kommt es Luther darauf an, dass an die Stelle der Eigenmächtigkeit der menschlichen Person die Vollmacht Gottes tritt, die den Menschen im Innersten umwandelt und ihn *dadurch* in Bezie-

[192] Ebd., 297.
[193] Ebd., 317.

hung zu den Menschen und zur Welt zum »Kooperator« Gottes macht. So wird die menschliche Person zu einem Werkzeug, das nicht einfach als willenloses Objekt gebraucht wird, sondern aus der aktualen Beziehung zu Gott ins richtige Verhältnis zum Mitmenschen und zur Welt gesetzt wird und deshalb mitwirkt an Gottes heilschaffendem Handeln an den Menschen und der Welt.

Auf die Betonung dieser o.g. von Gott herkommenden alles entscheidenden Beziehung, die den Menschen erst ins richtige Verhältnis zu sich selbst und anderen setzt, legt Joest großen Wert.[194] Um den Charakter der aktualen Beziehung Gottes zum Menschen und dem daraus folgenden menschlichen Wirken zu verdeutlichen, spricht Joest anstatt von einem Mit-Wirken präziser von einem *In*-Wirken des Menschen in Gottes Wirken.[195] Dadurch wird deutlich, wie Gott auch durch den Dienst des Amtsträgers zum Heil der Menschen handelt.

3.1.6 Gott handelt in den jeweiligen Funktionen der Gläubigen wie der Amtsträger

In der Personontologie Luthers kommt die entscheidende Wirksamkeit Gottes in seiner jeweils aktualen Relation zum Menschen zum Ausdruck. Im Innersten umgewandelt durch die gläubige Annahme von Gottes Wort, ist *jeder* Gläubige berufen, an seinem Platz ein Mitwirkender, ein »Kooperator« Gottes in der oben beschriebenen Weise zu sein. Die Taufe ist dabei keine einmalige Befähigung,

---

[194] Vgl. ebd., 385: »Der Mensch hat es nicht in seiner Hand, sich selbst im Grundakt des Lebens Christus gleichzugestalten. Daß im velle seines cor das Selbstwollen der Sünde stirbt und das Lieben erwacht, wirkt allein Christus durch sein Mit-sein und aus seinem Wesen heraus, das Lieben ist. Aber in diesem velle, das nicht seine Setzung, sondern sein Getragen-werden im Mit-sein Christi ist, eröffnet sich dem Menschen die Möglichkeit, mit aktivem Selbsteinsatz für den Nächsten da zu sein und ein Tun und Lassen zu wählen, das diesem Einsatz dient. Nicht im Grundtrieb seiner Selbstbewegung, wohl aber in dem daraus hervorgehenden Einsatz seines Handelns an Menschen und Dingen kann und soll der Glaubende zum cooperator Christi werden.«

[195] Ebd., 318. Siehe dazu auch ebd., 317f: »Dieses Ergebnis finden wir in andern Äußerungen Luthers bestätigt: Teilhabe des Glaubenden an Gottes bzw. Christi Wirken durch die Predigt des Wortes...; im Tragen der Lasten des Nächsten...; im priesterlichen Eintreten füreinander ... Gott tut uns die Ehre an, daß er uns nicht über unsern Kopf hinweg zu anonymen Werkzeugen seines Wirkens gebraucht, sondern daß er uns mit derjenigen Selbsteinsatzfähigkeit, mit der wir im Gegenüber zu dem Mitmenschen und den Weltdingen tatsächlich ausgestattet sind (und die wir auch zu ganz anderen Zwecken brauchen können), in sein Wollen und Wirken zu Heil und Wohl des Nächsten eintreten läßt ...«

die eine in sich ruhende selbstmächtige geistliche Qualifikation schenkt, sondern sie soll in jedem Moment aus dieser aktualen Relation heraus gläubig eingeholt werden. In Abgrenzung zu einem eher statisch-dinglich geprägten aristotelisch-scholastischen Objektivismus, aber auch zu einem schwärmerisch-subjektiven Spiritualismus will Luther die alles entscheidende Gegenwart und Relation zu Christus betonen, die das Innerste des Menschen ergreift und umwandelt: »Das Neue liegt ... in einer unerhörten Aktualisierung der Christusgegenwart und Christusgemeinschaft. Das schließt selbstverständlich einen Umbruch des Selbstverständnisses in sich. Er liegt aber darin, daß anstelle des Rechnens mit der eigenen Subjektität und ihrer geistlichen Qualifizierung (sei es durch sakramentalen Gnadenzustrom, sei es durch enthusiastisches Erlebnis) das Vertrauen auf den mit-seienden Christus tritt und die Preisgabe der Subjektität des eigenen geistlichen Lebens an ihn.«[196]

Für den ordinierten Dienst bedeutet diese Auffassung Luthers, dass in der aktualen Relation Christus – Priester Christus selbst durch sein Wort im Mit- bzw. In-Wirken des Priesters mit Christus handelt, wie es Joest am Beispiel der Vollmacht zur Lossprechung erläutert: »Der Reflexion auf die eigene Bewusstseinslage ebenso wie der auf die Qualifikation des Priesters und seines Handelns wird also das verbum entgegengesetzt, dem schlechterdings zu glauben ist. Damit ist hier ganz konkret das Wort Christi gemeint, das die Vollmacht zur Lossprechung eingesetzt und festgemacht hat und das der Sünder durch die Worte des Priesters hindurch als das an ihn persönlich gerichtete Wort Christi selbst, als seine Lossprechung durch den gegenwärtigen Christus glauben soll ... Das verbum ist also die Zusage Christi selbst an uns selbst, und darum stellt es uns jenseits aller Erwägungen der eigenen contritio und der Kompetenz des beichtväterlichen Urteils.«[197]

Während die spezifischen Aufgaben der ordinierten Amtsträger im Vergleich zu den allen Gläubigen zukommenden Funktionen bei Luther nicht so eindeutig festzulegen und je nach Zeit und Situation verschieden sein können, ist sein Grundanliegen, dass Gott und nicht die menschliche Person in den jeweiligen Funktionen der

[196] Ebd., 391.

[197] Ebd., 388. Vgl. dieselbe Aussage in Bezug auf Luthers Sakramentsverständnis: »In den Sakramenten handelt durch den Priester dein Gott Christus selbst an dir, es geschehen da nicht bloß Menschenwerke« (ebd., 409).

Gläubigen wie der Amtsträger handelt, in der von Joest beschriebenen Ontologie der Person deutlich herausgestellt.
Dies hat wichtige Konsequenzen, sowohl für die Person des Amtsträgers als auch für die Menschen, denen er dient: Nach dem bisher Dargelegten darf der Amtsträger bei ordentlicher Bestellung und Amtsausübung sicher sein, dass Christus durch ihn handelt. Er muss nicht ständig ängstlich nach seiner geistlichen Qualifikation bzw. nach Würdigkeit oder Unwürdigkeit seiner Person fragen und kann auch bei Schwierigkeiten des aktualen Beistandes Christi gewiss sein.
Auf der anderen Seite ist der Gläubige, dem der Amtsträger dient, nicht auf die Person des Amtsträgers und dessen Lebensführung fixiert, sondern auf Christus verwiesen, der durch die Person des Amtsträgers in Wort und Sakrament handelt.
Diese Gewissheit des Handelns Christi bzw. des Heiligen Geistes durch den Amtsträger für die Gemeinde und die Gewichtung der Person des Amtsträgers kommen beispielhaft auch in späteren Schriften Luthers zur Sprache: »Dhrumb sol man die Augen zuthun und nicht auff die Person gaffen, Ob dieselb from oder boese sey, Sondern eines jeden Gewissen befelhen, Ob er from oder nicht from sey, Ob er den heiligen Geist hab oder nicht hab fuer seine Person, Und sol auff diesen Befelh acht haben, Das ein jeder Der zum Predigampt beruffen ist, Macht und Gewalt habe zu predigen, Teuffen, Absoluiren, Und erkennen, das solch Ampt nicht sey der Menschen, Sondern des Herrn Christi, Der solch Ampt hie stifftet, ordnet und den Menschen befilhet. Wo nu ein Mensch, der zum Predigampt beruffen ist, handelt nach dem Ampt, Da ist gewisslich der heilige Geist.«[198] Die Gemeinde und der Einzelne können also sicher sein, dass im richtig berufenen und ausgeübten Amt Gott selbst am Werk ist. Gott und sein heilschaffendes Wirken durch das Amt für die Menschen (nicht die Person des Amtsträgers mit der Frage der persönlichen Würdigkeit oder Unwürdigkeit) stehen im Mittelpunkt des Interesses. Mit anderen Worten: Gottes Dienst durch die Amtsträger am Menschen ist entscheidend: »...So soltu auch hierin nichts fragen, Wer und wie der ist, der es dir gibt oder das ampt hat, Denn es ist alles gegeben, nicht dem, ders hat, sondern dem, ders durch sein ampt kriegen sol, on das er's auch kan mit dir kriegen, wo er

[198] Wochenpredigten über Joh 16–20, WA 28, 470, 35–42.

will, las jn sein, was er will, und wie er kan, weil er im ampt ist und vom hauffen geduldet wird, so las du es auch gehen, Seine person macht dir Gottes wort und Sacrament weder erger, noch besser, Denn es ist nicht sein, was er redet oder thut, sondern Christus, dein Herr, und der Heilige Geist redet und thuts alles, so fern er bleibt in der rechten weise zu leren und zu thun...«[199]

Nach diesen grundsätzlichen Erwägungen zum Umbruch der Denkformen und zur Personontologie Luthers wird nun nochmals der Bedeutung des Ordinationsgeschehens bei Luther nachgegangen. Was geschieht nach Auffassung Luthers durch die Ordination für die Person des Ordinierten im Vergleich zum in der Taufe geschenkten gemeinsamen Priestertum aller Gläubigen?

4. Ordination als effektive Segnung und Vollmacht zum Amt

Aus den vielen situationsbedingten Aussagen Luthers kommt Manns zu dem Ergebnis, dass im Ganzen für Luther die Ordination nicht nur eine von der Gemeinde abgeleitete Ordnungsfunktion erfüllt, sondern dass durch die Ordination auch die »Amtsgnade« zum Dienst verliehen wird. Obwohl Luther nicht wie Melanchthon die Ordination ausdrücklich als Sakrament verstehen konnte, betont Manns: »Es gibt jedoch auch von ihm [Luther] nicht wenige und gewichtige Äußerungen, in denen der Sache nach der Ritus der Ordination als sakramental-wirksame Vermittlung und Einweisung in das apostolische und kirchliche Amt begriffen wird ... [Es ist überzeugend versucht worden, aufzuzeigen,] daß Luther lediglich die Mißbräuche und Mißverständnisse der römischen Priesterweihe verworfen habe, die Ordination als solche aber nach wie vor für biblisch begründet und notwendig erachte. So gesehen, ist aber dann die Ordination nicht allein vor der Gesamtkirche vollzogene öffentliche Bestätigung der Berufung, sondern zugleich *effektive Sendung und Segnung zum Amt, die mit der Beauftragung als reale Gabe des*

[199] Von den Konziliis und Kirchen, WA 50, 634, 22–30. Siehe auch ebd., WA 50, 630, 33f: »Ja, es sol dich auch nicht irren, wer der Teuffer sey. Denn die Tauffe ist nicht des Teuffers, noch jm gegeben, sondern des Teufflings, der getaufft wird, dem sie von Gott gestiftet und gegeben ist, gleich wie das wort Gottes ist nicht des Predigers (er woelle denn selbs auch mit hoeren und gleuben), sondern des juengern, der es hoeret und gleubet, dem selben ists gegeben.«

Hl. Geistes erst die Vollmacht zum Amt vermittelt [Hervorhebung TO].«[200]
In dieser Richtung resümiert auch Bernhard Lohse: »Unter dem Gebet der Gemeinde gibt die Ordination den Ordinanden den Hl. Geist ... So wenig Luther also einen ›character indelebilis‹ kennt, der durch die Weihe dem Priester übertragen werden soll, so sehr ist er doch der Überzeugung, daß dem Ordinanden die Vollmacht und die Kraft für die Ausübung seines Amtes übertragen werden. Insofern ist die Ordination die effektive Übertragung des geistlichen Amtes.«[201]
Die Position von Manns und Lohse wird durch die bereits erwähnten Wochenpredigten über Joh 16–20 bekräftigt, wo Luther dem Amtsträger den bleibenden Beistand des Hl. Geistes für sein spezifisch-amtliches Handeln zuspricht: »Hie aber machet Er sie [die Apostel] des heiligen Geistes gewis fuer jr Ampt. Daraus ist klar und offenbar das ich gesagt hab, Ein Mensch moege zweierley Weise den heiligen Geist haben, Fuer seine Person und fuer sein Ampt. Fuer unser Person ist der heilige Geist nicht allezeit bey uns. Denn wir lassen uns offt den boesen Geist reiten und fallen von Gott ab ... Aber fuer unser Ampt, wenn wir das Euangelium predigen, Teuffen, Absolviren, Sacrament reichen nach des heiligen Geistes Stifftung und Ordnung, ist der heilige Geist allezeit bey uns.«[202]
Ein wichtiges Ergebnis für das Thema dieser Untersuchung ist, dass die »Amtsgnade«, der bleibende Beistand des Heiligen Geistes in den spezifischen Handlungen des Amtsträgers, nicht eine persönliche Auszeichnung und ein besseres Christsein der Person des Amtsträgers bedeuten, sondern *um des Dienstes willen* gegeben sind: Christus handelt durch den Amtsträger für die Gläubigen, wie schon in der Personontologie Luthers v.a. unter 3.1.6 dargestellt wurde.
Nach diesen Überlegungen zur Amtsauffassung von Luther werden vor einer abschließenden Zusammenfassung und weiterführenden Gedanken zu den reformatorischen Amtsaspekten nun noch kurz

---

200 P. Manns: Amt und Eucharistie, 92.
201 B. Lohse: Luthers Theologie, 314.
202 Wochenpredigten über Joh 16–20, WA 28, 468, 26–36. Siehe auch ebd., WA 28, 470, 30–34: »Aber Christus stifftet nicht allein durch diesen Befelh das Predigampt, Sondern gibt auch den heiligen Geist zum Predigampt, Auff das wenn wir das Euangelium hoeren, getaufft und von Suenden Absolviret werden, wir gewis sein muegen, der heilige Geist hab uns das Euangelium verkuendiget, uns getaufft und Absolviret.«

die wichtigsten Aussagen und jeweiligen eigenen Akzentuierungen von Melanchthon und Calvin zum ordinierten Amt dargestellt.

5. Philipp Melanchthon

Auch Philipp Melanchthon († 1560) betont in der Auseinandersetzung mit dem radikalen linken Flügel der Reformation wie Luther die Notwendigkeit eines geordneten Amtes und einer Vermittlung des äußeren Wortes und der Sakramente. Für ihn ist das Amt von Gott gestiftet und hat seine Grundlage in der Heiligen Schrift. In der Frage, ob sich das Amt für Melanchthon nur in der konkreten Tätigkeit erschöpft (als »Wort in Funktion«), oder ob es als ein besonderer Dienst gedeutet werden soll (als »Amt im engeren Sinne«), kommt Holsten Fagerberg zu dem Schluss: »Melanchthon akzeptierte die Vorstellung eines besonderen, von Gott gestifteten Dienstes, aber er gab ihm gleichzeitig eine funktionelle Deutung. Die Vollmacht des Amtes liegt nicht bei der Person, die den Dienst versieht, sondern bei dem Wort, dem zu dienen diese verpflichtet ist.«[203] Hier kommt ein antidonatistischer Zug zum Vorschein, wie ihn auch Luther schon kannte. Es kommt nicht in erster Linie auf die Persönlichkeit des Predigers bzw. des Spenders der Sakramente an, sondern darauf, dass durch sein Tun das Wort Gottes richtig verkündet wird. Wenn er so predigt und seine Aufgaben gemäß Christi Wort verrichtet, repräsentiert er in diesem umschriebenen Sinne die Person Christi[204] und handelt an seiner Stelle.[205] Das Thema der Repräsentation Christi wird bei Calvin noch stärker gewichtet.

6. Repräsentation bei Johannes Calvin

Johannes Calvin († 1564) betont stärker als Luther und Melanchthon das Amt im Unterschied zum gemeinsamen Priestertum al-

[203] H. Fagerberg: Art. Amt, 564.

[204] »repraesentant Christi personam«: Philipp Melanchthon: Apologia der Confession, 7, 28 [= ApolCA], in: Die Bekenntnisschriften der evangelisch-lutherischen Kirche, hg. im Gedenkjahr der Augsburgischen Konfession 1930, Göttingen [4]1959, 139–404 [= BSLK], hier: 240, 42.

[205] »vice Christi«: ApolCA 7, 47 (BSLK 246, 17).

ler Gläubigen. In seiner Schrift »Institutio Christianae Religionis« von 1559 leitet Calvin aus Eph 4,11 eine von Gott gestiftete Amtsordnung ab. Calvin erkennt in der Schrift die Ämter des Hirten und Lehrers[206] sowie der Ältesten und Diakone[207] als allgemeingültig an. Für die Kirche und ihre Aufgaben sind diese Ämter nach Calvin notwendig, denn Gott »bedient« sich darin der Menschen und gibt ihnen Autorität, damit in diesem Dienst seine Herrschaft zum Ausdruck kommt. Calvins starke Betonung des Amtsträgers wird unter anderem dadurch deutlich, dass er sich ihrer als »seines Mundes«[208] und als seiner Stellvertreter bedient. Gott wählt Menschen aus, »die für ihn in der Welt als Botschafter fungieren, die Vermittler seines geheimnisvollen Willens sein sollen, die schließlich seine Person darstellen.«[209] Diese »repraesentatio« der Person Gottes misst dem Amt in der Kirche eine entscheidende Bedeutung bei, die so weit geht, dass Calvin als Kennzeichen für die Kirche das Amt des Wortes nennt, das geehrt wird.[210]

Calvin betont jedoch gleichzeitig in Abgrenzung zur katholischen Amtsauffassung, dass das Amt und die Kirche insgesamt nur eine begrenzte Vollmacht haben und in allem unter der Vollmacht des Wortes und in seinem Dienst stehen: »Also ist die Vollmacht der Kirche nicht unbegrenzt, sondern sie ist dem Worte des Herrn unterworfen und gleichsam darin eingeschlossen.«[211] Die Person des Amtsträgers ist durch diese Ehre persönlich nicht höhergestellt, sondern steht in ihrer Funktion ganz in Abhängigkeit und im Dienst Christi. Die Macht und Ehre der Amtsträger gebührt Christus, in dessen Dienst sie gestellt sind und dessen Mund sie sein sollen.[212] Das Amt ist ein Dienst mit begrenzten Aufgaben.[213] Vollmacht und

---

[206] Calvin betrachtet in seiner Kirchenordnung für Genf von 1542 die Hirten und Lehrer als zwei verschiedene Ämter, während er sie in seiner Institutio von 1559 als zwei Funktionen eines Amtes darstellt.

[207] Vgl. Johannes Calvin: Institutio christianae religionis 1559 librum IV. continens, 3,8 u. 9 [= Inst. IV], in: Opera selecta (Bd. 5), hgg. von Petrus Barth und Guilelmus Niesel, München 1936, 50f.

[208] Siehe Inst. IV, 3,1, 42.

[209] Inst. IV, 3,1, 42: »qui pro se in mundo legatione fungantur, qui arcanae suae voluntatis sint interpretes, qui personam denique suam repraesentent.«

[210] Inst. IV, 1,9, 14: »ministerium habet verbi et honorat«.

[211] Inst. IV, 8,4, 136: »Non est igitur Ecclesiae potestas infinita, sed subiecta verbo Domini et in eo quasi inclusa.«

[212] Vgl. Inst. IV, 3,1, 42: »non ad eos ius suum honoremque transferendo, sed tantum ut per os ipsorum suum ipse opus agat...«

[213] Siehe Inst. IV, 3,2, 44 u. IV, 4,1, 57f.

Autorität hat der Amtsträger nur, insofern er den ihm anvertrauten Auftrag erfüllt.

7. Zusammenfassung: Grundlegende Aspekte der reformatorischen Amtstheologie

Aus dem bisher Gesagten wird deutlich, dass die reformatorische Amtstheologie im Laufe der Reformation jeweils unterschiedliche Stadien durchlaufen und bei den einzelnen Reformatoren verschiedene Akzentuierungen erfahren hat. Unter Berücksichtigung der jeweiligen Auseinandersetzungen, der Neuentdeckung der Rechtfertigung und der Heiligen Schrift bei Luther sowie der jeweiligen Situation und Schwerpunkte bei Melanchthon und Calvin lassen sich aus dem oben Dargelegten folgende grundlegende Aspekte herausstellen:

1. Das reformatorische Amt ist wesentlich Dienst am Wort und Verwaltung der Sakramente.[214]
2. Das Amt ist keine persönliche Auszeichnung, keine qualitative Höherstellung des Amtsträgers um seiner selbst willen und kein besserer Weg zur Heiligung, sondern (trotz aller diesbezüglichen Kontroversen ein *von Gott eingesetzter) notwendiger Dienst an den Gläubigen*. Die Relation von Gott her – für die Menschen wird deutlich.
3. Die Ordination ist notwendig zur öffentlichen Ausübung des Amtes. Sie ist auf Lebenszeit gedacht, der Amtsträger kann aber abgesetzt werden, wenn er seine Aufgaben nicht oder nicht richtig erfüllt.
4. Es kann (wie im Abschnitt 3 zur Personontologie Luthers dargestellt) v.a. bei Luther von einer wesentlichen Prägung und Umgestaltung der Person im ontologischen Sinn durch Glaube und Taufe gesprochen werden. Die zur Beschreibung dieses Sachverhaltes verwendeten relational-personalen Kategorien können auch für die Amtstheologie von Bedeutung sein (siehe 8.). Durch die Ordination geschieht für die Reformatoren keine wesentliche Prägung der Per-

[214] Vgl. CA 5,1 (BSLK 58, 3f): »Ministerium docendi evangelii et porrigendi sacramenta«.

son im Sinne einer bestimmten Deutung des »character indelebilis«, wie er zur Zeit der Reformation verstanden wurde: oft nicht dynamisch-relational in seiner Dienstbezogenheit, sondern eher statisch-objektiv als höherwertige persönliche Auszeichnung und Heiligung. Als Ausblick ist dazu zu sagen, dass heutige Aussageweisen und Verdeutlichungen des Charakters nicht mehr kirchentrennend sein müssen (näheres dazu siehe in Kapitel 3, II.: »Ökumenische Aspekte des ordinierten Amtes«).

5. Durch die rechte Predigt und Verwaltung der Sakramente spricht und handelt Christus durch den Amtsträger. Ihm, nicht der Person des Amtsträgers gilt die Aufmerksamkeit und Ehre.

6. In diesem eng umrissenen Sinn »repräsentiert« der Amtsträger bei Melanchthon und vor allem bei Calvin die Person Christi.

Somit ist auch in der dargestellten reformatorischen Amtstheologie mit ihrer oft heftigen Ablehnung eines »eigen-mächtigen« Amtes sowohl der unwürdigen Amtsträger der damaligen katholischen Kirche als auch der »linken Schwärmer« und anderer eine wesentliche Ausrichtung und Bezogenheit des »wahren« Amtsträgers sowohl zu Gott hin und von ihm her als auch zum Dienst an den Gläubigen erkennbar.

8. Auswertung und weiterführende Gedanken zum ordinierten Dienst

Ausgehend von den bisherigen Überlegungen kann – in Distanz zu den Vereinseitigungen eines zur Zeit Luthers vorherrschenden dinglichen Objektivismus wie schwärmerischen Subjektivismus – festgestellt werden, dass in der Taufe die »unerhörte Aktualisierung der Christusgegenwart und Christusgemeinschaft« (vgl. 3.1.6) dem dafür gläubig disponierten Menschen *bleibend* geschenkt wird. Der Mensch wird dadurch fähig, in seinen verschiedenen Relationen zu Gott und zur Welt bzw. zum Mitmenschen richtig zu handeln.

In Bezug auf den spezifischen Dienst der Ordinierten kann weiterführend gefragt werden: Warum soll die alles entscheidende Umwandlung und Prägung des Menschen durch die von Gott ausgehende Relation und die daraus erfolgende Indienstnahme nicht auch hier von Gott selbst *bleibend und wesentlich* gestiftet werden in dem Sinne, dass die Person des Ordinierten aus dieser Vergewisserung heraus darauf vertrauen kann, dass in ihren spezifischen Handlungen Gott selbst am Werk ist? Freilich nicht in der Weise, dass sich der Ordinierte dadurch bequem zurücklehnen und sich auf einer »objektiven Gnade« ausruhen könnte, sondern im Gegenteil: dass er wie dargestellt ohne Anmaßung, aber auch ohne Angst aus dieser bleibenden Relation spezifisch handeln kann. Das würde gerade nicht ein von Luther bekämpftes dauerndes Kreisen um sich selbst und um eine eigene Qualifikation bedeuten, sondern im Gegenteil den Blick auf die dauernd prägende aktuale Relation von Christus her zu den Menschen hin lenken.

Da das Wesen des Menschen schon immer aktuale Beziehung (nach Luther zu Gott oder zu widergöttlichen Mächten) ist, würde Gottes Treue sich gerade im Geschenk dieser dauerhaften Beziehung zeigen, die den Menschen der Gewalt anderer Beziehungen entreißen will, die nicht dem Wirken Gottes entsprechen. Die bleibende Treue Gottes, die in der Ordination geschenkt wird, macht den so geprägten Menschen frei von der Angst um seine Qualifikation und offen für die aktuale Relation Gottes zu den Menschen, für die der Ordinierte in Dienst genommen wird.

Beides spielt zusammen: Aus der bleibenden göttlichen Zusage der Relation und dem daraus gelebten aktualen Glauben wird der Mensch geprägt und sein Handeln wird deshalb fruchtbar. Wenn Luther als Alternative an die Stelle einer (objektiv-dinglich verstandenen) innerseelischen geistlichen Qualität die Beziehung zur Person Christi setzt, dann kann man Taufe und in spezifischer Weise Ordination als ein Hineinstellen in eine solch bleibende aktuale Relation und Indienstnahme durch Christus selbst beschreiben, der in den spezifischen Vollzügen durch die so geprägte Person handelt. Die Person selbst wird durch diese aktuale Relation weiter geprägt und kann sich täglich neu und tiefer darauf einlassen. Ihr neues »Sein in Christus« ist ihr Wesen und so kann sie zu einem spezifischen »Kooperator« Gottes mit den ihr zukommenden Funktionen werden.

Damit ist einem relationalen Personverständnis, das an der Begegnung von Ich und Du und dem Werden aus dem Dialogischen dieser Begegnung orientiert ist, in einer vertieften und der unwiderruflichen Treue Gottes entsprechenden Weise Rechnung getragen. Die Tatsache, dass sowohl die Taufe als auch die Ordination nur einmal gespendet und nicht wiederholt werden, spricht für diese Sicht der unwiderruflichen Treuebeziehung Gottes, die in beiden Fällen bleibend geschenkt wird. Auch für die Gemeinde wird wie dargestellt durch die so verstandene Ordination klar, dass die spezifischen Handlungen des Ordinierten gerade nicht das Werk dieser Person, also »Menschenwerk« sind, sondern dass sich Gott dieser Person als »mitarbeitendem Werkzeug« bedient. Die Ordination bewirkt somit die bleibende aktuale Relation Gottes für die spezifischen Aufgaben des Ordinierten, der seinerseits täglich aus dieser Relation sowohl seine Aufgaben als auch sein ganzes Leben zu gestalten hat. »Sein und Funktion« der entsprechenden Person gehören in einer solchen personal-relationalen Ontologie untrennbar zusammen und sind wesentlich von Christus bestimmt.

VI. Amtsverständnis auf dem Konzil von Trient

1. Anlass des Konzils und Überblick

Das Konzil von Trient (1545–1563) hat die Sichtweise des ordinierten Amtes bis zum Zweiten Vatikanischen Konzil stark bestimmt. Die drei Perioden des Trienter Konzils waren geprägt von der längst überfällig gewordenen innerkirchlichen Reform[215] und der durch die Reformation notwendig gewordenen Klärung und Abgrenzung gegenüber der Amtsauffassung der Reformatoren. Die Lehre und Praxis der Kirche in ihrer damaligen, von Missbräuchen verdunkelten Form wurde durch die Reformatoren massiv in Frage gestellt und verlangte eine Darlegung der eigenen Position. Im Ringen um ein adäquates Amtsverständnis während der verschiedenen Phasen des Konzils spiegelt sich jedoch nicht nur die Verteidigung gegenüber den Angriffen der Reformation, sondern es zeigen sich gleichzeitig die innerkirchlich bis dahin ungeklärten Fragen in verschiedensten Bereichen, die auch die Lehre vom Ordo betreffen.

Um die Ordo-Debatten und die Ergebnisse von Trient besser zu verstehen, werden im Folgenden einzelne Zusammenhänge und

[215] Vgl. Josef Freitag: Sacramentum ordinis auf dem Konzil von Trient. Ausgeblendeter Dissens und erreichter Konsens, Innsbruck 1991 (Innsbrucker theologische Studien 32), 34f: »Die Historiker stellen übereinstimmend heraus, daß das ganze Konzil in Vorgeschichte, Verlauf und Wirkungsgeschichte im Horizont der Kirchenreform steht, vom Ringen um sie geprägt und bis in einzelne Züge hinein nur von ihr her verständlich wird. Das gilt in eminenter Weise von der Ordo-Frage ... Von Anfang an zeigt sich, daß der ordo nicht ohne ekklesiologische, und das heißt in Trient: kirchenreformerische Rück- und Einbindung zu verdeutlichen ist. Die Sammlung der Mißstände bei der Spendung des ordo zeichnet gleichzeitig die Grundlinien der Kirchenreform, in der der Bischof die Schlüsselstellung einnehmen wird.«
Josef Freitag hat die Geschichte und Hintergründe der Entwicklung des Ordo-Verständnisses während des Trienter Konzils in der Vielschichtigkeit dargestellt und durch die verschiedenen Tagungsperioden des Konzils bis zum endgültigen Ordo-Dekret beleuchtet. Er fragt nicht nur nach dem sacerdotium, sondern nach dem Ordo-Verständnis des Konzils in seiner ganzen inhaltlichen Breite und zeitlichen Entwicklung. Deshalb dienen seine Arbeiten hier neben weiteren Darstellungen als Grundlage. Zu weiteren Untersuchungen zum Trienter Ordo-Dekret (und deren Beurteilung durch Freitag) siehe ebd., 12–22.

Probleme dargestellt, die sich durch die gesamten Konzilstagungen durchziehen und die Beratungen beeinflusst haben. So sind zunächst die historische Situation und die kirchlich-politischen Zusammenhänge aufzuzeigen, in denen das Konzil stattfand und von denen die einzelnen Debatten und Ergebnisse geprägt sind (2.). Die Frage der durch die Ordination verliehenen Vollmacht bezüglich der Weihe- und Leitungsgewalt wurde durch das ungeklärte Verhältnis der verschiedenen Amtsstufen zueinander und der Kompetenzstreitigkeiten des Papstes und der Bischöfe beeinflusst (3.). Die Folge ist, dass unter weitgehender Ausklammerung der jurisdiktionellen Fragen (3.1) eine Engführung auf die sazerdotale Sichtweise des ordinierten Amtes geschieht (3.2), wobei im Bischofsamt die Fülle des ordinierten Amtes gesehen wird (3.3). Schließlich wird in den Ergebnissen des Ordo-Dekretes in Abwehr einer (als reformatorisch vermuteten) rein menschlichen Begründung und Einsetzung des Amtes die Ordination als von Christus eingesetztes Sakrament (4.) beschrieben, das eine Dienstfunktion hat, nämlich die Feier der Eucharistie und die Sündenvergebung (5.). Diese Dienstfunktion des ordinierten Amtes wird weiter ausgefaltet und nicht nur auf die Eucharistiefeier und Sündenvergebung beschränkt, sondern mit seelsorglichen Aufgaben und dem Dienst der Verkündigung beschrieben (6.). Die für das Thema dieser Untersuchung wichtige Wirkung der Ordination auf die Person besteht darin, dass der Amtsträger einen bleibenden sakramentalen Charakter und die Mitteilung des Heiligen Geistes zur Amtsausübung verliehen bekommt (7.). Die Ordination bewirkt eine sakramentale Unterscheidung zwischen gemeinsamem und spezifischem Priestertum um des Dienstes (nicht um der persönlichen Höherwertigkeit des Amtsträgers) willen, gleichzeitig ist der Ordo in sich in verschiedene Stufen gegliedert (8.).

Die Auswertung zeigt, dass auch in Trient bei den durch die unterschiedlichen Situationen hindurch erreichten »Minimalkonsensen« immer die verschiedenen Relationen des ordinierten Amtes (von Gott her – im Dienst an den Menschen, vgl. 4.–6.), die bisher in allen Epochen und Beispielen in mehr oder weniger deutlicher Gewichtung und in unterschiedlicher Akzentuierung festgestellt werden konnten, als für das ordinierte Amt grundlegend dargestellt werden. Gleichzeitig betont Trient die bleibend-prägende Wirkung der Ordination auf die Person des Ordinierten um seines Dienstes willen (»sakramentale Prägung«, Verleihung des »Charakters«), ohne diese (als ontologische anzusehende) Prägung weiter (z.B. in personalen Kategorien) zu beschreiben (9.).

2. Historische Situation und kirchlich-politische Zusammenhänge, die das Konzil beeinflussen

Für das Gesamtverständnis des Konzils und seiner jeweiligen Debatten und Beschlüsse muss die historische Situation der einzelnen Konzilsperioden berücksichtigt werden. Politische Interessen der verschiedenen Teilnehmer bestimmten auch den Verlauf der jeweiligen Debatten und wirkten sich auf die Diskussionen und Ergebnisse aus.[216] Somit war die Diskussion und Darlegung der Ordo-Lehre in Trient keine rein sachlich-theologische Angelegenheit, sondern wurde auch von historischen Umständen sowie von politischen und kirchenpolitischen Motiven (wie z.B. dem Konziliarismus, vgl. 3.1) beeinflusst. Da die Einzeldarstellung der jeweiligen politischen Situation den Rahmen dieser Arbeit sprengen würde, soll hier als Überblick eine kurze Einschätzung von Josef Freitag wiedergegeben werden: »Die Politik insgesamt und konkret die Politik einzelner Mächte übte einen wichtigen Einfluß auf den Gesamtverlauf des Konzils, auf einzelne Fragen, auf die Konzilsprälaten und auf den Papst aus. Denn der Papst war nicht nur als Haupt der Kirche, sondern auch als italienischer Territorialfürst an dem Konzil interessiert. Überdies war er über Pfründenvergabe und finanzielle Rechte in die inneren Angelegenheiten vieler Diözesen und Staaten verwickelt. Dazu kamen noch die zu erwartenden Folgewirkungen der Glaubens- und Reformentscheidungen. Die allgemeine Politik wirkte auch auf die Bischöfe. Viele Konzilsprälaten waren von ihren Königen zu Bischöfen ernannt worden, standen in königlichen Diensten, hatten zu Hause politische Funktionen oder waren Landesfürsten. Im großen wie im kleinen war das Konzil mit den politischen Problemen der Religion, der beteiligten Personen, der Mächte und Staaten verknüpft. Auch deswegen, nicht nur in der Tradition der Generalkonzilien des Mittelalters und nach der Vorstellungswelt des ›Corpus

[216] Zum Verlauf und zu den verschiedenen Interessenslagen während des Konzils vgl. Hubert Jedin: Geschichte des Konzils von Trient (Bd. I–IV), Freiburg – Basel – Wien 1949–1975. Klaus Ganzer: Art. Trient, 3. Konzil, in: LThK³ (Bd. 10) 225–232.

Christianum‹, waren die Mächte ausdrücklich zum Konzil geladen und viele durch einen Botschafter vertreten. Ohne die Hilfe oder das Mittun der einzelnen Herrscher waren überdies die Konzilsbeschlüsse nach dem Konzil nicht durchzusetzen. Daher muß man damit rechnen, daß dieses oder jenes Verhalten oder Argumentieren nicht von vornherein theologisch zu verstehen ist, sondern erst auf dem Hintergrund des jeweiligen politischen Interesses oder kirchenreformerischen Standpunktes und Erfahrungsfeldes des Vortragenden seine ›Richtung‹, seine Intention und so erst den streng theologischen Gehalt seines Beitrags offenbart. Auf ganz verschiedenen und vielfältig verschlungenen Wegen wird so die Geschichte zu einem inneren, nicht nur rahmenhaft äußeren Moment des Konzilsgeschehens und der konziliaren Entscheidungen.«[217]
Eine Folge der dargestellten unterschiedlichen Interessenslagen war das Ringen um die sich aus der Ordination ergebenden Vollmachten, speziell der Leitungsvollmacht. Im Verlauf dieser Kompetenzstreitigkeiten geschah eine Engführung des ordinierten Amtes auf seine rein sazerdotalen Funktionen.

3. Das ungeklärte Zueinander von »potestas ordinis« und »potestas iurisdictionis« und die Engführung des ordo auf eine sazerdotale Sichtweise

3.1 Potestas ordinis und potestas iurisdictionis

Während des gesamten Konzils wurde immer wieder um die sich aus der Ordination ergebenden Aufgaben und Befugnisse gerungen, was sich entscheidend z.B. auf die Frage des Miteinanders und der jeweiligen Kompetenzen des Papstes und der Bischöfe auswirkte. Dies brachte in der Ordo-Diskussion ein zähes Ringen um das Zueinander von »potestas ordinis« und »potestas iurisdictionis«, der Frage nach dem Verhältnis von Weihe- und Leitungsgewalt mit sich.[218] »Man verstand allgemein die erstere [potestas ordinis] als

[217] J. Freitag: Sacramentum ordinis, 35.

[218] Vgl. dazu Hubert Jedin: Krisis und Abschluss des Trienter Konzils 1562/63. Ein Rückblick nach vier Jahrhunderten, Freiburg – Basel – Wien 1964 (Herderbücherei 177), 55ff und Gerhard Fahrnberger: Bischofsamt und Priestertum in den Diskussionen des Konzils von Trient. Eine rechtstheologische Untersuchung, Wien 1970 (Wiener Beiträge zur Theologie 30), v.a. 53–128.

Vollmacht über den eucharistischen, sakramentalen Leib Christi (Wandlungsvollmacht, ›confectio‹ corporis Christi), letztere [potestas iurisdictionis] als Vollmacht über den kirchlichen Leib Christi, konkret über die Glieder der Kirche.«[219]

Auf der einen Seite gab es z.B. Bestrebungen, nur im Papst die Einheit von potestas ordinis und potestas iurisdictionis zu sehen, während die Bischöfe zwar die potestas ordinis direkt von Gott, die potestas iurisdictionis aber vom Papst übertragen bekämen. In dieser Auffassung wird die potestas ordinis der Bischöfe als göttliches, die potestas iurisdictionis dagegen tendenziell als rein menschliches Recht verstanden. Dahinter stand die Vorstellung, dass Jesus nur Petrus allein die potestas iurisdictionis gegeben und dieser sie dann an die anderen Apostel weitergereicht habe. So führte etwa der Jesuitengeneral Lainez in der 3. Tagungsperiode aus, dass nur der Papst ordentlicher und ursprünglicher Inhaber von Jurisdiktionsgewalt in der ganzen Kirche sei, »denn allein Petrus und seine Nachfolger seien unmittelbar zu Bischöfen eingesetzt, alle anderen aber nur mittelbar, eben durch Petrus ... Um den Papst als exklusive Quelle aller Jurisdiktion in der Kirche zu sichern, zerlegte Lainez die Weihe- und Jurisdiktionsgewalt, die potestas ordinis und die potestas iurisdictionis, in zwei völlig getrennte Wirklichkeiten, die aus zwei Quellen und auf zwei verschiedene Weisen vermittelt würden. Die Weihegewalt komme allein von Gott; bei ihrer Weitergabe sei auch der Papst bloßes Werkzeug bzw. ›nudus minister‹; sie werde sakramental in einem feststehenden Ritus vermittelt. Die Jurisdiktion vergebe allein der Papst, und zwar aus Eigenem und nach Gutdünken. An der Spitze der Ordo-Hierarchie stehe der Bischof, an der Spitze der Jurisdiktionshierarchie der Papst. *Das sacramentum ordinis vermittle eine völlig jurisdiktionsfreie, an den sakramentalen Ritus gebundene und zur Spendung der Sakramente gegebene Heiligungsgewalt* [Hervorhebung TO].«[220]

Gegen diese Auseinanderdividierung von potestas ordinis und potestas iurisdictionis wandten sich immer wieder verschiedene Konzilsväter.[221] Nach deren Auffassung hat Jesus allen Aposteln mit der

---

[219] Josef Freitag: Schwierigkeiten und Erfahrungen mit dem »sacramentum ordinis« auf dem Konzil von Trient, in: ZKTh 113 (1991) 39–51, hier: 42.

[220] Ebd., 44.

[221] Siehe J. Freitag: Sacramentum ordinis, 239. Vgl. zu dieser Problematik auch ebd., 235–240 u. 266–289.

potestas ordinis auch eine potestas iurisdictionis gegeben. So wollten diese Konzilsväter z.B. die Residenzpflicht der Bischöfe als göttliches Recht verankert sehen, was die damals in dieser Beziehung zahlreich gewährten Dispensen und Exemtionen des Papstes in Frage gestellt hätte, da der Papst von göttlichem Recht nicht dispensieren kann. Auch die Angst vor dem »Konziliarismus« verband sich mit dieser ungelösten Frage: Wer steht höher, der Papst oder das Konzil?[222] Wer hat woher welche potestas?[223]

3.2 Engführung auf sazerdotale Sichtweise

Durch die nicht gelungene und immer wieder verschobene Klärung dieses Zueinanders von potestas ordinis und potestas iurisdictionis klammerte man die strittigen jurisdiktionellen Fragen immer mehr aus. Somit geschah eine Engführung auf eine sazerdotale Sichtweise des ordinierten Amtes unter Vernachlässigung der ekklesialen Einbindung der verschiedenen Ämter. Man beschränkte sich auf die potestas ordinis in der Eucharistie und in der Beichte und schloss die weiteren ekklesialen Fragen wie z.B. des Zueinanders der verschiedenen Dienste sowie der Verkündigungs- und Leitungsvollmacht weitgehend aus. So kam es zu »Minimalkonsensen« in der Amtsfrage, bei denen wichtige Aspekte auf Grund des Dissenses der unterschiedlichen Interessengruppen ausgeblendet blieben:[224] »An diesem Konflikt um die ursprüngliche, in der Weihe wurzelnde *Einheit* von priesterlichem Heiligungs- und Leitungs- sowie Verkündigungsdienst ist das Konzil fast gescheitert. Jedenfalls mußten alle strittigen ekklesiologischen Fragen bezüglich der Herkunft und Qualität jurisdiktioneller, d.h. kirchenleitender Vollmacht, aus der entsprechenden konziliären Lehre ausgeklammert werden. Was so aber

[222] Siehe dazu z.B. J. Freitag: Schwierigkeiten, 43–51 und die dort angegebenen Literaturhinweise.

[223] Die detaillierte Darstellung dieser sich durch das ganze Konzil ziehenden und in einzelnen Phasen sehr komplexen Problematik würde wiederum den Rahmen dieser Arbeit sprengen, es sei deshalb auch hier auf die Untersuchung »Sacramentum ordinis« von J. Freitag verwiesen.

[224] Vgl. dazu J. Freitag: Schwierigkeiten, 49: »Die Ausklammerung der jurisdiktionellen Fragen aus dem Ordo-Dekret führte faktisch zu einem neuen Ordo-Verständnis, das den ordo ausschließlich sakramental faßte und dieses Verständnis kultisch-sazerdotal füllte, was das Konzil weder intendiert noch festgeschrieben hatte. Die Sazerdotalisierung des sacramentum ordinis kann sich daher nicht auf das Konzil oder das Ordo-Dekret, sondern höchstens auf einzelne Strömungen berufen.«

übrig blieb, war allein ein Minimalkonsens, ein Torso, der ausschließlich die *sazerdotalen* Funktionen des Amtes betraf und ausformulierte.«[225]

In der 2. Tagungsperiode des Konzils wurde die Ordo-Frage aus dem Zusammenhang der Beratung der sieben Sakramente herausgelöst und in den Kontext des Messopfers gestellt. »Ordo« und »sacerdotium« werden nun gleichgesetzt und vom Messopfer her bestimmt: »Der ordo, näherhin das sacerdotium, ist um des Meßopfers willen eingesetzt.«[226] Diese Einschränkung auf eine sazerdotale Sichtweise des ordinierten Amtes und seiner Herleitung ausschließlich vom Messopfer konnte jedoch nicht stringent durchgehalten werden, da die Frage der Stellung und Herleitung des Bischofs im Vergleich zum »einfachen« Priester und die Vergebungsvollmacht im Bußsakrament eine umfassendere Begründung des ordinierten Amtes erforderten.

3.3 Der Bischof als Bezugspunkt des Amtsverständnisses und die umfassendere Sicht des Amtes

Bei der im Rahmen des Messopferdekrets behandelten Frage der Ordination konnte das Amt nicht ausschließlich vom eucharistischen Opfer hergeleitet werden, da sonst die Stellung des Bischofs nur rein jurisdiktionell begründet gewesen wäre: »Zum Verhältnis zwischen Bischöfen und Priestern sagen alle Theologen [in der zweiten Tagungsperiode], daß Bischof und Priester in ihrer potestas ordinis bezüglich des corpus Christi eucharisticum gleich, in der potestas iurisdictionis die Bischöfe aber den Priestern übergeordnet sind. Die meisten sehen aber eine Überordnung auch in der potestas ordinis selbst, weil der Bischof allein firmen und Priester weihen könne; ebenso weihe er allein Chrisam und Öl, Kirchen usw. Über die Wirkungen hinaus wird dieser Unterschied in der potestas ordinis im Akt der Bischofsweihe selbst festgemacht, weil sie sich in

[225] G. Greshake: Art. Priester / Priestertum. III. Christliches Priesteramt. III/2. Systematisch, in: TRE (Bd. 27) 1997, 422–431, hier: 427.

[226] J. Freitag: Sacramentum ordinis, 144. Vgl. die weiteren Ausführungen ebd.: »Mit dieser Anbindung an das Meßopfer ist der ordo aus seiner sakramententheologischen Einordnung innerhalb der 1. Tagungsperiode gelöst und (unter ›Verwischung‹ diesbezüglicher Spuren) gänzlich in einen opfertheologischen Zusammenhang hineingestellt. Perspektive und Kontext sind neu. Diesen Befund untermauert der bruchlose terminologische Übergang von ordo zu sacrificium.«

Materie und Form von der Priesterweihe unterscheide.«[227] Der Bischof (nicht der Priester) ist der eigentliche Bezugspunkt des Amtsverständnisses.[228] Er ist seinem Wesen nach *nicht nur* Priester, sondern auch Hirt und Lehrer der ihm anvertrauten Ortskirche. Im Bischof ist die Fülle des ordinierten Amtes gegeben – diese Sichtweise wird sich auf dem Zweiten Vatikanischen Konzil nochmals weiter entwickeln.
Die ausdrückliche Erwähnung der Vergebungsvollmacht in Kanon 1 (DH 1771) zeigt ebenfalls, dass der ordinierte Dienst nicht allein vom eucharistischen Opfer abgeleitet, sondern umfassender gesehen wird. Diese ganzheitliche Sicht des Amtes schließt ein rein sazerdotales Verständnis aus, konnte sich jedoch durch den innerkonziliären Streit kaum durchsetzen.[229]
Sowohl das defensive Klima durch die Abwehr der reformatorischen Angriffe als auch der innerkirchliche Dissens in der Amtsauffassung sind bei dem schließlich in der Lehre und den formulierten Konzilskanones gewonnenen Konsens der Konzilsväter zu berücksichtigen. Im Folgenden werden nun die für das Thema dieser Arbeit maßgeblichen Ergebnisse des Ordo-Dekretes benannt und in ihrer Aussage näher beleuchtet.

4. Ordination ist ein von Christus eingesetztes Sakrament

Im ersten Kapitel der Lehre und Kanones über das Sakrament der Weihe wird nach dem Hinweis, dass es Opfer und Priestertum sowohl im alten wie im neuen Bund gibt, verdeutlicht, dass die Kirche *von Christus* sowohl die Eucharistie als auch ein neues sichtbares Priestertum empfangen hat, in welches das alte überführt wurde

[227] Ebd., 174.
[228] Vgl. dazu die Ergebnisse von J. Freitag ebd., 364–366.
[229] Trotzdem bleibt festzuhalten, dass sich das sazerdotal geprägte Sakrament zum ekklesial-bischöflich bestimmten sacramentum ordinis hin entwickelt: »Die in der Sache erfolgte Hereinnahme des Bischofs in das sacramentum ordinis, dessen Stufung der Bischof anführt, verändert die Grundkonstellation des sacramentum ordinis. Dieses ist nicht mehr auf ein anderes Sakrament, den Vollzug der Eucharistie (corpus Christi verum), sondern durch den Bischof auf die Kirche (corpus Christi mysticum), ihre Glieder und ihren sakramentalen Aufbau hingeordnet. Die Beziehung zur Kirche ist dabei keine nachträglich-rechtliche (jurisdiktionelle), sondern eine in ihrem Grunde von Gott in Taufe, Firmung und Ordination sakramental vorgegebene und geordnete« (ebd., 384).

(DH 1764). Diese Einsetzung des Ordo durch Christus und seine Sakramentalität wird in Kanon 3 gegen jede rein menschliche Begründung und Einsetzung festgehalten:[230] »*Wer sagt, der Weihestand bzw. die heilige Ordination sei nicht wahrhaft und im eigentlichen Sinne ein von Christus, dem Herrn, eingesetztes Sakrament, oder sei eine menschliche Erfindung, ausgedacht von Männern, die kirchlicher Dinge unkundig waren, oder sei nur ein Ritus, Diener des Wortes Gottes und der Sakramente auszuwählen: der sei mit dem Anathema belegt*« (DH 1773).

Die Einsetzung der Amtsträger und der Ordo an sich werden somit in Ablehnung der von Trient für reformatorisch gehaltenen Auffassung einer rein menschlichen Angelegenheit und Einrichtung eindeutig in Relation zu Christus und seiner Einsetzung als Sakrament gebracht.

Neben diesem eindeutigen »Woher« des ordinierten Dienstes und seiner Vollmachten wird auch (wiederum in Abgrenzung zur hauptsächlichen Aufgabe der Wortverkündigung bei den Reformatoren) das »Wozu« des Ordo definiert.

5. Von Christus eingesetzte Vollmacht zur Feier der Eucharistie und zur Sündenvergebung

Das von Christus eingesetzte ordinierte Amt wird in seinen Funktionen wie oben dargestellt nicht nur auf das eucharistische Opfer bezogen, sondern auch auf die Vergebungsvollmacht im Bußsakrament: Den Aposteln und ihren Nachfolgern im Priestertum ist laut Kapitel 1 in Übereinstimmung mit der heiligen Schrift und nach beständiger kirchlicher Lehre von Christus die Vollmacht übergeben worden, Christi »Leib und sein Blut zu konsekrieren, darzubringen und auszuteilen sowie auch die Sünden zu vergeben und zu behalten« (DH 1764).

Gegen die reformatorische Betonung des Amtes als Dienst am Wort und seiner Verkündigung wird in Kanon 1 die im Sakrament der Ordination von Christus übergebene Vollmacht und dadurch die

---

230. Dazu J. Freitag: »Abgelehnt wird die Einschränkung des ordo auf die öffentliche Amtseinsetzung, auf bloße Auswahl oder auf eine rein rechtliche Regelung, die, mit ›officium‹ umschrieben, für die lutherische Ordo-Auffassung gehalten wurde« (ebd., 93).

Aufgabe der Feier der Eucharistie und der Sündenvergebung herausgestellt: »*Wer sagt, es gebe im Neuen Testament kein sichtbares und äußeres Priestertum, oder es gebe keine Vollmacht, den wahren Leib und das Blut des Herrn zu konsekrieren und darzubringen sowie die Sünden zu vergeben und zu behalten, sondern nur das Amt und den bloßen Dienst, das Evangelium zu verkünden, oder diejenigen, die nicht predigen, seien überhaupt keine Priester: der sei mit dem Anathema belegt*« (DH 1771).
Die Ablehnung des Messopfers und der Vollmacht zur Sündenvergebung von Seiten der Reformatoren führt zur *ausdrücklichen* Erwähnung dieser beiden Vollmachten und Aufgaben des ordinierten Amtes in den Abschlusstexten von Trient.
Die Aufgabe der Wortverkündigung ist dadurch keinesfalls ausgeschlossen. Es wird jedoch deutlich, dass durch den o.g. innerkirchlichen Dissens und durch die Abwehrhaltung gegen die Angriffe der Reformatoren die Bedeutung der Wortverkündigung und ihre ekklesiale Verankerung in den Kanones weder ausdrücklich erwähnt noch verneint wird. Die weiter gefasste Bedeutung des ordinierten Amtes und seiner Aufgaben ist jedoch an der Ordo-Reform insgesamt deutlich abzulesen.

6. Die Dienstfunktion des ordinierten Amtes und die Aufgaben der Verkündigung und Seelsorge, die in den Kanones nicht ausdrücklich erwähnt werden

In der Entwicklung der Ordo-Reform findet sich auch eine *Neubewertung der Predigt*, die den Bischöfen als ihre vorzügliche Aufgabe und in deren Stellvertretung den Pfarrern als häufig zu vollziehender Dienst ans Herz gelegt wird. In der Ausbildung und bei der Zulassung zur Priesterweihe soll darauf geachtet werden, dass die Kandidaten für die der Ordination entsprechenden Seelsorgsaufgaben geeignet sind, zu denen auch die Verkündigung gehört. Freitag bemerkt in diesem Sinne: »Zulassungskriterium ist die Verkündigungsfähigkeit. Von ihr und der Ausrichtung auf die Anvertrauten wird die Ausbildung geprägt.«[231]

[231] Ebd., 357. Vgl. zur Bedeutung und Erwähnung der Verkündigung v.a. auch ebd., 353 u. 356.

In den Ergebnissen des Konzils ist festzustellen, dass die Sichtweise und das Leitbild des Bischofs als des guten Hirten in den Reformdekreten und die Entwicklung der Ordo-Reform in Trient insgesamt eine *zunehmende Ausrichtung auf die Seelsorge* zeigen, in deren Dienst die kirchenrechtlichen Bestimmungen gestellt werden. Die Neuordnung orientiert sich an dieser Dienstfunktion.[232]
Schließlich dient die auf Trient zurückgehende *Einrichtung von Seminaren* der theologisch-pastoralen Ausbildung der zukünftigen ordinierten Amtsträger und ihrer Befähigung zur Seelsorge.
Hervorgehoben wird in den Abschlusskanones ebenfalls, dass der ordinierte Amtsträger in der Ordination die entsprechende »persönliche Befähigung« für diesen Dienst und die daraus erwachsenden Funktionen bekommt. Der Person wird der Heilige Geist zur Erfüllung dieser Aufgaben verliehen, die Ordination prägt wie Taufe und Firmung einen unverlierbaren Charakter ein.

7. Sakramentale Geistmitteilung und Prägung auf Lebenszeit bei gleichzeitiger Widerrufbarkeit der Jurisdiktion

Gegen die (für reformatorisch gehaltene) Auffassung einer rein menschlichen und zeitlich begrenzten Einsetzung in einen ordinierten Dienst, die keine besondere Gnade zur Ausübung dieses Dienstes verleiht und der unterschiedslos von jedem Christen wahrgenommen werden kann, wenn er dazu nur beauftragt wird, betont Trient den *bleibenden sakramentalen Charakter und die Mitteilung des Heiligen Geistes* in der Ordination. So sagt das Konzil in Kapitel 4 des Dekretes über das Sakrament der Weihe: »Da aber im Sakrament der Weihe, wie auch in der Taufe und Firmung, eine Prägung eingeprägt wird, die weder zerstört noch entfernt werden kann, verurteilt das heilige Konzil zurecht die Auffassung derer, die behaupten, die Priester des Neuen Testamentes besäßen lediglich eine zeitlich beschränkte Vollmacht und könnten, einmal rechtmäßig geweiht, wiederum zu Laien werden, wenn sie den Dienst am Wort Gottes nicht versehen« (DH 1767).

[232] Siehe ebd., 359 u. 388.

In Kanon 4 wird in diesem Sinne definiert: »*Wer sagt, durch die heilige Weihe werde nicht der heilige Geist verliehen, und daher sagten die Bischöfe vergebens: Empfange den Heiligen Geist; oder durch sie werde keine Prägung eingeprägt; oder derjenige, der einmal Priester war, könne wieder Laie werden: der sei mit dem Anathema belegt*« (DH 1774).

In dieser Endfassung des Textes, der sich schließlich durchgesetzt hat, kommt wiederum die Spannung von potestas ordinis und potestas iurisdictionis deutlich zum Tragen, indem der in den vorhergehenden Debatten verwendete, für weitere Auslegungsmöglichkeiten offene Ausdruck »potestas spiritualis« durch den Begriff »character« ersetzt wird. In der 3. Tagungsperiode des Konzils hatte die Textgrundlage des Ordo-Kanons 4 zunächst noch gelautet: »Wer sagt, durch die Ordination werde nicht *geistliche und unzerstörbare Vollmacht* verliehen [spiritualem et indelebilem potestatem] ... der sei ausgeschlossen.«[233] Die Wirkung der geistlichen Gewalt in deren Empfänger wurde in dieser 3. Konzilsperiode zu einem eigenen, vierten Kapitel ausgebaut, aber: »Viele Väter hatten kritisiert, der Begriff ›potestas spiritualis‹ könne zum Mißverständnis führen, es sei darin jurisdiktionelle Gewalt impliziert.

Stattdessen wird jetzt der Ausdruck ›character‹ eingeführt [›imprimi characterem‹]. So soll jedes jurisdiktionelle Moment vom Verständnis der Ordination ferngehalten werden.«[234]

Die Einfügung des Begriffs »Charakter« anstatt »geistlicher Vollmacht« zeigt somit die unwiderrufliche und unzerstörbare sakramentale Prägung des Ordinierten an, *ohne diese in ihren Wirkungen genauer und konkret zu beschreiben*. Die (zeitlich befristeten und widerrufbaren) jurisdiktionellen Vollmachten und Funktionen bleiben ausgespart: »Die in der Weihe mitgeteilte potestas spiritualis

---

233 Vgl. ebd., 227.

234 Ebd., 261f. Siehe dazu auch die weiteren Ausführungen ebd., 262: »Leitendes Interesse ist der mögliche Entzug jeglicher Jurisdiktionsgewalt durch den Papst; die Folge davon ist eine immer genauere Bestimmung dessen, was den Ordinierten entzogen werden kann und daher zur Jurisdiktion gehört. Was bei diesem ›Subtraktionsverfahren‹ übrig bleibt und daher nicht entzogen werden kann, ist der potestas ordinis, d.h. dem ›character‹ zuzurechnen. Dieses Entweder-Oder zwischen beiden Vollmachten führt zu ihrer gegenseitigen Isolierung bzw. Verselbständigung. Der ›character‹ kann auch durch seinen Empfänger nicht von innen und nicht durch eine Todsünde zerstört werden, weil er von Gott unmittelbar der Seele eingeprägt und deswegen von ihm garantiert wird. Er bleibt menschlichem Zugriff entzogen, auch dem einer höheren potestas spiritualis.«

wird zurückgenommen auf den von aller potestas jurisdictionis gelösten ›character indelebis‹.«[235]

Die sakramentale Ordination setzt also die ordinierte Person unwiderruflich in das spezifische Amtspriestertum ein und verleiht den Geist und die Vollmacht zur Erfüllung der diesem ordinierten Dienst zugehörigen Funktionen. Während die Befähigung durch den Charakter bleibt, können die entsprechenden Aufgaben jurisdiktionell entzogen werden.

Der auf Grund des damaligen Dissenses vorgenommene Verzicht auf die für weitere Auslegungsmöglichkeiten offene Rede von der »potestas spiritualis« und der Rückgriff auf den Charakter hat die ungute Folge, dass der Charakter wie etwas in sich Stehendes, zu wenig auf den konkreten Dienst Bezogenes erscheint. Im Gegensatz zur damaligen Minimaldefinition des Charakters steht der Begriff »potestas spiritualis« nicht in der Gefahr, als statisch-materielles »Etwas« in der Person ohne Bezug zu konkreten Funktionen missverstanden zu werden. Mit »potestas spiritualis« hätte besser verdeutlicht werden können, dass der Person durch die Ordination eine *bleibende wesentliche Befähigung* von Christus *für bestimmte Funktionen* geschenkt wird. Das untrennbare und dynamische Zueinander von ontologischer Prägung um der spezifischen Funktionen willen wäre durch diesen Ausdruck besser dargestellt gewesen.

Die sakramentale Indienstnahme begründet das Amtspriestertum und unterscheidet die ordinierte Person von den durch Taufe und Firmung bezeichneten Trägern des gemeinsamen Priestertums. Gleichzeitig ist auch der Ordo in sich noch einmal gegliedert.

8. Sakramentale Unterscheidung von gemeinsamem und spezifischem Priestertum und Gliederung des Ordo

Gegen die Auffassung einer rein jurisdiktionellen Unterscheidung der Amtsträger von den übrigen Gläubigen und die Behauptung,

---

[235] Ebd., 264. Vgl. dazu ebd., 262 u. siehe ebd., 295, wo Freitag schreibt: »...überdies fällt das Wort ›Vollmacht‹ weg. Es bleibt nur das Wort ›character‹ stehen. Der Character ist ohne geistliche Vollmacht denkbar – ein Zeichen, daß man die Frage der Jurisdiktion ausklammert und sich auf die sakramentale Vollmacht beschränkt.« Ebenso ebd., 326: »Der Wechsel von ›potestas spiritualis‹ zu ›character‹ will sagen: Trotz des unwiderruflichen ›Charakters‹ des Priesterseins kann doch nach der Ordination die Jurisdiktion gänzlich widerrufen werden.«

alle Christen seien in gleicher Weise Priester mit gleichen geistlichen Vollmachten, bekräftigt Trient den *sakramentalen Unterschied*, wie die bereits zitierten Kanones 3 und 4 zeigen. Dazu bemerkt Freitag: »Im Grunde geht der Streit darum, wie sich Christen untereinander unterscheiden, ob nur rechtlich oder auch sakramental. Anders gesagt: ob nur verfügbare oder auch unverfügbare, ob nur menschliche oder auch von Gott her vorgegebene Unterschiede vorhanden sind.«[236] In Kapitel 4 des Ordo-Dekretes werden für diese Unterscheidung biblische Texte angeführt: »Wenn einer aber versichert, alle Christen seien unterschiedslos Priester des Neuen Testamentes, oder alle seien mit untereinander gleicher geistlicher Vollmacht ausgestattet, so tut er offenbar nichts anderes, als die kirchliche Hierarchie, die ›wie die geordnete Schlachtreihe eines Heeres‹ (vgl. Hld 6,9) ist, durcheinander zu bringen, gerade so als ob – entgegen der Lehre des seligen Paulus – alle Apostel, alle Evangelisten, alle Hirten, alle Lehrer seien (vgl. 1 Kor 12,29; Eph 4,11)« (DH 1767).
Dieser Unterschied zwischen ordinierten Amtsträgern und den übrigen Christen ist ein *sakramentaler* Unterschied in der durch Christus verliehenen *Vollmacht und Funktion*, nicht eine Unterscheidung im Sinne eines höheren oder tieferen bzw. besseren oder schlechteren Christseins: »Trient hat diesen Unterschied nicht als Unterschied in der Vollkommenheit oder im Gnadenstand der einzelnen bestimmt ... Auch wenn eine gratia gratum faciens angenommen wurde, so geschah dies um der sachgemäßen Anwendung der gratia gratis data durch den Ordinierten willen, nicht zu seiner privaten Heiligung. Heiligmachende Gnade macht nicht die sogenannte Amtsgnade aus; deren Kern ist vielmehr die *kirchliche Funktion* [Hervorhebung TO] für andere Christen.«[237]
Der sakramentale Charakter der Ordination »überformt und spezifiziert«[238] das Christsein des Ordinierten, der als Getaufter und Ge-

[236] Ebd., 150. Freitag schreibt einleitend zu dieser Aussage ebd.: »Der Unterschied liegt nicht in der Existenz einer Hierarchie (die es bei Katholiken wie Protestanten faktisch gibt), sondern in der Art (oder Ebene) ihrer Begründung und entsprechenden Ausübung: im Sakrament hier, in der Berufung (vocatio) dort. Verurteilt wird also, daß der Unterschied auf die Ebene des Rechtes oder der Jurisdiktion verlegt wird und daß er, weil menschlich begründet, auch menschlich zurückzunehmen und aufzuheben ist.«

[237] Ebd., 361.

[238] Vgl. ebd., 293, Anm. 217: »Da Tauf- und Firmcharakter unaufhebbar sind, kann und muß man mit dem gleichen Argument, das die Unterschiedenheit von Priester und Laie trägt – und mit gleichem Gewicht – auch festhalten, daß der Priester als

firmter seinen Tauf- und Firmcharakter mit den anderen Christen beibehält. Diese Überformung und Spezifizierung geschieht also *um des Dienstes und der spezifischen kirchlichen Funktionen* des Amtsträgers willen, nicht zu seiner persönlichen Auszeichnung oder seiner Höherstellung als »besserer Christ«.
Das Sakrament der Ordination fügt den zum entsprechenden Dienst Ordinierten in den Ordo ein, der in sich selbst noch einmal gegliedert ist.[239] Kanon 6 schreibt fest, dass diese Hierarchie durch göttliche Anordnung eingesetzt ist und aus Bischöfen, Priestern und Dienern besteht. Innerhalb dieser Hierarchie betont Kanon 7 die höhere (Dienst-) Stellung der Bischöfe, deren Stellung und Dienst unter anderem durch die Vollmacht zu firmen und Amtsträger zu ordinieren von den Priestern unterschieden ist.

9. Auswertung

Die in schwieriger Situation geführten Debatten und erreichten Ergebnisse des Konzils von Trient lassen trotz aller dargestellten Problematik und Engführung das ordinierte Amt als ein grundsätzlich »relationales« Amt erscheinen, wie dies in allen untersuchten Epochen dieser Arbeit in unterschiedlicher Form festgestellt werden konnte: Nicht der Amtsträger und seine persönliche Höherstellung als Christ (dieses Missverständnis des ordinierten Amtes wurde von den Reformatoren massiv beanstandet und auch von Trient abgelehnt), sondern der *von Christus* eingesetzte Heilsdienst *für die Menschen* ist das Entscheidende. Diese Grundaussage kommt jedoch in den Texten des Konzils auf Grund der Ängste, jurisdiktionelle Aspekte des Ordo anzusprechen, zu wenig zum Tragen. Der »Minimalkonsens« bringt nur unzureichend das dynamische Zuei-

---

Getaufter und Gefirmter seinen ›Laiencharakter‹ behält. Sein Christsein wird (nur) überformt und spezifiziert.«

[239] Zu diesem Zueinander von Bischofsamt und sacerdotium im Ordo-Dekret der 3. Tagungsperiode des Konzils kommentiert Freitag: »Um der Heilsvermittlung in Wort und Sakrament willen braucht es die ministri ordinis. Im Vollzug ihres Dienstes kommen diese ihrerseits nicht ohne leitende potestas aus. Diese potestas konstituiert Hierarchie. Sie ist als den ordo ordnende Wirklichkeit eingesetzt ... Der sazerdotal begründete ordo bedarf einer zusätzlichen Gewalt, die den Dienst der Ordinierten ordnet...« (ebd., 254f).

nander der ontologischen Prägung des ordinierten Amtsträgers um seiner spezifischen Funktionen willen zum Ausdruck (vgl. 7.).

Der von Christus für die Menschen eingesetzte »amtliche« Heilsdienst geschieht *durch die Person und Funktion des ordinierten Amtsträgers*, der für die entsprechenden Dienst-Funktionen außer seiner grundsätzlichen und ihn mit allen Christen verbindenden ontologischen Prägung durch Taufe und Firmung nochmals unwiderruflich von Christus wesentlich in Beschlag genommen wird. Der von Christus eingesetzte Heilsdienst wird somit in der Person des Amtsträgers um des Dienstes willen ontologisch grundgelegt durch die bleibende Prägung mit dem sakramentalen Charakter, der jedoch wegen der verschiedenen Interessen inhaltlich nicht näher beschrieben und in seiner dynamischen Ausrichtung auf den konkreten Dienst zu wenig deutlich wird.

Die Aufgaben des ordinierten Amtes werden hauptsächlich in der Feier der Eucharistie und in der Sündenvergebung gesehen. Es ist aber nicht auf diese sazerdotalen Funktionen beschränkt, sondern umfasst weitere wesentliche Aufgaben (wie z.B. den Verkündigungs- und Hirtendienst und die Seelsorge), die aufgrund der dargestellten Situation oft nicht ausdrücklich erwähnt werden bzw. ausgeklammert bleiben. Die in Trient insgesamt zu kurz gekommene ekklesiologische Einbindung des ordinierten Amtes und die Verdeutlichung der dem Ordinierten zu seinem Dienst wesentlich gegebenen unwiderruflichen Christusrelation in personal-relationalen Kategorien bleibt eine Aufgabe über dieses Konzil hinaus.

Für diese Untersuchung ist von Bedeutung, dass die in Trient erzielten Ergebnisse zum ordinierten Amt einer personal-relationalen (und in dieser Richtung auch ontologischen) Betrachtung nicht entgegenstehen, sondern in diese übersetzt und damit in heutigen Ausdrucksformen dargelegt werden können.

Das Zweite Vatikanische Konzil hat die ekklesiale Einbindung des ordinierten Amtes in das Gesamt des Volkes Gottes und weitere von Trient offen gelassene wichtige Aspekte der Amtstheologie behandelt und fortgeführt. Davon sind entscheidende Impulse für neue Ansätze zur Betrachtung von Person und Funktion des ordinierten Amtsträgers ausgegangen, die im folgenden Kapitel betrachtet werden.

3. Kapitel:

Neue Sichtweisen von Person und Funktion des ordinierten Amtsträgers im 20. Jahrhundert

I. Amt auf dem Zweiten Vatikanischen Konzil

1. Grundzüge des Priesterbildes zwischen Trient und dem Zweiten Vatikanischen Konzil

Bevor das Amtsverständnis des Zweiten Vatikanischen Konzils mit den darin enthaltenen Neuakzentuierungen erläutert wird, werden zu deren Einordnung und besserem Verständnis in kurzen Grundzügen einige wichtige Aspekte des vorkonziliaren Priesterbildes dargestellt.[240] Die im Zuge des Konzils von Trient vielerorts eingerichteten Seminare zur Ausbildung der Priester vereinheitlichen und verbessern die theologische Bildung der ordinierten Amtsträger und bieten eine menschlich-spirituelle Formung der Person des Ordinierten.[241] Dies ist zusammen mit den anderen in Trient beschlossenen Reformen besonders nach den Erfahrungen mit schlecht ausgebildeten und menschlich wie geistlich unzureichend geformten Amtsträgern in der Reformationszeit und in der Zeit des Trienter Konzils (siehe 2. Kapitel, V. und VI.) ein Fortschritt.
Zu nennen ist etwa die École Française[242], deren Priesterbild in

[240] Als guter Gesamtüberblick über die Zeit zwischen Trient und dem Zweiten Vatikanischen Konzil sowie über die Entstehungsgeschichte des Dekrets über die Ausbildung der Priester auf dem Zweiten Vatikanischen Konzil eignet sich: O. Fuchs / P. Hünermann: *Optatam totius*, 319–345. Siehe dazu und speziell zum Priesterdekret des Zweiten Vatikanischen Konzils auch Dies.: *Presbyterorum ordinis*, bes. 342–371.

[241] Neben der Einrichtung der Seminare bleibt an vielen anderen Orten die traditionelle Ausbildung bestehen bzw. es entwickeln sich neue Ausbildungsformen, vgl. O. Fuchs / P. Hünermann: *Optatam totius*, 323: »Überall bleibt – neben der Ausbildung im Seminar – der bis dahin übliche freie Ausbildungsmodus erhalten. Kandidaten erwerben bei Pfarrern, in Kollegien, in Seminaren die nötigen Kenntnisse und präsentieren sich anschließend zum Examen, um dann vom Bischof Weihen zu empfangen, ohne je in einem Seminar länger gelebt zu haben. Im 17. und 18. Jahrhundert bilden die Priesteramtskandidaten, die nicht in Seminarien leben, wohl noch die Mehrheit ... Die tridentinischen Bestimmungen über die Zulassung zu den Weihen und die Ausbildung dafür führen – entsprechend den unterschiedlichen Situationen in den verschiedenen Kirchenprovinzen und Herrschaften – zu einer bunten Fülle von Seminarformen und Ausbildungsgängen und dies nicht nur in Europa, sondern ebenso in Übersee.«

[242] Zur Geschichte und Spiritualität der École Française vgl. die Gesamtdarstellung von Yves Krumenacker: L‹ école française de spiritualité. Des mystiques, des fondateurs, des courants et leurs interprètes, Paris 1998.

Frankreich und darüber hinaus gewirkt und die im 17. Jh. eine Reihe von Seminaren geprägt hat. Die zukünftigen Priester werden darin neben ihren theologischen Studien vor allem zu persönlicher Frömmigkeit, Opferbereitschaft und einer (allerdings eher im geschützten Raum eines Seminars oder eines abgeschlossenen Pfarrhauses funktionierenden) Glaubenspraxis angeleitet. Der Weg zur persönlichen Heiligung wird kaum im pastoralen Dienst und im Bezug zu den Menschen gesehen. Unter den Bedingungen der rasch sich wandelnden Gesellschaft und aus heutiger Sicht erscheinen diese Ausbildungsschwerpunkte und das daraus entstehende Priesterbild einseitig kultisch-sazerdotal und individualistisch:[243] »Evangelisierung und Mission, pastorale Sorge, Auferbauung und Leitung der Gemeinde sind völlig überstrahlt von diesem kultischen Priestertum.«[244] Es besteht die Gefahr, dass durch die strenge Ausbildung in den Seminaren und das darin vermittelte Priesterbild ein »Binnenleben« des Klerus gefördert wird, der ein abgehobenes und vermeintlich »besseres« Leben der Heiligkeit führt.[245]
Diese einseitige Betrachtung des ordinierten Dienstes und seine mangelnde ekklesiale Bezogenheit spiegeln sich auch in der Amtstheologie der päpstlichen Dokumente bis zum Zweiten Vatikanischen Konzil wider. Darin sind vor allem das persönliche Streben der Priester nach Heiligkeit als Voraussetzung ihres Dienstes und die verschiedenen Mittel zu dieser persönlichen Heiligung[246] betont, die jedoch (bei allem bis heute bleibenden Wert dieser Elemente!) einseitig im Blick auf die Person und die persönliche Heiligung der Priester und nicht in ihrem pastoralen Dienstzusammenhang betrachtet werden: »Als Mittel zur Heiligung werden die Feier der Eucharistie, das Stundengebet, Meditation, Gewissenserforschung, Exerzitien etc. genannt. Berufsspezifische Vollzüge, etwa die Ausübung des Apostolats selbst als eines geistlichen Vollzuges, kommen nicht in den Blick.«[247]

---

[243] Siehe dazu z.B. François Tollu: Pietas seminarii sancti sulpicii, in: Jean-Jacques Olier, Vivre pour Dieu en Jésus-Christ. Textes rassemblés sous la direction du Père Michel Dupuy, Paris 1995, 211–218.

[244] O. Fuchs / P. Hünermann: *Optatam totius*, 325.

[245] Eine Ausnahme bildet die sogenannte »Rautenstrauch'sche Studienreform« in den österreichischen Erblanden, die eine pastorale Ausbildung der zukünftigen ordinierten Amtsträger und ihre seelsorgliche Ausrichtung betont (siehe ebd., 325f.).

[246] Vgl. ebd., 334–340.

[247] O. Fuchs / P. Hünermann: *Presbyterorum ordinis*, 350f.

Ebenso werden das aktive Miteinander und die gegenseitige Bezogenheit von gemeinsamem und amtlichem Priestertum kaum gesehen: Der Fokus beschränkt sich hauptsächlich auf das Wirken des Priesters und kreist um seine Person, während die übrigen Gläubigen überwiegend als passiv-empfangend betrachtet werden.
Die einseitig kultisch-sazerdotale Betrachtung des ordinierten Amtes, das Kreisen um die Person und die persönliche Heiligkeit des Ordinierten unabhängig von seinem Apostolat sowie die Vernachlässigung des Dienstcharakters und der Beziehung zu dem allen Getauften gemeinsamen Priestertum in der gemeinsamen Sendung des Volkes Gottes bringen die Gefahr mit sich, den Ordinierten als in seiner Gnade und Würde vor Gott bevorzugten, ontologisch erhöhten Christen zu sehen, dem durch die Ordination ein besserer Weg zur persönlichen Heiligung eröffnet wird. So fasst Peter Hünermann zusammen: »Die Gnaden- und Heilsvermittlung für das Volk Gottes wird von allen genannten drei Pius-Päpsten unmittelbar an das priesterliche Tun gebunden ... Wegen dieser umfassenden Heilsmittlerschaft des Priesters, seiner durch den unauslöschlichen Charakter gegebenen Gleichgestaltung mit Christus fordert Pius X.: ›Zwischen einem Priester und einem gewöhnlichen rechtschaffenen Menschen soll ein Unterschied sein wie zwischen Himmel und Erde‹ ... Deutlicher kann die Konzeption eines die Gnade vermittelnden Klerus gegenüber einer wesentlich empfangenden Kirche der Laien nicht ausgesprochen werden ... Alle diese Tätigkeiten [des Priesters] aber sind überstrahlt vom Kern priesterlicher Sendung, der Darbringung des Opfers Christi. Damit geht eine Erhöhung des Priesters einher, die es ermöglicht, alle auszeichnenden Aussagen der Evangelien, die den Glaubenden gelten, zuerst im eigentlichen Sinn auf die Priester zu beziehen, die so das ‚Licht der Welt‹, das ‚Salz der Erde‹ sind.«[248]

[248] O. Fuchs / P. Hünermann: *Optatam totius*, 338f. Siehe auch die weiteren Erläuterungen ebd., 339: »Fragt man nach der Herkunft dieses kultisch-sacerdotalen Priesterbildes, so wird man zum einen die mittelalterliche Tradition benennen müssen, die priesterliche Potestas primär von der Vollmacht im corpus eucharisticum, in nachgeordneter Weise im corpus mysticum zu bestimmen. Stark geprägt ist das Priesterbild ferner von den Aussagen des Tridentinums über das Messopfer und das Dekret über das Sakrament des Ordo. Ein weiteres einflussreiches Moment bildet sicherlich die École Française mit ihrer auf das Opfer abhebenden Spiritualität und der strikten Betonung der Passivität des Volkes Gottes. Generell wird man auf die gegenreformatorisch motivierte Ablehnung des gemeinsamen Priestertums aller Gläubigen hinweisen müssen.« Weitere Beispiele solcher Betonung der Vorzugs- und Sonderstellung

Mit dieser personalen Erhöhung und Absonderung des ordinierten Amtsträgers lastet gleichzeitig ein großer Druck auf seiner Person und seiner (durch diverse Frömmigkeitsformen zu »leistenden«) persönlich-individuellen Heiligung, während der Vorrang der Gnade zur Ermöglichung des spezifischen Dienstes (vgl. 7.) wie der persönlichen Heiligung im Ausüben dieses Dienstes und in der Beziehung zu den Menschen (vgl. 9.) kaum betont wird.
Diese kurzen Skizzierungen mögen genügen, um die Dringlichkeit[249] eines neu akzentuierten, biblisch fundierten und ekklesial eingebundenen Amtsverständnisses deutlich zu machen. Das Zweite Vatikanische Konzil hat sich dieser Aufgabe angenommen. Der Umbruch und die Neuakzentuierung der ekklesialen Bezogenheit des ordinierten Amtes spiegeln sich in der Entstehungsgeschichte und in den Diskussionen zu den entsprechenden Dekreten des Zweiten Vatikanischen Konzils wider. Im Verlauf der Debatten wird immer mehr deutlich, dass der ordinierte Amtsträger mit seiner ganzen Person *um seines spezifischen Dienstes willen* wesentlich geprägt ist. Damit ist eine für das Thema dieser Untersuchung wichtige Entwicklung bereits angedeutet, deren genauerer Verlauf und Ergebnisse auf dem Zweiten Vatikanischen Konzil nun erläutert werden.

2. Neubestimmung des ordinierten Amtes auf dem Zweiten Vatikanischen Konzil

Das Zweite Vatikanische Konzil hat entscheidende Aussagen zur Neubestimmung des ordinierten Amtes und zum Miteinander von

der ordinierten Amtsträger und ihrer Überhöhung in vorkonziliaren kirchlichen Dokumenten und Enzykliken finden sich zusammengefasst bei: P. J. Cordes: Sendung, 175, Anm. 970.

[249] Vgl. O. Fuchs / P. Hünermann: *Optatam totius*, 339f: »[Die einseitigen Akzentsetzungen] bieten keinen Raum für die Konzeption eines mündigen Volkes Gottes, das die Geheimnisse des Glaubens, die Mysteria fidei aktiv vollzieht, ohne dass dadurch die Angewiesenheit dieses Volkes Gottes auf die von Christus her legitimierten Dienste aufgehoben wäre. Ebenso verschließen diese Aussagen die Möglichkeit eines offenen Blickes auf eine gewisse Mehrzahl von Diensten, die das Volk Gottes braucht, um als Volk Gottes leben zu können. Denn sie lassen übersehen, dass das Ministerium in der Kirche im Dienst des Volkes Gottes und seiner aktiven Sendung steht. Erst wo das Ministerium in seiner Beziehung zum priesterlichen Gottesvolk recht gesehen wird, ergibt sich zugleich die Notwendigkeit, die konkreten Nöte des Volkes Gottes, seine sozialen und geschichtlichen Gegebenheiten, die sein Leben nach dem Evangelium ernsthaft konditionieren, in Betracht zu ziehen.«

gemeinsamem und besonderem Priestertum gemacht. Ausgangspunkt und grundlegend ist dabei die fundamentale Gleichheit aller Gläubigen im durch Taufe und Firmung begründeten gemeinsamen Priestertum (3.). Erst danach kommen die Ausdifferenzierungen mit den unverzichtbaren Diensten des Amtspriestertums innerhalb der gemeinsamen Sendung des Gottesvolkes. Die Dienste des gemeinsamen wie des besonderen Priestertums stehen jeweils in Abhängigkeit und Beziehung zum Priestertum Christi, an dem sowohl alle Getauften wie auch die zum besonderen Dienst ordinierten Amtsträger in je eigener Weise Anteil erhalten (4.).

Das Sakrament der Ordination erhebt den Amtsträger nicht über die anderen Gläubigen im Sinne eines besseren Standes vor Gott oder einer größeren Vollkommenheit. Die Amtsträger werden vielmehr durch die Ordination befähigt, in bestimmten, grundlegenden Vollzügen im Namen Christi für die Menschen zu handeln. Eine einseitige Betrachtung des ordinierten Amtes nur in sich und seiner ihm innewohnenden Würde wird aufgebrochen und ekklesiologisch eingeordnet in eine Beziehung und Sendung zum Dienst am Volk Gottes (5.). Die durch die Ordination bewirkte Anteilhabe am dreifachen Amt Christi bricht eine kultisch-sazerdotale Engführung des ordinierten Dienstes auf (5.1) und stellt den ordinierten Amtsträger für seine speziellen (aus dem dreifachen Amt Christi abgeleiteten) Funktionen in eine grundlegende Relation zu Christus und zu den Menschen (5.2). Diese neue und unwiderrufliche »Dienstrelation« (von Christus her – zu den Menschen) prägt die Person des Ordinierten wesentlich. Das Zweite Vatikanische Konzil spricht von dieser ontologischen Prägung des ordinierten Dienstes mit personal-relationalen Kategorien, verbleibt aber auch beim traditionellen Begriff des »sakramentalen Charakters« (6.).

Das Sakrament der Ordination ist somit eine gnadenhafte und wesentlich prägende »Vor-Gabe« für die ordinierte Person, damit sie die dem ordinierten Amt eigenen Funktionen erfüllen kann. Die ontologische Prägung der ordinierten Person ermöglicht den entsprechenden Dienst und drängt zur Erfüllung der spezifischen Funktionen im Geiste Christi (7.). Christus handelt durch den ordinierten Amtsträger und setzt seine Heilstat gegenwärtig, damit das Volk Gottes auch heute Anteil daran hat. Daraus erwachsen die Aufgaben und Funktionen des ordinierten Amtes, das in verschiedenen Bezügen ausgeübt wird (8.). Die Amtsträger bleiben in der grundlegen-

den gleichen Würde mit allen Gläubigen verbunden. Wie alle Gläubigen an der ihnen zukommenden Stelle ihre Spiritualität und Heiligung entfalten sollen, so entfalten die Ordinierten in ihrem Dienst auch ihre Spiritualität und gelangen darin zum ihnen eigenen Weg der Heiligung. Die spezifische Funktion hat somit auch Auswirkungen auf die Person und prägt sie entsprechend (9.).
Im Folgenden werden nun diese wichtigen Ausführungen der Amtstheologie des Zweiten Vatikanischen Konzils näher dargestellt, erläutert und abschließend ausgewertet (10.).

3. Der Ausgangspunkt: gleiche Würde aller Getauften

Noch auf dem Ersten Vatikanischen Konzil wurde in einem aus Zeitmangel nicht mehr verabschiedeten Text von einer »Gemeinschaft von Ungleichen« ausgegangen. Einige Dekretsentwürfe des Zweiten Vatikanischen Konzils haben ebenfalls diese Ausgangsposition[250], bis man schließlich vor jeder inneren Unterscheidung des Gottesvolkes von der grundlegenden und unverlierbaren gemeinsamen Würde aller Gläubigen ausgeht: »Während zunächst fast ausschließlich die Kompetenzen abgegrenzt und Unterscheidendes bedacht und beschrieben wurde, schlug sich im Fortgang der Beratungen immer deutlicher nieder, daß die Gemeinsamkeit des Volkes Gottes grundlegender ist als alle Differenzierung in ihm. Darum darf man bei allen Aussagen, die eventuell über die Struktur des Volkes Gottes gemacht werden können, die Betonung der Gleichheit seiner Glieder vor Gott niemals überhören. Dieses Volk ist ja fundamental bestimmt durch die gemeinsame Erwählung und Erlösung; und was die Zugehörigkeit zum Gottesvolk begründet, schafft im selben Augenblick eine unverlierbare Gleichheit aller.«[251] Alle Gläubigen haben eine gemeinsame Sendung zur Auferbauung der Kirche. *Innerhalb* dieser gemeinsamen Sendung des Gottesvolkes ist das Amt ein ekklesiologisch konstitutiver und unverzichtbarer Teil und dient der gemeinsamen Sendung aller Getauften.

[250] Vgl. die Untersuchung von Cordes zur Dekretsgeschichte von PO, in P. J. Cordes: Sendung, v.a. 36–110, wo Cordes die Missachtung des Priestertums aller Christen in den Dekretsentwürfen I–II zu PO darstellt, bis ab Entwurf III der Amtsträger als Glied des Volkes Gottes und in den Dekretsentwürfen IV–VI die Sendung der Kirche als ganze betrachtet wird.
[251] Ebd., 117.

Grundlegend ist dieser Ansatz in der dogmatischen Konstitution über die Kirche »Lumen Gentium« ausgeführt: »Durch die Wiedergeburt und die Salbung mit dem Heiligen Geist werden die Getauften zu einem geistigen Bau und einem heiligen Priestertum geweiht, damit sie in allen Werken eines christlichen Menschen geistige Opfer darbringen und die Machttaten dessen verkünden, der sie aus der Finsternis in sein wunderbares Licht berufen hat (vgl. 1 Petr 2,4–10). So sollen alle Jünger Christi ausharren im Gebet und gemeinsam Gott loben (vgl. Apg 2,42–47) und sich als lebendige, heilige, Gott wohlgefällige Opfergabe darbringen (vgl. Röm 12,1); überall auf Erden sollen sie für Christus Zeugnis geben und allen, die es fordern, Rechenschaft ablegen von der Hoffnung auf das ewige Leben, die in ihnen ist (vgl. 1 Petr 3,15)« (LG 10). So waltet »eine wahre Gleichheit in der allen Gläubigen gemeinsamen Würde und Tätigkeit zum Aufbau des Leibes Christi« (LG 32).
Wie wichtig dem Konzil diese Betonung der gemeinsamen Würde und Sendung aller Getauften vor jeder Ausdifferenzierung in verschiedene Dienste ist, zeigt auch der Aufbau des entsprechenden Dekretes über den ordinierten Dienst. Wie in LG wird auch in diesem Dekret über Dienst und Leben der Priester »Presbyterorum Ordinis« vor der näheren Betrachtung des konkreten Dienstes der Ordinierten die Anteilhabe aller Getauften an der gemeinsamen Sendung der Kirche betont.[252] PO beginnt (nach der zum Thema des Dekretes einführenden Vorrede in PO 1) im ersten Kapitel mit der Sendung der gesamten Kirche und dem gemeinsamen Priestertum aller Gläubigen: »Jesus der Herr, ›den der Vater geheiligt und in die Welt gesandt hat‹ (Joh 10,36), gibt seinem ganzen mystischen Leib Anteil an der Geistsalbung, mit der er gesalbt worden ist. In ihm werden nämlich alle Gläubigen zu einer heiligen und königlichen Priesterschaft, bringen geistige Opfer durch Jesus Christus Gott dar und verkünden die Machttaten dessen, der sie aus der Finsternis in sein wunderbares Licht berufen hat. Es gibt darum kein Glied, das nicht Anteil an der Sendung des ganzen Leibes hätte; jedes muss vielmehr Jesus in seinem Herzen heilig halten und

[252] Vgl. Knut Wenzel: Kleine Geschichte des Zweiten Vatikanischen Konzils, Freiburg – Basel – Wien 2005, 208: »[PO] ist in engem Zusammenhang mit den Debatten um die Kirchenkonstitution entstanden. Deswegen überrascht es nicht, dass *Presbyterorum ordinis* seine Darlegungen zum Priesterstand mit einer Erinnerung an das gemeinsame Priestertum aller Glaubenden beginnt.«

durch den Geist der Verkündigung Zeugnis von Jesus ablegen« (PO 2).
Erst nach dieser Betonung der fundamentalen Gleichheit aller Gläubigen kommt PO zu der näheren Ausdifferenzierung um des Dienstes am Volk Gottes willen: »Damit die Gläubigen zu einem Leib, in dem ›nicht alle Glieder denselben Dienst verrichten‹ (Röm 12,4), zusammenwachsen, hat der gleiche Herr einige von ihnen zu amtlichen Dienern eingesetzt« (PO 2). Die Ausdifferenzierung zwischen gemeinsamem Priestertum und ordiniertem Dienst läuft jedoch nicht auf eine graduelle Steigerung des Getauft- und Berufenseins der Ordinierten im Sinne einer höheren Stufe des Christseins hinaus, sondern auf eine je besondere Teilhabe am Priestertum Christi, dem das gemeinsame wie das amtliche Priestertum in unterschiedlicher Weise zugeordnet sind.
Diese wichtige und oft missverstandene Unterscheidung in LG 10 gilt es im nächsten Abschnitt noch näher zu betrachten.

4. Wesentliche Ausdifferenzierung und Zuordnung: je besondere Teilhabe am Priestertum Christi

LG 10 und PO 2 nennen, wie in 3. dargestellt, nach der fundamentalen und unverlierbaren Gleichheit aller Gläubigen die innere Strukturierung des in gemeinsamer Würde und Sendung verbundenen Gottesvolkes. Dabei wird deutlich, dass es sich nicht um Dienste und Aufgaben handelt, die unterschiedslos von allen in gleicher Weise wahrgenommen werden können, sondern dass sich das gemeinsame und das amtliche Priestertum aufgrund der jeweils eigenen Anteilhabe am Priestertum Christi wesentlich unterscheiden, jedoch einander zugeordnet sind: »Das gemeinsame Priestertum der Gläubigen aber und das Priestertum des Dienstes, das heißt das hierarchische Priestertum, unterscheiden sich zwar dem Wesen und nicht bloß dem Grade nach. Dennoch sind sie einander zugeordnet: das eine wie das andere nämlich nimmt je auf besondere Weise am Priestertum Christi teil« (LG 10).
In dieser Unterscheidung des gemeinsamen und des amtlichen Priestertums ist die Bedeutung der Formulierung »dem Wesen und nicht bloß dem Grade nach« immer wieder kritisch diskutiert worden. Dabei ist (auch in ökumenischer Hinsicht) nochmals zu ver-

deutlichen, dass es beim Amtspriestertum gerade nicht um eine höhere und bessere Stufe des Christseins an sich und des gemeinsamen Priestertums geht, sondern um eine *wesentlich andere Art* des priesterlichen Dienstes, die dem gemeinsamen Priestertum zugeordnet ist. Wenn dieser Unterschied nicht in einer wesentlich anderen Art des Priestertums, sondern nur innerhalb des gemeinsamen Priestertums dem Grade nach wäre, dann gäbe es tatsächlich ein »gesteigertes« Christsein der Ordinierten. Es gäbe dann Christen »niederer und höherer Stufe« (lat. »gradus«), die an der gleichen Art ihres Priestertums »graduell« gemessen würden: »Bestünde zwischen den Getauften und den Amtsträgern – die ja zuerst auch einmal Getaufte sind – *kein* Wesensunterschied, dann wären allerdings beide im Hinblick auf einen gemeinsamen Maßstab vergleichbar, und auf diesem stünden dann notwendig die Amtsträger eine ›Stufe‹ höher. Mit anderen Worten: Gerade eine Unterscheidung ›dem Grade nach‹ würde die Amtsträger zu Christen höherer Ordnung ernennen, denn sie könnten ja dann nur anhand dessen verglichen werden, was beiden gemeinsam ist, und das ist ihr Getauftsein. Das ist gerade ausgeschlossen, wenn sie sich ›dem Wesen nach‹ unterscheiden.«[253] Die Ebene der *Berufung zum Heil* ist für alle Christen wesentlich gleich, die Ebenen der *Dienste und Funktionen*, die dieser gemeinsamen Berufung dienen, unterscheiden sich jedoch wesentlich zwischen gemeinsamem und amtlichem Priestertum. Das Besondere des durch Ordination begründeten Priestertums ist somit eine *wesenhaft andere Funktion und Aufgabe* im kirchlichen Leben. In dieser Richtung bestimmt auch Kurt Koch den Unterschied zwischen dem in der Taufe begründeten gemeinsamen Priestertum und dem Amts-

[253] Otto Hermann Pesch: Das Zweite Vatikanische Konzil. Vorgeschichte – Verlauf – Ergebnisse – Nachgeschichte, Neuauflage Würzburg 2001, 182. Siehe dazu auch Peter Walter: Gemeindeleitung und Eucharistiefeier, in: Bernhard Fraling / Helmut Hoping / Juan Carlos Scannone, Kirche und Theologie im kulturellen Dialog [FS Peter Hünermann], Freiburg – Basel – Wien 1994, 378–391, hier: 386: »Mit dieser nicht ganz leicht verständlichen Formulierung und der anschließenden Erklärung soll deutlich gemacht werden, daß der Unterschied zwischen dem gemeinsamen Priestertum und dem Priestertum des Dienstes nicht auf der Ebene des beiden gemeinsamen Christseins liegt, also nicht graduell in dem Sinn verstanden werden darf, als seien die Priester die vollkommeneren Christen. Vielmehr soll zum Ausdruck gebracht werden, daß die Amtsträger in der Kirche eine ihnen eigene Funktion wahrnehmen. Gemeinsames Priestertum und Priestertum des Dienstes werden als in spezifischer Weise zu unterscheidende Anteilhabe am Priestertum Jesu Christi bestimmt.«

priestertum nicht auf der glaubensexistenziellen Ebene, sondern auf der »objektiv-theologischen Ebene der Beauftragung«.[254]
Die deutschen Bischöfe haben aus ökumenischer Perspektive LG 10 ebenfalls in dieser Sichtweise interpretiert: »Wir sehen das Zweite Vatikanum auch dort richtig wiedergegeben, wo die von evangelischer Seite häufig kritisierte Formulierung ›das gemeinsame Priestertum der Gläubigen ... und das Priestertum des Dienstes ... unterscheiden sich zwar dem Wesen und nicht bloß dem Grade nach‹ (LG 10), so gedeutet wird, dass das Priestertum des Dienstes ›nicht eine graduelle Steigerung des gemeinsamen Priestertums‹ (CS 131) darstellt, sondern eine besondere Berufung und Begnadung für den Dienst an Wort und Sakrament.«[255]
Die entsprechende Würde aus dem Anteil am Priestertum Christi wird in LG nicht in sich betrachtet, sondern in der ihr je eigenen Beziehung und Aufgabe für das Ganze: »Der Amtspriester nämlich bildet kraft seiner heiligen Gewalt, die er innehat, das priesterliche Volk heran und leitet es; er vollzieht in der Person Christi das eucharistische Opfer und bringt es im Namen des ganzen Volkes Gott dar; die Gläubigen hingegen wirken kraft ihres königlichen Pries-

---

[254] Vgl. Kurt Koch: Berufung ist ein Lebensprogramm. Wegweisungen kirchlicher Berufungspastoral, in: Pastoralblatt 54 (2002) 3–13, bes. 6.

[255] Sekretariat der Deutschen Bischofskonferenz (Hg.): Stellungnahme der Deutschen Bischofskonferenz zur Studie »Communio Sanctorum«, Bonn 2003 (Die deutschen Bischöfe 71), 28. Siehe auch Wolfhart Pannenberg: Ökumenisches Amtsverständnis, in: Ders., Ethik und Ekklesiologie. Gesammelte Aufsätze, Göttingen 1977, 268–285, zu LG 10 ebd., 272: »Diese Feststellung bereitet für evangelisches Denken erhebliche Schwierigkeiten, weil sie den Amtsträger über die Gemeinschaft der Glaubenden hinauszuheben scheint, statt die Besonderheit seines Dienstes innerhalb dieser Gemeinschaft und in bezug auf sie zum Ausdruck zu bringen. Darum wohl hebt die Stellungnahme der Arnoldshainer Konferenz zum Memorandum der ökumenischen Institute hervor, der besondere Dienst des ordinierten Amtes unterscheide sich ›dem Wesen nach‹ nicht von der Vollmacht, die der Kirche als ganzer gegeben ist (§ 4). Und der Vorsitzende der Arnoldshainer Konferenz, der Oldenburger Bischof Hans Heinrich Harms, schreibt in seinem Aufsatz über ›Das Amt nach lutherischem Verständnis‹, das allgemeine Priestertum der Gläubigen und das Amt der Kirche seien ›in ihrem Wesen gleich‹. Liegt hier mehr als ein terminologischer, nämlich auch ein sachlicher Gegensatz zur Formel des Zweiten vatikanischen Konzils vor? Jedenfalls muß die ökumenische Diskussion die auch in den lutherischen Kirchen gesehene Besonderheit des ordinierten Amtes schärfer herauszuarbeiten suchen. *Daß es sich dabei nicht nur um einen graduellen Unterschied zu anderen Funktionen handelt, sondern um eine qualitative und wesentliche Eigentümlichkeit, braucht dann auf protestantischer Seite keinen Anstoß zu erregen, wenn ein solcher Wesensunterschied umgriffen bleibt vom Lebenszusammenhang der Gemeinschaft der Glaubenden«* [Hervorhebung TO].

tertums an der eucharistischen Darbringung mit und üben ihr Priestertum aus im Empfang der Sakramente, im Gebet, in der Danksagung, im Zeugnis eines heiligen Lebens, durch Selbstverleugnung und tätige Liebe« (LG 10, vgl. auch PO 2).
Ottmar Fuchs charakterisiert dementsprechend diese wesentlich andere Aufgabe des ordinierten Amtes als Dienst am gemeinsamen Priestertum und an der gegenseitigen Verbundenheit aller Gläubigen: »Das priesterliche Amt repräsentiert im Leib Christi die Vorgegebenheit des Leibes Christi und konstituiert damit nicht ein höheres oder besseres Priestertum als das gemeinsame Priestertum aller Gläubigen, sondern ein wesentlich anderes, insofern die Presbyter diese Vorgegebenheit Christi in den Gnadengaben und in ihrer Vernetzung repräsentieren, so dass sich die Gläubigen aus der Hand Gottes als Gabe empfangen und dass sie sich in der Gemeinschaft der Kirche mit der Gabe, in Christus miteinander verbunden zu sein, erfahren können.«[256]
Wichtig ist, dass beide Formen des Priestertums *direkte*[257] Anteilha-

[256] O. Fuchs / P. Hünermann: *Presbyterorum ordinis*, 420. Vgl. zu dieser Thematik auch den Exkurs von O. Fuchs: »›Perichorese‹ von Taufe und Ordo«, ebd., 470: »Es fällt auf, dass PO hier [PO 9,1] das gemeinsame Priestertum der Gläubigen als Grundbasis der Kirche herausstellt. Aus dieser Perspektive kann es sich überhaupt nicht um einen Gradunterschied handeln, als gäbe es zwischen Getauften und Ordinierten einen Würdeunterschied vor Gott und den Menschen. Die Differenz liegt im Wesen ... Das Sacramentum minus der Ordination schützt das Volk Gottes davor, dass sich das Amt, gäbe es nur den sakramentalen Sachverhalt der Taufe, in diesem gemeinsamen Priestertum graduell und in einer beanspruchten qualitativen Steigerung (zum Beispiel für die Verkündigung) rekonstruieren müsste. Taufe und Priesterweihe sind *in* der gemeinsamen Sendung bereits selbst wesentlich unterschieden und in diesem Unterschied auch in einer ganz bestimmten, nämlich nicht graduell-komparativen Weise aufeinander bezogen, so dass es sich ›um zwei verschiedene Sachverhalte auf zwei verschiedenen Ebenen handelt‹. Der Begriff der Ebenen darf hier allerdings nicht stufenmäßig verstanden werden, sondern qualifiziert einmal die Ebene des gemeinsamen Priestertums, dann die Ebene des amtlichen Priestertums in seiner Proexistenzverantwortung und öffentlichen Dienstleistung für die erste und grundlegende Ebene der Taufe, wobei die Presbyter diese grundlegende Ebene gerade in ihrem amtlichen Priestertum niemals verlassen ... Das Amt gibt es also nur in Relation der Proexistenz zum Volk Gottes oder es existiert gar nicht. Und das Volk Gottes gibt es nur in der Annahme der im priesterlichen Amt repräsentierten Vorgegebenheit der Gnade für die Kirche, um genau darin interaktional zu erfahren, was prinzipiell in der Taufe geschenkt ist.«
[257] Eine lediglich »metaphorische« Betrachtungs- und »analoge« Redeweise von der Teilnahme der nichtordinierten Gläubigen am Priestertum Christi im Gegensatz zum Priestertum der Ordinierten »im eigentlichen Sinn«, wie es in der Vorbereitungskommission von PO zur Sprache kam, wird während des Konzils entschieden zurückgewiesen, siehe dazu O. Fuchs / P. Hünermann: *Presbyterorum ordinis*, 366 u. 407.

be am Priestertum und an der Sendung Jesu Christi sind und dass sie *einander zugeordnet* und aufeinander bezogen sind. Das schließt nicht aus, dass die jeweiligen Aufgaben und Funktionen die entsprechenden Personen auch in je unterschiedlicher Weise prägen (vgl. 9.), bzw. dass die Möglichkeit zur Ausübung einer speziellen Funktion in der Person selbst gnadenhaft grundgelegt wird, wie das sowohl beim gemeinsamen als auch beim amtlichen Priestertum der Fall ist. Mit anderen Worten: Wenn die ekklesiale, auf den Dienst bezogene Ausrichtung und Zuordnung des gemeinsamen und amtlichen Priestertums klargestellt ist, wird man ohne Verdacht einer persönlichen ontologischen Höherstellung auch die jeweilige wesentliche Prägung der Person erörtern können. Die jeweilige Anteilhabe am Priestertum Christi, so wird im weiteren Verlauf dieses Kapitels deutlich (vgl. 6. u. 7.), prägt die entsprechende Person in besonderer Weise in ihrem Wesen und befähigt sie so zum je eigenen Dienst am Ganzen.

Bevor die ausdrücklich genannten jeweiligen ontologischen Prägungen und Voraussetzungen sowohl der Träger des gemeinsamen als auch des ordinierten Priestertums näher betrachtet werden, wird noch die dem ordinierten Amt eigene Anteilhabe am dreifachen Amt Christi mit den daraus folgenden Funktionen erläutert. Diese Beziehung zum dreifachen Amt Christi mit den unterschiedlichen Aufgaben, die daraus erwachsen, wird der entsprechenden Person jeweils unwiderruflich durch die Taufe und durch die Ordination geschenkt. Im Folgenden wird wiederum der wesentliche Christus-Bezug des Amtsträgers deutlich, der eine »Dienst-Relation« zu den Gläubigen bewirkt, wie sie im Verlauf dieser Arbeit in allen behandelten Epochen in unterschiedlicher Form festgestellt wurde.

5. Konsequenzen aus der Anteilhabe des ordinierten Amtes am dreifachen Amt Christi und verschiedene Relationen des ordinierten Amtsträgers

5.1 Aufbrechen der sazerdotalen Engführung

Die ordinierten Amtsträger wurden im ersten Dekretentwurf zu PO zunächst ganz im Licht des Trienter Konzils und der vorkonziliaren päpstlichen Dokumente hauptsächlich in ihren sazerdotalen Tätigkeiten gesehen (vgl. die Ausführungen zum vorkonziliaren Priesterbild in 1.). Im zweiten Entwurf wird diese Engführung aufgebrochen und im dritten Entwurf eindeutig mit Hilfe des Schemas vom dreifach gegliederten Amt überwunden, bis im Entwurf IV die Aufgabe des Presbyters durch die entsprechende Kommission deutlich formuliert wird: »Sie [die Kommission] applizierte in drei gesonderten Nummern das ›dreifache Amt Christi‹ auf den Presbyterdienst: ›Diener des Wortes Gottes‹ (Nr. 2); ›Diener der Sakramente und der Eucharistie‹ (Nr. 4), ›Leiter des Volkes Gottes‹ (Nr. 5).«[258] Neben der priesterlichen Aufgabe werden nun also ausdrücklich die in Trient in den Hintergrund getretene Aufgabe der Verkündigung (Amt des Lehrers) und der Leitung (Amt des Hirten) in den Blick genommen und damit die aus der Ordination sich ergebenden Bezüge und Funktionen erweitert. Das bischöfliche Amt wird als Vollgestalt des kirchlichen Amtes angesehen, die Priester haben jedoch wie er besonderen Anteil am dreifachen Amt Christi, des Priesters, Lehrers und Hirten. Dieser besondere Anteil ist keine Auszeichnung und Würde in sich, sondern bezogen auf den Dienst an den Gläubigen: Die so besonders in Dienst genommenen »Amtsträger, die mit heiliger Vollmacht ausgestattet sind, stehen im Dienste ihrer Brüder, damit alle, die zum Volke Gottes gehören und sich daher der wahren Würde eines Christen erfreuen, in freier und geordneter Weise sich auf das nämliche Ziel hin ausstrecken und so zum Heile gelangen« (LG 18).[259]

Greshake unterstreicht diesen entscheidenden Umbruch auf dem Zweiten Vatikanischen Konzil und die aus der Neuausrichtung des

[258] P. J. Cordes: Sendung, 132. Vgl. zur Gesamtthematik der drei Amtsaspekte und ihrer Behandlung während des Konzils ebd., 121–160.

[259] Robert Schlund, Vom priesterlichen Dienst-Amt. Theologische Reflexionen zum Selbstverständnis des Priesters nach dem Zweiten Vatikanischen Konzil, Freiburg 1990, 18–19, betont, dass auf dem Konzil diese drei Ämter Christi sowohl für das gemeinsame als auch für das spezifische Priestertum des Dienstes bestimmend sind. Beide haben in LG jeweils Anteil an den drei Ämtern und sind aufeinander bezogen: »Es ist eine theologische Aussage, wenn die Darstellung und Entfaltung des ›gemeinsamen Priestertums des Volkes Gottes‹ in Sein und Sendung nach der gleichen Drei-Ämter-Struktur erfolgt und ebenso die Sendung zum Dienst des priesterlichen Amtes. Beide sind bei ihrer wesenhaften Unterschiedenheit in Zuordnung ein ›Ganzes‹ ... Daß das priesterliche Dienstamt in der Kirche in der gleichen Drei-Ämter-Struktur [wie das gemeinsame Priestertum aller Gläubigen] dargestellt und entfaltet wird, zeigt zunächst seine Verwiesenheit auf Christus, als ›besondere Teilnahme‹ am Amt Christi, an, zugleich aber auch seine Verwiesenheit auf das gemeinsame Priestertum des Volkes Gottes. In dieser doppelten Verwiesenheit ist es – so nennt es das Konzil mit Vorliebe – ›das Priestertum des Dienstes‹.«

ordinierten Amtes am dreifachen Amt Christi folgenden Konsequenzen: »Damit ist die jahrhundertelange einseitige Akzentuierung des sazerdotalen Elements aufgebrochen. Ja, in LG und PO werden mit besonderem Nachdruck die Verkündigungs- und Leitungsfunktion des Priesters herausgestellt. ›Leitung‹ bedeutet aber nicht ›Machtausübung‹, ›Höhergestelltsein‹, ›Mehr-Kompetenzen-Haben‹, sondern evangeliumsgemäßer Dienst an der Einheit des in seiner Gesamtheit zur Heiligkeit berufenen Gottesvolkes.«[260] Die verschiedenen Relationen, von denen der ordinierte Amtsträger um seines Dienstes willen wesentlich geprägt und in die er hineingestellt wird, gilt es nun im Folgenden aufzuzeigen.

5.2 Relationen, die den ordinierten Amtsträger wesentlich prägen

In den bischöflichen Stellungnahmen zum Entwurf III von PO wurde im Zusammenhang der Diskussionen um die Anteilhabe des ordinierten Amtes am dreifachen Amt Christi der Gedanke aufgegriffen, »daß diese dreifache Vollmacht sich aus einer neu grundgelegten Relation zu Christus, dem Lehrer, Priester und Hirten ableitet.«[261] Die »Dienstbeziehung« des Ordinierten zur Gemeinschaft der Glaubenden ist also *grund*gelegt und bestimmt durch eine wesentliche Beziehung zu Christus, die den Amtsträger befähigt, ihn in bestimmten Situationen zu repräsentieren und sein Heilswerk gegenwärtig zu setzen (zu dieser gnadenhaften Grundlegung in der Person des Ordinierten vgl. die näheren Ausführungen in 7.). Es wird deutlich, dass der Ordinierte nicht aus eigener Kraft und Vollmacht handelt, sondern dass Christus in den spezifischen Vollzügen des ordinierten Amtes durch den wirkt, den er in der Ordination wesentlich in Dienst genommen hat.[262]

---

[260] G. Greshake: Priester sein in dieser Zeit, 38.
[261] P. J. Cordes: Sendung, 125.
[262] Zu dieser Thematik und Diskussion, dass Christus selbst am Werk ist und nicht durch das Handeln des Priesters verdrängt wird, vgl. v.a. ebd., 149–152. Cordes bemerkt dazu weiter, dass der neutestamentliche Priesterbegriff »in seiner Anwendung auf den Amtsträger schließlich auch zu einer individuellen Bedeutung kommt, wenn man sich der Tatsache seiner Ableitung von Christus und seines sekundären Gebrauchs bewusst bleibt. Er sagt dann eine noch näher zu untersuchende ›Repräsentation‹ Christi aus, die deren Träger in eine ständige Relation hineinnimmt und ihn dergestalt auf das Vorbild Christi verweist, daß ein äußerlich bleibendes kultisches Funktionärstum ausgeschlossen wird« (ebd. 152).

Somit sind auch hier die im Verlauf dieser Untersuchung in allen Epochen deutlich gewordenen entscheidenden personalen Bezüge, in die der Amtsträger durch die Ordination wesentlich und unwiderruflich hineingestellt wird, ausdrücklich genannt: Er handelt nicht in eigener Person, sondern von Christus her für die Menschen. Person und Funktion des Ordinierten werden nicht isoliert zur »ontologischen Erhöhung« der entsprechenden Person betrachtet, sondern in ihren Vernetzungen um des Dienstes willen: Der ordinierte Amtsträger ist wesentlich eingebunden in und durch verschiedene Beziehungen, von der entscheidenden und den Dienst erst ermöglichenden Beziehung von Christus her zur spezifischen »Dienstbeziehung« zum gemeinsamen Priestertum aller Gläubigen und zum Dienst in der Welt von heute. *In* dieser amtlichen Relation der »Proexistenz« (von Christus her für die Menschen) steht er gemeinsam in jeweils spezifischer Weise mit dem Bischof und der Gemeinschaft der Mitpresbyter im Presbyterium in Beziehung[263], aber auch mit den durch Taufe und Firmung beauftragten Gläubigen im gemeinsamen Priestertum (vgl. die Auflistung der Funktionen und Relationen des ordinierten Amtsträgers in 8.).
Die entsprechende Anteilhabe am Priestertum Christi mit der daraus folgenden neuen Relation zu Gott und den Menschen wird allen Getauften und nochmals in spezifischer Form den Ordinierten »wesentlich« eingeprägt. Das Zweite Vatikanische Konzil beschreibt diese ontologische Prägung sowohl wie oben dargelegt mit personal-relationalen Kategorien als auch mit dem traditionellen Begriff des »sakramentalen Charakters«.

---

[263] Zur inneren Bezogenheit und Ordnungsstruktur des kirchlichen Amtes aus rechtlicher Perspektive und zum Begriff »hierarchica communio« vgl. Oskar Saier: »Communio« in der Lehre des Zweiten Vatikanischen Konzils. Eine rechtsbegriffliche Untersuchung, München 1973 (Münchener theologische Studien. III. Kanonistische Abteilung 32), 182–296. Siehe dazu ebenfalls die Ausführungen unter 7.1 und die Untersuchung von Cordes, der eine einseitig soziologische und juridische Betrachtung der communio hierarchica kritisiert und die primär gnadenhaft-geistliche Realität als Ermöglichungsgrund des Presbyterdienstes und der Bezogenheit der einzelnen Ämter untereinander betont: P. J. Cordes: Sendung, 267–306.

6. Befähigung zum je eigenen Dienst durch seinsmässige Prägung und Anteilhabe am Priestertum Christi

Die Taufe prägt die Empfänger mit dem sakramentalen Charakter und befähigt sie zur Gottesverehrung und zum Dienst des gemeinsamen Priestertums (vgl. LG 10 u. 11). Diese ontologische Prägung der Person im gemeinsamen Priestertum ist Grundlage für alles Handeln in der jeweiligen Sendung der Getauften. Somit ist jeder Getaufte bleibend von Christus geprägt. Alle Gläubigen – so kann man den sakramentalen Charakter in seinen Wirkungen in personal-relationalen Kategorien beschreiben – werden also durch die Taufe in ein neues personales Verhältnis zu Gott gestellt und von ihm für andere in Dienst genommen, entsprechend ihrem gemeinsamen Priestertum. Die Aufgaben und Funktionen, die sich für alle Gläubigen aus der Taufe ergeben, sind wesentlich grundgelegt in der jeweiligen Person durch die neu geschenkte und bleibende Relation zu Gott und den Menschen.

Durch die sakramentale Ordination wird die entsprechende Person nochmals wesentlich und bleibend geprägt und damit befähigt zum amtlichen Dienst an den Gläubigen: »Darum setzt das Priestertum der Amtspriester zwar die christlichen Grundsakramente voraus, wird aber durch ein eigenes Sakrament übertragen. Dieses zeichnet die Priester durch die Salbung des Heiligen Geistes mit einem besonderen Prägemal und macht sie auf diese Weise dem Priester Christus gleichförmig, so dass sie in der Person des Hauptes Christus handeln können« (PO 2). Die Ordination bewirkt also keine »unspezifische« neue Christusförmigkeit schlechthin, die die Person des Ordinierten ganz allgemein Christus ähnlicher macht (im komparativischen Sinn von »noch ähnlicher« im Unterschied zu den übrigen Gläubigen). In PO 2 wird vielmehr differenziert zwischen der grundlegenden Gleichförmigkeit aller Christen mit Christus durch die Grundsakramente und der *speziellen* Gleichförmigkeit mit dem *Priester* Christus, damit die Ordinierten in der Person des *Hauptes* Christus handeln und bestimmte Funktionen erfüllen können.[264]

[264] Zur »Configuratio mit Christus« vgl. die Kommentierung von O. Fuchs / P. Hünermann: *Presbyterorum ordinis*, 426–429 und der Hinweis: »Das Handeln in der Person des Hauptes Christus wird mit einem Verweis auf LG 10 verbunden und bezieht sich hier insbesondere auf das liturgische Handeln, näherhin auf den Vollzug des eucharistischen Opfers ›in der Person Christi‹« (ebd., 428).

Die Frage der Zuspitzung allein der Funktionen der ordinierten Personen auf das Handeln in der Person Christi »als Haupt« ist durchaus nicht unumstritten. Es bleibt z.B. offen, ob die Ordinierten in allen in PO aufgelisteten Funktionen (vgl. die Aufzählung solcher spezifischen Aufgaben in PO unter 8.) unterschiedslos allein auf Grund der Ordination in der Person Christi des Hauptes handeln. Viele der dort aufgelisteten Dienste sind auch Funktionen des gemeinsamen Priestertums (Verkündigung des Wortes Gottes, Hinführung zu den Sakramenten und im Notfall auch Spendung des Sakramentes der Taufe, Fürsorge für Arme und Geringe usw.), sodass sich die Frage ergibt, ob nicht auch gewisse Funktionen des gemeinsamen Priestertums ein Handeln in der Person Christi des Hauptes sein können.

Eine Frage, die jedoch auf dem Konzil geklärt wurde, ergibt sich aus dem Gebrauch des »Charakters«. Das Konzil übernimmt mit dem Wort Charakter einen Begriff, der in der Theologiegeschichte nicht unproblematisch ist. Es besteht die Gefahr, dass das mit Charakter bezeichnete Geschehen statisch-dinglich in sich selbst und losgelöst von allen personalen Kategorien und Relationen betrachtet wird[265] (vgl. auch die Ausführungen zum Thema »Charakter« im 2. Kapitel unter III. und IV.). Dagegen macht die Endfassung von PO 2 deutlich, dass es um eine *seinsmäßige Grundlegung* (»zeichnet die Priester durch die Salbung des Heiligen Geistes mit einem besonderen Prägemal und macht sie auf diese Weise dem Priester Christus gleichförmig«) *zu einem speziellen Handeln* (»so dass sie in der Person des Hauptes Christus handeln können«) geht. Die sakramentale Prägung in der Ordination ist also keine »statische Sache« oder gar Auszeichnung in sich, sondern stellt wie dargelegt in neue Relationen hinein und hat eine dynamische, zum Handeln drängende Funktion[266] (siehe dazu die Ausführungen in 7.3, in denen von der

[265] Siehe dazu die Ausführungen zur Dekretsgeschichte und zum konziliaren Gebrauch des Interpretaments »Charakter« bei P. J. Cordes: Sendung, 257–266.

[266] Vgl. ebd., 260: »Der Text des Dekrets P.O. versäumte es zwar, in einer gründlichen Reflexion auf das Interpretament ›Charakter‹ dessen Sinn auch dem gegenwärtigen Denken zugänglich zu machen; der Begriff wurde vielmehr in unproblematischer Selbstverständlichkeit eingesetzt. Dennoch läßt seine Verwendung erkennen, daß die Autoren des Dekrets nicht an seiner Existenz als solcher interessiert sind und er nicht zur sachhaften Dinglichkeit erstarrt ist. Er leitet unmittelbar über zur Gleichgestaltung mit Christus (configurare) und zum Handeln in der Person Christi und hat damit für den Verfasser des Dekrets die bei Thomas vorgefundene positive, d.h. zum Handeln drängende, dynamische Bedeutung.«

»Ontodynamik« der gnadenhaft geschenkten ontologischen Prägung zur spezifischen Sendung die Rede ist). So ist klargestellt, dass die wesentliche Prägung durch die Ordination zum Dienst sendet und die Ordinierten nicht in einer rein kultisch-sakralen Welt und im Vergleich zu den übrigen Getauften in einer »Höher-Würdigkeit« um ihrer selbst willen, sondern in personaler Relation zu Christus und zu den Gläubigen betrachtet werden.
Es wird aber auch deutlich, dass dieses spezifische Handeln in der Person Christi des Hauptes im Dienst an den Gläubigen nicht von allen unterschiedslos wahrgenommen werden kann. Die Ordination vermittelt dazu sakramental eine *seinshafte Ermöglichung* und verleiht den Heiligen Geist für die Funktionen der Amtsträger an den übrigen Gläubigen.[267] Im Folgenden wird dieser Aspekt (die wesentliche Prägung der Person des Ordinierten durch die Christusrelation um des Dienstes willen) nochmals ausführlich unter dem Blickwinkel der gnadenhaft-seinsmäßigen Grundlegung als Ermöglichung zum amtlichen Dienst betrachtet.

7. Sakramentale Ordination als gnadenhafte Grundlegung der amtlichen Funktionen in der Person des Ordinierten

7.1 Das Zueinander von Person und Funktion

Im Zuge der konziliaren Neuausrichtung des ordinierten Amtes am dreifachen Amt Christi wurde darüber diskutiert, wie die drei Aspekte des Lehrens, Heiligens und Leitens mit den daraus sich ergebenden spezifischen presbyteralen Funktionen im Amtsträger

[267] Vgl. ebd., 263–266, v.a. 264f. Cordes behandelt im o.g. Zusammenhang das Thema eines dem Werden vorausliegenden Seins, das die Ermöglichung des Werdens darstellt. Dabei nennt er das »Dauer«-Moment der Ordination, das die Tradition »Charakter« genannt hat, als »Ermöglichung und darum ständige Bindung der amtlichen evangelischen Sendung durch die Gleichgestaltung mit Christus« (ebd., 265).
Gleichzeitig warnt er vor einer einseitigen Sicht: »Allerdings sollte die aufgezeigte mögliche Verständnishilfe nicht dazu verleiten, die seinsmäßige Grundlegung zu akzentuieren und so den Fehler mancher theologischer Handbücher zu wiederholen. Nur weil der Rückschritt vom Handeln zum Sein die formale Leitlinie war, endete die Reflexion auf die Ordination bei deren ›ontologischer‹ Voraussetzung. Im Gegensatz dazu entspricht heutiger pastoraler Notwendigkeit ebenso wie der Denkbewegung von P.O. das Gefälle vom Sein zur Sendung. Die Kraft Gottes drängt zur Tat. Erst in der Tat bewährt sie sich und zeigt sie sich als göttliche« (ebd., 265).

grundgelegt sind und wie sie sich zueinander verhalten.[268] Cordes weist in seiner Untersuchung zur Diskussion während des Konzils darauf hin, »daß alle drei eigentlich aus einer gemeinsamen Wurzel stammen. In der vorliegenden Form der Aufteilung nach Lehr-, Priester- und Leitungsfunktion umreißen sie lediglich, wie Aufgabe und Dienst der Presbyter nach außen treten. Sie beschreiben seine ›Rollen‹ innerhalb des Gottesvolkes, nicht aber die rechtlich-amtliche oder gar sakramental-gnadenhafte Grundlegung seiner Tätigkeit.«[269]

Die in der Ordination übertragene Sendung des Presbyters mit den spezifischen Funktionen aus der Teilhabe am dreifachen Amt Christi wird von Cordes nicht nur rein soziologisch bzw. rechtlich als eine Beauftragung des Ordinierten seitens der Gemeinde oder eine juridische Amtsübergabe seitens der Kirche durch den Bischof gesehen. Eine solche Beschränkung auf eine rein juridische oder soziologische Sichtweise des ordinierten Amtes würde die entscheidende Dimension der Gnade und der Geistsendung für diesen Dienst ausklammern und zu einer einseitig »funktionalen« Betrachtung des Amtes ohne den grundlegenden Aspekt der gnadenhaft-seinsmäßigen Ermöglichung durch Gott führen.[270] Die Beschreibung des ordinierten Dienstes mit seinen Funktionen (siehe 8.) sowie seiner soziologischen und juridischen Aspekte würde »in der Luft hängen« ohne die gnadenhaft-sakramentale Grundlegung des

---

[268] Zur Diskussion des Zueinanders der drei Ämter in den verschiedenen Textentwürfen siehe ebd., v.a. 134–156.

[269] Ebd., 133.

[270] Vgl. ebd., 245f [Zur Wirklichkeitsverkürzung exklusiv juristischer und soziologischer Sicht]: »Darum tendiert eine juridische Amtsinvestitur dazu, sich in genau umschriebenen Funktionen zu artikulieren: aus der Amtsverleihung wird die Legitimation und Verpflichtung zum Vollzug bestimmter, auch soziologisch greifbarer Berufs*tätigkeiten*. Es ergibt sich also, daß in diesem Fall ein streng funktionales Verständnis des kirchlichen Amtes mit einer rechtlichen Amtsbestimmung Hand in Hand geht. Man wird aber kaum überzeugend darlegen können, warum die zu einer Grundaussage über das Amt heute oft benutzten soziologischen Formulierungen zutreffender sein sollten als die verpönten Rechtskategorien von gestern … beide Sichtweisen beschränken sich darauf, an der Kirche das gesellschaftliche Moment zu messen, das gewiß wichtig, aber eben nur ein Moment ist … Denn die Mitte des Ordinationsgeschehens [in den westlichen und östlichen Ordinationsformularen] bleibt durchgehend und entscheidend trotz einer Erwähnung des Dienstauftrags und der einzelnen benannten Aufgaben die Grundbefähigung mit der besonderen Gabe des Geistes.«

»von-her« von Seiten Gottes, die in den bisherigen Kapiteln dieser Arbeit sichtbar wurde, und zwar *in der Person* des Ordinierten. Vor allen Auflistungen der presbyteralen Aufgaben und Funktionen im Blick auf die Pastoral und vor jeder juridischen Beauftragung mit einer bestimmten Sendung durch den Bischof steht somit die sakramentale Grundlegung und Befähigung der Person durch die Ordination. Aus dieser gnadenhaften »Vor-Gabe« leiten sich alle Aufgaben, Befähigungen und Vollmachten des ordinierten Dienstes im wahrsten Sinn des Wortes »Grund-legend« ab. Im Zusammenhang mit der augustinischen Amtskonzeption (in der Christus als der eigentlich Handelnde die potestas besitzt, der Amtsträger dagegen das ministerium, vgl. 2. Kapitel, III.) und dem konziliaren Gebrauch des Begriffes »potestas sacra« bemerkt Cordes gegen eine einseitig juridische Betrachtung der Ordination mit Hilfe des Vollmachtsbegriffes: »Die mit *potestas* benutzten Rechtskategorien wirken zwar klärend, loten allerdings nicht tief genug. Eine juridische Investitur kann letztlich die geforderte Christozentrik nicht vermitteln; darum reicht sie nicht zur Bestellung zum genannten Amt. Die hier notwendige personale Christusrelation wird allein durch eine geistlich-gnadenhafte Begabung im Amtsträger gestiftet ... Dieses ›Wesen‹ [der Amtsbefähigung] kann nicht gültig mit natürlichem Talent oder persönlicher Tüchtigkeit umschrieben werden ... Amtlichem Handeln muß vielmehr auch, und zwar wesentlich, eine spezifische personale Relation des Amtsträgers als solchem zu Christus zugrunde liegen, die seine totale Abhängigkeit von Christus bedeutet.«[271] Diese in der Person des ordinierten Amtsträgers *wesentliche* Grundlegung einer spezifischen Christusrelation zum amtlichen Handeln hat Konsequenzen für die entsprechende Person.

7.2 Konsequenzen aus der gnadenhaft-sakramentalen Grundlegung des ordinierten Amtes in der Person des Amtsträgers

Das amtliche Handeln der ordinierten Person bekommt durch solch eine neue wesentlich-personale Relation zu Christus eine spezifische »gnadentheologische Basis«, nicht um der persönlichen Auszeichnung des Ordinierten willen, sondern für seine spezifischen Funktionen von Christus her zum Dienst an den Menschen. Für die

[271] Ebd., 181.

Person des Presbyters ist diese wesentlich geschenkte Christusbezogenheit ein wirksamer Schutz vor maßloser Überforderung und »Funktionalisierung« einerseits, wie auch eine Abweisung von Amtsanmaßung und selbstgenügsam-klerikaler »Pascha-Mentalität« andererseits. Das neue Christusverhältnis ist Geschenk und gleichzeitig auch Maßstab für den Ordinierten und seine Amtsausübung.

Fuchs hat diese Konsequenzen in seinen Untersuchungen und Ausführungen zur Gewichtung von OT treffend dargestellt und auf die heutige Zeit übertragen. Seine Darlegungen zur spezifisch gnadentheologischen Basis des ordinierten Dienstes haben viel mit dem Thema und den Untersuchungen der vorliegenden Arbeit im Hinblick auf das Zueinander von »ontologisch« und »funktional« zu tun und kommen deshalb hier wie in 7.3 etwas ausführlicher zur Sprache: »Will man der Sakramentalität des priesterlichen Dienstes näher treten, dann kommt man nicht umhin, ihn vom Christusbezug her wahrzunehmen, denn Sakramente definieren sich auf der Basis eines von Christus gegebenen Gnadengeschenkes, das in einem bestimmten Zeichen Ausdruck findet. Ein gnadentheologisches Zentrum ist es also, das gegenüber einer Funktionalisierung des priesterlichen Dienstes im Sinne von blanken Amtspflichten Widerstand leistet. Die Suche nach dem sakramentalen Kern der priesterlichen Tätigkeiten ist also nicht immer nur eine Frage reaktionärer Klerikalisierung, sondern darin kann sich die Weigerung manifestieren, ›gnadenlos‹ in den Dienst genommen zu werden. Gerade in den letzten Jahren hat sich durch die Strukturveränderungen in der Pastoral eben diese Erfahrung immer mehr breit gemacht, nämlich dass Priester ihre eigene pastorale Tätigkeit sich selbst gegenüber als gnadenlos leistungsorientiert erfahren und von daher umso mehr auf der Suche nach jener Kraft- und auch Entlastungsquelle sind, die ihnen eigentlich im Sakrament geschenkt ist, die aber nicht mehr ins spirituelle und theologische Wort gehoben wird. Geht man in die Richtung, den sakramentalen Kern des priesterlichen Dienstes gnadentheologisch zu qualifizieren, dann entspricht dies nicht nur der Sakramententheologie, sondern auch einem ganz bestimmten Zusammenhang von Gnade und Dienst. Es geht hier nicht nur um eine spezifische Legitimation von Christus her, nicht nur um eine äußere Configuratio auf Christus den Hirten hin (was die Funktionen anbelangt), sondern primär um das sakramentale Geschenk eines

Dienstes für das Volk Gottes. Es ist ein Amt, das durch die Gnade Gottes als Ermöglichungsbedingung dessen getragen ist, was in den Diensten und Funktionen, wie sie vom Wesen der Kirche her erforderlich sind, Not tut. Ein solches Verständnis hat nichts mit einer von oben nach unten erfolgenden Beauftragung zu tun, kann nicht als Ermächtigung zur klerikalen Regentschaft missverstanden werden, sondern spiegelt sich in einer priesterlichen Spiritualität, die sich in einer dynamischen Weise von der Gnade Gottes in den spezifischen Dienst ermöglicht und begrenzt weiß. Von dieser Gnade im eigenen Dienst getragen, sind weder Identitätsängste noch Abgrenzungsstrategien nötig. Denn die eigene priesterliche Identität muss nicht hergestellt werden, sondern ist zum Dienst am Volk Gottes geschenkt.«[272]

Somit ruhen die presbyteralen Funktionen auf einer »ontologischen Basis«, die dem ordinierten Amtsträger um seines Dienstes willen geschenkt wird. Diese »ontologische Basis« der neu geschenkten, wesentlich prägenden Christusrelation ist zugleich Grundlage wie Kriterium für die amtlichen Funktionen des Ordinierten. Auf Grund dieser gnadenhaft geschenkten sakramental-ontologischen Prägung ist der Dienst erst möglich und die Person des ordinierten Amtsträgers sowohl entlastet als auch befähigt, sich von Christus her ganz in den spezifisch-presbyteralen Dienst für die Menschen nehmen zu lassen.

Neben wichtigen Ansätzen zu solch gnadentheologischer Erörterung des ordinierten Amtes in PO und OT vermisst Fuchs jedoch an vielen Stellen diese ausdrückliche gnadentheologische Dimension (etwa bei der additiven Aufzählung vieler Erwartungen und Handlungsanweisungen an das ordinierte Amt) und weist mehrfach auf die Gefahren eines reinen »Imperativs« von Forderungen ohne den grundlegenden »Indikativ« der vorausgehenden und ermöglichenden Gnade Gottes hin.[273]

---

[272] O. Fuchs / P. Hünermann: *Optatam totius*, 474f.

[273] Siehe z.B. O. Fuchs / P. Hünermann: *Presbyterorum ordinis*, 470 (Kommentierung zu PO 9,2): »War in 9,1 das Verhältnis vom Indikativ der Gnade und Imperativ menschlichen Handelns noch hinsichtlich der gemeinsamen Berufung durch Gott und der Gegebenheit des Leibes Christi gewährleistet, so ergehen sich die folgenden Überlegungen in einer Aufzählung von Forderungen, die zumindest an dieser Stelle, wie an anderen auch, vermissen lassen, dass nicht nur das gemeinsame Priestertum, sondern auch das amtliche auf einem Gnadengeschenk Gottes beruht und dass auch diesem Anspruch der Zuspruch vorausgeht.« Vgl. auch ebd., 475 u. 554f. Zu OT

Mit den gnadentheologischen Ausführungen von Fuchs wird nun die Form der ontologischen Prägung und ihre Dynamik nochmals genauer betrachtet.

7.3 Ontologische Prägung der ordinierten Person als »Ontodynamik« zur spezifischen Sendung

Eine Ontologie, die als gnadenhaft geschenkte Basis für eine Person zum spezifischen Handeln gesehen wird, verfällt nicht der Gefahr, einer einseitig statisch-objektiven Betrachtung »in sich« oder als gnadenhafte Erhöhung im Sinne des »besseren Christseins« einer Person missverstanden zu werden, wie dies unter 1. im vorkonziliaren Priesterbild beschrieben wurde. Die wesentlich prägende gnadenhafte Grundlage und »Vor-Gabe« ermöglicht die dynamische Antwort der ordinierten Person in ihrem Dienst und wird zur »Auf-Gabe«, die der Ordinierte ohne falsche Furcht, aber auch ohne Anmaßung wahrnehmen kann und soll: »Hinter dem personalen Anspruch priesterlicher Verantwortung steht eine ganz bestimmte ›Objektivität‹, nämlich die Vorgegebenheit der Gnade für diesen Dienst, so dass sich dieser Dienst als personale Antwort auf diese Gnade an allen Menschen vollzieht. Kann die ›Ontologie‹ des sakramentalen Priestertums derart als Vorgegebenheit der göttlichen Gnade und damit als entsprechende ›Ontodynamik‹ zwischen Gnade und Sendung theologisch erfasst und existentiell vollzogen werden, dann muss dieser Begriff nicht mehr als inoperable Statik

siehe diess.: *Optatam totius*, z.B. 405, 412 u. die weiterführenden Gedanken in 478: »Es ist höchste Zeit, dass das immer wieder notwendige physische und psychische Innehalten auch mit diesen theologischen Inhalten zusammenfällt, dieser Selbstbesinnung auf die Verwurzelung der eigenen christlichen Existenz in der Taufe und hier spezifisch der eigenen Dienstexistenz in der Gnade Gottes und in ihrer unbändigen Kraft, wie sie auch im Ordosakrament gegeben ist. Was OT widerfahren ist, nämlich dass der Handlungsdruck zu Eindeutigkeiten geführt hat, die das Handeln und die Lebensform betreffen, weniger aber die Gottgegebenheit dieses Dienstes selbst, darf in der gegenwärtigen Situation nicht wiederholt werden. Sonst erstickt die Pastoral vollends in einer vom Sakrament und vom Gottesbezug immer mehr abgelösten Leistungspastoral, die immer in der Gefahr ist, entweder in Resignation oder in Gewalttätigkeit (gegen sich oder/und andere) abzustürzen. Was aber in der eigenen Unvollkommenheit und doch auch in den eigenen guten Intentionen wirklich trägt, ist diese Verwurzelung in der Vorgegebenheit einer Gnade, die nach der paulinischen Rechtfertigungstheologie als unbedingt und unverschuldet und gerade darin als tragend und ermöglichend erfahren werden darf. Hier könnte sich die katholische Ämtertheologie mit der evangelischen Rechtfertigungstheologie verbünden.«

aufgefasst werden, die die Wirklichkeit von oben nach unten knebelt, sondern als die ›objektive‹, sicher zugesagte und geschenkte Gnade Gottes für diesen Dienst. Hier läge die Kontinuität mit der traditionellen Theologie der Priesterweihe und man müsste nicht von einem Abbruch, sondern könnte von einer gnadentheologisch orientierten Transformation dieser Tradition sprechen. So sind die Menschen im priesterlichen Amt von Christus gesandt zu den Menschen, die ›keine Hirten haben‹: Dieses Gesandtsein ist aber nicht nur eine Aufforderung, sondern beinhaltet das Geschenk, das die Erfüllung dieser Aufforderung trägt und ermöglicht. Von diesem Gnadengeschenk her bestimmt sich dann auch die Qualität aller Funktionen des priesterlichen Dienstes. Diese Art, den priesterlichen Dienst gnadenhaft-sakramental zu verstehen, ist in OT wenigstens angedeutet: erstens durch die Art, wie der priesterliche Dienst als ›Hirtendienst‹ im Blick auf alle drei munera bestimmt wird. Zweitens durch die Art und Weise, wie die praktischen Funktionen und Dienste selbst als Vollzüge der Heiligung verstanden werden.«[274]

In seinen weiteren Ausführungen betont Fuchs nochmals ausdrücklich die ontologisch-gnadenhafte Prägung der ordinierten Person sowohl als Ermöglichung ihres Dienstes als auch als Maßstab ihrer Amtsführung und warnt vor Missbräuchen im Ausüben dieser amtlichen Funktionen. Der sakramental Ordinierte ist weder um seiner persönlichen Auszeichnung noch um seiner eigen-mächtigen Herrschaft und Funktionalität, sondern um des Dienstes Christi an den Menschen willen wesentlich geprägt und hat von dieser neuen und gnadenhaft geschenkten Relation her ein Kriterium für sein Handeln. Der ordinierte Dienst ist ekklesiologisch eingebettet in das Gesamt der Kirche und dient als Leitungsdienst der Sendung aller Getauften: »Diese Vorgegebenheit der Gnade ist nicht herrschaftsförmig, sondern zerbricht jede Herrschaft. Sie ist eine Macht, aber eine, die gekennzeichnet ist von dem Ursprung, nämlich von der liebenden Bedingungslosigkeit im Umgang mit den Menschen. Nur in diesem Geist ist das Amt zu gestalten. Die Ontologie dieser Gnade kann nicht ontologistisch gebraucht werden, als gäbe es eine logistische Macht darüber, sei sie rational, sei sie strategisch … Die Sakramentalität des Leitungsdienstes steht dafür, dass nicht nur die

[274] Ebd., 475.

Existenz des Einzelnen durch die Taufe und die Existenz der Kirche als Leib Christi (vgl. 1 Kor 12,27) in der unbedingten Gnade Gottes verwurzelt sind, sondern dass dies auf der Basis von beiden auch für jenes Amt gilt, das mit seiner eigenen Sakramentalität der Sakramentalität (dem Priestertum) aller Gläubigen und darin der Kirche dient. Diese sakramentale Herkunft, diese Verwurzelung in der Gnade Gottes ist ein Bereich, der nicht durch Funktionen und durch eigene Leistung besetzt werden kann, weder durch zwanghaft reaktionäre rituelle und zölibatäre Gesetzlichkeit, noch durch die faktischen Dienstfunktionen und schon gar nicht durch ein aktivistisches Dienstverständnis.«[275]

Durch das Zweite Vatikanische Konzil sind somit wesentliche Aspekte des gemeinsamen und ordinierten Priestertums wieder neu ins Licht gerückt worden. Im Folgenden werden nun noch die spezifischen Funktionen und Relationen dargestellt, die sich für das Zweite Vatikanische Konzil aus der o.g. gnadenhaft-seinsmäßigen Prägung und Ermächtigung durch Christus in der sakramentalen Ordination für die entsprechende Person in ihrem Dienst ergeben.

8. Spezifische Aufgaben und Relationen aus seinshafter Ermöglichung durch Christus

In LG werden zunächst die traditionellen Aufgaben genannt, die den Ordinierten zukommen: »Sie sollten in der Gemeinde der Gläubigen heilige Weihevollmacht besitzen zur Darbringung des Opfers und zur Nachlassung der Sünden und das priesterliche Amt öffentlich vor den Menschen in Christi Namen verwalten ... Da das Amt der Priester dem Bischofsstand verbunden ist, nimmt es an der Vollmacht teil, mit der Christus selbst seinen Leib auferbaut, heiligt und leitet« (PO 2).

Das Konzil beschreibt dann jedoch die in Trient in den Hintergrund getretene apostolische Verkündigung des Evangeliums an vorderster Stelle: »Da die Priester für ihren Teil am Amt der Apostel teilnehmen, wird ihnen von Gott die Gnade verliehen, Diener Jesu Christi unter den Völkern zu sein, die das heilige Amt des Evangeliums ver-

[275] Ebd., 476f.

walten ... Durch die apostolische Botschaft des Evangeliums nämlich wird das Volk Gottes zur Einheit berufen« (PO 2).
Höhepunkt amtlichen Tuns ist die Eucharistiefeier: »Durch den Dienst der Priester vollendet sich das geistige Opfer der Gläubigen in Einheit mit dem Opfer des einzigen Mittlers Christus, das sie mit ihren Händen im Namen der ganzen Kirche bei der Feier der Eucharistie auf unblutige und sakramentale Weise darbringen, bis der Herr selbst kommt. Darauf zielt das Dienstamt der Priester, und darin findet es seine Vollendung. Denn ihr Dienst, der in der Verkündigung des Evangeliums seinen Anfang nimmt, schöpft seine ganze Kraft aus dem Opfer Christi« (PO 2).
Diese »Kurzform« mit der Beschreibung der wichtigsten Aufgaben wird in PO 4 weiter ausgefaltet. An erster Stelle kommt die Verkündigung des Wortes Gottes: »Das Volk Gottes wird an erster Stelle geeint durch das Wort des lebendigen Gottes, das man mit Recht vom Priester verlangt ... Die Priester schulden also allen, Anteil zu geben an der Wahrheit des Evangeliums, deren sie sich im Herrn erfreuen.«
PO 5 nennt dann die Hinführung zu und die Feier der verschiedenen Sakramente, die alle mit der Feier der Eucharistie im Zusammenhang stehen und sich in ihr bündeln. Im Stundengebet führen die Priester das Lob und die Danksagung der Eucharistie zu den verschiedenen Tagzeiten fort, »in dem sie im Namen der Kirche Gott für das ganze ihnen anvertraute Volk, ja für die ganze Welt bitten.«
PO 6 nennt den Leitungsdienst, den die Priester entsprechend ihrem Anteil durch die ihnen verliehene geistliche Vollmacht zur Auferbauung der Kirche ausüben. Die Priester sind »Erzieher im Glauben«, die die Menschen zu christlicher Reife führen sollen. Hier wird deutlich, wie sehr der ordinierte Dienst nicht der einzige priesterliche Dienst in der Kirche ist und nicht für sich alleine steht, sondern ekklesiologisch eingebunden ist in die Sendung des gesamten Gottesvolkes. Er ist ein Dienst am gemeinsamen Priestertum aller Gläubigen, damit diese ihre persönliche Berufung entfalten und ihr Priestertum in der ihnen spezifischen Weise ausüben können. Die ordinierten Amtsträger haben selbst oder durch andere dafür zu sorgen, »dass jeder Gläubige im Heiligen Geist angeleitet wird zur Entfaltung seiner persönlichen Berufung nach den Grundsätzen des Evangeliums, zu aufrichtiger und tätiger Liebe und zur Freiheit, zu der Christus uns befreit hat.«

In besonderer Weise sollen die ordinierten Amtsträger sich der Armen und Geringen annehmen, auch die Jugend, Eheleute und Eltern werden in besonderer Weise der Hirtensorge der Priester anempfohlen.
Neben diesen einzelnen Bereichen in der Hirtenaufgabe der Priester, die in PO 6 noch weiter ausgeführt werden und unter denen die besondere Sorge um Kranke und Sterbende hervorgehoben wird, kommt dann auch der Auferbauung der kirchlichen Gemeinschaft in der Orts- und Gesamtkirche Bedeutung zu: »Die Hirtenaufgabe beschränkt sich aber nicht auf die Sorge für die einzelnen Gläubigen, sondern umfasst auch wesentlich die Bildung einer echten christlichen Gemeinschaft.«
In all dem wird deutlich, dass der ordinierte Dienst – hier speziell der Dienst der Priester – nicht abgeschlossen in sich selbst, sondern in »Communio«, in verschiedenen Bezügen und Relationen steht, die wesentlich zu ihm gehören und durch die er bestimmt wird.[276] Ausgehend von der dargestellten wesentlich prägenden »Grundrelation« zu Christus, die durch den Heiligen Geist zur spezifischen Sendung hinordnet und befähigt, steht der Priester in jeweils besonderer Relation zum Bischof und zum Presbyterium, zu den ihm anvertrauten Gläubigen und zu den in PO genannten Bereichen seines Dienstes sowie zur Gesamtgemeinschaft der Glaubenden (vgl. 5.2).[277]

---

[276] Vgl. z.B. R. Schlund: Dienst-Amt, 32: »Die christologische Grundstruktur und die Zuordnung zum Volk der Kirche, seine ekklesiologische Dimension – beides gehört zum Ursprungsmerkmal des Amtes. Beide Aspekte dürfen deshalb auch nicht isoliert oder gegeneinander ausgespielt werden.« Siehe die weiteren Ausführungen dazu ebd., 44–50. Ähnlich G. Bausenhart: Das Amt in der Kirche, 287: »Die Relation von Amt und Kirche bzw. Gemeinde ist so ein perichoretisches Vermittlungs-, kein einseitiges Bestimmungs- und Konkurrenzverhältnis; beide Größen sind ›einander zugeordnet (invicem)‹ (LG 10,2).«

[277] Zu dieser Communio und den verschiedenen Relationen, v.a. auch zur ekklesialsozialen Dimension, zur Relation Bischof – Priester und zur Teilhabe am bischöflichen Leitungs-, Verkündigungs-, und Heiligungsauftrag vgl. P. J. Cordes: Sendung, 277–306. Cordes weist bei der Ausfaltung der verschiedenen ekklesial-sozialen Relevanz des Communio-Gedankens auf seine innere Grenze hin: »Die sakramentale Gabe des Geistes verdankt der Empfänger zuletzt nicht bestimmten Menschen, sondern Christus selbst. Sie stammt in bezug auf ihren wirklichen Ursprung nicht von kirchlichen Instanzen und ist auch auf ekklesial-soziale Bezüge nicht hinterfragbar; letztere sind vielmehr als ihre Folge anzusehen. Insofern bedeutet die im Ordo geknüpfte Relation hinter aller greifbaren Konkretisierung im Bischofsbezug und über diese hinaus zuerst und alles Ableitbare überragende eine spezifische Bindung an Christus. Die Presbyterexistenz ist darum vor allem anderen durch eine individuelle Betroffenheit vom Herrn selbst her gekennzeichnet« (ebd., 294).

Das Zweite Vatikanische Konzil hat also den christologischen Horizont, die gnadentheologische Basis und den ekklesiologischen Ort des ordinierten Dienstes wieder neu verdeutlicht.[278] Gleichzeitig wurde die einseitig individualistische Betrachtung der persönlichen Heiligung ohne den Bezug zum Apostolat überwunden und die Ausübung des spezifischen Dienstes auch als Teil des geistlichen Lebens und der persönlichen Heiligung des ordinierten Amtsträgers gesehen. Dies hat zur Konsequenz, dass die entsprechende Funktion und die Art und Weise ihrer Erfüllung auch Aus- und Rückwirkungen auf die Person hat.

9. Der Dienst als Teil des geistlichen Lebens: die Funktion prägt die Person

Nach der in 1. dargestellten vorkonziliaren Vernachlässigung der Betrachtung des pastoralen Dienstes als Teil des geistlichen Lebens und der persönlichen Heiligung der ordinierten Amtsträger wird diese Einseitigkeit im Verlauf der Debatten um die Dekretentwürfe von PO nach und nach überwunden. In einer Eingabe zum Dekretentwurf III von PO wird die bisherige einseitige Hervorhebung der traditionellen Standesfrömmigkeit in den beiden vorausgehenden Entwürfen kritisiert und betont, dass der Amtsträger für die Menschen bestellt und auf das Volk Gottes hingeordnet ist und dass dieser Auftrag zum Dienst dem ganzen Leben des ordinierten Amtsträgers die eigene Form aufprägt.[279]
In der Endfassung schließlich wird, nach der Betonung der mit allen Christen in der Taufe empfangenen gemeinsamen hohen und gnadenhaften Berufung zur Vollkommenheit, das besondere Streben des Priesters als spezifisches »Werkzeug Christi« nach Vollkommenheit *um des Dienstes willen* und der Weg zu dieser persönlichen Heiligung *durch den Dienst* betont: »Jeder Priester vertritt also, seiner Weihestufe entsprechend, Christus. Darum erhält er

[278] Vgl. die einzelnen Aussagen zum Priesterbild des Zweiten Vatikanischen Konzils von Konrad Baumgartner: Der Wandel des Priesterbildes zwischen dem Konzil von Trient und dem II. Vatikanischen Konzil, München 1978 (Eichstätter Hochschulreden 6), v.a. 1f.
[279] Siehe P. J. Cordes: Sendung, 17. Vgl. auch die dort dargestellten Debatten und Entwicklungen zu diesem Thema während der Dekretsgenese von PO, ebd., 13–33.

auch die besondere Gnade, *durch den Dienst* an der ihm anvertrauten Gemeinde und am ganzen Volk Gottes besser der Vollkommenheit dessen nachzustreben, an dessen Stelle er steht ... Gerade die *täglichen heiligen Handlungen wie ihr gesamter Dienst* ... lenken sie auf ein vollkommenes Leben hin. Die Heiligkeit der Priester hinwiederum trägt im höchsten Maß *zur größeren Fruchtbarkeit ihres besonderen Dienstes* bei ... Um ihre *pastoralen Ziele* einer inneren Erneuerung der Kirche, der Ausbreitung des Evangeliums über die ganze Erde und des Gespräches mit der heutigen Welt zu verwirklichen, mahnt daher die Heilige Synode alle Priester inständig, mit Hilfe der von der Kirche empfohlenen entsprechenden Mittel nach stets größerer Heiligkeit zu streben, *um so immer mehr geeignete Werkzeuge für den Dienst am ganzen Gottesvolk zu werden ... Die Priester gelangen auf ihnen eigene Weise zur Heiligkeit, nämlich durch aufrichtige und unermüdliche Ausübung ihrer Ämter im Geist Christi*« (PO 12 u. 13, Hervorhebungen TO).

Die neue Sichtweise des Konzils hat entscheidende Auswirkungen auf die Frage nach dem Verhältnis der Person des Amtsträgers zu ihren Funktionen, speziell auf die Frage nach einer ständig prägenden Wirkung der Funktionen auf die Person. Nicht nur die in 6. und 7. dargestellte einmalig geschenkte und ontologisch bleibende neue Relation zu Christus und die daraus folgende Ermöglichung des Dienstes prägt den Amtsträger wesentlich, sondern auch die Funktionen und die Art und Weise der Ausübung des Dienstes haben ein Leben lang Rückwirkung auf die Person des Amtsträgers. Wie alle Gläubigen aus der in Taufe und Firmung geschenkten neuen Relation zu Gott und der darin erfolgten Ermächtigung zum gemeinsamen Priestertum an der ihnen zukommenden Stelle ihre Spiritualität und Heiligung entfalten sollen, so entfalten die Ordinierten in ihrem durch die Ordination ermöglichten Dienst auch ihre Spiritualität und gelangen darin zum ihnen spezifischen Weg der Heiligung.

Die Frage, *ob*, und die Art und Weise, *wie* der ordinierte Amtsträger seine Funktionen aus der von Christus geschenkten gnadenhaften Vorgabe in der Ordination erfüllt, entscheidet über seinen persönlichen Heilszustand vor Gott, prägt seine Person und ist Teil des geistlichen Lebens. In dieser Richtung war schon bei Augustinus (vgl. 2. Kapitel, III.1) festzustellen, dass das Amt Gefahr für die Person des Amtsträgers bedeutet, wenn es nicht aus der Relation zu

Christus *für* die Menschen gelebt wird und sich der Amtsträger in seiner Amtsausübung als schlechter Diener erweist. Diese lebenslange Prägung und Entwicklung geschieht gerade auch durch die Hauptaufgabe des amtlichen Dienstes, für den die Person von Christus für die entsprechenden Funktionen ganz in Beschlag genommen ist. Glaubwürdigkeit und Fruchtbarkeit des Amtsträgers hängen letztlich davon ab, wie er sein Leben und seinen Dienst aus bzw. in den o.g. verschiedenen Relationen gestaltet.

10. Auswertung

Das Zweite Vatikanische Konzil hat die Überhöhung und Absonderung der ordinierten Amtsträger von der Bezogenheit zu den übrigen Gläubigen überwunden und die gemeinsame Sendung aller Getauften vor der Ausdifferenzierung in einzelne Dienste betont. Die in der Taufe gründende grundlegende Gleichheit aller Christen in ihrer Würde vor Gott und die aus der Anteilhabe am dreifachen Amt Christi stammenden Funktionen des gemeinsamen Priestertums aller Gläubigen in ihrer spezifischen Relation zu Christus werden in der getauften Person als gnadenhaft ontologisch grundgelegt betrachtet.

Das ordinierte Amt wird in dienendem Bezug zu dieser Würde und Sendung der Getauften dargestellt, seine amtlichen Funktionen sind ebenfalls ontologisch im Amtsträger grundgelegt. Diese spezifischen Funktionen des ordinierten Amtsträgers werden jedoch in einem eigenen Sakrament übertragen, da sie wesentlich anderer Art sind: Die ordinierten Amtsträger werden durch das Sakrament der Ordination gnadenhaft befähigt, Christus öffentlich als Haupt zu repräsentieren und in dieser Funktion seine Heilstaten wirksam gegenwärtig zu setzen. Die ontologische Prägung geschieht also um der Funktionen willen: Christus nimmt die ordinierten Amtsträger in einem neuen Verhältnis bleibend in Dienst, damit durch sie er selbst in den amtlichen Funktionen handeln kann.

Das Zweite Vatikanische Konzil betont diese bleibende Prägung mit dem sakramentalen Charakter der Ordination. Die traditionelle Terminologie kann man dabei in heutige personal-relationale Sprache übersetzen und damit die Dynamik vom »Sein zur Sendung« beschreiben: Es gibt kein »Amt an sich« und kein »Amt für sich selbst«, sondern nur in Relation: Christologisch aus der von Christus geschenkten neuen und wesentlich prägenden Beziehung, ekklesiologisch im bleibenden Bezug zum Dienst an der Kirche und Menschheit. Diese Relationen prägen den Ordinierten wesentlich und stellen ihn in weitere Beziehungen wie z.B. zum Bischof und zum Presbyterium hinein. Die Person des Amtsträgers wird dadurch nicht vor Gott besser gestellt und erhöht, sondern gnadenhaft zu ihrem spezifischen Dienst befähigt.

Eine »ontologische« Betrachtung des ordinierten Amtes schließt in dieser Sichtweise eine »funktionale« Betrachtung nicht aus, im Gegenteil: Beide Betrachtungsweisen sind dynamisch aufeinander bezogen und voneinander abhängig. Nur in dieser gegenseitigen Verschränkung und Wechselwirkung (die entsprechend auch für das gemeinsame Priestertum mit der ontologischen Prägung in Taufe und Firmung und den daraus folgenden Funktionen gilt) kann das ordinierte Amt richtig betrachtet und ein Abgleiten in eine selbstbezogene ontologische Erhöhung und Privilegierung einerseits oder in einen leeren Funktionalismus andererseits vermieden werden.

Die in der Ordination erfolgende ontologische Prägung ist für das Zweite Vatikanische Konzil zwar eine einmalige und bleibende gnadenhafte Vorgabe, sie hat aber eine *in der Sendung* lebenslang weitergehende prägende Dynamik für die entsprechende Person und ihren Dienst.

II. Ökumenische Aspekte des ordinierten Amtes

1. Einführung in die thematisch relevanten ökumenischen Fragestellungen und verwendete Dokumente

In den ökumenischen Diskussionen der letzten Jahrzehnte ist es in der Ämterfrage zu gegenseitigen Verständigungen und Annäherungen gekommen, ohne dass eine Einigung in allen Punkten erfolgt wäre. Viele Missstände und Missverständnisse der Reformationszeit und der gegenreformatorisch geprägten Zeit des Trienter Konzils (vgl. 2. Kapitel, V. und VI.) mit den auf beiden Seiten folgenden Engführungen und Einseitigkeiten sind überwunden. Noch bestehende Kontroverspunkte werden unter anderem auch von ihrem zeitgeschichtlichen Hintergrund her betrachtet und die Anliegen der Aussagen zum ordinierten Amt in heutigen Sprachformen und Kategorien neu zu verstehen versucht. Dabei sind die Überwindung einer einseitig statisch-objektiven Auffassung und die Aussagen in personal-relationalen Kategorien, wie sie sowohl in der Personontologie Luthers (vgl. 2. Kapitel, V.3), als auch im Verlauf und im Anschluss an das Zweite Vatikanische Konzil dargestellt wurden (vgl. I.)[280], eine wichtige Grundlage und Verständigungshilfe.

Da die orthodoxen Kirchen eine ähnliche Amts- und Sakramentenstruktur haben wie die katholische Kirche, beschränkt sich dieses Kapitel auf die ökumenischen Aspekte in Bezug auf die Kirchen der Reformation. Als Exkurs wird jedoch im Anschluss an die mit den reformatorischen Kirchen möglichen gnadentheologischen Konvergenzpunkte eine interessante orthodoxe Position von Joannes D.

[280] Im Folgenden finden sich viele Aussagen des Zweiten Vatikanischen Konzils und der daran anknüpfenden Diskussionen in den ökumenisch erreichten Konsensen wieder, was nochmals bestätigt, wie entscheidend die in I. dargestellte Neuakzentuierung des ordinierten Amtes nicht nur innerkatholisch, sondern auch in ökumenischer Hinsicht ist. Um die Bedeutung des Zweiten Vatikanischen Konzils und der daran anschließenden weiterführenden Gedanken für die Amtstheologie gerade auch unter ökumenischen Gesichtspunkten hervorzuheben, werden an den wichtigen Stellen die Parallelen zu den Ausführungen zum Zweiten Vatikanischen Konzil durch Rückverweise deutlich gemacht.

Zizioulas dargestellt, in der das ordinierte Amt als gnadenhaft vom Heiligen Geist bewirkte »Beziehungswirklichkeit« gesehen und grundlegende Aspekte dieser Untersuchung thematisiert werden.[281] Im Dialog mit den reformatorischen Kirchen haben sich die Aussagen des Zweiten Vatikanischen Konzils auf katholischer Seite und eine neue Wertschätzung ordinierter Dienste seitens der evangelischen Kirchen als sehr fruchtbar für weitergehende Diskussionen erwiesen. Beide setzen ekklesiologisch beim gemeinsamen Priestertum aller Getauften an, das die grundlegende und gleiche Würde aller Christen ausmacht. Gleichzeitig kennen sie jedoch ein besonderes Amt im Dienst der Kirche, zu dem (auch in den meisten reformatorischen Gemeinschaften) die entsprechenden Personen ordiniert werden. Zu klären ist im Zusammenhang dieser Arbeit, *wie* die verschiedenen Kirchen »Ordination« und den daraus folgenden Dienst jeweils verstehen und in welcher Weise bestimmte Anliegen zum Ausdruck kommen:[282] Ist die Ordination z.B. »nur« eine Beauftragung zum Dienst und eine Delegation der entsprechenden Funktionen von Seiten der Gemeinde (aus Gründen der Ordnung o.ä.), oder bedarf es dazu einer speziellen Ermächtigung und Ermöglichung durch Gott und (nach katholischem Verständnis) durch ein eigenes Sakrament? Was ist das Zentrale der *sakramentalen* Or-

---

[281] Vgl. Joannes D. Zizioulas: Priesteramt und Priesterweihe im Licht der östlich-orthodoxen Theologie, in: Herbert Vorgrimler, Amt und Ordination in ökumenischer Sicht, Freiburg – Basel – Wien 1973 (QD 50, Der priesterliche Dienst 5), 72–113.

[282] Ein Zeichen, das in der katholischen Ekklesiologie einen grundlegenden Stellenwert hat, ist die apostolische Sukzession mit dem Anliegen, die Verbindung der Kirche zur apostolischen Zeit als Ursprung und Maßstab zu wahren und in der heutigen Verkündigung und Sakramentenspendung den apostolischen Glauben authentisch und wirksam zu vermitteln. Während in der katholischen Kirche die Handauflegung bei der Ordination zum Bischof als Ausdruck und wirksame personale Weitergabe der apostolischen Sukzession gesehen wird, gibt es in einigen Kirchen die presbyterale Sukzession in der Ordination als Zeichen der Verbindung zum apostolischen Ursprung, manche sehen die apostolische Sukzession in der getreuen Weitergabe der überlieferten apostolischen Lehre gegeben. Eine ausführliche und differenzierte Erörterung dieses Themas würde den Rahmen der Untersuchung sprengen, deshalb sei beispielhaft verwiesen auf die verschiedenen Beiträge zu diesem Thema in zwei Bänden der Veröffentlichungen des ökumenischen Arbeitskreises evangelischer und katholischer Theologen: Theodor Schneider / Gunther Wenz (Hgg.): Das kirchliche Amt in apostolischer Nachfolge (Band 1: Grundlagen und Grundfragen), Freiburg – Basel – Wien – Göttingen 2004 (Dialog der Kirchen 12) sowie Dorothea Sattler / Gunter Wenz (Hgg.): Das kirchliche Amt in apostolischer Nachfolge (Band 2: Ursprünge und Wandlungen), Freiburg – Basel – Wien – Göttingen 2006 (Dialog der Kirchen 13).

dination für die katholische Kirche und ist dieses Anliegen evtl. auch auf evangelischer Seite in anderen Ausdrucksformen gegeben? Ist die Ordination etwas Einmaliges und Bleibendes oder erlischt sie nach dem Dienst bzw. kann sie wiederholt oder rückgängig gemacht werden? Bewirkt die Ordination etwas *an* bzw. *in* der Person des Ordinierten, d.h. ist sie auch mit ontologischen Kategorien zu beschreiben (wenn ja, in welcher Form)? Schließen sich eine »funktionale« und eine »ontologische« Betrachtung der Ordination und des ordinierten Amtes aus oder ergänzen bzw. bedingen sie sich gegenseitig?

Zur Klärung solcher für diese Untersuchung relevanten Fragen werden wichtige ökumenische Diskussionen und Ergebnisse vorgestellt und erläutert, unter anderem aus folgenden Dokumenten: Aus dem Bericht der gemeinsamen römisch-katholischen/evangelisch-lutherischen Kommission: »Das geistliche Amt in der Kirche«[283], aus dem reformiert/römisch-katholischen Dialog: »Die Gegenwart Christi in Kirche und Welt«[284], aus dem so genannten »Lima-Dokument« des Ökumenischen Rates der Kirchen: »Taufe, Eucharistie und Amt«[285], aus dem Ökumenischen Arbeitskreis evangelischer und katholischer Theologen: »Lehrverurteilungen – kirchentrennend?«[286], sowie aus verschiedenen weiteren Stellungnahmen zur ökumenischen Diskussion der Ämterfrage.[287]

---

[283] Lutherisch/Römisch-katholische Dialoge. Das geistliche Amt in der Kirche. Bericht der Gemeinsamen Römisch-katholischen/Evangelisch-lutherischen Kommission 1981, in: Harding Meyer / Hans Jörg Urban / Lukas Vischer (Hgg.): Dokumente wachsender Übereinstimmung. Sämtliche Berichte und Konsenstexte interkonfessioneller Gespräche auf Weltebene (Bd. 1: 1931–1982), Paderborn – Frankfurt/Main 1983 [= DwÜ 1], 329–357.

[284] Reformiert/Römisch-katholischer Dialog. Die Gegenwart Christi in Kirche und Welt. Schlußbericht des Dialogs zwischen Reformiertem Weltbund und dem Sekretariat für die Einheit der Christen 1977, in: DwÜ 1, 487–517.

[285] Kommission für Glauben und Kirchenverfassung des Ökumenischen Rates der Kirchen. Taufe, Eucharistie und Amt. Konvergenzerklärungen der Kommission für Glauben und Kirchenverfassung des Ökumenischen Rates der Kirchen (»Lima-Dokument«) 1982, in: DwÜ 1, 545–585.

[286] Karl Lehmann / Wolfhart Pannenberg (Hgg.): Lehrverurteilungen – kirchentrennend? (Bd. I: Rechtfertigung, Sakramente und Amt im Zeitalter der Reformation und heute), Freiburg – Göttingen 1986 (Dialog der Kirchen 4).

[287] Eine gegenläufige Richtung zu den in den vergangenen Jahren erreichten ökumenischen Konvergenzen in den o.g. Dokumenten bildet ein Papier der Bischofskonferenz der Vereinigten Evangelisch-Lutherischen Kirchen Deutschlands (VELKD) aus dem Jahr 2004: Bischofskonferenz der Vereinigten Evangelisch-Lutherischen Kirchen Deutschlands (Hg.): Allgemeines Priestertum, Ordination und Beauftragung

Ökumenische Annäherungen und Gemeinsamkeiten gibt es im Hinblick auf die dauernde Verwiesenheit des ordinierten Amtes und seines Trägers auf die dahinter stehende Autorität Christi. Von dieser grundlegenden Relation zu Christus geht jede Funktion, jede Bevollmächtigung und Sendung aus, an dieser seinen Dienst ermöglichenden und tragenden Beziehung hat sich der ordinierte Amtsträger deshalb in allen Bereichen seines Lebens und Handelns auszurichten (2.). Eine weitere Gemeinsamkeit besteht in der Bezogenheit und Hinordnung des Amtes von Christus her auf die Gemeinschaft der Kirche und den Dienst an und in ihr. Wird das ordinierte Amt in dieser Weise nicht statisch-selbstbezogen und privilegiert, sondern innerhalb der Gemeinschaft der Glaubenden in handlungsbezogener Dynamik zum Dienst gesehen, kann ökumenisch auch von einem »Gegenüber« und einer »repraesentatio personae Christi« des Amtsträgers gesprochen werden (3.).
Die katholischerseits wie auch in den meisten reformatorischen Kirchen dazu ergehende dauerhafte Befähigung der entsprechenden Person durch die Ordination ergibt die Frage einer auch in den reformatorischen Kirchen möglichen »ontologischen« Beschreibung

---

nach evangelischem Verständnis. Eine Empfehlung der Bischofskonferenz der VELKD, Hannover 2004 (Texte aus der VELKD 130), das sowohl innerevangelisch wie im gesamtökumenischen Gespräch sehr umstritten ist. Darin wird durch die Mehrheit der für die Ausarbeitung des Papiers zuständigen Arbeitsgruppe die Bedeutung der Ordination relativiert und (z.B. für Prädikantinnen und Prädikanten) lediglich eine »Beauftragung« nicht nur zur öffentlichen Wortverkündigung, sondern auch zur Sakramentsverwaltung als möglich postuliert. Diesem Papier ist ein »Minderheiten- bzw. Sondervotum« der Vorsitzenden des Theologischen Ausschusses der VELKD angefügt, in dem das Papier abgelehnt wird, weil es dem evangelisch-lutherischen Bekenntnis (v.a. in der unterschiedlichen Bedeutung von »Ordination« und »Beauftragung«) widerspreche, in sich selbst widersprüchlich sei und der Praxis sowohl der evangelischen Gemeinden als auch der ökumenischen Ausrichtung schade. Im 2006 erschienenen Band der Veröffentlichungen des Ökumenischen Arbeitskreises evangelischer und katholischer Theologen, vgl. D. Sattler / G. Wenz (Hgg.): Das kirchliche Amt in apostolischer Nachfolge (Band 2: Ursprünge und Wandlungen), finden sich kritische Stellungnahmen zu diesem Text der VELKD von W. Diez (v.a. 106–110 u. 116–127) und von Th. Schneider (414–416). Trotz der massiven Kritik hat die VELKD im November 2006 die Grundaussagen des Textes von 2004 wiederholt und die »ordnungsgemäße Berufung« zur öffentlichen Wortverkündigung und Sakramentsverwaltung in Form der Ordination *oder* der Beauftragung in einem Gottesdienst unter Gebet, Handauflegung und Segen für möglich erklärt. Siehe Bischofskonferenz der Vereinigten Evangelisch-Lutherischen Kirchen Deutschlands (Hg.): »Ordnungsgemäß berufen«. Eine Empfehlung der Bischofskonferenz der VELKD zur Berufung zu Wortverkündigung und Sakramentsverwaltung nach evangelischem Verständnis, Hannover 2006 (Texte aus der VELKD 136).

und eines möglichen Zueinanders von »ontologischer« und »funktionaler« Betrachtung des ordinierten Amtes und der entsprechenden Person. Dabei ist nochmals darauf hinzuweisen und zu verdeutlichen, dass viele Missverständnisse und Kontroverspunkte mit der Überwindung einer statisch-objektiven Denkweise und mit Hilfe personal-relationaler Kategorien heute neu durchdacht werden können und dass das Wesen und die Bedeutung des ordinierten Amtes durch solche Kategorien besser darzustellen sind. Der schon in I. dargestellte gnadentheologische Ansatz kann hier zu einem wichtigen und in Zukunft noch weiter zu vertiefenden Konvergenzpunkt in den ökumenischen Dialogen werden (4.).
Ein abschließender Exkurs zur Position von Zizioulas aus der ostkirchlichen Theologie verdeutlicht, wie ein gnadentheologischer Ansatz als »geistgewirkte Beziehungswirklichkeit« gesehen werden kann, innerhalb derer das ordinierte Amt verortet ist (5.).
Die Auswertung hebt die in diesem Kapitel dargestellten Möglichkeiten hervor, mit Hilfe personal-relationaler Kategorien das ordinierte Amt in heutiger Zeit neu zu sehen und unter Berücksichtigung der jeweiligen Grundanliegen in den einzelnen Konfessionen zu einer gegenseitigen Verständigung zu kommen (6.).
Diese wichtigen ökumenischen Annäherungen und Übereinstimmungen werden nun aufgeführt und die weiter bestehenden Unterschiede benannt. Formal ist zu beachten, dass in den einzelnen Abschnitten jeweils *ein Aspekt* näher behandelt und in der durch die jeweilige Überschrift angekündigten Form präzisiert wird, was zu Vorwegnahmen bzw. Wiederholungen anderer Aspekte führen kann, da eigentlich alle Aspekte des Amtes untrennbar zusammenhängen, sie aber aus Gründen der genaueren Untersuchung in ihren verschiedenen Bezügen gesondert betrachtet werden (z.B. bewirkt die *Gründung* des Amtes in Christus gleichzeitig und untrennbar die *Sendung* in und für die Gemeinde, beide Aspekte werden jedoch in ihrem Zusammenhang jeweils besonders behandelt).
Die erste grundsätzliche Gemeinsamkeit ist die das Amt erst begründende und ermöglichende Beziehung zu Jesus Christus. Ohne diesen dauernden Bezug zum »eigentlich Wirkenden« verfehlen alle Funktionen des Amtes ihre Wirkung.

2. Ordiniertes Amt gründet in Jesus Christus und ist bleibend auf ihn verwiesen

2.1 Von Christus ausgehende Bevollmächtigung und Sendung

Während um das Verständnis der Sakramentalität der Ordination noch gerungen wird (vgl. 2.2), gibt es in der Frage der Bevollmächtigung durch Christus und der Sendung zum Dienst durch die Ordination Übereinstimmungen, wie an einer Aussage des »Lima-Dokumentes« deutlich wird: »Die Autorität des ordinierten Amtsträgers ist begründet in Jesus Christus, der sie vom Vater (Mt 28, 18) empfangen hat und der sie durch den Heiligen Geist im Akt der Ordination verleiht ... Weil Jesus kam, ›um zu dienen‹ (Mk 10,45; Lk 22, 27), bedeutet ausgesondert werden, zum Dienst geweiht werden. Da Ordination vor allem eine Aussonderung mit Gebet um die Gabe des Heiligen Geistes ist, ist die Autorität des ordinierten Amtes nicht als Besitz des Ordinierten zu verstehen, sondern als Gabe für die fortdauernde Erbauung des Leibes, in dem und für den der Amtsträger ordiniert worden ist.«[288]

Diese Vollmacht des ordinierten Amtes als Gabe zum spezifischen Dienst ist nach Auffassung von Lutheranern wie Katholiken *weder in der Person des Amtsträgers (aus seiner eigenen Kraft) begründet noch von der Gemeinde delegiert*: Das kirchliche Amt »vergegenwärtigt in ständigem Bezug auf die maßgebliche apostolische Tradition die Sendung Jesu Christi. Die Präsenz dieses Amtes in der Gemeinschaft ›ist Zeichen der Priorität der göttlichen Initiative und Autorität im Leben der Kirche‹ [Accra Nr. 14]. Es ist deshalb nicht

---

[288] Lima-Dokument, DwÜ 1, 571. Vgl. auch die weiteren Ausführungen dazu ebd., 581: »Indem sie einige ihrer Glieder im Namen Christi durch die Anrufung des Geistes und die Handauflegung zum Amt ordiniert (1 Tim 4, 14; 2 Tim 1, 6), sucht die Kirche die Sendung der Apostel weiterzuführen und deren Lehre treu zu bleiben. Der Akt der Ordination durch diejenigen, die für diesen Dienst ernannt worden sind, bestätigt die Bindung der Kirche an Jesus Christus und das apostolische Zeugnis und erinnert daran, daß es der auferstandene Herr ist, der der wahre Ordinator ist und der die Gabe verleiht. Indem sie ordiniert, sorgt die Kirche unter der Eingebung des Heiligen Geistes für treue Verkündigung des Evangeliums und schlichten Dienst im Namen Christi. Die Handauflegung ist das Zeichen der Gabe des Geistes. Sie macht sichtbar, daß das Amt in der in Christus verwirklichten Offenbarung eingesetzt wurde, und erinnert die Kirche daran, auf ihn als die Quelle ihrer Beauftragung zu schauen ... Genaugenommen bezeichnet also die Ordination ein Handeln Gottes und der Gemeinschaft, durch das die Ordinierten durch den Geist für ihre Aufgabe gestärkt und durch die Anerkennung und Gebete der Gemeinde getragen werden.«

bloße Delegation ›von unten‹, sondern Stiftung (institutio) Jesu Christi ... Das kirchliche Amt ist also dem einen Amt Jesu Christi untergeordnet. Jesus Christus ist es, der im Heiligen Geist in der Verkündigung des Wortes Gottes, in der Spendung der Sakramente und im Hirtendienst wirkt. Jesus Christus nimmt als der gegenwärtig Handelnde den Amtsträger in seinen Dienst; der Amtsträger ist nur sein Werkzeug und Organ.«[289] Wie in den Ausführungen zum Zweiten Vatikanischen Konzil wird hier auch in der ökumenischen Diskussion deutlich, dass Christus in den spezifischen Vollzügen des ordinierten Amtes durch den Ordinierten wirkt. Die »Dienstbeziehung« des Ordinierten zur Gemeinde ist *grund*gelegt und ermöglicht durch die Beziehung zu Christus (vgl. I.5.2), die in der Ordination um des Dienstes willen verliehen wird. Eine noch offene Frage ist das Verständnis der Ordination als Sakrament.

2.2 Ordination als Sakrament?

Von katholischer Seite wurde das »Lima-Dokument« des ÖRK in einer Stellungnahme gewürdigt und sowohl die Gemeinsamkeiten als auch die noch offenen Fragen und Unterschiede benannt.[290] Ein entscheidender Aspekt des katholischen Sakramentenverständnisses, die *Herkunft* von Seiten Gottes und die *Wirksamkeit Christi* für die Menschen in den spezifischen Handlungen des Ordinierten, ist in den aufgeführten ökumenischen Diskussionen der Sache nach gegeben.

Der Akt der Ordination beeinhaltet für Lutheraner sachlich das, was für die katholische Seite durch die sakramentale Sichtweise ausgedrückt wird, weshalb Lutheraner offen sind für eine sakramentale Deutung: »Die *katholische* Tradition bezeichnet diesen kirchlichen Akt, in dem unter Wort und Zeichen der Heilige Geist wirkt, als ein Sakrament. In der Katholischen Kirche ist dieses sakramentale Verständnis der Ordination verbindlich [DS 1766; 1773]. Die *lutherische* Tradition benutzt einen engeren Sakramentsbegriff und

[289] Lutherisch/Römisch-katholische Dialoge. Das geistliche Amt in der Kirche. Bericht der Gemeinsamen Römisch-katholischen/Evangelisch-lutherischen Kommission 1981, DwÜ 1, 336.

[290] Sekretariat der Deutschen Bischofskonferenz (Hg.): Eine katholische Stellungnahme zu den Konvergenzerklärungen der Kommission für Glauben und Kirchenverfassung des Ökumenischen Rates der Kirchen. Taufe, Eucharistie und Amt, Bonn 1987 (Verlautbarungen des Apostolischen Stuhls 79).

spricht deshalb nicht vom Sakrament der Ordination. Dennoch wird die Anwendung des Sakramentsbegriffs auf das Amt nicht grundsätzlich abgelehnt [Apol. XIII, 11 (BSLK)].«[291]
Im reformiert-katholischen Dialog gibt es ebenfalls sachliche Übereinstimmungen: »Die Handauflegung ist ein wirksames Zeichen, wodurch der Glaubende in das übertragene Amt eingeführt und darin bestätigt wird. Nicht die Gemeinde bringt das Amt hervor und autorisiert es, sondern der lebendige Christus schenkt es ihr und fügt es in ihr Leben ein.«[292] Der Sache nach sind also wichtige Gemeinsamkeiten gegeben, die katholische Seite wünscht jedoch noch deutlicher die Betonung und Absicherung der Anliegen, die mit einem *sakramentalen* Ordinationsverständnis verbunden sind: »Was den Begriff Sakrament betrifft, so zeigt der Lima-Text, daß es viele Aspekte gibt, die alle Christen teilen können. Weil es jedoch wichtig ist, eine Übereinstimmung bezüglich Taufe, Eucharistie und Amt zu suchen als einen Schritt in Richtung auf die Einheit der Christen ... so meinen wir, daß die weitere Arbeit von ›Glauben und Kirchenverfassung‹ eine weitere und tiefere ökumenische Erforschung der Begriffe Sakrament und Sakramentalität einschließen muß.«[293]
Nachdem die »objektive« Seite der Ordination geklärt ist, die keine persönliche Privilegierung, sondern die spezielle Indienstnahme durch Christus bedeutet, kann die »subjektive« Seite der Person des Amtsträgers betrachtet werden. Die Person bleibt von der Ordination nicht unberührt. Sie ist kein »un-persönliches« Werkzeug, sondern soll in ihrem Dienst die bleibende Verwiesenheit auf Christus darstellen und durch ihr Leben dieser Relation entsprechen.

2.3 Verwiesenheit auf Christus und subjektive Entsprechung des Amtsträgers

Das ordinierte Amt verweist personal auf die stets fundamentale Abhängigkeit der Kirche von der göttlichen Initiative als Quelle ih-

[291] Lutherisch/Römisch-katholische Dialoge. Das geistliche Amt in der Kirche. Bericht der Gemeinsamen Römisch-katholischen/Evangelisch-lutherischen Kommission 1981, DwÜ 1, 341.
[292] Reformiert/Römisch-katholischer Dialog. Die Gegenwart Christi in Kirche und Welt. Schlußbericht des Dialogs zwischen Reformiertem Weltbund und dem Sekretariat für die Einheit der Christen 1977, DwÜ 1, Nr. 98: 511.
[293] Sekretariat der Deutschen Bischofskonferenz (Hg.): Eine katholische Stellungnahme, 12.

res Handelns, wie es das »Lima-Dokument« ausdrückt: »Um ihre Sendung treu zu erfüllen, braucht die Kirche Personen, die öffentlich und ständig dafür verantwortlich sind, auf ihre fundamentale Abhängigkeit von Jesus Christus hinzuweisen und die dadurch innerhalb der vielfältigen Gaben einen Bezugspunkt ihrer Einheit darstellen. Das Amt solcher Personen, die seit sehr früher Zeit ordiniert wurden, ist konstitutiv für das Leben und Zeugnis der Kirche.«[294]
Diese aus der ständigen Relation zu Christus sich ergebende spezielle Funktion des ordinierten Amtes für die Gemeinde, die fundamentale Abhängigkeit der Kirche von Christus darzustellen, prägt auch das Leben der dafür in Dienst genommenen Person des ordinierten Amtsträgers. Man kann daher auch in ökumenischer Hinsicht von einer untrennbaren Bezogenheit der Funktion zur ordinierten Person und umgekehrt sprechen: Die Gründung in Jesus Christus bewirkt eine enge Beziehung und ständige Bindung des Amtsträgers und seines Dienstes an Christus, dessen Werkzeug und Organ für die aus der Ordination sich ergebenden Funktionen er ist. Das ordinierte Amt kommt von Christus her, wird im Heiligen Geist ausgeübt und der Amtsträger ist mit seiner Person *stets auf Christus verwiesen, an dem er sich immer wieder neu auszurichten und Maß zu nehmen hat*, wie es Lutheraner und Katholiken ausdrücken: »Die christologisch begründete Vollmacht (exousia) des Amtes muß im Heiligen Geist ausgeübt werden. Der Amtsträger muß das Kreuz Christi nicht nur durch sein Wort und durch die Spendung der Sakramente, sondern durch sein ganzes Leben und durch seinen Dienst vergegenwärtigen (2 Kor 4,8–18; 11,22–33). Die kirchlichen Amtsträger müssen sich immer wieder an Christus ausrichten und von ihm her erneuern.«[295]
Die *»besondere«* Verwiesenheit und Beziehung des ordinierten Amtsträgers zu Christus mit der daraus folgenden ständigen Prägung seines Lebens besteht somit um des »besonderen«, d.h. öffentlich-amtlichen Dienstes willen. Die durch die Ordination erfolgende Ausrichtung und ständige Verwiesenheit auf Christus als den eigentlich Handelnden kann als Zusage Gottes für die Gläubigen verstanden werden, dass das Wirken Christi in den amtlichen Hand-

---

[294] Lima-Dokument, DwÜ 1, 569.
[295] Lutherisch/Römisch-katholische Dialoge, Das geistliche Amt in der Kirche. Bericht der Gemeinsamen Römisch-katholischen/Evangelisch-lutherischen Kommission 1981, DwÜ 1, 336f.

lungen auch dann bestehen bleibt, wenn der jeweils handelnde Amtsträger subjektiv ein sündiges und fehlerhaftes Werkzeug und Organ bleibt. Für den ordinierten Amtsträger ist es umgekehrt eine Zusage des Wirkens Christi in den spezifischen Handlungen und fordert subjektiv von ihm ein entsprechendes Leben, was kein Sich-Ausruhen auf einer »objektiv« wirkenden Gnade, keine privilegierte Gottesbeziehung und keinen besseren Weg zur eigenen Heiligung bedeutet. Bei richtiger Amtsausübung im Heiligen Geist wird also der Gemeinde wie dem Amtsträger *»objektiv«* die Wirksamkeit der amtlichen Funktionen zugesagt; die in jedem Fall geforderte *subjektive Entsprechung* des Amtsträgers auf die in der Ordination bleibend geschenkte Relation zu Christus um des Dienstes willen ist jedoch notwendig, da sie gewährleistet, dass das Gemeinte und Gefeierte besser erfahrbar hervortreten kann. So prägt auch hier die Funktion die Person: Was dem Ordinierten durch die Indienstnahme durch Christus »amtlich« an Möglichkeiten und Funktionen für die Gemeinde geschenkt ist, soll er auch in seinem persönlichen Leben einholen und sich danach ausrichten, damit sein Dienst glaubwürdig und fruchtbar wird (vgl. I.9).
Das ordinierte Amt wird somit als Dienstamt gekennzeichnet, dessen konstitutive Bezüge schon mehrfach genannt wurden: Es ist in völliger Abhängigkeit von Christus ganz in Relation zum Dienst in und an der Gemeinschaft der Gläubigen zu sehen. Dieser Bezug zum Dienst innerhalb der Gemeinschaft der Gläubigen und diese Funktion für die Menschen, die in allen Kapiteln dieser Arbeit als für das ordinierte Amt konstitutiv dargestellt wurden, werden im Folgenden präzisiert.

3. Ordiniertes Amt als Dienst in der Gemeinschaft der Gläubigen und als Repräsentation der Person und des Handelns Christi

3.1 Amt als Dienst an und innerhalb der Gemeinschaft und des gemeinsamen Priestertums aller Gläubigen

In der o.g. christologischen Ausrichtung und Abhängigkeit wurde bereits deutlich, dass das ordinierte Amt nicht ein privilegierter Stand außerhalb und über der Gemeinde ist, sondern ekklesiologisch *in* der Gemeinschaft der Gläubigen und des gemeinsamen Priestertums und *in Bezug* zum Dienst an den Gläubigen und am gemeinsamen Priestertum verortet ist (vgl. auch I.3). Dies wird im reformiert-katholischen Dialog im Zusammenhang mit der Ordination betont, welche in der Gemeinschaft der Glaubenden verliehen wird und in ständigem Bezug zu ihr steht: »Innerhalb der Apostolizität [der ganzen Kirche] im allgemeinen gibt es ein besonderes Amt, dem die Verwaltung von Wort und Sakrament anvertraut ist. Dieses besondere Amt ist eines der Charismen, bestimmt für die Ausübung besonderer Dienste im Ganzen des Leibes. Die Ordination oder die Aussonderung zur Ausübung dieser besonderen Dienste findet im Bereich der glaubenden Gemeinde statt. Daher gehören zum Verlauf der Ordination die Absprache mit dieser Gemeinde, das Glaubensbekenntnis vor dieser Gemeinde und die liturgische Teilnahme seitens dieser Gemeinde. Es ist wichtig, dies zu unterstreichen, weil wir über ein Verständnis hinausgehen müssen, wonach die Ordination dem zum besonderen Amt Geweihten eine *potestas* gegeben und von Christus eine Würde verliehen werde *ohne Bezugnahme zur glaubenden Gemeinde* [Hervorhebung TO].«[296]

Diese Gemeinsamkeit in der Würde und die Beziehung des Mit- und Zueinanders von gemeinsamem Priestertum und Amtspriestertum wurde nicht immer so gesehen und wird von der bilateralen Arbeitsgruppe der Deutschen Bischofskonferenz und der Kirchenleitung der Vereinigten Evangelisch-Lutherischen Kirche Deutschlands in der Studie »Communio Sanctorum« eigens betont und für die heutige Diskussion aufgearbeitet: »(127) Die gemeinsame Berufung aller Christen zur ›königlichen Priesterschaft‹ ist nicht in allen Perioden der Kirchengeschichte deutlich gelehrt worden. So wurde in der mittelalterlichen Theologie der Unterschied zwischen Klerus und Laien in einer Weise betont, die die Gleichheit aller Gläubigen zurücktreten ließ. Gegen diese Hervorhebung eines privilegierten geistlichen Standes wandte sich die Reformation ... (131). Das Verhältnis zwischen dem gemeinsamen Priestertum aller Gläubigen und dem kirchlichen Amt bedarf einer näheren Bestimmung.«[297]

---

[296] Reformiert/Römisch-katholischer Dialog. Die Gegenwart Christi in Kirche und Welt. Schlußbericht des Dialogs zwischen Reformiertem Weltbund und dem Sekretariat für die Einheit der Christen 1977, DwÜ 1, 511, Nr. 97.

[297] Bilaterale Arbeitsgruppe der Deutschen Bischofskonferenz und der Kirchenleitung der Vereinigten Evangelisch-Lutherischen Kirche Deutschlands (Hg.): Communio Sanctorum. Die Kirche als Gemeinschaft der Heiligen, Paderborn – Frankfurt/Main 2000, 65-67.

Dann wird die Unterscheidung »dem Wesen und nicht nur dem Grade nach« und die Zuordnung von gemeinsamem und ordiniertem Priestertum des Zweiten Vatikanischen Konzils aus LG 10 (vgl. dazu I.4) zitiert und aus ökumenischer Hinsicht näher erläutert.[298]
Das »Lima-Dokument« formuliert zu dieser Beziehung gemeinsames – besonderes Priestertum: »Alle Glieder der Gemeinschaft der Glaubenden, Ordinierte wie Laien, sind aufeinander bezogen. Einerseits bedarf die Gemeinde der ordinierten Amtsträger. Deren Präsenz erinnert die Gemeinschaft an die göttliche Initiative und an die Abhängigkeit der Kirche von Jesus Christus, der die Quelle ihrer Sendung und die Grundlage ihrer Einheit ist ... Andererseits kann das ordinierte Amt nicht abgesehen von der Gemeinschaft existieren. Die ordinierten Amtsträger können ihre Berufung nur in der und für die Gemeinschaft erfüllen.«[299]
Wer ordiniert ist, bleibt somit mit allen Gläubigen innerhalb des gemeinsamen Priestertums verbunden, er wird jedoch gleichzeitig in einer neuen Weise »dienstlich« auf sie bezogen und steht ihnen deshalb in gewissen grundlegenden Funktionen auch gegenüber.

3.2 Amt als »Gegenüber« zur Gemeinde

Der öffentlich-amtliche Dienst der Ordinierten für die Menschen bewirkt ein Gegenüber zur Gemeinde, das nicht zur eigenen Machtausübung des Amtsträgers, sondern in seiner o.g. Bezogenheit von Christus her zur Gemeinde als Dienst der Vergegenwärtigung Christi verstanden wird: »Grundlegend für das rechte Verständnis des Amtes ist es für Lutheraner und Katholiken, ›daß das Amt so-

[298] Vgl. ebd., 67f: »Damit wird gesagt: Alle Getauften haben am gemeinsamen Priestertum teil. Einige von ihnen werden darüber hinaus zum besonderen priesterlichen Amt berufen, das Christus für die Kirche eingesetzt hat. Dieses Amt stellt nicht eine graduelle Steigerung des gemeinsamen Priestertums dar. Die Rechtfertigungsgnade ist für alle Christen gleich. Wenn von einer Amtsgnade gesprochen wird, dann handelt es sich hierbei um die Berufung und Begnadung für den Dienst an Wort und Sakrament ... Dabei ist die Entfaltung der Taufgnade auch den Ordinierten in ihrem ganzen Leben aufgegeben. Um das Verhältnis zwischen dem besonderen Priestertum und dem gemeinsamen Priestertum auszudrücken, zitiert das Zweite Vatikanische Konzil Augustinus: ›Für euch bin ich Bischof, mit euch bin ich Christ. Jenes bezeichnet das Amt, dieses die Gnade, jenes die Gefahr, dieses das Heil‹.«
[299] Lima-Dokument, DwÜ 1, 570. Das Dokument nennt im Anschluss daran als Aufgabe der Gemeinschaft die *Verantwortung für ihre ordinierten Amtsträger*: »Sie bedürfen der Anerkennung, Unterstützung und Ermutigung durch die Gemeinschaft.«

wohl gegenüber der Gemeinde wie in der Gemeinde steht‹ [Malta Nr. 50]. Insofern das Amt im Auftrag und als Vergegenwärtigung Jesu Christi ausgeübt wird, steht es der Gemeinde in Vollmacht gegenüber. ›Wer euch hört, der hört mich‹ (Lk 10,16). Die Vollmacht des Amtes darf deshalb nicht als Delegation der Gemeinde verstanden werden. Diese Vollmacht des Amtes ist jedoch nicht als ein individueller Besitz des Amtsträgers zu verstehen; es ist vielmehr eine Vollmacht mit dem Auftrag zum Dienst in der Gemeinde und für die Gemeinde.«[300]

Die Gemeinschaft der Gläubigen braucht den durch Christus bevollmächtigten Dienst der ordinierten Amtsträger in wesentlichen Grundvollzügen, in denen das »Gegenüber« und »Voraus« Christi dargestellt und damit deutlich wird, dass Christus selbst am Werk ist und etwas gibt, was weder die Gemeinde sich selbst noch die Amtsträger aus eigener Kraft geben können. Dies gilt nach dem »Lima-Dokument« vor allem für die Feier der Eucharistie.[301] Lutheraner und Katholiken betonen die spezifischen Funktionen der ordinierten Amtsträger ausdrücklich für die anderen wesentlichen Grundvollzüge der Kirche: »So können unsere Kirchen heute *gemeinsam* sagen, daß die wesentliche und spezifische Funktion des ordinierten Amtsträgers darin besteht, die christliche Gemeinschaft durch die Verkündigung des Wortes Gottes sowie durch die Feier der Sakramente zu sammeln und aufzuerbauen und das Leben der Gemeinschaft in seinen liturgischen, missionarischen und diakonischen Bereichen zu leiten« [Vgl. Accra Nr. 15].[302]

---

[300] Lutherisch/Römisch-katholische Dialoge. Das geistliche Amt in der Kirche. Bericht der Gemeinsamen Römisch-katholischen/Evangelisch-lutherischen Kommission 1981, DwÜ 1, 337.

[301] Vgl. die Aussagen des Lima-Dokumentes, DwÜ 1, 566: »In der Feier der Eucharistie sammelt, lehrt und nährt Christus die Kirche. Es ist Christus, der zum Mahl einlädt und ihm vorsteht. Er ist der Hirte, der das Volk Gottes leitet, der Prophet, der das Wort Gottes verkündet, der Priester, der das Geheimnis Gottes feiert. In den meisten Kirchen wird dieser Vorsitz durch einen ordinierten Amtsträger zum Ausdruck gebracht. Wer der Eucharistiefeier im Namen Christi vorsteht, macht deutlich, daß der Ritus nicht Schöpfung oder Besitz der Versammlung ist; die Eucharistie wird als Gabe von Christus empfangen, der in seiner Kirche lebt. Der Diener (minister) der Eucharistie ist der Botschafter, der die göttliche Initiative repräsentiert und die Verbindung der Ortsgemeinde zu den anderen lokalen Gemeinschaften in der universalen Kirche zum Ausdruck bringt.«

[302] Lutherisch/Römisch-katholische Dialoge. Das geistliche Amt in der Kirche. Bericht der Gemeinsamen Römisch-katholischen/Evangelisch-lutherischen Kommission 1981, DwÜ 1, 340. Vgl. auch die entsprechenden Aussagen des Lima-Dokumen-

Das ordinierte Amt ist als besonderer Dienst gekennzeichnet durch die *dauerhafte* und *öffentliche* Verkündigung und die Verwaltung der Sakramente: »Zuspruch des Evangeliums in Wort und Sakrament impliziert den Dienst der Wortverkündigung und Sakramentsverwaltung. Das entspricht dem biblischen Zeugnis, nach dem zum Wort von der Versöhnung der ›Dienst der Versöhnung‹ hinzugehört (2 Kor 5,18f). Wortverkündigung und Sakramentenspendung sind darum nicht nur momentane Akte, sondern Grundgegebenheiten, die die Kirche bleibend bestimmen. Während alle Gläubigen je an ihrem Ort das Evangelium weiterzugeben haben, sind Wortverkündigung und Sakramentenspendung als öffentliche Akte bleibend dem von Gott eingesetzten Amt zugewiesen. Hierin besteht – unbeschadet bestehender Verschiedenheiten hinsichtlich des Verständnisses und der Ausformungen dieses Amtes – eine grundlegende Übereinstimmung zwischen katholischer und lutherischer Lehre.«[303]
Der wesentliche Grund dieses »Gegenübers« ist also nicht die »bessere« und »heiligere« Person des Amtsträgers, sondern seine durch die Ordination ihm übertragene Funktion der Vergegenwärtigung des »ab extra« Christi, das die Gemeinde sich nicht selbst geben kann: »Wenn das Neue Testament und mit ihm die lutherische Reformation das Besondere des ordinierten Amtes darin sehen, daß die Amtsträger berufen sind, öffentlich ›an Christi Statt‹ (2 Kor 5,20) die Versöhnung zu predigen, und damit – obwohl ›in‹ der Gemeinde – der Gemeinde ›gegenüber‹-stehen, dann entspricht das unmittelbar dem innersten Anliegen der Rechtfertigungslehre selbst. Es geht darum, daß Gott in Christus sich ›von außerhalb‹ all dessen, was der Mensch weiß, kann und ist, den Menschen zu deren Heil zuwendet. Der Mensch – auch der gläubige Mensch – vermag nicht,

tes, DwÜ 1, 569f: »So wie Christus die Apostel auserwählt und gesandt hat, so fährt Christus durch den Heiligen Geist fort, Personen für das ordinierte Amt auszuwählen und zu berufen. Als Herolde und Botschafter sind die ordinierten Amtsträger Repräsentanten Jesu Christi gegenüber der Gemeinschaft und verkünden seine Botschaft der Versöhnung. Als Leiter und Lehrer fordern sie die Gemeinschaft auf, sich der Autorität Jesu Christi, des Lehrers und Propheten, in dem das Gesetz und die Propheten erfüllt worden sind, zu unterstellen. Als Hirten unter Jesus Christus, dem obersten Hirten, sammeln und leiten sie das zerstreute Volk Gottes in Antizipierung des kommenden Gottesreiches.«

303 Gemeinsame Römisch-Katholische – Evangelisch-Lutherische Kommission (Hg.): Kirche und Rechtfertigung. Das Verständnis der Kirche im Licht der Rechtfertigungslehre, Paderborn – Frankfurt/Main 1994, Nr. 40, 31.

sich selbst zu sagen, was Gott ihm zu sagen hat; und er vermag nicht, sich selbst zu jenem Heil zu bringen, das allein Gott für ihn bereitet hat. Diese Bewegungsstruktur des ›außerhalb von uns für uns‹ ist konstitutiv für die Heilsoffenbarung in Christus. Sie setzt sich fort in der Verkündigung des Evangeliums ... Darum stiftet Gott das ordinierte Amt, und darum beruft Jesus aus der großen Schar der Jünger seine Gesandten, in denen seine Sendung durch den Vater fortgeführt wird (vgl. Joh 20,21; 17,18)...«[304]
Damit der Amtsträger diese für die Gemeinschaft der Glaubenden wesentlichen Funktionen erfüllen kann, braucht es die Bevollmächtigung der Ordination, durch die er die göttliche Initiative und das göttliche Gegenüber als Werkzeug und Organ Gottes in seinem Handeln für die Gemeinde repräsentieren kann.
In den bisherigen Ausführungen wurde deutlich, dass diese amtlich-offizielle »Repräsentation« des Heilshandelns Gottes durch die Person des Amtsträgers nicht statisch-selbstbezogen und für alle Lebensbereiche des Ordinierten einschränkungslos gilt, sondern aus der doppelten Relation zu Christus und zur Gemeinde dynamisch-handlungsorientiert für die sich aus der Ordination ergebenden Funktionen zu verstehen ist. In diesem Sinn kann auch im ökumenischen Dialog von einer »Repraesentatio personae Christi« gesprochen werden.

3.3 Neue »Dienstbeziehung« zu Christus und den Menschen und »Repraesentatio personae Christi«

Der Ordinierte ist als Werkzeug und Organ zwar unerlässlich, aber nicht »Endzweck«, sondern in Dienst genommen »von einem Anderen für Andere«. Zu diesem Dienst in der doppelten Beziehung zu Christus und zur Gemeinschaft der Glaubenden wird die betreffende Person durch die Ordination in besonderer Weise befähigt.
Weil der ordinierte Amtsträger in eine neue Dienstrelation zur Gemeinde gestellt, sein Amt aber nicht aus ihr abgeleitet oder delegiert, sondern Indienstnahme durch Christus ist, können auch evangelische Kirchen von einer *»Repräsentation der Person Christi«* durch den Amtsträger sprechen: »Das kirchliche Amt ist nicht von der Gemeinde ableitbar, sondern hat seinen Ursprung in einer göttlichen

[304] Ebd., Nr. 188: 95f.

Sendung und Einsetzung (CA 5: BSLK 58). Daher handeln die Amtsträger in Ausübung ihres Auftrags auch nach reformatorischem Verständnis nicht in eigenem Namen, sondern repräsentieren die Person Christi [Repraesentant Christi personam: Apol 7, 28: BSLK 240; vgl. DS 1321 sowie LG 21 u. 10 u. ö.], gemäß der Verheißung: ›Wer euch hört, der hört mich‹ [Lk 10, 16; vgl. Apol 7, 28: BSLK 241, 2 sowie CA 28, 22: BSLK 124, 8 und LG 20]. Der in Wort und Sakrament eigentlich Handelnde ist Jesus Christus selbst durch die Kraft des Heiligen Geistes [Vgl. auch SC 6 und 7, LG 8, PO 5 u.ö.].«[305]

Die Ausrichtung des Ordinierten auf die Kirche wird deutlich in einer Bestimmung der Ordination als »Anrufung Gottes, daß der neue Amtsträger die Kraft des Heiligen Geistes in der neuen Beziehung empfangen möge, die hergestellt wird zwischen diesem Amtsträger und der örtlichen christlichen Gemeinschaft und, der Intention nach, auch zur universalen Kirche ... [Die Kirche ordiniert] im Vertrauen darauf, daß Gott in Treue zu seiner Verheißung in Christus sakramental in kontingente, geschichtliche Formen menschlicher Beziehungen eingeht und sie für seine Zwecke benutzt. Ordination ist ein im Glauben vollzogenes Zeichen, daß die bezeichnete geistliche Beziehung gegenwärtig ist in, mit und durch die gesprochenen Worte, vollzogenen Handlungen und benutzten Formen.«[306]

Auf katholischer Seite werden die Begriffe der »Repräsentation« und des »Zeichens« im ökumenischen Dialog als sehr hilfreich und wichtig empfunden, da sie wesentliche Aspekte des sakramentalen Ordinationsverständnisses ausdrücken und die besondere und spezifische Rolle des ordinierten Amtsträgers beschreiben. Es besteht jedoch der Wunsch nach weiterer Klärung und Vertiefung: »Der Begriff ›Repräsentation‹ ist ein wertvoller Begriff, dessen Wurzeln im theologischen Verständnis der Kirchen liegen, aber er muß im Kontext der formulierten Übereinstimmung näher definiert werden, so daß deutlich wird, daß in Verbindung mit dem Archetypos Christus das ordinierte Amt in der Kirche und für sie eine wirksame und sakramentale Realität ist, durch die der Amtsträger ›in persona Christi‹ handelt. Diese Sicht könnte auch helfen, deutlicher zu erklären,

[305] K. Lehmann / W. Pannenberg (Hgg.): Lehrverurteilungen – kirchentrennend?, 158.

[306] Lima-Dokument, DwÜ 1, 582.

warum gemäß dem katholischen Glauben die Eucharistiefeier von einem geweihten Amtsträger geleitet werden muß, der Christus in einer personalen und sakramentalen Weise repräsentiert (Nr. 14) ... Wenn wir diesen sakramentalen Aspekt, der den Amtsträger vor Gott und vor der Gemeinschaft prägt, so stark betonen, dann wollen wir den Amtsträger nicht von der Gemeinschaft trennen und ihn über sie erheben ... Dennoch gibt es eine spezielle Rolle für den ordinierten Amtsträger. Wir wollen nicht zögern, im Lichte der Überlieferung etwas von der wirklichen und sakramentalen Gegenwart Christi in dem geweihten Amtsträger zu sehen: ein besonderes Zeichen unter anderen Zeichen.«[307]
Wichtig ist die Frage nach der Person des Amtsträgers in Bezug auf diese amtlichen, nicht aus ihr selbst stammenden wesentlichen Funktionen für die Menschen: Wird die ordinierte Person selbst davon und dafür *wesentlich* berührt und befähigt? Mit anderen Worten: Gibt es (um dieser Funktionen willen und auf Grund dieser Funktionen) im ökumenischen Dialog auch die Auffassung einer ontologischen Prägung der Person des Amtsträgers, wie sie z.B. im Zuge der Ausführungen zum Zweiten Vatikanischen Konzil betrachtet wurde (vgl. I.6;7;9) und wie kann dieses Verständnis in heutiger, zeitgemäßer Sprache ausgedrückt werden, um alte Missverständnisse und Einseitigkeiten zu vermeiden?

4. Das Zueinander von Person und Funktion in ontologischer Fragestellung

4.1 Ordination als bleibende Inanspruchnahme der Person durch Christus für die Menschen

Ordination wird bei Katholiken und Lutheranern nicht nur als eine Art und Weise kirchlicher Anstellung und Amtseinweisung verstanden.[308] Auch das »Lima-Dokument« betont die geistgewirkte »Grundlage zum Dienst«, die bei der Ordination verliehen und

[307] Sekretariat der Deutschen Bischofskonferenz (Hg.): Eine katholische Stellungnahme, 38.
[308] Vgl. die Aussagen in: Lutherisch/Römisch-katholische Dialoge. Das geistliche Amt in der Kirche. Bericht der Gemeinsamen Römisch-katholischen/Evangelisch-lutherischen Kommission 1981, DwÜ 1, 341.

durch die der Ordinierte in neue Beziehungen hineingestellt wird. Dieses von Gott verliehene Charisma des Amtes *bleibt* der ordinierten Person erhalten, d.h. die Ordination wird z.B. bei einem Wechsel der Gemeinde oder nach einer Freistellung und anschließenden Rückkehr in den Dienst nicht wiederholt. Die Einmaligkeit der Ordination kann man als unwiderrufliche und treue Zusage Gottes zum verliehenen Charisma und damit zur in Dienst genommenen Person und zu den Menschen bezeichnen, denen der Ordinierte durch seine Funktionen dient:[309] Weil Gott es ist, der die Person ins Amt beruft und durch die amtlichen Funktionen dieses Menschen (in seinen Stärken und Schwächen) handelt, ist Gottes Verheißung und Treue ein Leben lang unwiderruflich gegeben und »haftet« der Person an. So folgert das Lima-Dokument: »In Anerkennung des gottgegebenen Charismas des Amtes wird die Ordination für irgendeines der einzelnen ordinierten Ämter niemals wiederholt.«[310]

Die bleibende persönliche Beanspruchung durch Christus ist eine wichtige Übereinstimmung, auf Grund derer versucht wird, die Lehre vom character indelebilis und die ontologischen Aussagen der katholischen Tradition in heutigen Ausdrucksformen und Kategorien neu zu verstehen und mit der Praxis der reformatorischen Kirchen zu vermitteln. Die Reformatoren wehrten sich im Zusammenhang mit dem character indelebilis und dem ordinierten Amtsträger in der damaligen Art und Weise ontologischer Aussagen gegen eine »verdinglichte Amtsgnade« und gegen die Gefahr eines Missverständnisses der Priesterweihe als eines exklusiven Mittels zu persönlichen Machtstellung, Auszeichnung und Heiligung ohne Bezug zum Dienst (siehe 2. Kapitel, V.).[311]

Dagegen wird in den Lutherisch/Römisch-katholischen Dialogen betont, dass in heutigen katholischen Lehräußerungen der character indelebilis »wieder mehr vom Gedanken der Verheißung und der Sendung her verstanden [wird], die den Ordinierten bleibend bestimmt und für Christus in Dienst nimmt.«[312] So kommen Luthera-

---

309 Vgl. Lima-Dokument, DwÜ 1, 582f.

310 Ebd., 583.

311 Siehe Lutherisch/Römisch-katholische Dialoge. Das geistliche Amt in der Kirche. Bericht der Gemeinsamen Römisch-katholischen/Evangelisch-lutherischen Kommission 1981, DwÜ 1, 342.

312 Ebd., 342.

ner und Katholiken zu einem so genannten »Konsens in der Sache«: »Die im Auftrag Christi unter Zuspruch des Heiligen Geistes geschehene Ordination zum Amt der Kirche wird auch nach lutherischer Auffassung auf Lebensdauer und damit zeitlich ohne Einschränkung vollzogen. Insofern eignet dem Vollzug der Ordination – auch wenn der Begriff des ›character indelebilis‹ wegen seiner ontologischen Implikationen nicht gebraucht wird – eine unaufgebbare Einzigkeit. Sie gilt fort, auch wenn der Dienst an einer konkreten Gemeinde aufgegeben wird ... Wo dieses Verständnis der ein für allemal erfolgenden Ordination besteht und wo die Einseitigkeiten und Fehlentwicklungen überwunden sind, kann von einem *Konsens* in der Sache gesprochen werden.«[313]

In diesem Sinn versteht auch der ökumenische Arbeitskreis evangelischer und katholischer Theologen das Anliegen der ontologischen Aussagen in katholischem Verständnis: »Der Gebrauch ontologischer Begriffe zur Beschreibung der Wirkung von Taufe, Firmung und Ordination ist nach katholischem Verständnis dazu bestimmt, den Vorrang dessen zu betonen, was Christus am Getauften, Gefirmten und Ordinierten wirkt, gegenüber allem, was der Getaufte und Gefirmte in seinem christlichen Leben, der Ordinierte in Ausübung seines besonderen Dienstes tun kann. Das neue ›Sein‹, das aus Gottes schöpferischer Alleinwirksamkeit hervorging, ist nicht die Folge menschlicher Aktivitäten, sondern die für den Menschen unverfügbare Voraussetzung für alles Tun, zu dem der Getaufte, Gefirmte und Ordinierte berufen ist. Auf diesem Vorrang des von Gott gewirkten Seins vor allem menschlichen Tun beruht auch die ›Unauslöschlichkeit‹ des sakramentalen ›Charakters‹ und die Unwiederholbarkeit der Spendung von Taufe, Firmung und Ordination.«[314]

Sowohl für das »christliche Leben« aller Getauften und Gefirmten als auch für den »besonderen Dienst« der Ordinierten gibt es demnach eine einmalige und wesentlich-prägende Vorgabe von Seiten Gottes. Werden die traditionellen ontologischen Aussagen zum ordinierten Amt in dieser Richtung nicht statisch-dinglich beschrieben mit der Gefahr einer persönlichen Privilegierung, sondern dynamisch-relational im Sinne einer wesentlich-gnadenhaften Vorgabe

[313] Ebd., 343. Vgl. dazu auch K. Lehmann / W. Pannenberg: Lehrverurteilungen – kirchentrennend?, 161f.
[314] Ebd., 84f.

und Befähigung zu den entsprechenden Funktionen von Seiten Gottes (vgl. I.7, s.u. 4.2), dann ist in ökumenischer Hinsicht eine Verständigung möglich: »Die Kategorien der traditionellen römisch-katholischen Auffassung, die oft im Anschluß an die aristotelische Ontologie ausgelegt wurden, können, weil es schon in ihnen um die Hinordnung auf den Dienst des Ordinierten ging, *durch funktionale Bestimmungen wiedergegeben werden, die ihrerseits allerdings eine stärker geschichtlich und personal orientierte Ontologie implizieren* [Hervorhebung TO]. Dabei bleibt die Glaubensintention der Lehre vom sakramentalen Charakter als bleibender Wirkung der Ordination gewahrt, ebenso wie der in der ontologischen Beschreibung intendierte Vorrang der göttlichen Wirkung am Menschen vor allem menschlichen Tun.«[315]

Die stärker »geschichtlich-personal« orientierte Ontologie mit der Verwendung von personal-relationalen Kategorien zur Beschreibung des ordinierten Amtes und seiner ihm eigenen Funktionen wird dem heutigen Verständnis der Gestalt menschlichen Lebens in seinen verschiedenen Bezügen gerecht und beinhaltet beides: ontologische und funktionale Aspekte in ihrem Zueinander und Aufeinander-Verwiesen-Sein. In dieser Richtung schreibt Carl Heinz Ratschow aus evangelischer Perspektive in der Theologischen Realenzyklopädie unter dem Titel »Das ökumenische Gespräch über das Amt« mit einem kritischen Blick auf die katholische Entwicklung: »Mit dem Zurücktreten der Bereitschaft, ontologische Beziehungen zu erkennen, ist der Funktionalismus als Bezugspunkt verständlich. Es ist aber unwahrscheinlich, daß der Verzicht auf ontologische Klärungen lange anhalten kann, denn Geschehen im menschlichen Bereich ist stets auch leibhaft und bedarf darum der ontologischen Kennzeichnung.«[316]

Die ökumenische Diskussion, das ordinierte Amt in seinen Funktionen als Dienst im und für das Volk Gottes zu sehen (v.a. ein reformatorisches Anliegen) und die ordinierte Person als gnadenhaft-ontologisch von Gott dazu befähigt zu beschreiben (v.a. aus katholischer Tradition, aber in relational-ontologischen Kategorien), kann aufgrund eines gnadentheologischen Ansatzes zu einer möglichen Konvergenz finden.

---

[315] Ebd., 162.

[316] Carl Heinz Ratschow: Art. Amt / Ämter / Amtsverständnis. VIII. Systematisch-theologisch, in: TRE (Bd. 2) 1978, 593–622, hier: 619.

4.2 Gnadentheologische Grundlage als mögliche Konvergenz in der Amtstheologie

Sieht man die ontologische Prägung als *gnadenhafte Vorgabe* und als bleibenden Ermöglichungsgrund der Funktionen des ordinierten Amtsträgers von Seiten Gottes in Beziehung zu den Menschen, dann kann diese ontologische Prägung nicht gegen eine »rein funktionale« Begründung ausgespielt werden, sondern beide ergänzen sich gegenseitig und sind aufeinander bezogen.

Fuchs widmet sich ausgehend vom Zweiten Vatikanischen Konzil der Frage, ob eine bestimmte gnadentheologische Grundlage der Horizont sein kann, in dem sich die Amtsverständnisse der christlichen Kirchen weiter aufeinander zu bewegen können.[317] Er weist zunächst auf einige Hauptaussagen des Amtsverständnisses in PO hin, die auch den reformatorischen Anliegen entsprechen. Dazu gehören: »Der heilsvermittelnde Dienst am Wort des Evangeliums (nicht als Heilsmittler, sondern als dienende Werkzeuge für die Heilsvermittlung), der amtliche Dienst am gemeinsamen Priestertum aller Gläubigen und an seiner praktischen Entfaltung, das nicht hierarchische Verhältnis zwischen presbyteralem Dienst und Volk Gottes, die wesentliche Bedeutung der Dienstaufgaben im Gegensatz zu einem diesen gegenüber behaupteten Eigenstatus des Wesens, die Ausräumung des Missverständnisses, dass die Presbyter in persönlicher Hinsicht mehr begnadet seien als andere durch die Klarstellung, dass ihnen die Gnade, die sie im Ordo empfangen, nicht für sich selbst, sondern für die anderen im Dienst am Wort und im Volk Gottes gegeben ist. Nicht zuletzt ist auch daran zu denken, dass die Väter Abstand davon nehmen, den presbyteralen Dienst in idealistischer Überhöhung zu zeichnen, sondern dass sie vielmehr seine realistischen Grenzen, Gefährdungen und Versuchungen sehen.«[318]

Der »Indikativ« der in der Ordination geschenkten Gnade ermöglicht erst den »Imperativ« der daraus folgenden Funktionen, ist also für die ordinierte Person Verheißung, Ermöglichung und Entlastung zugleich und auf den Dienst an den Gläubigen bezogen (vgl. die Ausführungen von Fuchs zu PO und OT in I.7.2 u. 7.3). Dies kann nach Fuchs auch für das Ordinationsverständnis der evangeli-

---

[317] O. Fuchs: Exkurs II. Das Presbyteramt in ökumenischer Perspektive, 229–238.
[318] Ebd., 229.

schen Kirchen gelten: »Wenn in der Ordination der evangelischen Kirchen um den Heiligen Geist gebetet wird, dann zeigt sich darin der Glaube, dass die Person in diesem Amt für ihr öffentliches Ministerium ein dafür notwendiges Gnadengeschenk bekommt. Die Promissio, die Gnadenzusage, die für alle Gläubigen gilt, gewinnt in der Handauflegung ein eigenes Profil: ›Ich bin mit dir, damit und indem du für andere da bist!‹ ... Zwar ist in jedem Fall die Ordination auf die Taufe zu beziehen. Sie ist das Grundsakrament, in dem die Promissio allen in gleicher Weise gesagt ist. Doch realisiert der Vollzug der Ordination in dieser Promissio eine eigene wesentliche Zusage, nämlich der Promissio aller zu dienen. In der allgemeinen Promissio gibt es also nochmals diese *eigene* Promissio, die im Ritual der Beauftragung mit dem Gebet damit verbunden wird, dass Gott dafür seinen Geist und seine Gnade schenkt.«[319]
Fuchs verdeutlicht dann weitere mögliche gnadentheologische Konvergenzen in der ökumenischen Diskussion des ordinierten Amtes[320] und betont: »Es handelt sich dabei nicht um die rechtfertigende Gnade, die in der Taufe vermittelt wird, wohl aber um eine Gnade, die im Dienst des rechtfertigenden Wortes und seiner Gestaltung steht. Diese Dienstgnade kann in ihrer inneren Struktur nicht anders angelegt sein als die Gnade, für deren Verkündigung und Erfahrung sie eine besondere Verantwortung trägt: Indem auch sie umsonst ist und nicht durch Leistung hergestellt werden kann. Es ist allerdings eine Gnade, die sich in die Funktionen hinein verausgabt.«[321]
Die »Wirkung« der Ordinationsgnade betrifft somit den ganzen Menschen wesentlich. Diese Gnade ist aber *um der Funktionen willen* gegeben und eingebettet in ein Beziehungsgeschehen: Christus »begnadet«, d.h. befähigt den Ordinierten, ein personales Werkzeug im Dienst Gottes an den Menschen zu sein. Eine solchermaßen gnadentheologische Beschreibung verletzt nicht die »funktionale« Ausrichtung des ordinierten Amtes und wird gleichzeitig dem gnadenhaft neu geprägten Wesen der Person und den verschiedenen Beziehungen des ordinierten Amtsträgers gerecht.
Ebenfalls in einer grundsätzlich gnadentheologischen Gewichtung steht die Kategorie Beziehung/Relation für die Beschreibung der

[319] Ebd., 230.
[320] Vgl. ebd., 230f.
[321] Ebd., 231.

Kirche insgesamt und darin auch des ordinierten Amtes in einer interessanten orthodoxen Position von Zizioulas, die vor der abschließenden Auswertung im folgenden Exkurs kurz dargestellt wird.

5. Exkurs: Eine ostkirchliche Position – Kirche und Amt in der östlich-orthodoxen Theologie als gnadenhaft-geistgewirkte Beziehungswirklichkeit

Zizioulas weist auf eine in der westlichen Tradition verbreitete Form von scholastischer Perspektive des ordinierten Amtes hin, die einen Gegenpol zur östlichen Amtstheologie darstellt. In dieser westlichen Sichtweise werden die Ordination und das Priesteramt »in sich«, autonom von den anderen theologischen Zusammenhängen wie z.B. der Ekklesiologie, Christologie und Trinitätstheologie betrachtet. Losgelöst von solchen Bezügen und einer konkreten ekklesialen Gemeinschaft wird in solcher Perspektive das ordinierte Amt einseitig unter dem Gesichtspunkt der individuellen Person und ihrer »Ontologie« bzw. ihrer »Funktion« behandelt.

Die Theologie der Ostkirchen hat dagegen eine andere Tradition und Vorgehensweise: »Die theologische Perspektive, in welcher der Osten zur Zeit der griechischen Väter das kirchliche Priesteramt sah, lässt keinerlei Raum, es als autonomes Thema anzugehen. Das kann man an der Art und Weise sehen, wie dieses Priesteramt in Beziehung gesetzt wird zum Priestertum und zur Person Christi.«[322] In dieser östlichen Perspektive des Amtes als dynamisches Beziehungsgeschehen ergeben sich für Zizioulas nicht die Probleme einer statisch-dinglichen Auffassung des Westens[323], die den beziehungshaften Charakter des Priesteramts ausklammert.

Das Amt setzt den Ordinierten in eine besondere Beziehung innerhalb der Gemeinschaft der Kirche ein und lässt sich nur in dieser Beziehungswirklichkeit beschreiben: »Wenn man auf diese Weise an die Weihe herangeht, kann man das Priesteramt nicht länger in Ausdrücken dessen, *was es dem Geweihten gibt*, auffassen, sondern es

[322] J. D. Zizioulas: Priesteramt, 73.

[323] Wie etwa des sakramentalen Charakters oder der Unterscheidung von »opus operatis« und »ex opere operato«, vgl. ebd., 72f.

lässt sich nur in Ausdrücken der *besonderen Beziehung* beschreiben, in die es den Geweihten einsetzt. Wenn die Weihe als konstitutiv für die Gemeinschaft verstanden wird und wenn die Gemeinschaft, als die *koinonia* des GEISTES, von Natur aus ein *beziehungshaftes Wesen* ist, kann das Priesteramt *als Ganzes* als eine Mannigfaltigkeit von Beziehungen innerhalb der Kirche und in ihrem Verhältnis zur Welt beschrieben werden. Ohne den Begriff der ›Beziehungshaftigkeit‹ verliert das Priesteramt in der Tat sowohl seinen Charakter als Charisma des Geistes, d.h. Teil seiner *koinonia*, wie auch als Dienst (*diakonia*). Wenn wir den Begriff ›Beziehungshaftigkeit‹ (*relationship*) gebrauchen, um das Wesen des Priesteramtes zu beschreiben, so nehmen wir ihn nicht im Sinne einer abstrakt logischen *relatio*, sondern in einem tief existentiellen und soteriologischen Sinn.«[324]
In dieser beziehungshaften Perspektive des Priesteramtes ist die für Zizioulas angemessene Form der Betrachtung nicht die einer individuellen »Ontologie« oder »Funktion«, sondern die der *Teilhabe an der Gnade* als Teil der gesamten, vom Heiligen Geist gewirkten und getragenen eucharistischen Gemeinschaft.[325]
Zizioulas verdeutlicht mit dem Wort »schesis« im Gegensatz zu einer in der o.g. westlichen Perspektive statisch-objektiv missverstandenen »sphragis« einen Ausdruck der griechischen Väter für die Wirklichkeit des Seins, insofern *es sich (schon immer) auf etwas bezieht*: »Der Ausdruck *sphragis* könnte bei den griechischen Vätern niemals eine strikt ontologische Bedeutung, als Wirklichkeit im Sinne von *pragma*, annehmen; er würde eher als *schesis* verstanden werden, das sie gewöhnlich dem Ausdruck *pragma* als Gegensatz gegenüberstellen ... Um Missverständnissen vorzubeugen, soll festgehalten werden, daß dieser Begriff nicht im Sinne einer logischen Abstraktion aufgefasst werden darf, sondern einen *besonderen existentiellen Status des Seins* (eine ›Existenzweise‹) meint, in welchem das Sein gleichzeitig *da ist* und man doch nicht von ihm an sich selbst sprechen kann, sondern nur *insofern es ›sich zu etwas verhält‹*. Wenn wir das auf das Priesteramt anwenden, wird die ›sphragis‹ der Weihe eine Sache der *schesis*, doch nicht ohne Bedeutung für das Sein der geweihten Person.«[326]

[324] Ebd., 84.
[325] Vgl. dazu ebd., 93–95.
[326] Ebd., 100f.

Ein tieferer und differenzierterer Einstieg in die ostkirchliche Theologie und die weitere Auseinandersetzung mit der Amtsauffassung von Zizioulas würde hier zu weit führen. Es sei aber darauf hingewiesen, dass wichtige Themen, die in diesem kurzen Exkurs zu Zizioulas eine Rolle spielen und anfanghaft aufscheinen, in Kapitel 4, I. und II. ausführlicher behandelt werden.[327] Aus den Ausführungen von Zizioulas ergeben sich außerdem einige wichtige Parallelen zu den bisherigen theologiegeschichtlichen Untersuchungen, die gleichzeitig der ökumenischen Verständigung dienen können:

1. Das ordinierte Amt ist keine autonome Größe, sondern immer in der Gemeinschaft der ganzen Kirche verortet und auf den Dienst an ihr bezogen.
2. Das ordinierte Amt ist deshalb nie statisch-dinglich in sich zu betrachten, sondern dynamisch innerhalb der Kirche in seinen verschiedenen Beziehungen, von denen die Relation des Amtsträgers von Gott her zu den Menschen das gnadenhaft-grundgelegte und konstitutive Wesensmerkmal des Amtes ist.
3. Das Amt kann somit nicht in individueller Form in eine ontologische oder funktionale Sichtweise auseinanderdividiert werden, der ordinierte Amtsträger ist mit seinem ganzen Wesen schon immer »Sein für«, d.h. seine »Funktionen« gehören untrennbar zu seinem Wesen als Ordinierter (entsprechendes gilt für jeden Gläubigen in Bezug auf sein aus der Taufweihe stammendes Priestertum).

6. Auswertung

Die dargestellte ökumenische Diskussion hat mit Hilfe der personal-relationalen Kategorien viele sachliche und historisch-zeitbedingte Einseitigkeiten und Missverständnisse in Bezug auf das ordinierte Amt in den verschiedenen Konfessionen aufarbeiten können. Die Betrachtung der Kirche und des ordinierten Amtes innerhalb der Kirche als *Beziehungswirklichkeit*, die auch die Person des Amtsträgers prägt, wie sie katholischerseits auf dem Zweiten Vati-

[327] Die ausführliche Betrachtung von »Sein« in seiner immer schon da seienden Beziehungswirklichkeit als »Sein für« wird in zeitgenössischen philosophischen Entwürfen und einer »relationalen Ontologie« in Kapitel 4, I. dargestellt. Relational-ontologische Betrachtungen in der Trinitätslehre, Christologie und Eucharistielehre werden in Kapitel 4, II. erörtert.

kanischen Konzil geschah, ermöglicht ökumenische Annäherungen und ist Basis für weitere Verständigungen.
Der gnadentheologische Aspekt bietet dabei einen möglichen wichtigen Konvergenzpunkt, innerhalb dessen die Beziehung (relatio) als eine ontologische Kategorie betrachtet und der Gegensatz zwischen »ontologischen und funktionalen« Aspekten der Amtsbetrachtung überwunden werden kann. Die aus der Ordination sich bleibend ergebenden neuen Beziehungen sind zugleich geistgewirkte Ermöglichung und Zusage für die Person des ordinierten Amtsträgers, wie auch Maßstab, dem er in seinem Dienst persönlich entsprechen muss. Dadurch ist der Amtsträger weder in seinen spezifischen Funktionen im Namen Gottes überfordert noch vor den anderen Gläubigen geistlich privilegiert.
Auch bezüglich der Sakramentalität des ordinierten Amtes und der apostolischen Sukzession ist ein gemeinsames Grundanliegen das der *»wirksamen Beziehung«* (zu Gott bzw. zum apostolischen Ursprung als Maßstab mit der daraus folgenden Heilswirkung für die Menschen). Diese grundlegende Verbindung mit den daraus folgenden Relationen, aus der alle Funktionen erst möglich und heilswirksam werden, wurde in allen untersuchten Epochen als konstitutiv für das ordinierte Amt dargestellt. In ökumenischer Hinsicht gibt es dabei noch offene Fragen in der Art und Weise, wie diese wirksamen Beziehungen zustande kommen bzw. in welcher Form und in welchen Zeichen sich diese wirksame Verbundenheit heute ausdrücken kann. Der Konsens der in den Ausführungen genannten Kirchen, dass das gemeinsame Grundanliegen die o.g. wirksame Relation ist, kann als Basis dafür dienen, die verschiedenen Zeichen und Formen, in denen dieses Grundanliegen sich geschichtlich entwickelt und ausgedrückt hat, auf ihre Wirksamkeit heute zu befragen und sich gegebenenfalls auf eine gemeinsame Form zu verständigen. Das ordinierte Amt als von Gott in Dienst genommenes Werkzeug und Organ innerhalb der Beziehungswirklichkeit Kirche kann dabei als »personales Zeichen« dieser wirksamen Beziehung zu Gott mit den daraus folgenden Heilsfunktionen für die Menschen betrachtet werden.

III. Priesterlicher Dienst bei Klaus Hemmerle

In den Ausführungen zum Zweiten Vatikanischen Konzil wie in den ökumenischen Aspekten des ordinierten Amtes ist deutlich geworden, dass mit der Sicht des Amtes als Beziehungswirklichkeit und mit Hilfe personal-relationaler Kategorien sowohl Person als auch Funktion des ordinierten Amtsträgers in einer angemessenen und der heutigen Zeit entsprechenden Sprache dargestellt werden können. In den Ausführungen Hemmerles wird deutlich, dass durch die Wahrnehmung der Relation als etwas, das mit dem Wesen Gottes zu tun hat (siehe die ausführliche Darstellung in Kapitel 4, II.), gleichsam eine neue Denkform entsteht, die *Beziehung als etwas Wesenhaftes* begreift. Eine so genannte »relationale Ontologie« (vgl. die philosophischen Ausführungen dazu in Kapitel 4, I.), die in der Relation eine wesensbestimmende Größe sieht, wurde theologisch unter anderem von Hemmerle ausgearbeitet, der mit personal-relationalen Kategorien die Beziehungswirklichkeit des dreifaltigen Gottes und von daher die Communio-Struktur der Kirche und des ordinierten Amtes beschreibt.

In der trinitarischen Communio ist die Beziehung (relatio) für Hemmerle kein zum Sein Gottes hinzukommendes Akzidens im aristotelischen Sinn, sondern wesentliche und dynamische Wirklichkeit, die untrennbar zum göttlichen Sein dazugehört (1.). Sowohl das gemeinsame Priestertum aller Glaubenden als auch in eigener Weise das ordinierte Amt sind nach Hemmerle Ausfluss und Ausdruck der trinitarischen Communio, in deren Beziehungen und Dynamik des »Für-Seins« sie jeweils wesentlich hineingenommen sind (2.). Daraus ergibt sich ein »besonderer Platz« für das gemeinsame wie spezifische Priestertum, nicht im Sinne von besonderer Auszeichnung und Höherstellung der eigenen Person, sondern im Gegenteil: um des besonderen Dienstes und der Bezogenheit auf andere willen in der Communio-Struktur der Kirche und des Amtes (3.).

Hemmerle beschreibt diese Beziehungswirklichkeit des ordinierten

Amtes mit verschiedenen biblischen Bildern, in denen deutlich wird, dass die Person des Amtsträgers zwar ganz und gar gefordert ist, jedoch in der Art und Weise des ganz und gar Durchlässig-Seins und in den Hintergrund-Tretens für den eigentlich Wirkenden, für Christus (4.). Damit dieser amtliche Dienst für die Person des Ordinierten weder eine Anmaßung noch Überforderung ist, wird der Ordinierte von Christus selbst zuinnerst wesentlich für diesen Dienst in Beschlag genommen. Dieses neue personale Verhältnis zu Christus und zu den ihm Anvertrauten prägt sowohl seinen Dienst als auch sein ganzes Leben und soll durch alles hindurch deutlich werden (5.). Hemmerle überwindet in seinen Ausführungen die Gegensätze zwischen einer »ontologischen« und einer »funktionalen« Betrachtung des ordinierten Amtes: Die Befähigung zum Dienst wird dem Ordinierten von Gott gnadenhaft und wesentlich geschenkt, Sein und Funktion gehören untrennbar zusammen (6.).
In der abschließenden Auswertung zeigt sich, dass die relationale Ontologie ein philosophischer Ansatz und eine Denkform ist, die es ermöglicht, dass das, was man in der Tradition als »wesentliche Prägung« beschrieben hat, mit Hilfe personal-relationaler Kategorien neu verstanden werden kann. Eine statisch-selbstbezogene Betrachtung sowohl des ordinierten Amtes als auch der Person des Amtsträgers ist dabei überwunden und die wesentliche Prägung der Person um der Funktion willen wird innerhalb einer größeren Beziehungswirklichkeit gesehen, die in der trinitarischen Communio ihren Ursprungs- und Quellgrund hat und auf den Dienst an den Menschen bezogen ist (7.).

1. Trinitarische Ontologie bei Klaus Hemmerle

Hemmerle orientiert sich in seinen Aussagen zum ordinierten Dienst an der trinitarischen Communio und beschreibt das Wirken sowohl des gemeinsamen wie des ordinierten Priestertums als Hineinnahme in die Bewegung der Trinität, in die Bewegung des »Für«. In seinen »Thesen zu einer trinitarischen Ontologie«[328] verdeutlicht er, dass Gott in seinem Wesen und Wirken nicht statisch-einsam und unbe-

[328] Klaus Hemmerle: Thesen zu einer trinitarischen Ontologie, Einsiedeln – Freiburg ²1992.

weglich, sondern im Geheimnis der Dreifaltigkeit *Beziehung in sich und über sich hinaus* ist. Hemmerle wählt in seinen Grundzügen einer trinitarischen Ontologie den Ansatz der Liebe, des Sich-Gebens.[329] Die Dynamik des Sich-Gebens ist das Bleibende der Liebe, in deren Beziehungen und Bewegungen es sich hineinzustellen gilt: »Die revolutionierende Kraft des schlichten Wortes, daß allein die Liebe bleibt, ist kaum zu überschätzen. Denn wenn das Bleibende die Liebe ist, dann ist die Verlagerung des Schwerpunktes aus dem Selbst ins Andere, dann ist die (nicht mehr aristotelisch verstandene) Bewegung, dann ist die (ebenfalls nicht mehr als Kategorie, gar als seinsschwächstes Akzidens verstandene) relatio in die Mitte gerückt. Aber Beziehung, Bewegung werden nicht als ein neues Prinzip statuiert, aus dem sich alles doch wiederum in einsamer Deduktion ableiten ließe. Nur eines bleibt: das Mittun jener Bewegung, welche die agape selbst ist. Diese Bewegung ist der Rhythmus des Seins; es ist der Rhythmus des Gebens, das sich selber gibt.«[330]
Für diese Untersuchung ist bedeutend, dass in Gott selbst die innertrinitarischen Relationen und das Über-sich-hinaus-Gehen zu seinem Wesen, zu seiner Identität gehören (vgl. Kapitel 4, II.) und dass das Hineingestellt-Sein in den Fluss der trinitarischen communio den Menschen in eine neue Relation zu Gott und den anderen, in eine neue Communio stellt und wesentlich prägt.

2. Wesentliche Prägung als Anteilgabe an der Communio und Dynamik der trinitarischen Liebe

Alle Christen sind durch Taufe und Firmung wesentlich und unwiderruflich zum gemeinsamen Priestertum geprägt. Hemmerle beschreibt diese Prägung nicht als statischen Besitz, sondern als Ausfluss und Anteilgabe an der überströmenden Liebe des dreifaltigen Gottes.[331] Durch Jesus Christus bekommen wir Anteil an dieser tri-

[329] Vgl. ebd., 28: »Für eine Ontologie, die vom unterscheidend Christlichen ausgeht, kann die Grundfrage nicht mehr heißen: Was bleibt und was verändert sich? Sowenig diese Frage ausfallen darf, sowenig kann sie der unbefragte Ansatz sein. Denn wer vom Bleiben allein her denkt, der denkt von einem einsamen Ansatz, von einem Sich-Durchhalten, von einer Selbstintentionalität her.«

[330] Ebd., 38.

[331] Vgl. Klaus Hemmerle: Gerufen und verschenkt. Theologischer Versuch einer geistlichen Ortsbestimmung des Priesters, München – Zürich – Wien ²1987, 64:

nitarischen Communio, geschieht für uns »Verwandlung von in sich verfestigtem Bestand in liebende Beziehung. Hier erreichen wir die Mitte, die Spitze, den Ursprung. Gott selber ist nicht verschlossenes Ich, sondern sich öffnende, sich in sich selber mitteilende, übersteigende Ursprünglichkeit, dreipersonale Liebe.«[332] Der Christ wird in den Fluss der göttlichen Lebenshingabe, des göttlichen »Für« hineingenommen und ist berufen, dieser wesentlichen Anteilgabe an der dreifaltigen Liebe Raum zu geben, sich der Communio des dreifaltigen Gottes zu öffnen und dieser in seinem Verhalten und in seiner Communio mit anderen zu entsprechen.

Hemmerle beschreibt nun den Dienst des Ordinierten als *Dienst in wesentlichen Vollzügen dieser Communio* des dreifaltigen Gottes mit uns Menschen und untereinander. Sein geistlicher Standort ist das »Dazwischen«, Hemmerle nennt ihn das »absolute Zwischen«, um dieser Communio zu dienen: »Er steht an jenem Angelpunkt, an welchem die Communio des Vaters und des Sohnes hinüberführt in die Communio der Glaubenden miteinander und umgekehrt. Und in diesem Angelpunkt hängt zugleich die Tür, durch welche Gottes Heil hinaus in die Welt und die Welt hinein in Gottes Heil gelangt. Der Priester ist aber nicht nur Türhüter der Communio, Sachwalter der Communio. Vielmehr ist die Communio zugleich seine Lebensform.«[333]

Aus der wesentlich prägenden Anteilhabe an der trinitarischen Communio ergibt sich für alle Christen gemeinsam, für den Priester nochmals in eigener Weise ein »besonderer Platz« um des Dienstes willen.

»Gott ist Liebe, die sich selbst verströmt, und sie verströmt sich so, daß die Vollendung Gottes in sich selbst gerade Mitteilung Gottes in sich selbst, dreifaltige Liebe, Vater, Sohn und Geist, ist. Trinität ist nicht ein spekulativer Überbau über einen Gott, der uns in Jesus Christus seine Freundlichkeit gezeigt hat, sondern die Voraussetzung und Ermöglichung dessen, daß wir so geliebt sind, wie wir geliebt sind: Gott hat sich in Jesus ganz gegeben und uns ganz angenommen, in sich hineingenommen, und so werden wir erfüllt von dem Geist, der Gottes inwendigste Liebesgabe, Gott von Gott, ist.«

332 Ebd., 64f.

333 Ebd., 119f.

3. Der »besondere Platz« des Priesters in der Communio-Struktur Gottes, der Kirche und des Amtes

3.1 Gemeinsam mit allen Glaubenden

Hemmerle versucht den priesterlichen Dienst von einem Standpunkt aus zu betrachten, in dem sich alle anderen Ansätze dieses Dienstes finden. Das ordinierte Amt ist in all seinen verschiedenen Ansätzen und Ausformungen keine Selbsterhöhung und selbstherrliche Daseinsweise, sondern – immer ausgerichtet an der Sendung Jesu – ein Dienst auf dem »letzten Platz«. Diesen »letzten Platz« situiert Hemmerle zunächst für alle Glaubenden gemeinsam im Erlösungsgeschehen zwischen Kreuz und Auferstehung Jesu: »Im Übergang vom Kreuz zur Auferstehung, im Kreuzungspunkt zwischen dem Abstieg in die Entäußerung an die Welt und dem Aufstieg in die Einung mit Gott und die Verbindung des Getrennten und Isolierten in der Mitte, da hat ganz einfach der Glaube seinen Standort. Dieser Standort ist nichts Unterscheidendes für den Priester.«[334] Der für alle Glaubenden gemeinsame Platz im gekreuzigten und auferstandenen Christus eröffnet von ihm her einen dreifachen Blickwinkel: Hinaus in die Welt, hin zum Vater, hinein in die Gemeinschaft. Dieser dreifache Blickwinkel des gekreuzigt-auferstandenen Christus nimmt die drei wesentlichen Punkte der Sendung Jesu in den Blick.

3.2 Für die Gemeinschaft der Glaubenden

Von daher ergibt sich der »besondere« Platz der priesterlichen Sendung als lebendige Synthese und ganzheitliches Einstehen für diese drei Blickrichtungen der Sendung Jesu, die für den Priester zum amtlichen Dienst werden: »Hin zur Welt = missio; hin zum Vater = Anbetung im Geist; zueinander = communio. Der Priester ist dafür da, daß diese drei Bewegungen das Leben von Kirche formen, durchdringen und alle Menschen in sich hineinnehmen.«[335] So ist der Priester *mit* allen Gläubigen auf diesen »letzten Platz« Christi und in seine Blickrichtung verwiesen, er ist gleichzeitig *für* sie da

[334] Ebd., 21.
[335] Ebd., 21f.

auf dem letzten Platz, um von dort aus im amtlichen Dienst der missio, Anbetung und communio seinen Brüdern und Schwestern zu dienen. Hemmerle spricht mehrfach von einer ganzheitlichen Beanspruchung und Inbeschlagnahme des Priesters für diesen wesentlichen Dienst, zu dem ihn Christus befähigt und in dem er immer als der eigentlich Sendende durchscheinen soll. Durch solche wesentliche Inbeschlagnahme wird gesichert, dass Christus selber seine Sendung weiterführen kann im amtlichen Dienst des Priesters.
Aus der trinitarischen Communio ergibt sich für Hemmerle eine Communio-Struktur der Kirche insgesamt, in der und für die der ordinierte Amtsträger mit seiner Person einsteht und handelt, und eine *Communio-Struktur des Amtes*: »Bischof und Priester sind in Beschlag genommen von Jesus Christus, sie kommen aus seinem Ursprung her in die Welt hinaus. Sie sind sein ›Denkzettel‹, sein wirksames Erinnerungs- und Ursprungszeichen überall. Und – dies eröffnet die Communio-Struktur von Kirche notwendig – sie sind ebenso der ›Denkzettel‹, das wirksame Erinnerungszeichen und der Anwalt der Kirche im ganzen, der Kirche auf der ganzen Welt …
Das erste Prinzip: Das geistliche Amt dient der Communio der ganzen Kirche mit Jesus Christus. Darauf kommt es an, daß Er zum Zuge kommt: es gibt keine andere Vollmacht in der Kirche als die seine. Und wo er an der seinen teilgibt, da kommt alles darauf an, die eigene Amtsführung, den eigenen Dienst auf ihn hin transparent werden zu lassen.
Das zweite Prinzip: So wie der Sohn vom Vater gesendet ist (vgl. hierzu Joh 17,3 und 18; sowie Joh 20,21) und der Vater somit in Jesus Christus anwesend ist, so wie also in Jesus Christus der Vater durchscheint und zugleich seine Communio mit dem Vater sich in ihm eröffnet und durch ihn uns teilgegeben wird, so ist der einzelne Amtsträger von Jesus Christus ergriffen, berufen, bevollmächtigt. Seine Sendung ist nicht sein Eigentum, über das er verfügen und an dem er festhalten könnte; aber sie ist ihm verliehen, ihm in gewisser Weise ›ausgeliefert‹ und er ihr, er kann sich von seiner Sendung und Vollmacht nicht dispensieren. *Dies aber setzt ihn in eine personale und unvertretbare Beziehung zu dem ihn sendenden Herrn und nimmt von ihm her in Anspruch für die Communio, die durch ihn wachsen und währen soll …* [Hervorhebung TO]. Verdichten wir die Aussage: Jesus Christus allein – ich selbst – wir gemeinsam. In diesem Dreieck, in dieser Beziehung wird geistliches

Amt vollzogen, werden seine Daten lesbar und wird die Sendung lebbar.«[336]

Diese »Durchlässigkeit« des Priesters für Christus und seine göttliche Sendung vom Vater in der Communio-Struktur der Kirche und des Amtes beschreibt Hemmerle in mehreren Varianten und biblischen Bildern, wie z.B. im Knecht-, Hirte-, Vater- und Mutter-Sein.

4. Der Priester als Knecht, Hirte, Vater und Mutter

4.1 Knecht-Sein

Ordinierter Dienst als *»Knecht-Sein«* bedeutet keinen Selbststand und Selbstzweck in sich, sondern sich selbst enteignet zu sein, zu sein vom anderen her: Knecht-Sein bedeutet Bezogen-Sein. Hemmerle drückt mit diesem Bild die absolute Abhängigkeit des priesterlichen Dienstes von der Selbstentäußerung Gottes in Jesus Christus aus, in dessen Nachfolge der priesterliche Dienst zum Sein für andere führt nach den Worten des Paulus: »Wir verkündigen nämlich nicht uns selbst, sondern Jesus Christus als den Herrn, uns aber als eure Knechte um Jesu willen« (2 Kor 4,5). Der Priester ist Knecht Gottes und der Menschen, von Gott und den Menschen in Anspruch genommen. Er geht auf die Menschen zu und vollzieht die Sendung Jesu als Ausdruck der freien und radikalen Liebe, denn »die Leidenschaft Gottes ist der andere, und so kann es für meinen Dienst [als Ordinierter] keinen anderen Weg geben, als den dieser Leidenschaft, die *zu* ihm geht, die *von* ihm her denkt, die *für* ihn da ist, die *mit* ihm da ist, die sich von ihm beschenken läßt.«[337]

4.2 Hirte-Sein

Auch im Bild vom *Hirten* wird deutlich, dass ordinierter Dienst keine persönliche Auszeichnung und kein Kreisen um die eigene Person, sondern ein »Dasein für«, ein »Sein in Bezogenheit« ist. Im Dienst der ordinierten Amtsträger muss der einzige Hirt durchscheinen und zur Geltung kommen.[338] Wie schon beim Knecht-Sein

[336] Ebd., 135f.

[337] Ebd., 150.

[338] Vgl. ebd., 150: »Menschlicher Hirtendienst verdankt sich der Sendung und dem Vertrauen des einzigen Hirten; die Herde, die Schafe sind sein. Und so wird für

besteht eine innere Verbundenheit und Vertrautheit sowohl mit Christus als auch durch ihn mit den anvertrauten Menschen: »Dies ist Verpflichtung für die Hirten, die seinen Hirtendienst ausüben und weitertragen: Sie selber gehören ihm, sie sind in ihm, er ist in ihnen – und daraus erwächst eine Zugehörigkeit der ihnen anvertrauten Menschen auch zu ihrer, der Hirten Existenz. Die uns [den Ordinierten] Anvertrauten sind Gottes Eigentum ... sie sind geheiligt wie eben das, was Gott zugehört. Aber da wir als Hirten selber Gott zugehörig sind, sind seine Schafe auch uns zugehörig, unsere eigene Sache. Das wesentliche Kennzeichen des Hirten ist dies: Es geht um ihn, wenn es um die anderen, wenn es um die Schafe geht.«[339] Der ordinierte Dienst ist also möglich durch die innere Verbundenheit mit Christus und den anvertrauten Menschen. Diese doppelte Beziehung soll immer wieder durchscheinen, und nur aus dieser inneren Verbundenheit kann der ordinierte Dienst wirken und seine spezifischen Aufgaben wahrnehmen.[340]

4.3 Vater- und Mutter-Sein

Im Bild vom *Vater* setzt Hemmerle diese Linie des Bezogen-Seins auf und für andere fort: Gott Vater schenkt Leben in Jesus Christus und der Priester ist berufen, sich selber in diese Bewegung hineinzubegeben, Christus und in ihm den Vater zu den Menschen zu bringen, ihn für die Menschen gegenwärtig zu setzen. Dadurch entsteht eine personale Beziehung von Christus her zu den Menschen: »Ich gebe dem anderen Gottes Leben, Gottes Wort als *sein* Leben, als *sein* Lebenswort ... ich kann ihm nicht irgend etwas von mir ... geben, sondern allein Gott zeugt Leben, allein sein Leben zählt. Indem ich ihm aber dieses mir selber gegebene und aufgegebene Leben und Wort Gottes darreiche und aufschließe, entsteht eine personale Beziehung zu ihm. Ich gebe es ihm selbst und gebe mich selbst in diesen Vorgang hinein.«[341] Diese geistliche Vaterschaft soll also in

solchen Hirtendienst das Maß Jesu entscheidend. Es muß in der Weise, wie *die* Hirten Hirten sind, *der* einzige Hirt aufscheinen, zur Geltung kommen.«

339 Ebd., 151.

340 So Hemmerle: ebd., 152: »Erkennen – rufen – sammeln – nachgehen, und dies alles aus der Bereitschaft, das Leben zu geben, damit die anderen das Leben haben; das Leben zu geben, weil die anderen, weil alle zu mir gehören im Zugehören zum einzigen guten Hirten: dies ist die ›pastorale Linie‹ priesterlichen Dienstes.«

341 Ebd., 155.

allem Gott für die Menschen zum Zuge kommen lassen. Das bedeutet, dass sich der ordinierte Amtsträger zurücknehmen können und den anderen für Gott freigeben muss.
Im Bild von der *Mutter* führt Hemmerle dies weiter aus, indem er den ordinierten Dienst als »Hintergrund-Sein« und »Raum-Sein« bezeichnet, damit Gott wirken kann. Das Leben Christi im Nächsten will nach den Worten des Paulus erlitten, ausgetragen, geborgen und gehegt werden.[342] Vorbild für den priesterlichen Dienst in seiner mütterlichen Form ist Maria, die Hemmerle als »lebendigen Hintergrund« beschreibt.[343]
Diese Bilder vom Priester, die Hemmerle als Grundgestalten seines Daseins für die Menschen bezeichnet, bringen zum Ausdruck, dass der Ordinierte sich in seinem spezifischen Dienst ganz in die Bewegung der Lebenshingabe Christi ein- und unterzuordnen hat: »Immer ist es der Herr selber, der das Entscheidende tut, der uns in die Pflicht nimmt, der das Maß setzt und den Weg weist durch seine Kreuzeshingabe. Jedesmal ist von uns verlangt, uns ganz zu geben und ganz zurückzunehmen.«[344]
Die Grundbeziehung des »von Gott her – für die Menschen«, die sich aus der Communio-Struktur Gottes ergibt und sich in der Beziehungswirklichkeit der Kirche und des Amtes im wahrsten Sinn des Wortes »aus-wirkt«, scheint immer wieder durch in verschiedenen Variationen, etwa im »Mit und Für«[345], im »Gerufensein, um

---

[342] Siehe ebd., 158: »Der andere Akzent bei Paulus gegenüber dem Vaterbild ist bei aller Nähe zu spüren, vor allem in der Stelle aus dem Galaterbrief: Christus im Nächsten, sein Leben will erlitten, es will ausgetragen und geborgen, gehegt werden (vgl. Gal 4, 13f).«

[343] Ebd., 159f: »Sie hat ganz einfach ihr Herz für den Ruf Gottes geöffnet, sie hat ihr Ja gesagt und ist, Augenblick für Augenblick, ihren Weg gegangen, den Weg im Hintergrund, den Weg des Dienens, des Daseins. Sie hörte zu, sie bewahrte, sie begleitete. Sie hat auch Fragen gestellt und Bitten formuliert und ist dabei in die Situation geraten, nicht zu verstehen und abgewiesen, ins zweite Glied, auf die Wartebank geschoben zu werden. Und dies durchaus von ihrem eigenen Sohn. Aber sie ist weitergegangen; und sie hat ausgehalten, ist geblieben auch unter dem Kreuz: stabat...«

[344] Ebd., 160, vgl. auch ebd., 139: »Ich bin ganz da, aber es geht dabei um *sein* Dasein...«

[345] Siehe ebd., 24, 31, bes. auch 101f: »Die Stellung des Priesters ist es, inmitten der Kirche mit anderen, als einer von ihnen sie einend und sammelnd, zum Herrn zu rufen und zugleich, geprägt durch das unauslöschliche Mal Jesu Christi, in der Darbringung seines Opfers und in der Feier seiner Sakramente ihn selber für die Kirche und in ihr gegenwärtig zu halten.«

den Ruf weiterzutragen«[346] usw. All das gipfelt in der Aussage, *dass es den ordinierten Amtsträger gibt, damit Christus größer ist als er* und dass Gott in diesem Wirken in den verschiedenen Beziehungen als der je entscheidend Handelnde und Größere durchscheint: »Als Erlöster ist der Priester gerufen, die Erlösung zu bezeugen. Dies gelingt aber nur, indem der Erlöser selber ins Spiel kommt ... Er hat uns die Gaben der Erlösung anvertraut ... Aber in diesen Gaben hat Er sich selbst uns anvertraut ... in uns will Er, muß Er größer sein als wir, auf daß wir ihn nicht verdecken, sondern Er durchscheint und aufscheint in uns ... Er kommt nur als Erlöser ins Spiel, indem er in meinem Wirken größer ist als ich. Er ist größer als ich; ja *ich bin, damit Er größer ist als ich* [Hervorhebung TO].«[347] Interessant ist die Art und Weise, *wie* die Person des Ordinierten von Gott wesentlich in Beschlag genommen wird, damit sie in der o.g. Weise befähigt ist für den Dienst an den Menschen und vor allem für das Handeln in persona Christi.

5. Durch die Ordination wird Christus ein innerster Raum in der Person des Ordinierten ausgespart

»Nicht ich, sondern er«: Der Ordinierte stellt dar, dass es trotz der Notwendigkeit seines Daseins und seines Dienstes nicht auf ihn und seine Person, sondern auf Christus ankommt, der durch ihn handeln und zum Zuge kommen will. Der Ordinierte ist, damit Christus größer ist als er. Solches Handeln in persona Christi ist nach Hemmerle möglich, weil in der Ordination sich Christus der Person des Priesters für bestimmte spezifische Dienste bemächtigt und dafür Raum in seinem Innersten ergreift: »In der Priesterweihe greift der Herr nach ihm, um ihn zum wirksamen Zeichen seiner Gegenwart für die Kirche werden zu lassen. Er vertraut sein eigenes Ich-Sagen dem Priester an, auf daß er selber im Priester der Handelnde und Wirkende sei im sakramentalen Geschehen ... Im sakramentalen Wirken, aber auch in der vollmächtigen Verkündigung, die im Auftrag des Bischofs und in der Einheit mit der Kirche geschieht, handelt der Priester ›in persona Christi‹ ... Dies erhebt ihn nicht, son-

[346] Vgl. ebd., 40f.
[347] Ebd., 168f.

dern macht ihn klein, leer, spart in ihm dem Herrn einen innersten Raum aus.«[348]

Hemmerle betont ausdrücklich, dass dieses Handeln des Ordinierten in persona Christi nicht für alle Bereiche seines Lebens gilt, sondern nur für ganz bestimmte Aufgaben, die durch schmal gezogene objektive Grenzen bestimmt sind, deren Überschreitung nicht nur eine ungebührliche Anmaßung, sondern eine gefährliche Überforderung der Person des Ordinierten bedeuten würde. Auf der anderen Seite bleibt die Persönlichkeit des Ordinierten nicht unberührt von dieser innersten Beschlagnahme durch Christus und den daraus folgenden Handlungen in seinem Namen. Die wesentliche Indienstnahme mit den daraus erwachsenden Funktionen prägt die Person des Ordinierten ein Leben lang. Wenn er für Christus durchlässig wird, bestimmt dies mehr und mehr auch sein Verhalten in allen Lebensbereichen. Die Mitte priesterlichen Wirkens und Seins verändert »dieses im ganzen, dieses bis in die Peripherie hinein. Er in mir – um so mehr drängt es mich, daß er in allem mich bestimme, in mir aufscheine, mit seiner Liebe, mit seinem Erbarmen, mit seiner alle Grenzen annehmenden und verwandelnden Macht zum Zuge komme.«[349]

Das innerste Ergriffen-Sein der Person des Ordinierten von Christus, damit er in bestimmten Handlungen durch ihn tätig werden kann, setzt somit den Ordinierten in ein neues personales Verhältnis zu Christus und zu den ihm Anvertrauten.[350] Dieses neue Verhältnis prägt sowohl seinen Dienst, als auch sein ganzes Leben und soll durch alles hindurch deutlich werden, wie z.B. die verschiedenen Bilder gezeigt haben, mit denen der ordinierte Dienst beschrieben wird.

[348] Ebd., 170. Vgl. ebd. die Konsequenzen für den Ordinierten: »Sosehr er sich ganz in den Herrn, der in ihm wirkt, hineinzugeben hat, so deutlich ist dieses Sich-Hineingeben eine Zurücknahme. Nirgendwo ist der Priester zu mehr Gehorsam, zu mehr Absehen von seinem bloß eigenen Stil und Mögen gerufen als dort, wo der Herr ihn für sich selbst, für seine wirkmächtige Gegenwart in der Kirche in Anspruch nimmt.«

[349] Ebd., 171. Siehe ebd. die Konsequenz daraus: »Er ist in mir stärker als ich – dies bedeutet: Ich muß Mut haben zu seiner Vollmacht in mir, ich darf Mut haben zu meiner Ohnmacht, weil ich sie ihm überantworten, an ihn verschenken darf.«

[350] Vgl. z.B. ebd., 136: [Der Amtsträger] »kann sich von seiner Sendung und Vollmacht nicht dispensieren. Dies aber setzt ihn in eine personale und unvertretbare Beziehung zu dem ihn sendenden Herrn und nimmt von ihm her ihn in Anspruch für die Communio, die durch ihn wachsen und währen soll.«

In den Ausführungen von Hemmerle gibt es auf Grund der von Gott geschenkten neuen Beziehungen keinen Gegensatz von »Sein und Funktion«.

6. Zusammenhang von »Sein und Funktion«

Die in der Ordination gnadenhaft geschenkte wesentliche Anteilhabe an der trinitarischen Communio ist angelegt auf die dynamische Entfaltung in den Funktionen. Der dargestellte relational-ontologische Ansatz von Hemmerle überwindet die gegensätzliche Aufspaltung zwischen »seinsmäßig-ontologischen« und »funktionalen« Aspekten in der Amtstheologie und kann auch gnadentheologisch beschrieben werden. Wenn Gott in seinem Wesen in sich selbst und über sich hinaus sich-verschenkende Liebe ist und den Menschen seinsmäßig daran Anteil gibt, wenn er in eigener Weise den ordinierten Amtsträger dazu befähigt, diese Liebe »amtlich« weiterzugeben, dann ist das Wesen der jeweiligen Person »in ihren Funktionen« beschrieben, der Gegensatz von Sein und Funktion überwunden. Der Priester ist somit nicht »Funktionär« in dem Sinn, dass er lediglich gewisse Funktionen als offizieller Beauftragter eines Verbandes (hier der Kirche) auszuführen hat, ohne wesentlich damit verknüpft und dazu befähigt zu sein. Er ist aber auch kein »privilegierter Heiliger«, der durch die Priesterweihe einen »Königsweg« zur persönlichen Heiligkeit empfangen hat und sich selbstgenügsam darauf ausruhen kann. Seine Funktionen und sein Sein hängen wesentlich miteinander zusammen. Die priesterlichen Funktionen sind nichts Äußerliches, sondern drücken seine in der Ordination geschenkte wesentliche Indienstnahme durch Gott für die Menschen mit der daraus sich ergebenden spezifischen Sendung aus: »Der Gegensatz nämlich, den wir vordergründig zwischen Sein und Funktion konstatieren, ist in einer *christlichen* ›Ontologie‹ fehl am Platz. Der Ursprung des Seins im dreifaltigen Leben Gottes ist doch Selbstauslieferung, ist Sich-Geben, ist Bezug über sich hinaus. Nicht das fertige In-sich-Stehen, sondern der Aufbruch der Liebe ist die Vollkommenheit Gottes, und wo Gott in der Ordnung der Schöpfung und in der Ordnung der Gnade Anteil an sich gewährt, da gewährt er eben Anteil an sich als Liebe, als Sich-Schenken, als Bezüglichkeit. Wenn Gott Liebe ist, dann ist, in einem fundamentalen und radikalen Sinn, sein Sein Funktion, Funktion freilich, die gerade Brauchbarkeit und Verrechenbarkeit sprengt. Diese Umkehr und Vollendung der Funktionalität im christlich verstandenen Sinn hat allerdings zur Folge, daß nicht nur Sein Funktion, sondern auch Funktion Sein ist. Der Priester kann nicht nur Funktionen ausüben und mit seinem nebenanstehenden Sein ein zusätzliches Amt bekleiden ... Diese Identität von Funktion und Sein führt, recht verstanden, nicht zu einer Nivellierung des Ontologischen und des Funktionalen. Es ist gerade nicht möglich, daß der Priester sich auf sein Dasein für andere konzentriert und, es mit der Liebe Christi identifizierend, sich von der Zuwendung zu Christus direkt dispensiert; und es ist ebenso wenig möglich, daß der Priester sich in seine ontologische Qualifikation und persönliche Gottesbeziehung einigelt, ohne an der konkreten Zuwendung Christi zum Menschen, wie er ist und wo er ist, teilzunehmen. Die Liebe, das Sich-Schenken, die Funktion, die Gottes Sein sind, umschließen gerade die Spannung, deren Pole nicht nivelliert werden.«[351]

Dieser untrennbare Zusammenhang von Sein und Funktion beinhaltet somit eine gnadenhaft geschenkte Gabe (die neue geschenkte Beziehung zu Gott und den Menschen) und gleichzeitig damit verbunden eine Aufgabe (aus dieser Beziehung zu leben und seiner Sendung entsprechend zu wirken).[352]

---

[351] Klaus Hemmerle: Funktionale Interpretation des priesterlichen Dienstes?, in: Karl Forster, Priester zwischen Anpassung und Unterscheidung. Auswertungen und Kommentare zu den im Auftrag der Deutschen Bischofskonferenz durchgeführten Umfragen unter allen Welt- und Ordenspriestern in der Bundesrepublik Deutschland, Freiburg – Basel – Wien 1974, 27–40, hier: 39f.

[352] Vgl. die Konsequenzen, die Hemmerle daraus zieht, in ebd., 40: »Das theologisch hier sehr prinzipiell und allgemein Ausgeführte hat durchaus seine konkreten Folgen. Es stellt eine Alternative dar gegen Einseitigkeiten des Vertikalen, Ontologischen und des Horizontalen, Funktionalen; es weist auch hinaus über die Engführung eines Ansatzes, der dem Selbst und seinen Bedürfnissen verhaftet bleibt. [Das] Stichwort der Ontologie und der Funktionalität priesterlichen Dienstes, die hier im Blick sind, heißt: Geschenk, Sich-Schenken. Der Glaube ans Beschenktsein von Gott und der Mut zum Weiterschenken, das Bewußtsein, in allen vielen Tätigkeiten nur eines zu ›müssen‹: das Sich-Schenken Gottes zu bezeugen, der Mut zur Unterscheidung dessen, der etwas zu schenken hat, und die Bereitschaft zum Sein wie alle, weil das Eigene doch nur geschenkt und zum Verschenken da ist, das kann manche der Fixierungen und Verkrampfungen lösen, die zur Krise priesterlichen Selbstbewußtseins führen. Maßnahmen, Abhilfe im einzelnen, neue Planung werden dadurch keineswegs überflüssig, sie erhalten aber eine Mitte, die es möglich macht, ohne Angst und ohne verzweifelten Mut das Nötige und Sinnvolle zu tun.«

In den Ausführungen Hemmerles wird deutlich, dass die Relation wesentlich und untrennbar zum Sein der trinitarischen Communio gehört. Dem Menschen wird gnadenhaft Anteil an der trinitarischen Communio gegeben durch eine neue Relation zu Gott und den Mitmenschen, die ihn wesentlich prägt und bestimmt. In Anlehnung an die Kategorien einer »trinitarischen Ontologie« lassen sich die in der Ordination neu geschenkten Beziehungen und das Zueinander von Person und Funktion des ordinierten Amtsträgers mit Hilfe der Kategorien einer »relationalen Ontologie« beschreiben.
Mit Hilfe dieser personal-relationalen Kategorien wird deutlich, dass die sakramentale Beschlagnahme des Ordinierten durch Christus für grundlegende Vollzüge der Kirche die Person und das Wesen des Betreffenden neben seiner weiter bestehenden Prägung durch Taufe und Firmung nochmals bleibend berührt und prägt und Christus in ihm für diesen Dienst einen »innersten Platz« ergreift.
Die Ordination bewirkt somit keine statische Wesensveränderung im Sinne eines im Vergleich zum gemeinsamen Priestertum aller Glaubenden höherwertigen Besitzes zur besseren und selbstgenügsamen Privatheiligung. Vielmehr ergreift Christus wesentlich Besitz, damit Er in den spezifischen Diensten des Ordinierten für andere zum Zuge kommt. Die Funktionen des priesterlichen Dienstes haben ihren Grund in der wesentlichen Ermächtigung des Amtsträgers durch Christus. Das »Wesen« des ordinierten Amtes ist diese gnadenhaft geschenkte neue Beziehungswirklichkeit, in und für die der ordinierte Amtsträger unwiderruflich in Dienst genommen wird.
Die verschiedenen Beziehungen, in die die Person des Amtsträgers durch die Ordination für ihren Dienst hineingestellt und durch die sie wesentlich geprägt wird, sind auch bei Hemmerle die in dieser Arbeit in allen Epochen aufgeführten: grundlegend vom dreifaltigen Gott bzw. von Christus her und ständig auf ihn als Maßstab ausgerichtet – in der Gemeinschaft der Glaubenden – für die Menschen.

IV. Amtsverständnis von Edward Schillebeeckx und Gisbert Greshake

Der Zusammenhang von Person und Funktion des ordinierten Amtsträgers und die jeweilige theologische Begründung sind im Verlauf dieser Untersuchung in unterschiedlicher Weise immer wieder aufgetaucht. In heutiger Zeit wird häufig eine »funktionale« Amtsbegründung gegen eine »ontologische« ausgespielt. Anhand der Amtsauffassungen von Schillebeeckx und Greshake werden nun beispielhaft zwei Vertreter heutiger Sichtweisen des ordinierten Amtes dargestellt. Man kann sicher nicht so weit gehen, auf der einen Seite bei Schillebeeckx eine *rein* funktionale Amtsbegründung »von unten«, von Seiten der Gemeinde her, zu sehen, während Greshake das Amt *nur* mit Blick auf die ontologische Prägung der Person »von oben«, von Seiten Gottes, sieht. Beide stellen auf ihre Weise das Amt als Beziehungswirklichkeit mit dem Zueinander von Funktion und dazu ergehender Befähigung bzw. Prägung der jeweiligen Person dar. Die Art und Weise der Herleitung des ordinierten Amtes sowie die Gewichtung der verschiedenen Beziehungen mit dem jeweiligen Zueinander von Person und Funktion sind jedoch unterschiedlich und beide ziehen daraus verschiedene Konsequenzen.[353]

Schillebeeckx (1.) hat als Folge von zum Teil massiver Kritik auf sein Buch »Das kirchliche Amt« ein zweites Buch mit dem Titel »Christliche Identität und kirchliches Amt. Plädoyer für den Menschen in der Kirche« geschrieben. In der Einführung zu diesem zweiten Buch verdeutlicht Schillebeeckx die Missverständnisse, aber auch die Kritik an seinem ersten Buch. Es ist hier nicht möglich, die Diskussion über diese kritischen Punkte ausführlich darzustellen. Wichtig ist jedoch, das grundlegende Anliegen von Schillebeeckx zu

[353] Daneben gibt es noch eine Fülle von weiteren Sichtweisen und Schwerpunkten in der heutigen Amtstheologie, von denen z.B. Greshake einen guten Überblick und weitere Literatur in seiner Bibliographie bietet in Ders.: Priester sein in dieser Zeit, 40–54. Dieses Buch ist eine kompakte Zusammenfassung und Ausführung der Amtsaspekte von Greshake und dient deshalb hier als Grundlage für die Ausführungen von Greshake zum ordinierten Amt und zur Auseinandersetzung mit Schillebeeckx.

beachten, das in der Auseinandersetzung um sein erstes Buch deutlich wird und das in gewisser Weise einen Schlüssel zum Schillebeeckx'schen Amtsverständnis bildet: Er will das Werden und die konkreten Ausgestaltungen des Amtes in der Kirche nicht in einem kontextlosen, rein »theologischen« Rahmen, sondern in den soziokulturellen und historischen Bedingungen und Notwendigkeiten sehen. Von daher möchte er alle theologischen Überzeichnungen, vor allem wenn sie in ungebührlicher Weise das Amt bzw. ontologisch die Person des Amtsträgers gegenüber dem »einfachen« Gläubigen erhöhen, entlarven und für heutige Zeiten neue Formen und Möglichkeiten der Amtsgestalt aufweisen. Schilleebeeckx stellt die Entwicklung des Amtes ausgehend vom Neuen Testament im Laufe der Geschichte dar und wehrt sich gegen den Vorwurf einer bloß soziologischen oder historischen Herleitung mit dem Hinweis, dass die sozio-historische Form für die Menschen die konkrete Erscheinungsform der Gnade ist.[354]

[354] Siehe E. Schillebeeckx: Christliche Identität und kirchliches Amt, 16f: »Aus einigen Kritiken an ›Das kirchliche Amt‹ ist mir klar geworden, daß es für viele schwer ist, sich von dem zu trennen, was ich als eine hartnäckige Form von Dualismus ansehe: Was soziologisch und/oder historisch einsichtig gemacht werden kann, wird von ihnen theologisch in eine Art sturmfreie Zone gestellt, in der eine Gemeinde Jesu Christi jedoch zu Recht erfährt, daß Amt ›von oben‹ ist: Gnade Gottes. Mit soziologischen oder historischen Gegebenheiten konfrontiert, sagen Gläubige dann zu Soziologen oder Historikern: Ja, aber das Amt ist *nicht bloß* eine soziologische oder historische Gegebenheit! Das kann, und zwar mit Recht, ein Protest gegen eine soziologische und historische Reduzierung des Amtes sein. Aber es gibt auch einen theologischen Reduktionismus, der den Gnadencharakter des Amtes neben und über seine sozio-historische Wirklichkeit stellt. Das ›nicht bloß‹ verrät das Doppeldeutige dieses Dualismus: man erkennt zwar zwei getrennte Dimensionen an, die nur von verschiedenen Aspekten aus erreichbar sind und über die man nur in zwei verschiedenen Sprachspielen (wissenschaftliche Sprache und Glaubenssprache) sprechen kann, aber man projiziert diese dann nebeneinander auf *eine* Ebene in der Wirklichkeit. Gerade darin liegt der Fehler. Denn es handelt sich um ein und dieselbe Wirklichkeit: Die historisch gewachsene und soziologisch oder historisch erklärbare Form (in diesem Fall des Amtes) ist gerade das, was der Gläubige als eine konkrete Erscheinungsform der Gnade erfährt und in Glaubenssprache ausdrückt: eine glückliche, weniger glückliche oder falsche Antwort der Glaubensgemeinschaft auf Gottes Gnade. Es gibt kein ›revelatorisches Surplus‹ *hinter* oder *neben* den sozio-historischen Formen des Amtes ... Die Gnade, auch wenn sie immer ihre Erscheinungsformen übersteigt, läßt sich nur *in* dieser historischen oder soziologischen Gestalt finden; nicht dahinter oder darüber. Erforscht man somit das Amt historisch oder soziologisch, dann erforscht man in Wirklichkeit, gläubig gesehen, von einem bestimmten – gläubigen – Aspekt aus, die glückliche oder adäquate beziehungsweise nicht-glückliche oder nicht-adäquate kirchliche Beantwortung der angebotenen Gnade – was impliziert, daß man Kriterien zur Beurteilung *aus mehr als einer*

Das erste Buch bringt in seinem historischen Überblick und den Kommentaren die für diese Untersuchung interessanten Aspekte der Amtsauffassung von Schillebeeckx auf den Punkt. Im zweiten Buch, das im Wesentlichen keine Korrektur, sondern eine weitere Entfaltung darstellt, werden diese historisch-soziologischen Entwicklungen und Aspekte des Amtes noch mehr und ausführlicher zusammen mit den Fehlformen erläutert, die sich nach Meinung von Schillebeeckx im Laufe der Geschichte in den verschiedenen Epochen bis heute herausgebildet haben.[355] Da Schillebeeckx in beiden Büchern grundsätzlich dieselbe Amtsauffassung hat, orientieren sich die folgenden Ausführungen meist am kompakteren ersten Buch und fügen, wenn nötig, ergänzende Aspekte aus dem zweiten Buch mit an.

Schillebeeckx sieht aus neutestamentlicher und frühkirchlicher Perspektive das Amt vor allem von Seiten der Gemeinde her als eine Funktion, die unabdingbar notwendig ist zur Gemeindeleitung (1.1). Da das Amt von der Gemeinde Christi benötigt wird, ist es, wenn die christliche Gemeinde einen Amtsträger wählt, für Schillebeeckx eine Gabe von Seiten Gottes, die ihr vom Heiligen Geist geschenkt wird. Insofern ist das Amt »von unten«, d.h. von Seiten der Gemeinde, ein Amt »von oben«, d.h. von Seiten Gottes (1.2). Diese Perspektive hat für Schillebeeckx verschiedene Konsequenzen für die Amtstheologie (2.): Die Ordination geschieht zur Gemeindeleitung, es gibt keine absoluten Ordinationen, sondern nur für eine bestimmte Gemeinde. Die Ordination ist nicht bleibend, sondern zeitlich befristet. Durch sie geschieht eine ekklesiale Anerkennung eines Charismas und eine Geistesgabe wird verliehen, ohne dass dadurch die betreffende Person ontologisch qualifiziert würde (2.1). Schillebeeckx unterscheidet zwischen einer ontologischen Ebene der Geisttaufe aller Christen und einer »kirchenfunktionalen Ebene des Amtes« (2.2). Wer ordinierter Gemeindeleiter ist, ist durch seine

---

Periode der Kirche suchen muß. Der soziologische und auch der historische Entwurf unterscheiden sich von dem *theologischen*; wissenschaftstheoretisch sind es zwei verschiedene theoretische Rahmen, in denen jedoch *ein und dieselbe Gegebenheit* angegangen wird.«

355 Vgl. die von Schillebeeckx genannte Fortführung des ersten und die Zielsetzung seines zweiten Buches ebd., 15f und seine Absicht ebd., 16: »Anhand historischer Basisfakten und konvergierender Hinweise will ich das ›theologische Projekt‹ dieses ersten Buches jetzt gründlich vertiefen – als Handreichung sowohl für Fachbrüder und -schwestern als auch für alle Mitglieder der Gemeinden.«

amtliche »ordinatio«, d.h. durch seine Eingliederung in eine bestimmte Kirchengemeinde, zu allen spezifischen Funktionen ermächtigt und braucht keine spezielle Ermächtigung mehr zum Vorsitz der Eucharistiefeier und anderen grundlegenden Vollzügen der Kirche (2.3). Für Schillebeeckx sind schließlich alle, die von der Gemeinde anerkannt werden und an der Gemeindeleitung beteiligt werden sollen bzw. schon beteiligt sind, zu ordinieren (2.4).
Greshake sieht wie Schillebeeckx das Amt als Beziehungswirklichkeit, aber mit anderer Gewichtung (3.). Für Greshake sind die beiden maßgeblichen Beziehungen des ordinierten Amtes die Relation zu Christus und die Relation zur Kirche/Gemeinde, die der Amtsträger öffentlich repräsentiert. Für die Beschreibung dieser sakramentalen »repraesentatio Christi« und »repraesentatio ecclesiae« greifen jedoch nach Greshake die soziologisch-funktionalen Kategorien von Schillebeeckx und ähnlichen Vertretern seiner Amtstheologie mit der Aussage »Amt von unten ist Amt von oben« theologisch zu kurz (3.1). Die grundlegende Ermächtigung zum amtlichen Dienst geschieht nach Greshake nicht durch die Gemeinde, sondern von Christus her (3.2). Die Ordination befähigt zu sakramentaler Christus-Repräsentation und ist (im Gegensatz zu Schillebeeckx) Voraussetzung für den Vorsitz der Eucharistiefeier und anderer wesentlicher Grundvollzüge (3.3).
Ebenfalls im Gegensatz zur Amtsauffassung von Schillebeeckx befähigt und prägt nach Greshake die Ordination die Person bleibend und ist handlungsbezogen für die entsprechenden Funktionen (3.4), was den ordinierten Amtsträger jedoch nicht über die anderen Christen im Sinne eines »besseren und heiligeren Standes« erhebt, sondern ihn innerhalb des Volkes Gottes verortet und zur sakramentalen Repräsentation der Kirche befähigt (3.5).
In der abschließenden Auswertung wird v.a. die Herleitung des Amtes und das untrennbare Zueinander von Person und Funktion mit Hilfe personal-relationaler Kategorien verdeutlicht (4.).

1. E. Schillebeeckx: »Amt von unten ist Amt von oben«

1.1 Amt als Gemeindeleitung

Für Schillebeeckx folgt aus seiner Beschreibung des Amtes in neu- und nachneutestamentlicher Zeit, dass das Amt notwendig ist, »um die Gemeinde auf der Linie der Apostolizität zu halten...«[356] Das Amt steht im Dienst der Erhaltung der Gemeinden als Gemeinden Jesu. In einer Zeit der fortschreitenden historischen Distanz zum apostolischen Ursprung und bei aufkommenden Irrlehren ist die grundlegende Funktion des Amtes, für das Bleiben in und die inhaltliche Anbindung an diesen Ursprung und somit für die Erhaltung der christlichen Identität zu sorgen.[357] Das Amt ist also nicht um seiner selbst willen oder um der seinsmäßigen Erhöhung der Person des Amtsträgers da (Schillebeeckx wehrt sich vehement gegen jede diesbezügliche Eigenmächtigkeit des ordinierten Amtes und gegen jede Amtstheologie ohne Bezug zur Ekklesiologie): Amt ist bei allen Überformungen in der Geschichte und trotz der Sazerdotalisierung im Mittelalter für Schillebeeckx primär ein Charisma neben anderen (wenn auch ein »besonderes«) *im Dienst der Gemeindeleitung*.[358] Im Amt geschieht die »spezifische Kristallisation eines universalen Geistcharismas zu einer bestimmten Christen vorbehaltenen, kirchenfunktionalen Geistgabe.«[359] Zusammenfassend folgert Schillebeeckx aus seinem historischen Überblick, dass das Amt von Seiten der Gemeinde herkommt und gemeindeleitende Funktion hat, dass es jedoch als eine Gabe »von oben« erfahren wird.

1.2 »Amt von unten ist Amt von oben«

Bei der Herleitung des Amtes ergibt sich für Schillebeeckx eine *doppelte Relation*, jedoch mit eindeutigem *Schwerpunkt »von unten«, von der Seite der Gemeinde* her (»von der und für die christliche Gemeinde und *dadurch* von Gott«) mit folgender Begründung: Die Gemeinde benötigt das Amt der Gemeindeleitung, das sie im apostolischen Ursprung und in der christlichen Identität erhält. Sie bittet deshalb Gott um geeignete Personen und wählt solche aus, in denen sie eine Begabung zur Gemeindeleitung entdeckt. Diese werden

---

[356] E. Schillebeeckx: Das kirchliche Amt, 30.

[357] Vgl. dazu die ausführlichen Darlegungen von Schillebeeckx in ebd., 13–80 sowie in Ders.: Christliche Identität, 55–191.

[358] Vgl. E. Schillebeeckx: Das kirchliche Amt, 57: »Amt, ganz gleich welcher Art, hat mit der Gemeindeleitung zu tun: Amtsträger sind Schrittmacher, Beseeler und evangelische Identifikationsgestalten für die ganze Gemeinde.«

[359] E. Schillebeeckx: Christliche Identität, 102.

ordiniert durch ihre schon ordinierten Amtsträger. Dabei ist die Berufung durch die Gemeinde gleichzeitig »die konkrete ekklesiale Gestalt der Berufung durch Christus. Amt von unten her *ist* Amt ›von oben‹.«[360]

Schillebeeckx versucht, dies am Beispiel der Ordination zum bischöflichen Amtsträger in der Traditio Apostolica des Hippolyt zu verdeutlichen: »Obwohl die Ortskirche einen eigenen bischöflichen Amtsträger wählt, gibt sie sich ihren Amtsträger nicht autonom. Weil dieser von einer ›Gemeinde *Christi*‹ gewählt wird, wird seine Wahl als eine Gabe des Heiligen Geistes erfahren.«[361] Diese Auffassung ist nach Schillebeeckx eine Parallele zum späteren Kanon 6 von Chalkedon: »Deutlich kommt darin, wie in Chalcedon, die ekklesial-pneumatologische Amtsauffassung der frühen Kirche zum Ausdruck: »*Amt kommt von unten her*, aber dieses Geschehen wird erfahren als ›Gabe des Geistes‹; *also von ›oben her‹.*«[362] An dieser seiner Meinung nach frühkirchlichen Amtsauffassung der ekklesialen Herleitung und Einordnung des ordinierten Amtes möchte Schillebeeckx nach all den geschichtlichen Verformungen wieder anknüpfen, um für die Gegenwart eine zeitgemäße Ausformung des Amtes zu finden. Aus seiner historischen Darstellung der Entwicklung des ordinierten Amtes zieht Schillebeeckx entscheidende Hinweise und Konsequenzen.

2. Konsequenzen

2.1 Zeitlich befristete Ordination als ekklesiale Anerkennung eines Charismas und als Geistesgabe zur Funktion ohne ontologische Qualifizierung der Person

Aus der strikten Gemeindebezogenheit des Amtes folgt für Schillebeeckx in seinem historischen Überblick: »Das Amt wird ekklesial bestimmt und nicht als eine ontologische Qualifizierung der Person des Amtsträgers unabhängig vom konstitutiven ekklesialen Kontext.«[363] Die frühkirchliche Ordination hat nach Schillebeeckx zwei

[360] E. Schillebeeckx: Das kirchliche Amt, 111.
[361] Ebd., 75.
[362] Ebd., 78.
[363] Ebd., 71.

Aspekte: zum einen die ekklesiale Eingliederung in einen bestimmten Dienst (ekklesialer und Kirchenordnungsaspekt) und zum anderen den pneuma-christologischen Aspekt des Geistcharismas. Die Handauflegung ist dabei lediglich ein Aspekt der Tradition, das entscheidende Moment bildet die Anerkennung eines Christen als Amtsträger von Seiten der Kirche und das Mandat zu diesem Dienst durch das Volk und die jeweiligen Leiter.[364]

Das Amt ist in seiner Aufgabe der Gemeindeleitung nur eine besondere Funktion neben anderen nichtamtlichen Diensten in der Gemeinde, freilich als Gabe des Geistes empfangen: »Von einem *wesentlichen* Unterschied zwischen ›Laien‹ und ›Amtsträgern‹ ist im Neuen Testament keine Rede. Die *Besonderheit* des Amtes wird in das Ganze vieler anderen, nichtamtlichen Dienste in der Kirche gestellt. In diesem Sinn ist das Amt kein Status, sondern tatsächlich eine *Funktion*, die aber durch die Gemeinde als Versammlung Gottes mit Recht ›eine Gabe des Geistes‹ genannt wird.«[365]

Der Amtsträger wird nur für eine bestimmte Gemeinde ordiniert (Kanon 6 von Chalkedon), sein Dienst bleibt deshalb für Schillebeeckx historisch gesehen strikt gemeindebezogen, es gibt keine absoluten Ordinationen, die Ordination »erlischt« nach Aufgabe des Dienstes: »Das Amt ist eine Angelegenheit der Ortsgemeinde ... Es geht um die Relation von Gegenseitigkeit zwischen Gemeinde und Amt.«[366] Hört diese Relation auf, d.h. hört ein Amtsträger auf, Vorsteher einer Gemeinde zu sein, wird er wieder »Laie«.[367]

Hinsichtlich der Frage der Betroffenheit der Person des Amtsträgers ergibt sich für Schillebeeckx: Die von der Gemeinde ausgesuchte *Person hat entweder schon das Charisma* der Gemeindeleitung, welches durch die Ordination bestätigt wird, *oder sie bekommt die entsprechende Geistesgabe* durch die Anerkennung seitens der Gemeinde und die Ordination (in der Regel durch Hand-

---

[364] Vgl. ebd., 81f: »Obwohl also die Handauflegung bei der ›ordinatio‹ eine offenkundige Traditionsgegebenheit ist, wird sie nicht als das Wichtigste angesehen; wesentlich ist das kirchliche Mandat oder die kirchliche Sendung zum Amt, nicht die konkrete Form, in der diese Berufung und Sendung Gestalt erhält ... *Kirchliche Anerkennung und Sendung ist das eigentlich entscheidende Moment* ... das Grundprinzip ist: Kirchlicher Amtsträger ist derjenige, der *von der ganzen Kirchengemeinde* (Volk mit seinen Leitern) als solcher anerkannt und in eine bestimmte Gemeinde gesandt wird.«

[365] Ebd., 59f.

[366] Ebd., 71.

[367] Vgl. ebd., 72.

auflegung) seitens ihrer Amtsträger. Die »ontologisch gefüllten« Aussagen späterer Epochen interpretiert Schillebeeckx im Blick auf ihre Funktion und Wirkung: »Das, was später Weihegewalt und Merkmal genannt wird, ist nichts anderes als die Eingliederung des Amtsträgers in eine bestimmte Gemeinde *zusammen mit der* (institutionell- oder spontan-charismatischen) Geistesgabe, differenziert nach verschiedenen amtlichen Aufträgen.«[368]

Das Amtscharisma ist für Schillebeeckx also das, was die Tradition »Merkmal« nennt, und zwar *nicht in einem ontologischen, sondern in einem funktionalen Sinn*, den er als »Funktion des Dienstes« kennzeichnet: »Was ist ... das Merkmal anderes als das *›Amtscharisma‹* selbst, das (mit Handauflegung) unter Epiklese des Heiligen Geistes im Namen der ganzen Kirchengemeinschaft auf einen Gläubigen herabgefleht wird, der sich zum amtlichen Dienst in der Kirche verpflichten will? ... [Es zeigt sich deutlich,] daß das Amtscharisma als *Funktion* eines *Dienstes* an der *Gemeinschaft* gegeben ist, eines Dienstes, der tatsächlich den ganzen persönlichen Einsatz des von der ›Gemeinde Gottes‹ Berufenen verlangt.«[369] Schillebeeckx sieht als Ausweg aus der Aufspaltung in eine rein »funktionalistische« oder eine »ontologisch-sazerdotalistische« Amtsauffassung sein o.g. Verständnis »Amt von unten ist Amt von oben«: »Das Dilemma zwischen einer ontologisch-sacerdotalistischen Auffassung und einer bloß funktionalistischen Amtsauffassung muß daher durch das kirchliche Amt so überwunden werden, daß man das kirchliche Amt *theologisch* als Amtscharisma, als Dienst der Gemeindeleitung sieht; also als ekklesiale Funktion innerhalb der Gemeinde und von der Gemeinde akzeptiert. Gerade so ist es eine Gabe Gottes.«[370]

Schillebeeckx versteht das »Merkmal in ontologischer Betrachtung« nicht in personal-relationalen Kategorien, sondern in der missbräuchlichen Form der statisch-substanzhaften Auszeichnung einer Person um ihrer selbst willen, ohne gleichzeitige Betrachtung ihrer (untrennbar zu ihr gehörenden) verschiedenen Bezüge und Funktionen. In *dieser* Perspektive schließen sich ein Zueinander von ontologischer *und* funktionaler Betrachtung des ordinierten Amtes aus

368 Ebd., 79.
369 Ebd., 185.
370 Ebd., 114.

und es kommt zu einer einseitigen Aufspaltung in eine (statisch-substanzhafte) ontologische *oder* eine funktionale (ohne nähere Beschreibung des Zueinanders von Person und Funktion) Betrachtung des ordinierten Amtes.

2.2 *Unterscheidung zwischen ontologischer Ebene der Geisttaufe aller Christen und »kirchenfunktionaler Ebene des Amtes«*

Schillebeeckx nennt den Aufgabenbereich der ordinierten Amtsträger die »kirchenfunktionale Ebene des Amtes« im Unterschied zur »ontologischen Ebene« der Geisttaufe aller Christen. Beide Ebenen werden seiner Meinung nach auf dem Zweiten Vatikanischen Konzil verwechselt:[371] »Das Zweite Vatikanum legt die ›Stellvertretung Christi‹ durch den Priester manchmal noch in den Amtsträger *als Person* und nicht formell *in den Akt der Amtsausübung*, was dann doch auf eine Verwechslung von zwei Ebenen hinweist: der *ontologischen* Ebene der Geisttaufe und der *kirchenfunktionalen* Ebene des Amtes, das gerade diese erste Ebene wesentlich voraussetzt, um das sein zu können, was es in Wirklichkeit ist. Denn die Stellvertretung Christi geschieht nicht bloß *aufgrund des Amtes*, das nur eine typologische, diakonale Zuspitzung des universalen Geistcharismas auf der Ebene des kirchlich beauftragten, amtlichen Dienstes ist.«[372]
Die Unterschiede liegen also auf der funktionalen Ebene und Schillebeeckx sieht als Zukunftsperspektive: »Alle haben Mitspracherecht, wenn es auch funktionale Unterschiede gibt und unter diesen sogar einen Unterschied zwischen dem allgemeinen Einsatz für die Gemeinde und spezifisch-amtlichen Diensten, vor allem denen der (des) Teamleiter(s), die alle charismatischen und amtlich-charismatischen Dienste koordinieren.«[373]
Interessant für diese Untersuchung ist ein kurzer Hinweis von Schillebeeckx, dass die o.g. doppelte Relation, in die der Ordinierte hineingestellt wird, den Betreffenden *als Person übersteigt* und ihn bindet (die Frage der Dauerhaftigkeit dieser Bindung, ob z.B. auch über die konkrete Amtszeit hinaus, lässt Schillebeeckx hier offen): »Nicht nur durch einen persönlichen Willensentschluß, sondern

---

[371] Vgl. dazu auch die Ausführungen unter I.4.
[372] E. Schillebeeckx: Christliche Identität, 250.
[373] E. Schillebeeckx: Das kirchliche Amt, 195. Siehe dazu auch ebd. bis 203.

durch die christliche Gemeinschaft und eine charismatische Gabe Gottes, die beide den Priester als Person übersteigen, ist der Priester in der Kirchengemeinschaft tatsächlich ›zum Dienst‹ an seinen Brüdern und Schwestern ›gebunden‹, das heißt zum Dienst an der christlichen Gemeinschaft in ihrer Sendung in die Welt.«[374] Die Auswertung wird zeigen, dass mit personal-relationalen Kategorien sowohl die für Schillebeeckx wichtige ekklesiale Funktion des ordinierten Amtes als auch die ontologische Wirkung auf die Person des Amtsträgers in ihrem untrennbaren Zueinander dargestellt werden können, ohne gegeneinander ausgespielt zu werden.

2.3 Gemeindeleitung als Kriterium zum Vorsitz der Eucharistiefeier und zu anderen grundlegenden Funktionen

Da für Schillebeeckx das Amt hauptsächlich Gemeindeleitung ist und sich nicht von der Eucharistie ableitet, folgert er, dass es im Neuen Testament kein Problem sei, wer der Eucharistie vorzustehen hat.[375] In der Regel täten dies die an der Gemeindeleitung Beteiligten: »Wer berechtigt ist, die Gemeinde in irgendeiner Weise zu leiten, ist ipso facto auch Leiter der Eucharistiefeier (und in diesem Sinn bedarf die Leitung der Eucharistiefeier keiner besonderen Befugnis).«[376] Daraus schließt Schillebeeckx für die Gegenwart: »Wie verschieden die amtlichen Aufträge auch sein können, das erflehte oder schon vorhandene und durch Handauflegung anerkannte Leitungscharisma macht – trotz möglicher Spezialisierung – Fragen, ob ein bestimmter Amtsträger dies oder jenes tun darf oder nicht (zum Beispiel die Eucharistie feiern), meines Erachtens zu einem überflüssigen Ratespiel ... Gemeindeleiter – ganz gleich, worin sie spezialisiert sind – können und dürfen aufgrund ihrer amtlichen ›ordinatio‹ oder Eingliederung in eine Kirchengemeinde letztlich (nach Umständen) alles tun, was für diese Gemeinde als ›ecclesia Christi‹ nötig ist.«[377]

---

[374] Ebd., 185f.

[375] Vgl. ebd., 57–60.

[376] Ebd., 59, siehe auch 85: »Die Leitung der Eucharistiefeier war in der frühen Kirche nur die liturgische Dimension des *vielseitigeren amtlichen* Vorsitzes *in der christlichen Gemeinde*. Wer als Leiter der Gemeinde kirchlich anerkannt ist, ist auch Leiter der Eucharistiefeier.«

[377] Ebd., 200.

2.4 *»Ekklesiale Ordination« für alle an der Gemeindeleitung Beteiligten*

Schillebeeckx fordert im Anschluss an seine Ausführungen eine Rückkehr zu der Verstehensweise der von ihm dargestellten frühkirchlichen Praxis, was eine Änderung der Zulassungsbedingungen und eine neue Auffächerung des ordinierten Amtes bedeuten würde: Konkrete Leiter der Gemeinde erfüllen »in unterschiedlichen Differenzierungen und Spezialisierungen auf verschiedenen Gebieten eine begleitende, animierende, orientierende und inspirierende Rolle ... Dieses begrenzte ›pastorale Team‹, von der Gemeinde gerufen oder angenommen – nach Prüfung ihres ganzen Auftretens –, muß meines Erachtens daher eine ekklesiale ›ordinatio‹ empfangen, und zwar, konkret, in einer liturgischen Feier der Gemeinde, die sie akzeptiert: unter Handauflegung des schon bestehenden Leitungsteams der eigenen Gemeinde und der Nachbargemeinden, unter betender Epiklese der ganzen Gemeinde ... Das bedeutet: *Wirklichen* Schrittmachern der Gemeinde, die von dieser akzeptiert sind, muß, kirchentheologisch gesehen, auch die ›ordinatio‹ oder liturgische Eingliederung gegeben werden.«[378]

3. G. Greshake: Amt als »repraesentatio Christi und repraesentatio ecclesiae«

3.1 *Das Ungenügen des Schillebeeckx'schen Ansatzes*

Auch Greshake sieht das ordinierte Amt nicht in sich und für sich allein stehend, sondern in der doppelten Relation zu Christus und zur Gemeinde. Im Unterschied zu Schillebeeckx und zu ihm verwandten Vertretern der Amtstheologie verweist er jedoch auf die Zweideutigkeit einer Amtsbegründung, die sich zu sehr auf soziologisch-funktionale Kategorien stützt: »Von ähnlicher Vieldeutigkeit ist auch die These, Amt sei primär und nicht direkt von Christus her zu begründen, sondern von der Kirche her, die es gleichsam

[378] Ebd., 199. Schillebeeckx spricht sich deshalb gegen die seiner Meinung nach dogmatisch kaum haltbare Unterscheidung zwischen »ordinatio«, »institutio« oder »missio canonica« aus und für die Eingliederung von in der Gemeinde anerkannten leitenden pastoralen Mitarbeitern (Katecheten, Pastoralreferenten...) in den Ordo (vgl. ebd., 200–203).

als notwendige Funktion aus sich heraus gesetzt hat. Man kann diese These verstehen als rein empirisch-soziologische Aussage, die an den jedem geläufigen Sachverhalt anknüpft, dass jeder Kaninchenzüchterverein einen Vorstand braucht und einsetzt.«[379] In diesem Sinn ist für Greshake die Aussage von Schillebeeckx »Amt von unten ist Amt von oben« in seiner theologischen Aussage verkürzt und bringt wesentliche Aspekte nicht hinreichend zur Geltung.[380]
Dies gilt vor allem auch für die Person des ordinierten Amtsträgers, denn es bleibt in dieser Sichtweise offen, »ob der Geweihte deshalb nur (!) öffentliche Verantwortung für das erhält, was grundsätzlich der Kirche als ganzer obliegt, oder ob in der Weihe etwas von Christus her – zugunsten der Kirche! – am Geweihten geschieht, etwas, worüber die Kirche als ganze nicht einfach verfügt und was ihr gerade durch den Geweihten von Christus her vermittelt wird. Ist dies der Fall, so ist Amt nicht nur Funktion der Kirche, auch nicht nur ein Charisma neben den vielen Begabungen und Berufungen in der Kirche, sondern es steht als besondere Beauftragung durch Christus den anderen Charismen in einer noch näher zu klärenden Weise ›gegenüber‹.«[381] Der ordinierte Amtsträger wird nach Greshake in der sakramentalen Ordination *von Christus* zu spezifischen Funktionen für den Dienst befähigt, die nicht aus der Gemeinde oder der Person des Amtsträgers abgeleitet werden können.

3.2 Grundlegende Ermächtigung nicht durch die Gemeinde, sondern von Christus her

Für die Frage der Herleitung des Amtes besteht für Greshake zwar wie bei Schillebeeckx eine doppelte Relation zu Christus und zur Kirche, jedoch mit anderer und differenzierterer Gewichtung des christologischen und pneumatologisch/ekklesialen Aspektes. Dabei betont Greshake im Unterschied zu Schillebeeckx die *Differenz* zwischen Christus und Kirche bzw. christlicher Gemeinde und hebt das »Voraus« Christi hervor, das nicht aus der Gemeinde ableitbar ist, sondern sich in der Sendung des ordinierten Amtsträgers durch Christus konkretisiert und durch das ordinierte Amt repräsentiert wird.

[379] G. Greshake, Priester sein in dieser Zeit, 48f.
[380] Zur Auseinandersetzung mit dieser These von Schillebeeckx und mit anderen Vertretern seiner Richtung vgl. ebd., 40–54.
[381] Ebd., 50f.

Deshalb kann man nach Greshake nicht wie Schillebeeckx einfach »Amt von unten ist Amt von oben« sagen, sondern es muss deutlich die *grundlegende Ermächtigung durch Christus* herausgestellt werden, *die das Können der Gemeinde übersteigt*: »Auch wenn Christus die Kirche mit seinem Leben erfüllt und die Kirche sich selbst als sein Leib verstehen darf, als Ort, Zeichen und Werkzeug (Sakrament) seiner Gegenwart, so ist und bleibt er doch das bleibende Voraus der Kirche, ihr Herr, Erlöser und ›Bräutigam‹, und die Kirche bleibt Geschöpf, ›Stiftung‹, bedürftige ›Braut‹, die – solange sie unterwegs ist – immer hinter dem Reichtum ihres Bräutigams zurückbleibt. Diese Differenz zwischen Christus und seiner Kirche, die nicht der Einheit beider widerstreitet, sondern den bleibenden Gnadencharakter und das Noch-unterwegs-Sein der Kirche betont, ist für das kirchliche Selbstverständnis fundamental ... Niemals ist ein menschliches Handeln (also ein ›von unten‹) einfach mit dem Handeln Christi (›von oben‹) so zu identifizieren, dass nicht gleichzeitig die Differenz zum Ausdruck kommen, d.h. im Zeichen erscheinen muss, wenn wirklich Kirche eine sakramental-zeichenhafte, auf Christus und sein Heil verweisende Wirklichkeit ist. Wo diese ›Differenz‹ übersehen wird oder nicht deutlich genug ins Bewusstsein rückt und zur Erscheinung gebracht wird, droht die Gefahr einer Kirche, die in ihren Grundvollzügen nur ihre eigene Gemeinschaft feiert und allein die Fähigkeiten ihrer Gläubigen ins Spiel bringt (auch wenn dabei viel vom Heiligen Geist die Rede sein sollte). Das bleibende Voraus Christi in seiner Kirche zu bezeugen und in den zentralen Lebensvollzügen der Kirche zur Geltung zu bringen ist Aufgabe des Amtes, gerade insofern dieses sich nicht ausschließlich von der Gemeinde her versteht und als ein Charisma unter den anderen begreift, sondern diesen (auch) ›gegenüber‹-steht und so, von Christus ermächtigt und zeichenhaft auf ihn verweisend, den Grund der Kirche, Christus selbst, wirksam vergegenwärtigt.«[382]

[382] Ebd., 52. Vgl. auch die weiteren Ausführungen ebd., 52f: »Natürlich steht damit der amtliche Dienst nicht außerhalb der kirchlichen Communio, gleichsam zwischen einem ›fernen‹ Christus und seiner Kirche vermittelnd, wohl aber bringt er innerhalb der kirchlichen Gemeinschaft zeichenhaft jene ›Grunddifferenz‹ zum Ausdruck und zur Geltung, in der die Kirche existiert: dass der in der Kirche lebende Christus selbst sie aus Gnaden beruft, schafft und zusammenhält, ja dass Christus selbst der Hirt, Vorsteher, Leiter seiner Kirche ist. Deshalb ist für das kirchliche Amt Berufung – und vor allem – Weihe erforderlich. Das bedeutet: die Legitimation des Amtes geschieht nicht durch erworbene Kompetenz oder gar aus eigener Anmaßung, aber

3.3 *Ordination befähigt zu sakramentaler Christus-Repräsentation und ist Voraussetzung für den Vorsitz der Eucharistiefeier und anderer Grundvollzüge*

Ordiniertes Amt ist nach Greshake sakramentale Christus-Repräsentation. Was Schillebeeckx für die Person des ordinierten Amtsträgers nur kurz andeutet, ohne es näher zu beleuchten, führt Greshake in einem Gesamtzusammenhang aus: Die doppelte Relation und Beschlagnahme durch Christus für die Gemeinde beansprucht den Amtsträger *über seine Person hinaus*. Deshalb bedarf es der sakramentalen Ordination, damit zum einen die Menschen nicht auf die Person des Amtsträgers und sein subjektives Können verwiesen werden, sondern auf Christus, der durch ihn in spezifischer Weise wirkt, und damit zum anderen der Amtsträger nicht mit etwas überfordert wird, das er aus eigener Kraft und aus eigenem Können nicht vermag. Grundsätzlich kann und soll jeder Getaufte anderen gegenüber Christus repräsentieren, indem er etwas von seinem Wort und seiner Gestalt vergegenwärtigt und weitergibt. Das ordinierte Amt repräsentiert jedoch Christus in zweifacher Weise *darüber hinaus*: in seinem »Voraus« als Haupt der Kirche und in einer Art und Weise, die sein individuelles Verhalten und Können als Person übersteigen:
»(1) Der Amtsträger repräsentiert Christus gerade als den ›Herrn der Kirche‹, als den, der sich selbst sein Volk zusammenruft, zusammenhält und zum gemeinsamen Ziel führt (in theologischer Fachsprache: repraesentatio Christi *capitis*); (2) der Amtsträger repräsentiert Christus nicht auf Grund seines persönlichen Glaubens, seiner charismatischen Begabung oder seines guten Willens, sondern auf Grund seines sakramental verliehenen *Weiheamtes*. Nicht sein eigenes (individuelles) Wort, nicht sein eigenes (individuelles) Verhalten macht Christus präsent, sondern die Ermächtigung durch die Weihe, kraft derer Christus selbst buchstäblich durch ihn handelt.«[383]

---

auch nicht aus der Gemeinde heraus, indem diese das Amt aus sich entlässt oder zum Amt delegiert, sondern dadurch, dass durch Berufung und Weihe Christus selbst einen Menschen in Beschlag nimmt und ihn befähigt, in der Kirche seine (= Christi) Wirklichkeit zur Geltung zu bringen – im Wort, in der sakramentalen Feier, im Leitungsdienst. Verwiesen auf einen durch Weihe legitimierten und auf Grund von Weihe gesandten Amtsträger, erfährt also das Volk Gottes ganz konkret, dass es von der ihm vorgegebenen Christuswirklichkeit lebt.«

[383] Ebd., 103. Zum Verständnis der sakramental-amtlichen Repräsentation siehe auch ebd., 70f u. 86f.

Die Beauftragung zu derartiger Christusrepräsentation bedarf der sakramentalen Ordination, die (im Gegensatz zu Schillebeeckx) mehr ist als nur eine Anerkennung seitens der Gemeinde (das auch!), die mehr als nur eine Einsetzung in öffentliche Verantwortung, als eine bloß rechtliche Übertragung von bestimmten geistlichen Vollmachten und lediglich eine Anerkennung eines bestimmten Charismas bedeutet.[384]
So folgert Greshake: »Die ›Christus-Repräsentation‹ erfordert eine sakramentale Ermächtigung. Nur so kann ein Mensch Wort und Handeln Christi weitergeben ... Die Christus-Repräsentanz des Priesters hat somit nur ein einziges Sinnziel: Die Kirche erfährt an den Knotenpunkten ihres Lebens ganz konkret, dass Jesus Christus selbst ihr Herr (›Leiter‹) ist: Hirte, Priester, Lehrer.«[385]
Dies bedeutet auch – im Gegensatz zu Schillebeeckx –, dass nur ein Ordinierter der Eucharistiefeier vorstehen kann: »Eben weil Christus selbst es ist, der in der Eucharistie handelt, muss er auch ›sakramental‹, d.h. durch einen auf Grund von Weihe und Sendung Beauftragten und damit ›objektiv‹ auf Christus Verweisenden ›repräsentiert‹ werden.«[386]

3.4 Ordination befähigt und prägt die Person bleibend und ist handlungsbezogen für die entsprechenden Funktionen

Die spezifische Christus-Repräsentanz des Ordinierten ist nach Greshake weder statisch in das Wesen der Person »eingepflanzt« und ein für alle Bereiche immer gleich gültiger »Seins-Besitz« noch lediglich eine zeitlich befristete und vorübergehende Funktion ohne tiefere Wirkung auf die Person. Diese amtliche Christus-Repräsentanz ist dynamisch-handlungsbezogen und wird der Person des Ordinierten als solche bleibend verliehen: »Amtliche Christus-Repräsentanz vollzieht sich nicht als eine Art substanzhafter Vergegenwärtigung Christi, so dass der Priester in seinem Wesen ein ›zweiter

[384] Vgl. dazu die Ausführungen von Greshake ebd., 51–53 u. 102.
[385] Ebd., 103. Siehe auch die weiteren Folgerungen ebd. u. 104: »Keine Form von Gemeindeleitung, keine anderen Dienste in der Kirche im Großen und in den Gemeinden im Kleinen dürfen diese Wahrheit verdunkeln. Nicht Menschen, mögen sie auch mit noch so großen und zahlreichen Gaben des Geistes ausgestattet sein, ›machen‹ Kirche, leiten die Gemeinde, bringen Communio zustande, sondern allein Christus.«
[386] Ebd., 97. Vgl. auch die umfassendere Begründung dafür ebd., 93–100.

Christus‹ und seine amtliche Vollmacht ein sich auf alle Lebensbereiche erstreckender ›Seins-Besitz‹ wäre. Vielmehr vermittelt der Priester das Heilswerk Christi in bestimmten, fest umrissenen sakramentalen Zeichen*handlungen*.«[387] Die bei der sakramentalen Ordination verliehene Gnadengabe ist »ein ›Charisma‹, das bleibend zuerteilt wird ... Priestersein besteht nicht nur in Funktionen; der Geweihte ist von Christus in bleibendem Dienst genommen.«[388]

Im Gegensatz zu Schillebeeckx betont also Greshake ganz klar, dass bei der sakramentalen Ordination eine Gnadengabe (»Charisma«) *verliehen* (und nicht etwa nur eine schon vorhandene nachträglich und offiziell *bestätigt*) wird und dass die Wirkung der Ordination sich nicht nur in Funktionen erschöpft, sondern dauernd ist im Sinne einer bleibenden und unwiderruflichen Indienstnahme der Person des Ordinierten durch Christus, die auch nach dem »offiziellen Dienst« nicht einfach erlischt. Für die Frage der Betroffenheit der Person des Amtsträgers ergibt sich für Greshake eine die ganze Person betreffende, handlungsbezogene Inbeschlagnahme durch Christus, die im Gegensatz zu Schillebeeckx bleibend und tiefer in das Wesen des Ordinierten eingreift. Bei Greshake wird im Gegensatz zu Schillebeeckx deutlich, dass die amtlichen Funktionen des Ordinierten, da sie das »Können« seiner Person übersteigen, auf einer Ermächtigung durch Christus »aufruhen«. Somit ist die Person des ordinierten Amtsträgers zwar nicht der Grund, aber das unverzichtbare »personale Medium« für die amtlichen Funktionen der »repaesentatio Christi et ecclesiae«.

Greshake unterscheidet zwischen »herstellendem« und »darstellendem« Handeln.[389] Ordinierter Dienst ist für ihn wesentlich darstellendes Handeln: Der Ordinierte darf etwas »Vor-Gegebenes«, das ihn als Person übersteigt, das er nicht selbst herstellen kann, zum Ausdruck bringen. Der Ordinierte ist dafür von Christus in Anspruch genommen, Christus selbst wirkt durch ihn für andere: »Alles Mittun des Menschen mit Gott kann nur von der Art der ›dar-

---

[387] Ebd., 107.

[388] Ebd., 107. Siehe auch die weiteren Erläuterungen dazu ebd., 108: »Und doch ist die sakramental vermittelte Gegenwart Christi im Amtsträger nicht als statisch-substanzhafte Präsenz zu denken. Vielmehr ist das Priestersein handlungsbezogen, die amtliche Christus-Repräsentation hat ihren ›Ort‹ in bestimmten sakramentalen ›Situationen‹: Wortverkündigung, Sakramentenspendung, Gemeindeleitung (letztere im Sinne von Zurüstung der Gemeinde zur Nachfolge Christi).«

[389] Vgl. ebd., 237–240.

stellenden Praxis‹ sein ... Das spitzt sich im seelsorglich-amtlichen Handeln des Priesters zu. Er ist ja dazu berufen, sakramental ›im Namen Christi‹ zu handeln, so sehr, dass alles amtliche Tun des Priesters nur das darstellt, ausdrückt, symbolisiert, was Christus selbst tut. Seelsorge kann von sich aus nichts bewirken (›effizient werden‹).«[390] Diese Ermächtigung zum »darstellenden Handeln« ist dem Ordinierten bleibend geschenkt. Seine amtlichen Funktionen sind somit nicht etwas Äußerlich-Dazukommendes, sondern gehören zu seiner Person als von Christus dafür bleibend in Dienst genommenes Werkzeug und Organ.
Der Ordinierte steht durch diese bleibende Beschlagnahme durch Christus und den daraus folgenden besonderen Dienst nicht nur gegenüber, sondern vor allem innerhalb des Volkes Gottes, dem er durch seine spezifischen Funktionen dient und das er amtlich-sakramental repräsentiert.

3.5 Ordiniertes Amt innerhalb des Volkes Gottes als sakramentale Repräsentation der Kirche

Die sakramentale Ordination ist keine Steigerung des gemeinsamen Priestertums, sondern wesenhaft ein besonderer (im Sinne von andersgeartetem) Dienst an den Glaubenden: »Betrachtet man das kirchliche Amt ... unter dem ... Gesichtspunkt der Christus-Repräsentanz, so ist es *innerhalb des Volkes Gottes* ein wesentliches *Sakrament* Christi, d.h. ein vergegenwärtigendes Zeichen und Werkzeug seines Handelns ... [Der Priester ist und bleibt in der Kirche] grundsätzlich ›Laie‹, Angehöriger des Volkes Gottes, ›christifidelis‹, jemand, der an Christus glaubt.«[391]
Das ordinierte Amt ist nicht nur Amt Jesu Christi, sondern auch Amt der Kirche, d.h. das Amt ist gleichzeitig sakramentale Repräsentation der Kirche. Auch hier gilt wiederum, dass der Ordinierte nicht im eigenen, sondern im Namen und in der Intention der Kirche zu handeln hat. Nachdem Greshake verschiedene historische und theologische Aspekte solcher »doppelten sakramentalen Repräsentation« erläutert hat[392], charakterisiert er diese doppelte Relation

[390] Ebd., 239.
[391] Ebd., 117.
[392] Vgl. dazu seine Ausführungen unter verschiedenen historischen und theologischen Blickwinkeln ebd., 122–146, v.a. auch aus trinitätstheologischer Sicht das

und ihre für den Amtsträger daraus erwachsenden spezifischen Aufgaben: »Weil der Priester ›in persona Christi‹ das Haupt der Kirche, ›in persona ecclesiae‹ den durch den Heiligen Geist zusammengefügten und von ihm erfüllten Leib Christi darstellt, fügt die Ordination den Amtsträger auch in eine doppelte Beziehung ein: zu Christus, in dessen Namen und Vollmacht er für das Gottesvolk handelt, und zur Kirche, deren Glauben er zusammenfasst, deren Feiern er vorsteht und deren Einheit er abbildet, wenn (und solange als) die Kirche sich tatsächlich im Amtsträger ›repräsentiert‹ weiß.«[393]

Die Kirche bzw. die konkrete Gemeinde wirkt auch bei Greshake durch Anerkennung des Kandidaten, Präsentation und Bitte um Ordination mit, jedoch, anders als bei Schillebeeckx, im Sinne der o.g. doppelten Relation, die im Akt der Ordination deutlich wird: »Der Doppelcharakter des Amtes – Amt Christi und Amt der Kirche – wird mithin im Doppelcharakter des Weihevorgangs selbst zum Ausdruck gebracht ... Die Zustimmung der Kirche macht den Kandidaten dazu geeignet ..., dass ihm von Christus her (vermittelt

---

Zueinander von christologischem und pneumatologischem Aspekt: »Von der trinitarischen Struktur der Kirche her ist auch das priesterliche Amt geprägt. *Christologisch* ist es auf Grund von Sendung und Weihe dazu bestimmt, das Einheit stiftende Wirken Christi in Wort, Heiligung und Weisung sakramental weiterzugeben. So handelt es ›in persona Christi‹ und repräsentiert den anderen Getauften gegenüber den Herrn der Kirche. *Pneumatologisch* dagegen steht das Amt mitten im Lebensgefüge der Kirche als *deren* amtliches Organ. Als solches bezeugt es den Glauben der Kirche, stellt es den priesterlichen Charakter des ganzen Gottesvolkes dar, hat es den Vorsitz in der liturgischen Feier, wo die Gemeinde den Empfang der Gaben Gottes preist, und vergegenwärtigt es die geistgewirkte Einheit der Kirche – die Einheit aller mit Christus und die Einheit der Glieder untereinander. So gesehen handelt der Priester ›in persona ecclesiae‹ und repräsentiert die Kirche vor Gott und vor der Welt« (ebd., 132).

[393] Ebd., 133. Siehe auch die verschiedenen Akzentuierungen, die Greshake für das gemeinsame und spezifische Priestertum vornimmt, ebd., 118f: »Diese gegenseitigen Beziehungen sind im Leben der Kirche gerade in der Verschiedenheit der Akzentuierung aufeinander verwiesen. Der Akzent (!) der amtlichen Tätigkeit liegt auf dem ›konzentrierenden Tun‹: Der Priester soll im Namen und in der Vollmacht Christi durch Lehre, Heiligung und Leitung die Gemeinde zusammenführen und zusammenhalten. Die vorherrschende Perspektive seines Tuns ist die kirchliche Communio. Demgegenüber liegt der Akzent (!) der übrigen Christen auf dem ›ex-zentrischen Tun‹, auf der Missio: Auf Grund von Taufe und Firmung, befähigt durch die Eucharistie und gehalten durch die schon bestehende kirchliche Communio, ist jeder Glaubende gerufen, das ›Stück Welt‹, das ihm in Familie, Beruf, politischer Verantwortung und Freizeit anvertraut ist, mit dem Evangelium zu durchdringen und es in die große ›Einheitsbewegung‹ Gottes hineinzuführen.«

durch beauftragte Amtsträger) das eigentliche Prägende ... der besonderen Sendung und Geistbefähigung zuerteilt wird.«[394]
Für die Frage der Stellung und Aufgaben des Ordinierten im Vergleich mit anderen Charismen und Diensten ergibt sich für Greshake eine bleibende Zugehörigkeit und dienende Zuordnung zum gemeinsamen Priestertum des Volkes Gottes bei (im Unterschied zu Schillebeeckx) gleichzeitig wesentlich anderer Art[395] von spezifischem Dienst in »persona Christi« und »persona ecclesiae«. Dabei wird deutlich, dass es nicht um die persönliche Auszeichnung und Erhöhung von bestimmten Personen (den »Ordinierten« im Gegensatz zu den »Laien«) geht, sondern um eine innere Strukturierung des Gottesvolkes, zu dem alle in gleicher Würde gehören. Im Volk Gottes und für das Volk Gottes gibt es den amtlich-sakramentalen Dienst als Zeichen der Priorität der Initiative Gottes und des dargestellten je größeren »Voraus« Christi. »Durch diese christologisch-sakramentale Sicht des Amtes wird die brüderliche Einheit des Gottesvolkes nicht gestört und seine grundsätzliche Gleichheit nicht beseitigt, sondern nur seine innere Strukturierung aufgedeckt ... Das von Christus her autorisierte Amt und die vom Heiligen Geist erfüllte und mit seinen Gaben bedachte Gemeinschaft der übrigen Getauften leben ›in ihren gegenseitigen Beziehungen ... ihre Abhängigkeit gegenüber dem einzigen Herrn und Hohenpriester‹.«[396]

4. Auswertung

Schillebeeckx und Greshake sehen beide das Amt als Beziehungswirklichkeit, kommen aber zu jeweils unterschiedlichen Auffassungen, was die Herleitung des Amtes, die Wirkung auf die Person des Amtsträgers und seine Stellung und Funktionen im Vergleich mit anderen Charismen und Diensten angeht. Bei Schillebeeckx wurde

[394] Ebd., 143. Vgl. die Anmerkung zu Schillebeeckx ebd., 397: »Dieser Doppelcharakter wird von Schillebeeckx ... durchgehend übersehen bzw. eingeebnet. So wenn er abschließend zur Weiheliturgie schreibt: ›Diese Anerkennung eines Christen als Amtsträger durch die Kirche (Volk und Leiter) ist entscheidend‹ ... Doch die Anerkennung ›von unten‹ ist nur eine Seite, die ›Gabe von oben‹ die andere. *Beides* wird in der Weihe zum Ausdruck gebracht.«
[395] Zur Bedeutung dieses »wesenhaften Unterschiedes« vgl. die Erläuterungen ebd., 117–121.
[396] Ebd., 118.

deutlich, dass er sich in seiner Kritik der in der Vergangenheit und Gegenwart falschen sazerdotal-ontologischen Überhöhung und Auszeichnung der Person des Ordinierten von statisch-substanzhaften ontologischen Kategorien absetzt, die die untrennbaren ekklesialen Bezüge und grundlegenden Funktionen des Amtes in der Person des Amtsträgers nicht als wesentlich zu ihr gehörend integrieren. So ist Schillebeeckx der Vertreter einer »funktionalen« Amtsauffassung mit Herleitung des Amtes von Seiten der Gemeinde her geworden. Die Person des Amtsträgers wird für die und von den zur Gemeindeleitung notwendigen spezifischen Funktionen nicht wesentlich-bleibend geprägt und braucht auch keine spezielle Ermächtigung zu grundlegenden, gleichzeitig jedoch das Können seiner Person übersteigenden Handlungen, wie z.B. zum Vorsitz der Eucharistiefeier.

Eine mit personal-relationalen Kategorien vorgenommene ontologische Betrachtung kann dagegen verdeutlichen, dass Person und Funktion untrennbar zusammen und zum Wesen des Ordinierten gehören (wie auch die spezifischen Funktionen des gemeinsamen Priestertums nicht einfach vorübergehende, die jeweilige Person nicht wesentlich betreffende Funktionen sind, sondern durch Taufe und Firmung ebenfalls wesentlich-bleibend geschenkt sind). Ordinierter Dienst erfordert, gerade weil er die Person des Ordinierten in ihrem »natürlichen« Können übersteigt, eine gnadenhafte Vor-Gabe für die Person des Amtsträgers um ihres Dienstes willen. Das »von unten« und »von oben« kann somit theologisch tiefer gefasst und von Gott als bleibend und »repräsentativ« der Person des Amtsträgers geschenkt zu ihrem Dienst der sakramentalen Darstellung dieser Grundrelationen betrachtet werden.

Die Beschreibung des darstellenden Handelns aus dieser gnadenhaften Vor-Gabe gelingt Greshake, indem er den bleibenden Bezug des ordinierten Amtsträgers zu Christus als grundlegend und handlungsbezogen herausstellt und von daher alle amtsspezifischen Bezüge und Funktionen entfaltet.

Die ekklesialen Funktionen mit ihren ontologischen Voraussetzungen und Wirkungen auf die Person des Ordinierten können in personal-relationalen Kategorien dargestellt und so kann eine einseitige und gegensätzliche Betrachtung »nur« in funktionaler oder ontologischer Perspektive überwunden werden. Dass in der Amtstheologie eine solche »relationale Ontologie« aktuell geboten und hilfreich ist, zeigen die nun im 4. Kapitel folgenden Ausführungen zu einer »relationalen Ontologie« und zur bereits geschehenen Fruchtbarmachung dieses Denkens in der Trinitätstheologie, Christologie und Eucharistielehre.

4. Kapitel:

Relational-ontologische Perspektive als Desiderat für die Amtstheologie

I. Aktuelle Ansätze einer relationalen Ontologie

Bei den bisherigen Untersuchungen wurde jeweils in unterschiedlichen Akzentsetzungen deutlich, dass es den ordinierten Dienst braucht, um bestimmte Aspekte der Person und Sendung Jesu gegenwärtig zu setzen. Ausgehend von der Sendung der Apostel ist das ordinierte Amt mit seinen Funktionen nicht um seiner selbst willen da, sondern immer *in Beziehung* – von Christus her auf den Dienst an den Menschen – ausgerichtet. Die Frage, ob und wie die Person des Ordinierten durch die sich aus der Ordination ergebenden neuen Relationen und Funktionen betroffen ist, wurde und wird dabei bis heute unterschiedlich gesehen. Die Positionen bewegen sich zwischen zwei Polen, die man etwas vereinfacht und zugespitzt so beschreiben könnte: Auf der einen Seite werden lediglich die notwendigen *Funktionen* gesehen und es ergibt sich die Sichtweise der Ordination als einer rein »funktionalen« Beauftragung mit bestimmten Aufgaben, ohne dass dabei die Person des Ordinierten wesentlich betroffen oder geprägt würde. Auf der anderen Seite gibt es die Sicht einer *das Wesen verwandelnden Wirkung* der Ordination, einer ontologisch neuen »Seinsweise« des Ordinierten, die leicht dazu tendiert, die Bezogenheit der Ordination auf die Funktion zu vergessen und den Ordinierten in seinem Sein vor Gott im Vergleich zu den »nur« Getauften besser zu stellen. Oft wird eine funktionale Sichtweise gegen ein ontologisches Amtsverständnis ausgespielt und umgekehrt. Handelt es sich dabei aber wirklich um Alternativen?

Zur Beantwortung dieser Fragen wird kurz die klassische, auf Aristoteles zurückgehende Auffassung von »Wesen« und »Sein« betrachtet (1.) und dann eine aktuelle Betrachtungsweise anhand der zeitgenössischen Philosophen Heinrich Rombach und Béla Weissmahr dargestellt und ausgewertet.[397] Dabei zeigt sich, dass es auch in

[397] Im Folgenden wird aus den Werken von Rombach und Weissmahr hauptsächlich eine an Cusanus anknüpfende Betrachtung der Bezogenheit aller Seienden und die durch Funktionen geschehende Verwirklichung dieser Relationen dargestellt. Von beiden Autoren werden die wichtigen Aussagen herausgearbeitet und in den weiter-

der Tradition schon Ansätze zu einer »relationalen Ontologie« gab und dass Relation heute als ontologische Größe betrachtet werden kann, die die einzelnen Seienden wie auch die Struktur alles Seins wesentlich bestimmt und bleibend prägt (2.). Die Funktionen der einzelnen Seienden sind dabei nicht einfach etwas Sekundär-Unwesentliches, sondern Ausdruck und Kommunikation dieser grundlegend relationalen Verfasstheit und Struktur alles Seins (3.). Eine solche grundlegend relationale Seinsbestimmung der Wirklichkeit wurde in der christlichen Tradition aus der Beziehung und Abhängigkeit des Geschöpfes von seinem Schöpfer abgeleitet, der selbst in sich nicht statisch-relationslos, sondern dreifaltig-relational ist (4.). In der abschließenden Auswertung zeigt sich, dass im Anschluss an eine relationale Ontologie eine »ontologische« und eine »funktionale« Betrachtung sowohl des gemeinsamen Priestertums, als auch des ordinierten Amtes sich nicht ausschließen, sondern im Gegenteil untrennbar zusammen gehören und sich gegenseitig bedingen (5.).

1. Der klassische Substanzbegriff von Aristoteles und die Bedeutung der Relation

Wie in Kapitel 2 unter IV.3 schon angeklungen, ist in der klassischen, von Aristoteles geprägten Philosophie oft eine eher statisch-dingliche Seinsauffassung vorherrschend. Das eigentliche Seiende ist für Aristoteles eine vollkommen selbständige Substanz, an die sich unselbständige Akzidenzien (wie z.B. Qualität, Quantität, Relation, Tun, Erleiden, Lage, Verhalten, Zustand) anlagern können, ohne jedoch diese Substanz in ihrem Wesen, in ihrem statischen Seinskern dauerhaft zu verändern. Substanz bedeutet »An-sich-Sein«, die Akzidenzien berühren das Wesen der Substanz nur peripher.

---

führenden Rahmen der amtstheologischen Untersuchungen gestellt, ohne das Gesamtwerk von beiden ausführlich auch in den kritischen Anfragen zu erörtern, da dies den Rahmen der vorliegenden Arbeit übersteigen würde. Zur Fruchtbarkeit des Rombachschen Strukturdenkens, aber auch zu den Grenzen der Übertragung auf theologische Gehalte siehe Elmar Salmann: Die Freiheit als Welt und die Welt als Gefüge. Zur theologischen Bedeutung der Strukturontologie Heinrich Rombachs, in: FZPhTh 33 (1986) 153–179. Vgl. ebd. auch die angeführten Werke bisheriger theologischer Auseinandersetzung mit der Rombachschen Strukturontologie.

Da sich die folgenden Ausführungen vor allem auf die beiden zeitgenössischen Philosophen Rombach und Weissmahr beziehen, werden hier kurz ihre Interpretationen der aristotelischen Lehre und ihre Konsequenzen daraus dargestellt.
Rombach beschreibt das traditionelle aristotelische Seinsmodell so: »Selbststand ist der Grundsinn von Sein. Das diesen Grundsinn Erfüllende ist die Substanz. Der Inhalt, der ihr diese Erfüllung erlaubt, ist das Wesen. Abgetrenntheit (Für-sich-sein; τὸ χωριστόν) und Etwasheit (τὸ τόδε τι) machen demnach das Wesen aus.«[398] Es gibt also in dieser Auffassung eine feststehende und beharrliche Substanz, die das Wesen eines Dinges ausmacht. Nachträglich kommen unselbständige Bestimmungen, Akzidenzien, hinzu, die der Substanz als ihrem tragenden Subjekt anhaften und sie weiter bestimmen.
In dieser Richtung erläutert Weissmahr: »Für Aristoteles ist der einfachste Fall der Veränderung jener, bei dem ein Seiendes im Laufe der Veränderung neue Bestimmungen erhält oder Bestimmungen, die es gehabt hat, verliert. Was ein Seiendes ist, steht für ihn fest: Es ist das einzelne, von anderen abgetrennte Selbständige, also die ›οὐσία‹ (Wesen oder Substanz) im primären Sinn (d.h. die ›erste Substanz‹). In den Veränderungen, die – wie er meint – die Identität dieser Substanz keineswegs antasten, sieht Aristoteles die Geltung des Substanz-Akzidens-Schemas bestätigt. Dieses für seine Philosophie grundlegende Schema ist dadurch gekennzeichnet, daß die beharrliche Substanz, die für ihn zugleich das Wesen des Dinges ist ... durch hinzukommende Bestimmungen, durch Akzidenzien weiterbestimmt wird, die ihr als ihrem Subjekt anhaften. Die Substanz ist demnach den Akzidenzien gegenüber einerseits das »Selbststand«-Habende (Substanz als ›Subsistenz‹), andererseits das Subjekt oder der Träger der Veränderungen, also das unter den Veränderungen ›Darunterliegende‹ (Substanz als das, was ›sub-stat‹). Die Akzidenzien sind dagegen Weiterbestimmungen der Substanz, die, da ihnen keine Selbständigkeit zukommt, auf ein sie tragendes Subjekt angewiesen sind.« [399]
Da in dieser Auffassung die *Beziehungen* als Akzidenzien angesehen werden, sind auch sie Bestimmungen, die erst *nachträglich* hin-

[398] Heinrich Rombach: Substanz, System, Struktur. Die Ontologie des Funktionalismus und der philosophische Hintergrund der modernen Wissenschaft (Bd. 1), Freiburg – München 1965, 12f.
[399] Béla Weissmahr: Ontologie, Stuttgart – Berlin – Köln ²1991 (Grundkurs Philosophie 3), 158. Vgl. auch die kritischen Bemerkungen zur Wesensmetaphysik des Aristoteles ebd., 101f.

zukommen und nicht als *grundlegend-dauerhaft* wesensbestimmend betrachtet werden.
Bisher wurde herausgearbeitet, dass das Ordiniertsein kein starrer Selbststand und Seinsbesitz ist, sondern dass der Ordinierte in *strikter Beziehung*, in strikter Abhängigkeit von Gott und in Hinordnung auf den Dienst an den Menschen steht. Zugleich konnte gezeigt werden, dass das Ordiniertsein *bleibend* in das Wesen des Ordinierten eingreift und deswegen nicht nur ein »Akzidens« im aristotelischen Sinn, eine hinzukommende, aber eben nicht bleibend-wesentliche und damit vorübergehende Bestimmung sein kann. Um hierfür ein Denkmodell zu finden, lohnt es sich, philosophische Ansätze relationaler Ontologie zu beachten, die über die klassisch-aristotelische Philosophie hinaus Relation nicht mehr nur als temporär bestimmendes Akzidens, sondern als dauerhaft prägende ontologische Größe sehen.

2. Relation als ontologische Grösse in der Tradition und heute

In der zeitgenössischen Philosophie haben vor allem die o.g. Rombach und Weissmahr die statisch-dingliche Seinsauffassung aufgebrochen in Richtung einer »relationalen Ontologie«. Sie knüpfen dabei unter anderem an Nikolaus Cusanus († 1464) an, der Gott allein das absolute und selbständige Sein in Fülle zuschreibt, den geschaffenen Seienden dagegen Abhängigkeit und Bezogenheit zu Gott und untereinander. In der Darstellung und Weiterführung der Gedanken von Cusanus zeigt sich für Rombach, dass es gegenüber Gott, dem absoluten Sein, keine abgeschlossenen Substanzen, kein »Seiendes in sich« geben kann. Im Gegensatz zur aristotelischen Auffassung spielt im Anschluss an Cusanus die Beziehung, die Relation eine grundlegende und entscheidende Rolle und bestimmt die »Wesensstruktur« der Seienden. Alles, was ist, steht nicht allein und isoliert für sich, sondern ist schon immer in Beziehung zueinander: »Alles Geschaffene ist von Anfang an und schon in seinem Sein – nicht erst durch diese oder jene Eigenschaft – auf anderes geschaffenes Seiendes bezogen. Die Bezogenheit gehört zum Grundzug des Seienden und bestimmt es in seiner Endlichkeit am entschiedensten. Wir nennen diesen ontologischen Grundcharakter die Relationalität. Sie besagt, daß Seiendes nicht erst ist und dann auch noch Beziehungen aufnimmt, sondern daß zu seinem Sein selbst das Bezogensein so gehört, daß es mit diesem *identisch* ist.«[400] Die Substanzontologie wird bei Rombach abgelöst durch eine »Strukturontologie«, in welcher die Relation eine grundlegende ontologische Größe ist und die Struktur jeglichen Seinsgefüges bestimmt. In einer solchen »Beziehungsontologie« wird alles Seiende als durch Relationen miteinander verbunden und durch diese Relationen wesentlich geprägt betrachtet.

Weissmahr sieht in ähnlicher Weise ein »Substanz-Relations-Gefüge« als Grundstruktur einer dynamischen Wirklichkeit, in der das Wesen der Seienden durch die Beziehungen mitbestimmt wird.[401] Eine Person kann also nicht individuell für sich isoliert werden, sie steht schon immer in Beziehung, sie ist »Selbststand in Beziehung«. Somit erfolgt (in Absetzung zur aristotelischen Seinsauffassung) eine Aufwertung der *Relation als ontologische Größe*, die grundlegend seinsbestimmend ist.

Wichtig ist nun die Frage, *wie* sich die grundlegenden und wesensbestimmenden Relationen der Seienden darstellen und verwirklichen.

3. Die Funktion als Ausdruck und Verwirklichung der Relation

Den *Funktionen* der einzelnen Seienden kommt wesentliche Bedeutung zu: Sie sind nicht nur (im Sinne der aristotelischen Akzidenzien) sekundäre Aktionen einer festgelegten und in sich abgeschlossenen Substanz, sondern in ihnen drückt sich das dynamisch-relationale Wesen der Seienden aus. Rombach und Weissmahr zeigen – bei aller Differenziertheit in ihrer je eigenen Darstellung und Vorgehensweise –, dass das Wesen von Seiendem als lebendige, durch Funktionen miteinander beziehungsmäßig verwobene Struktur zu

[400] H. Rombach: Substanz, 155f. Vgl. auch ebd., 212: »Also hat nichts an sich selber Sein. Alles ist nur in der Relation zueinander. Sein bedeutet darum nur Relationalität, das In-Bezug-Gestelltsein.«

[401] Vgl. B. Weissmahr: Ontologie, 167: »Für eine Seinsmetaphysik ist die Beziehung nicht bloß ein Akzidens, das zu dem in seiner Substantialität schon konstituierten Seienden hinzutritt, sondern eine ursprüngliche, das Sein des Seienden mitkonstituierende Bestimmung. Sie ist dasjenige, kraft dessen die ihrem individuell eigenen Sein gemäß verschiedenen bzw. selbständigen Seienden miteinander identisch sind, und kraft dessen sie sich, ohne deshalb voneinander abhängig zu werden, durchwalten.«

sehen ist. Auf diese Funktionen hebt die Strukturontologie ab, weshalb Rombach auch von »Funktionenontologie« spricht und wiederum in Anlehnung an die Tradition und Cusanus betont: »Man beachte genau, daß sich die Dinge als *Substanzen* nicht halten lassen gegenüber ihrem übermächtigen Schöpfer, dagegen als *Funktionen* ... Substanzen lassen sich nicht halten, da der Begriff der Substanz ein Sein an sich selbst setzt und fordert, jedoch Gott die ganze Fülle des Seins ist. Die Dinge – substanziell gedacht – sind entweder so, daß Gott an den Rand der Welt als deren Veranlasser und Urheber hinausgerückt wird, oder so, daß Gott alles in sein Wesen übernimmt und die Welt zu einem notwendigen Implikat Gottes wird: Pantheismus. Der Substanzbegriff läßt die Verbindung von Gott als *Sein selbst* und Welt *als selbst ein Sein* nicht zu. Erst die ontologische Umprägung in Richtung auf die Funktion macht die Dinge real und erhält sie gegenüber Gott. Der Substanzbegriff wird durch die Idee der Funktion ersetzt.«[402]
Obwohl Cusanus dieses Wort noch nicht benutzt, sieht Rombach bei ihm die »Ontologie des Funktionalismus« grundgelegt, in dem sich die *Welt in ihrer Bezogenheit* betrachten lässt: »Es stellt sich für den Cusaner das Problem einer *eigenständigen* Ontologie der Welt. Mit ihr beginnt jene Ontologie, deren Geschichte wir hier zu verfolgen haben: Funktionalismus.«[403] In solch einer dynamisch-relationalen Struktur ist das Handeln und somit die Funktion der einzelnen Seienden die Darstellung und Verwirklichung ihres Seins: »Das Wirken ist auch im endlichen Bereich nur dann zu verstehen, wenn Seiendes im Maße seines Seins immer schon Wirkendes ist. *Wirken ist also die aktive Inbesitznahme des eigenen Seins, der Vollzug der Identität des Seienden mit sich selbst als Seiendem.* Das Wirken ist eine transzendentale Vollkommenheit des Seins: ›omne ens est agens‹.«[404] Der Ansatz ist wiederum nicht bei einer statischen Substanz, sondern beim Geschehen, beim Vollzug, beim Wirken, welches sich in den Funktionen als Ausdruck der Beziehungsstruktur der Seienden manifestiert.
Die Funktionen der einzelnen Seienden sind somit nichts Unwesentlich-Sekundäres, sondern gehören untrennbar zur Wesensstruk-

[402] H. Rombach: Substanz, 175f. Siehe auch die weiteren Ausführungen zur Funktionenontologie im Anschluss an Cusanus ebd., 175–179.
[403] Ebd., 162.
[404] B. Weissmahr: Ontologie, 149.

tur dazu, sie sind Ausdruck und Verwirklichung des ontologisch-relationalen Seins, das dadurch in konkreten Momenten aufscheint. Funktionen stellen die Relation zwischen zwei Momenten dar: »Die Relationalität eines Moments auf ein anderes wird Funktion genannt. Funktion ist das, was ein Moment im Bezug auf ein anderes Moment ist.«[405] Es besteht eine Einheit von Handelndem und Handlung, in der das Seiende durch seine Handlungen bestimmt wird. Die Funktion ist Darstellung und Verwirklichung der Relation: »Angelegtheit auf anderes, Sein im anderen ... Funktion ist immer Durchlaß, nie Selbststand. Sie ist nicht ›abtrennbar‹. Sie ergibt sich aus anderem, aus dem Ganzen des anderen.«[406] Die Funktionen verweisen also auf die relational-ontologische Grundstruktur alles Seienden, zu der sie untrennbar dazugehören und deren sichtbare Darstellung und Verwirklichung sie sind: »*Die Relationalität ist die Seinsverfassung der Funktionen.* Eine Funktion ›ist‹ nicht, sondern ist Bezug auf ... Funktionen bestehen nur in einem Relationengeflecht.«[407]

Wie schon der Ansatz bei Cusanus zeigt, ist das relationale Denken nicht zuletzt aus der Reflexion der Relation geschöpflichen Seins zum absoluten Sein gewonnen. Dem ist hier noch nachzugehen.

4. Die dreifaltig-relationale Struktur Gottes und ihre Beziehung zu den Seienden

Die strukturell-relationale Sichtweise der Wirklichkeit war trotz einer bisweilen dinglich-abstrakten Seinsauffassung auch schon im Mittelalter und in der Hochscholastik vorhanden. Die grundlegende Relation alles Geschaffenen besteht nach diesem Verständnis in der Beziehung und Abhängigkeit des Geschöpfes von seinem Schöpfer. In Gott ist die ganze Fülle des Seins. Er ist der Schöpfer und die Geschöpfe haben nach der mittelalterlichen Ontologie Anteil an seinem Sein (participatio). So ergibt sich, »daß Schöpfung etwas im *Wesen* des Seienden ausmacht ... Schöpfung und Geschaffenheit besagt in erster Linie soviel wie Abhängigkeit (contingen-

---

[405] Heinrich Rombach: Strukturontologie. Eine Phänomenologie der Freiheit, Freiburg – München, 1971, 25.
[406] H. Rombach: Substanz, 14.
[407] Ebd., 212.

tia). Das Geschöpf ist nicht aus sich selbst, sondern bedarf einer äußeren Ursache, um zu sein.«[408]

Alles geschaffene Sein steht also nicht in sich selbst und für sich allein, sondern in Wechselbeziehung zu anderen Seienden und in einer ursprünglichen und grundsätzlichen Abhängigkeit zum absoluten Sein, zum Schöpfer. Einzig dieses »absolute Sein, das ›esse subsistens‹, hat Selbststand in einer Weise, daß es auf nichts außer sich selbst angewiesen ist.«[409]

Doch selbst das absolute Sein, das in sich selbst steht, ist nach christlichem Verständnis nicht statisch und relationslos. Das absolute Sein ist ein Sein in Beziehung, eine dreifaltig-relationale »Struktur« (vgl. Kapitel 3, III.). Der tiefste Grund der Wirklichkeit, aus dem sich alles Seiende ableitet, Gott selbst, ist nicht statisch, sondern relational-dynamisch: »Es zeigt sich nämlich, daß der tiefste Grund der Wirklichkeit keine Seinsverfassung, sondern eine Bewegungsform ist, eine Geschehensweise, aus der sich alle Formen des Seins und der Realität erst ergeben.«[410] Gott ist in sich selbst Relation, die über sich hinausgeht, alles Seiende ist von seiner Struktur geprägt.[411]

---

[408] Ebd., 58. Vgl. die weiteren Ausführungen 58f: »Welche ontologische Aussage verbirgt sich dahinter? Vor allem natürlich die, daß das Sein ursprünglich und eigentlich nur *einem* Seienden, nämlich Gott, zukommt. Nur Gott hat Sein in der Weise, daß Sein zu seinem Wesen gehört ... Im Unterschied hierzu bringt das endliche Seiende sein Sein nicht schon mit sich, sondern kann nur so ins Sein kommen, daß ihm ein anderes Seiendes dazu verhilft ... Geschaffensein bedeutet einen Hinweis auf Gott als den Schöpfer; macht so etwas wie einen Zeiger im innersten Wesen des geschaffenen Seienden aus. Geschaffenheit besagt so viel wie: Dieses Seiende ist nicht für sich allein denkbar, sondern nur zusammen mit dem Ursein.«

[409] B. Weissmahr: Ontologie, 160.

[410] H. Rombach: Strukturontologie, 361.

[411] Vgl. H. Rombach unter Bezug auf Meister Eckart in: Substanz, 201f: »Offensichtlich ist dies der Punkt, auf den Meister Eckart hinausdrängt: Das Christentum ist nicht eine Religion, nicht eine Lehre über Gott, sondern ein Geschehen Gottes selbst. Gott hat sich aus seiner eigenen Wesenfülle hinausbegeben, er hat sich in die Dimension der Unterscheidung geopfert und dort ein Erlösungsgeschehen ins Werk gesetzt, das nicht für ihn etwas Äußerliches oder eine bloße Handlung am Rande seines Wesens ist, sondern das die Entfaltung und die Wirklichkeit seines Wesens ausmacht. Er hat die Kirche eingesetzt als seinen Leib (Corpus Christi Mysticum) und dadurch die Geschichte zum Erlösungsgeschehen gemacht, das an der Kirche und durch sie geschieht. Heilsgeschichte ist Gottesgeschichte, ist Geschehen Gottes, ist Wirklichkeit jenes Gottes, der sich als einen Geschehenden wollte, der nicht nur als Gott in sich selbst bleiben, sondern in der unendlichen Liebeseinheit des Gottmenschentums wirklich werden wollte. Das Christentum besagt nichts anderes als: der Gott geschichtlich. Aber nicht geschichtlich als eine vorübergehende Episode,

So ergibt sich wiederum, »daß Beziehung von einem metaphysischen Standpunkt aus nicht als eine zum Sein hinzukommende Bestimmung (also nicht als ein ›Akzidens‹), sondern als eine grundlegende überkategoriale Seinsbestimmung gesehen werden muß.«[412] Diese Sichtweise wird in den trinitätstheologischen und christologischen Überlegungen dieses Kapitels noch weiter behandelt (siehe II.).

5. Auswertung

Ohne die Philosophie von Rombach und Weissmahr in allen Einzelheiten weiter auszufalten, kann festgehalten werden, dass jedes Geschöpf schon immer in einer »relationalen Wirklichkeitsstruktur« steht: in einer grundlegenden Beziehung zu Gott, die bleibend und wesentlich prägt, und in verschiedenen geschöpflichen Beziehungen, die das Geschöpf je nach Art und Intensität der jeweiligen Beziehung wesentlich prägen. Die Funktionen bilden das »relationale Moment«, sie sind Ausdruck und Verwirklichung der Beziehungen der Seienden.

Diese grundlegend-relationale Wirklichkeit alles Geschaffenen lässt sich in gewisser Weise auf das gemeinsame und spezifische Priestertum übertragen, bei denen die wesentlich-sakramentale Prägung in

sondern im Wesen und immerdar ... Der namenlose überseiende Gott verschmäht es, in der Wohlbehütetheit seines Wesens zu bleiben. Um der Liebe willen, die ja in seinem Wesen liegt und dieses noch am ehesten zum Ausdruck zu bringen vermag, geht er über sich hinaus und verbindet sich durch ein Selbstopfer, durch das sein Wesen nicht mehr ihm allein gehört, sondern in der Verbindung ruht ... Der sich selbst opfernde und in das Geschehen hinaustretende Gott (in jenes Geschehen, aus dem er sich in der überhöhten Weise zurückhält) ist Christus.«

[412] Béla Weissmahr: Philosophische Gotteslehre, Stuttgart – Berlin – Köln – Mainz 1983 (Grundkurs Philosophie 5), 127. Vgl. auch den wesentlichen Unterschied zwischen der Bezogenheit Gottes zur Welt und den innerweltlichen Bezogenheiten ebd., 127f: »Aus dieser Bestimmung ergibt sich, dass die Beziehung, die als solche Vollkommenheit setzt, im endlichen Bereich, in dem sie immer auch die ›Nicht-Selbständigkeit der voneinander Entfremdeten‹ bedeutet, mit Abhängigkeit verbunden ist. Aus der Bezogenheit Gottes zur Welt ergibt sich aber nicht die geringste Abhängigkeit, da es sich in diesem Fall um eine vollkommen einmalige, mit dem absoluten Wesen Gottes identische Bezogenheit handelt. Die Beziehung Gottes zur Welt ist jene Beziehung des Setzenden zum Gesetzten ...Weil alles, was ist, von Gott ist, kann die Unabhängigkeit Gottes von dem ihm gegenüber seiner Seinsmitteilung gemäß anderen niemals gefährdet werden...«

Taufe, Firmung und Ordination eine einmalig-fundamentale und bleibende Beziehung zu Gott und den Menschen bewirkt. Durch Taufe und Firmung werden alle Gläubigen wesentlich und ein für alle Mal geprägt, indem sie in eine grundlegend neue Beziehung zu Gott und zur Gemeinschaft aller Glaubenden, zur Kirche, gestellt und somit befähigt und beauftragt werden, ihr Priestertum in den ihnen zukommenden Funktionen auszuüben. Diese Funktionen des gemeinsamen Priestertums sind somit nichts Sekundäres, sondern wesentlich und dauerhaft in der getauften und gefirmten Person grundgelegt und Ausdruck der neuen Beziehung zu Gott und zu den Menschen.
Ordinierter Dienst mit seinen ihm eigenen Funktionen, die sich in den grundlegenden Vollzügen der Kirche von denen des gemeinsamen Priestertums unterscheiden, damit sie diesem in amtlich-öffentlicher Form dienen können, ist nur möglich in absoluter Beziehung und Abhängigkeit von Gott und in Hinordnung und Bezogenheit zu den Menschen. Mit der o.g., an Cusanus anknüpfenden relationalen Seinsauffassung von Rombach und Weissmahr, in der die Relationaliät einen ontologischen Grundcharakter hat, lässt sich die ontologische Wirkung der Ordination auf die Person des Ordinierten in doppelter Hinsicht beschreiben: (1.) in der neuen Relation zu Gott und (2.) in der neuen Relation zu den Menschen.

1. Durch die Ordination wird der Ordinierte in eine wesentliche und bleibende neue Relation zu Gott gestellt. Er wird von Gott wesentlich in Beschlag genommen, damit Gott selbst in bestimmten grundlegenden Vollzügen der Kirche durch den Dienst des Ordinierten zum Zuge kommt. Kein Mensch kann dies aus sich selbst heraus tun, sondern nur in dieser wesentlichen Abhängigkeit und Relation, in dieser bleibenden Indienstnahme durch Gott im Sakrament der Ordination. So steht in diesen grundlegenden Vollzügen der Kirche nicht die Person des Ordinierten im Mittelpunkt – schon gar nicht als ein »besserer Christ« –, sondern Gott ist es, der sich dieser Person »bedient« und durch ihre spezifischen Funktionen handelt. Da solche grundlegenden Relationen nichts Temporär-Akzidentielles sind, ist die Person dauerhaft und wesentlich geprägt von dieser neuen »Dienstrelation« von Gott her zu den Menschen, in die sie gestellt wird, die zur Entfaltung drängt und dem Ordinierten aufgegeben ist.

2. Da der ordinierte Dienst keine persönliche Höherstellung vor Gott bedeutet, sondern ganz auf den Dienst am gemeinsamen Priestertum aller Gläubigen ausgerichtet ist, wenn er Christus in bestimmten Vollzügen seines spezifischen Priestertums repräsentiert und für die Gemeinde gegenwärtig setzt (repraesentatio Christi) und wenn er die Gemeinde in bestimmten Vollzügen vor Gott repräsentiert (repraesentatio ecclesiae), wird der Ordinierte gleichzeitig in eine bleibend-neue Relation zu den Menschen gestellt, denen er sich mit seiner ganzen Person zur Verfügung stellt.

Diese beiden neuen Relationen prägen die Person des Ordinierten wesentlich und drängen zur Entfaltung und Verwirklichung in seinem Leben, sowohl in den spezifischen Funktionen seines Dienstes als auch in den übrigen Lebensbereichen.
Somit wird im Akt der Ordination weder eine unwesentlich-akzidentielle und vorübergehende »Sache« übertragen noch wird ein objektiv-unpersönliches und statisches »Etwas« in das Wesen des Ordinierten »eingepflanzt«, sondern eine neue und bleibende Relation, eine prägende Indienstnahme durch Gott für die Menschen greift im Wesen des Ordinierten Platz und drängt zur Erfüllung. Die spezifischen »Funktionen« des ordinierten Dienstes sind also nichts Sekundäres, sondern die Darstellung und Verwirklichung dieser ontologischen Relation, das Handeln aus der grundlegenden Beziehung zu Gott und den Menschen. Sowohl die unwiderrufliche Beschlagnahme der Person in Taufe und Firmung als auch die unwiderrufliche Indienstnahme durch die Ordination schenken eine wesentlich neue Relation zu Gott und den Menschen und befähigen zu den jeweiligen Funktionen des gemeinsamen und des ordinierten Priestertums. Die ontologische Prägung und die daraus folgenden Funktionen können in diesem Strukturmodell nicht voneinander getrennt und als mögliche Alternativen gegeneinander ausgespielt werden: »Ontologisch« und »funktional« gehören zusammen und bedingen sich gegenseitig.

II. Drei Beispiele relationalen Denkens in der heutigen Theologie

Das christliche Verständnis Gottes und der geschaffenen Wirklichkeit bricht das statische Substanz-Akzidens-Schema auf; als Konsequenz eines trinitarischen Denkens ergibt sich eine relational-dynamische Sichtweise (1.). Die trinitätstheologische Perspektive bedeutet eine Vertiefung des Personbegriffs und eine Aufwertung der Relation. Es zeigt sich, dass die Relation kein »seinsschwaches Akzidens« im aristotelischen Sinn, sondern eine das Wesen Gottes und aller Seienden konstituierende Urweise des Wirklichen ist (1.1). Die dynamischen Relationen in Gott haben »Aus-Wirkungen« auf die geschaffenen Seienden (1.2). Im trinitarisch-christlichen Personverständnis kann man Person als »Selbststand in Relation« beschreiben (1.3). Die folgende Auswertung zeigt, dass die relational-ontologische Denkform, die in der Trinitätstheologie die aristotelische Seinsbetrachtung abgelöst hat, sowohl auf die Betrachtung der Person beim gemeinsamen Priestertum aller Gläubigen als auch auf die Betrachtung der Person des ordinierten Amtsträgers in der Amtstheologie angewandt werden kann (1.4).

In der Christologie (2.) und in der Eucharistielehre (3.) werden heute ebenfalls relational-ontologische Denkformen verwendet. Die Ergebnisse werden im Folgenden dargestellt, um sie dann jeweils auch für die Amtstheologie auszuwerten.

1. Relational-ontologische Aspekte in der Trinitätstheologie

Nach christlicher Sicht ist Gott selbst nicht eine »statische Substanz« und relationslos, sondern dreifaltig-dynamisch. Dies gilt sowohl für sein »Sein in sich« (immanente Trinität) als auch für sein Wirken »nach außen« (ökonomische Trinität). Es ist hier nicht der Ort, die komplizierte Entwicklung der Trinitätslehre und heutige Entwürfe nachzuzeichnen. In neuerer Zeit hat v.a. Greshake dargelegt, wie aus der Frage des Zueinanders von Einheit und Vielheit sowie von Substanz und Person/Relation in Gott die christliche Trinitätslehre wichtige Beiträge zum tieferen Verständnis von menschlicher Person und ihrer communialen Bezogenheit geleistet hat.[413] Im Zusammenhang des trinitarischen Personbegriffs ist bedeutsam, dass weder die göttlich-personale dreieine Communio noch ihre Auswirkungen auf die Schöpfung und das Verständnis des Personseins des Menschen mit dem traditionellen aristotelischen Substanz-Akzidens-Schema beschrieben werden können. Die Denkform einer relationalen Ontologie erweist sich dagegen als hilfreich, um diese wichtigen Aspekte der Trinitätstheologie und ihre Auswirkungen auf die Frage des Personseins des Menschen adäquat auszudrücken.

1.1 Neues Verständnis von Person und Relation: Relation als konstitutives Wesensmerkmal Gottes und gleichrangige Urweise des Wirklichen

In der geschichtlichen Entwicklung der Trinitätstheologie erkannte man aus den biblischen Zeugnissen, dass der eine Gott mit sich selbst im Gespräch ist, dass es in seinem Inneren Dialog gibt. So stellte sich die Frage, wie die Einheit Gottes zu denken sei. Dabei hat sich die Erkenntnis durchgesetzt, dass bei Gott Einheit weder ein starres und selbstbezogenes Etwas noch Vielheit eine Zerspaltung und Seinsminderung ist, sondern dass Einheit und Vielheit in Gott selbst gleichursprünglich sind.[414] Zur Darstellung dieses Ver-

[413] Vgl. Gisbert Greshake: Der dreieine Gott. Eine trinitarische Theologie, Freiburg – Basel – Wien 1997, v.a. 74–216, 244–266 u. 454–464. Siehe auch die Literaturangaben zu neueren trinitätstheologischen Arbeiten ebd., 15–28.

[414] Vgl. Joseph Ratzinger: Einführung in das Christentum. Vorlesungen über das Apostolische Glaubensbekenntnis. Völlig unveränderte, mit einer neuen Einführung versehene Neuausgabe, München 2000, 165f: »Dem antiken Denken ist nur die Einheit göttlich; die Vielheit erscheint demgegenüber als das Sekundäre, als der Zerfall der Einheit ... Christliches Bekenntnis zu Gott als dem Dreieinigen, als dem, der gleichzeitig, die ›Monas‹ und die ›Trias‹ ist, die schlechthinnige Einheit und die Fülle, bedeutet die Überzeugung, dass die Gottheit jenseits unserer Kategorien von Vielheit und Einheit liegt. So sehr sie für uns, für das Nichtgöttliche, eins und eine einzige ist, das allein Göttliche gegenüber allem Nichtgöttlichen, so sehr ist sie in sich selbst doch wahrhaft Fülle und Vielfalt, sodass kreatürliche Einheit und Vielheit beide gleichermaßen Abbild und Anteilhabe am Göttlichen sind. Nicht nur die Einheit ist göttlich, auch die Vielheit ist etwas Ursprüngliches und hat in Gott selbst ihren inneren Grund. Vielheit ... entspricht der schöpferischen Fülle des Gottes, der selbst über Vielheit und Einheit stehend beides umgreift ... Die höchste Einheit ist für den, der Gott als drei-einigen glaubt, nicht die Einheit des starren Einerlei.«

ständnisses hat sich die traditionelle aristotelische Philosophie mit ihrem Substanz-Akzidens-Schema als ungenügend erwiesen,[415] es bedurfte einer begrifflichen Fassung, die Einheit und Vielheit in Gott als zusammenhängend darstellen konnte. Die schließlich gefundene Bezeichnung »ein Wesen in drei Personen« bedeutet eine Vertiefung des Personbegriffs[416] aus trinitätstheologischer Perspektive (siehe auch 1.3) und stellt im Zusammenhang mit diesem Personverständnis die Relation als konstitutives Wesensmerkmal Gottes heraus: »Das Paradox ›Una essentia tres personae‹ ist dem Problem von Absolut und Relativ zugeordnet und stellt die Absolutheit des Relativen, des Beziehentlichen heraus.«[417]
Somit hängen in den trinitätstheologischen Reflexionen die Begriffe »Person« und »Relation« untrennbar zusammen. Die aus der Trinitätstheologie gewonnene Formulierung »ein Gott in drei *Personen*« kennzeichnet die *Relation* als etwas Konstitutives in Gott selbst. Wenn Gott in sich selbst wesentlich dreipersonal ist, ist das Zueinander, die Bezogenheit dieser drei Personen, wesensbestimmend, denn »Person« gibt es nicht für sich allein, sondern nur *»in Bezug auf«:* »Das Bekenntnis zu Gott als Person schließt ... demnach das Bekenntnis zu Gott als Bezogenheit, als Sprachlichkeit, als Fruchtbarkeit notwendig mit ein. Das schlechthin Einige, Beziehungslose

---

[415] Siehe ebd., 150–176, v.a. 161f, 169–171.

[416] Vgl. ebd., 168f: »In dem Ringen um die Sprache des Bekenntnisses vollzog sich das Ringen um die Sache selber, sodass in dieser Sprache, wie inadäquat sie auch sein mag, doch Berührung der Wirklichkeit stattfindet. Von der Geistesgeschichte her dürfen wir sagen, dass hier die Realität ›Person‹ erstmals in vollem Sinn gesichtet worden ist; Begriff und Gedanke ›Person‹ sind dem menschlichen Geist nicht anders als im Kampf um das christliche Gottesbild und um die Deutung der Gestalt Jesu von Nazareth aufgegangen ... Die Entdeckung des Dialogs im Innern Gottes führte dazu, in Gott ein Ich und Du anzunehmen, ein Element der Bezogenheit, der Unterschiedenheit und der Zugewandtheit aufeinander hin, für das sich der Begriff ›Persona‹ förmlich aufdrängte, der damit über seine theatralische und literarische Bedeutung hinaus ein neues Maß an Wirklichkeitstiefe gewann, ohne das Schwebende zu verlieren, das ihn zu solcher Verwendung geeignet machte.«

[417] Ebd., 168. Siehe auch ebd., 170: »Die Erfahrung des dialogisierenden Gottes, des Gottes, der nicht nur Logos, sondern Dia-logos ist, nicht nur Gedanke und Sinn, sondern Gespräch und Wort im Zueinander der Redenden – diese Erfahrung sprengt die antike Aufteilung der Wirklichkeit in die Substanz als das Eigentliche und die Akzidentien als das bloß Zufällige. Nun wird klar, dass neben der Substanz der Dialog, die Relatio, als eine gleichermaßen ursprüngliche Form des Seins steht ... [Die drei göttlichen Personen] sind nicht Substanzen, Persönlichkeiten im modernen Sinn, sondern das Bezogensein, dessen reine Aktualität (›Wellenpaket‹!) die Einheit des höchsten Wesens nicht aufhebt, sondern ausmacht.«

und Unbeziehbare könnte Person nicht sein. Person in der absoluten Einzahl gibt es nicht ... Das griechische Wort Prosopon heißt wörtlich ›Hinblick‹, mit der Partikel ›pros = zu – hin‹ schließt es die Bezogenheit als etwas Konstitutives ein. Ähnlich steht es mit dem lateinischen persona: das ›Tönen hindurch‹; wieder drückt das ›per = hindurch – zu‹ Bezogenheit, diesmal als Sprachlichkeit, aus. Anders gesagt: Wenn das Absolute Person ist, ist es nicht absolute Einzahl.«[418]

Aus dem Bereich der Physik entnimmt Ratzinger als Denkhilfe für eine solche nicht statisch-einsame, sondern relational-aktuale Seinsweise Gottes die Vorstellung der Struktur der Materie als »Wellenpaket«. Materie wird demnach nicht statisch-substantiell, sondern rein aktual gedacht, ihre »Substantialität« besteht in dem Bewegungsgefüge sich überlagernder Wellen. Bei allem Ungenügen dieses Vergleichs ist er für Ratzinger doch »ein erregendes Gleichnis für die actualitas divina, für das schlechthinnige Akt-sein Gottes, und dafür, dass das dichteste Sein – Gott – allein in einer Mehrheit von Beziehungen, die nicht Substanzen, sondern nichts als ›Wellen‹ sind, bestehen und darin ganz eines, ganz die Fülle des Seins bilden kann.«[419]

Vom christlich-dreifaltigen Gottesverständnis und seinem Personbegriff her ist somit das einseitig-statische Substanzdenken mit der Abwertung der Relation als seinsschwaches Akzidens überwunden, die *Relation wird als eine gleichrangige Urweise des Wirklichen gesehen*: »Mit diesem Gedanken der Beziehentlichkeit in Wort und Liebe, unabhängig vom Substanzbegriff und nicht einzuordnen in die ›Akzidentien‹, hat das christliche Denken den Kern des Personbegriffs gefunden, der etwas anderes und unendlich mehr als die bloße Idee des ›Individuums‹ besagt ... [Augustinus sagt:] ›In Gott gibt es keine Akzidentien, nur Substanz und Relation (Beziehung)‹. Darin verbirgt sich eine Revolution des Weltbildes: Die Alleinherrschaft des Substanzdenkens wird gebrochen, Relation als eine gleichrangige Urweise des Wirklichen entdeckt.«[420]

Nach dieser Darstellung der in Gott wesensbestimmenden Bedeutung der dynamischen Relation ergibt sich die Frage nach der »Aus-Wirkung« der Trinität auf die Schöpfung und den Menschen.

[418] Ebd., 167.
[419] Ebd., 162.
[420] Ebd., 171.

1.2 Dynamische Relationen der Trinität und Konsequenzen für die Betrachtung des Menschen als Geschöpf und Ebenbild Gottes

An dieser Stelle fügen sich einige Kernaussagen von Hemmerle, die bereits in Kapitel 3, III. herausgearbeitet wurden, im direkten Anschluss an das unter 1.1 Gesagte ein und führen die trinitätstheologischen Überlegungen im Blick auf das wesentlich-relationale Sein von immanenter und ökonomischer Trinität und deren Zusammenhang fort. Es sei daran erinnert, dass wie bei Ratzinger auch nach dem relational-ontologischen Ansatz von Hemmerle und seinen Thesen zu einer trinitarischen Ontologie Gott in seinem Wesen und Wirken nicht statisch-einsam und unbeweglich, sondern im Geheimnis der Dreifaltigkeit dynamische Beziehung in sich, aber auch *über sich hinaus* ist.[421]

Wenn also sowohl die innertrinitarischen Beziehungen als auch das Über-sich-hinaus-Gehen nicht etwas sekundär zu Gott Hinzukommendes sind, sondern Gott wesentlich »Identität mit sich im Hinausgehen über sich, in der Weggabe von sich [ist]«[422], dann haben nach Hemmerle diese dynamischen Relationen der Trinität auch Konsequenzen für die Betrachtung des Menschen als Geschöpf und Ebenbild Gottes: Das Hineingestellt-Sein des Menschen in den Fluss der trinitarischen Communio ist von Anfang an das Sein in einer Communio, d.h. das Sein in einer dynamischen Relation zu Gott und den anderen Menschen. Der Ansatz Hemmerles bei der Liebe, beim Sich-Geben, das sowohl in Gott selbst als auch in seinem Bezug zu den Menschen und in den Relationen der Menschen untereinander das Bestimmende und auf lebendige Beziehung angelegt ist[423], bedeutet einen »Ansatz beim Geschehen, beim Voll-

[421] Vgl. K. Hemmerle: Thesen, 36f: »Ein Seinsverständnis, dem das Letzte die Substanz, das Stehen-in-sich, die Widerständigkeit und Selbständigkeit ist, aber auch eines, dem die reditio in se completa, der Kreislauf von Selbstentäußerung und Selbstrückkehr, das Selbstbewußtsein also, führendes Modell ist, sind zu schmal dimensioniert, um die trinitarische Vorgabe christlichen Seinsverständnisses voll einzulösen.«

[422] Vgl. ebd., 18.

[423] Vgl. zu diesem Ansatz vom Sich-Geben auch Klaus Hemmerle: Vorspiel zur Theologie. Einübungen, Freiburg – Basel – Wien 1976, 48; 65; 68; 70, v.a. 148: »Christlich gelesen sagt das, was wir uns beim Wort Gott denken können, sagen Unbedingtheit, Einheit, Unveränderlichkeit, Ewigkeit, Allmacht nichts anderes mehr als das Eine: Sich-Geben. Es gibt keinen diesem Sich-Geben entzogenen ›Rest‹. In seinem Sich-Geben ist Gott ganz drinnen, und dieses Sich-Geben *ist* seine Unbedingtheit, Einheit, Unveränderlichkeit, Ewigkeit, Allmacht. Das ist die Umdrehung des Gottesbildes –

zug.«[424] Die Dynamik des Sich-Gebens, die in Gott selbst vorhanden ist und untrennbar zu seinem Wesen gehört, ist das Bleibende der Liebe.

Die Seinsauffassung in der Trinitätstheologie mit der relational-ontologischen Denkform bedeutet für Hemmerle eine im Vergleich zur traditionellen statisch-aristotelischen Denkform entscheidend neue Verständnisweise des Menschen:[425] »Es bleibt nicht nur bei dieser neuen Sicht und bei diesem neuen Sein Gottes, sondern darin sind auch unser eigenes Sein und das Sein überhaupt verwandelt. Unser persönliches Sein ist hineingenommen in die Lebens- und Liebesgemeinschaft zwischen Vater, Sohn und Geist; damit aber kann gar nicht mehr ich selbst und ich allein den einzigen Ausgangs-, Mittel- und Zielpunkt meines Seins darstellen, ich kann das trinitarische Sein nur leben im Miteinander, im Wir, das jedoch das Ich und Du nicht auslöscht, sondern konstituiert. Auf ein weiteres darf hingewiesen werden: Es genügt nicht, neue Akzente, Kombinationen und Verbindungen in ein gängiges Seinsverständnis einzutragen, sondern das Seinsverständnis selbst wird neu, wenn das Sein neu wird. Sein ist Liebe, ist Beziehung. Dann aber ist Sein Sich-Schenken und – recht verstanden – Sich-Verlieren im je anderen, um so freilich gerade aufzugehen und zu ›sein‹. Die innere Dynamik der Liebe ist das Bleibende, das Stabile des Seins. Dynamik und Statik schließen einander nicht aus, werden auch nicht nur dialektisch miteinander vermittelt, sondern sind der unlösbar eine und doppelte Ausdruck des Ereignisses ›Gott‹, des Ereignisses ›Sein‹, des Ereignisses ›Mensch‹.«[426] Mit diesem Ansatz Hemmerles beim Gesche-

---

das ist aber auch die Umdrehung des Menschenbildes, des Weltbildes, unserer selbst und unserer Spiele. Sich-Geben ist nicht mehr nur der Horizont, ohne den das Sich-Haben nicht gelingen kann. Sich-Geben ist das Zentrum, ist die Sache selbst. Wir sind nur, sofern wir uns geben.«

[424] K. Hemmerle: Thesen, 39.

[425] Vgl. in diesem Zusammenhang auch nochmals ebd., 38: »Wenn das Bleibende die Liebe ist, dann ist die Verlagerung des Schwerpunktes aus dem Selbst ins Andere, dann ist die (nicht mehr aristotelisch verstandene) Bewegung, dann ist die (ebenfalls nicht mehr als Kategorie, gar als seinsschwächstes Akzidens verstandene) relatio in die Mitte gerückt. Aber Beziehung, Bewegung werden nicht als ein neues Prinzip statuiert, aus dem sich alles doch wiederum in einsamer Deduktion ableiten ließe. Nur eines bleibt: das Mittun jener Bewegung, welche die agape selbst ist. Diese Bewegung ist der Rhythmus des Seins; es ist der Rhythmus des Gebens, das sich selber gibt.«

[426] Klaus Hemmerle: Leben aus der Einheit. Eine theologische Herausforderung (hg. von Peter Blättler), Freiburg – Basel – Wien 1995, 53f.

hen, bei den gelebten Beziehungen, können die in dieser Richtung verstandenen »Funktionen« nicht als sekundäre unwesentliche Vollzüge abgetan, sondern müssen als Ausdruck und Darstellung des relational-dynamischen Wesens Gottes und – in aller geschöpflichen Gebrochenheit – der geschaffenen Seienden beschrieben werden. Wie in den bisherigen Ausführungen bereits angeklungen, brachte das Ringen um das Verständnis des trinitarischen Gottes gleichzeitig ein tieferes Verständnis von »Person« und von »Communio« sowohl im göttlichen als auch im geschöpflichen Bereich. Im Folgenden wird deshalb dieses neue Personverständnis nicht als individuelles und abgeschottetes »Sein in sich«, sondern als »Selbststand in Beziehung« gekennzeichnet.

1.3 Person als »Selbststand in Beziehung«

Die alte und lange gebräuchliche Person-Definition von Boethius († 524): »Persona est naturae rationalis individua substantia«[427] – »Person ist die individuelle Substanz einer geistigen Wesensnatur [bzw. von geistiger Wesensnatur]« kann das Person-Sein nicht adäquat erfassen. Sie definiert zwar das Individuelle, den Selbststand einer Person, nicht jedoch die unabtrennbar dazugehörende Relationalität, das Verhältnis von Person zu Person, das zum Wesen der Person dazugehört.[428] Bernd Jochen Hilberath weist darauf hin, dass lange vor Boethius in den trinitätstheologischen Überlegungen von

---

[427] Boethius, Anicius Manlius Severinus: Die Theologischen Traktate. Lateinisch-Deutsche Ausgabe. Übersetzt u. hg. von Michael Elsässer. Hamburg 1988, 74.

[428] Vgl. jedoch die erläuternden Aussagen von G. Greshake: Der Dreieine Gott, 102f: »Doch darf man nicht übersehen, daß in der boethianischen Definition zwei Elemente zusammenkommen: der Aspekt der individuellen und der generischen Identität. *Reflektiert* man auf letzteres, so kann man sagen: (individuelles) Personsein ist immer auch eingebunden in das Personsein *mit anderen*, die zusammen mit mir die gleiche Gesinnung haben. Und *reflektiert* man weiter auf das, was *Geist*natur ist: Offenheit und Bezogenheit auf das Ganze, so ist in der Persondefinition des Boethius dann doch *implizit und höchst indirekt* ein relationales Element mitgegeben, das freilich die *spezifisch* personale Relationalität nicht zum Ausdruck zu bringen vermag ... Weiter ist zu bedenken, daß Boethius seinen Personbegriff innerhalb einer philosophischen und christologischen Problematik und nicht innerhalb einer trinitätstheologischen Reflexion entwickelt ... Im Rahmen christologischer Überlegungen also setzt Boethius Person und Individualität gleich. Hierin liegt der spezifische Beitrag des Boethius für die Geschichte des Personverständnisses: das nachdrückliche Insistieren auf der der Person zukommenden Einmaligkeit (auch wenn der solchermaßen pointierte Personbegriff nicht ohne weiteres auf den dreieinen Gott angewendet werden kann).«

Tertullian († nach 220) eine Person-Definition anklingt, die sich zwar in der Folgezeit gegen die boethianische Auffassung nicht durchgesetzt hat, die aber der heutigen personal-relationalen Denkweise angemessen ist. Selbststand *und* Relation machen demnach das Wesen der Person aus, weshalb Hilberath im Anschluss an Tertullian von »*Person als Selbststand in Relation*« spricht: »Für Tertullian sind im Hinblick auf den trinitätstheologischen Personbegriff Selbststand und Relation keine Alternative! Da die Person eine unvertauschbare Rolle spielt und sie eine nicht übertragbare Funktion ausübt, muß ihr Eigenwirklichkeit zukommen; diesen ihren Selbststand hat sie jedoch nur im Rahmen eines Beziehungsgefüges ... *›Selbststand in Relation‹ scheint mir eine angemessene Umschreibung des von Tertullian verwendeten Personbegriffs zu sein.*«[429]
Dieser Ansatz sieht im Gegensatz zum individuellen Substanzdenken die Relation und Kommunikation als ontologische Grundstruktur der Person und könnte nach Hilberath in einer personal-relationalen Ontologie heute weiter betrachtet werden: »Nicht in einer metaphysischen Durcharbeitung des Substanzbegriffs und einer entsprechenden Akzentuierung des Personbegriffs in Richtung der sich selbst besitzenden Individualität und Subsistenz, sondern in einer relational-personalen Ontologie, welche die Kategorie der Substanz vom Sein der Person her gewinnt, im Personsein selber Selbststand und Relation als gleichberechtigt und sich bedingende Elemente ansetzt und von daher die Einheit in der Substanz personal bzw. interpersonal faßt, erreicht Tertullians – und der christliche (trinitätstheologische, christologische und anthropologische) – Personbegriff die ihm angemessene Perspektive ... *Tertullian hat auf die trinitätstheologische Herausforderung seiner Zeit mit der Entwicklung eines kommunikativen Personbegriffs, der Selbststand und Relation gleichermaßen wahrt, geantwortet. Für die (unserem Denken immer nur in Grenzen mögliche) Lösung des trinitätstheologischen Grundproblems von Einheit und Verschiedenheit hat er einen Ansatz aufgezeigt, der in einer personal-relationalen Ontologie überzeugend ausgebaut werden könnte.*«[430]

---

[429] Bernd Jochen Hilberath: Der Personbegriff der Trinitätstheologie in Rückfrage von Karl Rahner zu Tertullians »Adversus Praxean«, Innsbruck – Wien 1986 (Innsbrucker theologische Studien 17), 230f.
[430] Ebd., 293f.

Somit hat die Erkenntnis der innergöttlichen Communio der drei Personen, die nicht in beziehungslos-abgeschlossener Form »nebeneinander her« bestehen, sondern sich in wechselseitiger Perichorese durchdringen, Auswirkungen auf das geschöpfliche Personverständnis und die geschöpfliche Communio (dabei jedoch den gleichzeitigen Abstand von göttlicher und menschlicher Person und Communio wahrend).[431] Communio – Beziehung, Gemeinschaft – gehört zum Wesen der Person, in der Communio verwirklicht sich das Personsein. Diese »Communio ist über alle Polarisierung von Individualismus und Kollektivismus hinaus genau der Lebensprozeß einer reziproken Vermittlung von Vielheit eigenständiger Personen zur relationalen Einheit hin *oder* – vom anderen Pol her betrachtet – der Lebensprozeß einer Einheit, die sich in einer relationalen Vielheit distinkter und eigenständiger Personen vollzieht. Kurz gesagt: Communio ist jene Größe, in der das ›Ganze‹ und dessen ›Teile‹ *gleichursprünglich* gegeben sind, insofern das Ganze (Einheit) in den differenzierten, strikt aufeinander bezogenen Teilen ist und die Teile (Differenzen) sich zu einem Ganzen zusammenfügen.«[432]

Als Ergebnis der trinitätstheologischen Ausführungen kann festgehalten werden, dass *in der relational-ontologischen Denkform Person kein starr in sich selbst verschlossener Seinskern, sondern eine relationale Größe ist. Person ist Selbststand in Beziehung, welche sich in der Communio verwirklicht.*[433]

---

[431] Eine ausführliche Erörterung dazu bietet G. Greshake: Der Dreieine Gott, v.a. 90–100 u. 172–176.

[432] Ebd., 176. Siehe auch ebd., 253: »Der Mensch ist weder ausschließlich individuelle Subjekthaftigkeit, Ichbezüglichkeit, isolierter Selbststand, noch ist er nur Moment und Partikel in einem gleichmacherischen Vergesellschaftungsprozeß. Er ist vielmehr einmaliger Selbstand, der sich im Empfang von anderen her und im Über-sich-Hinausgehen auf andere hin gewinnt (wobei unter dem ›andern‹ der Mitmensch bzw. die mitmenschliche Gemeinschaft gemeint ist, aber auch der ›ganz andere‹: Gott). So gibt es menschliches Personsein nur im communialen Wechselspiel.«

[433] Zur Verdeutlichung siehe dazu in Auszügen ebd., 175f: »Person ist eine relationale Größe, charakterisiert durch eine tripolare reziproke Konstitution mit und durch andere Personen zu einem neuen Wir. Person zeigt sich damit nicht einfach als Zentralität, sondern als Zentralität in und durch Exzentrizität ... Der Selbststand wird ... dadurch gewonnen, daß die korrelierenden einzelnen in unverwechselbarer Weise voneinander her und aufeinander hin bezogen, ja miteinander vermittelt sind und so eine perichoretische Einheit bilden. Dieses Vermittlungsgeschehen ist theologisch so zu verstehen, daß die eigene Individualität, die ich aus meiner einmaligen, gottunmittelbaren Beziehung gewinne (persönliche Berufung), *gleichursprünglich* von Gott her eingewiesen ist in die Beziehung zu den anderen, ja zur universalen Wirklichkeit

1.4 Auswertung

Die Ausführungen haben gezeigt, dass in der Trinitätstheologie, dem »Herzstück« des christlichen Glaubens, sowohl von Gott als auch vom Menschen adäquat nicht in statisch-substanzhaften Kategorien, sondern nur in personal-relationalen Aussagen gesprochen werden kann, denn die Relationen sind eine gleichrangige Urweise des Wirklichen und bestimmen das Wesen der Person. Wenn sowohl der dreieine Gott in sich als wesentlich personal-relationale Communio als auch die (göttlichen wie menschlichen) Personen als »Selbststand in Relation« bezeichnet werden, dann muss auch in der Amtstheologie diese Denkform nicht nur möglich, sondern sogar geboten sein, um die Person und Funktionen des ordinierten Amtsträgers adäquat zu charakterisieren.

Die »Aus-Wirkungen« der trinitarischen Communio sind z.B. für Hemmerle auch Orientierung für seine Aussagen zum gemeinsamen Priestertum wie zum ordinierten Dienst (vgl. Kapitel 3, III.2). Er beschreibt das Wirken und die Funktionen sowohl des gemeinsamen wie des ordinierten Priestertums als Hineinnahme in die Bewegung der Trinität, in die Bewegung des »Für«. Dieses neue »Sein im Sein für« aus der Anteilhabe an der trinitarischen Communio prägt das Leben aller Getauften wesentlich und befähigt sie zur Entfaltung dieser Communio in ihrem Leben. Durch die sakramentale Ordination wird die betreffende Person nach Hemmerle nochmals wesentlich zum spezifischen Dienst in grundlegenden Vollzügen dieser Communio geprägt und für diese Funktionen in Beschlag genommen.

Die durch die Ordination neu geschenkten Relationen zu Gott und den Menschen sind in einer relational-ontologischen Betrachtung für die Person des Ordinierten nicht etwas, das »äußerlich« und etwas »Sekundäres« bleibt, sondern diese Relationen prägen die Person wesentlich. Mit der Definition von Person als »Selbststand in Relation« kann man die Person des ordinierten Amtsträgers und ihre Funktionen in ihrer dauerhaft-wesentlichen Abhängigkeit und

---

der Welt (›Sendung‹) ... Person ist nicht statische, sondern lebendige, sich ereignende Vermittlung von Selbstsein und Andersheit, ohne daß einer dieser Pole vom anderen auch nur in Gedanken isoliert werden könnte ... Person vollzieht sich damit in einem ganz spezifischen Ineinander von Identität und Differenz, von Einheit und Vielheit ... Kurz: die Einheit verwirklicht sich in relationaler Vielheit, die Vielheit (der Personen) sind gleichsam selbständige ›Knoten‹ in der Einheit eines unauflöslichen Netzwerks. Weniger bildhaft gesprochen: sie sind Vollzugsmomente einer umfassenden komplexen Wirklichkeit.«

Zuordnung zu Gott und zu den Menschen beschreiben und gleichzeitig die in dieser relationalen Abhängigkeit wesentlich-eigene Prägung des Amtsträgers und des ordinierten Amtes um des Dienstes willen kennzeichnen: Neben der einmalig geschenkten wesentlichen Prägung in der Ordination bestimmen die sich daraus ergebenden Funktionen die jeweilige Person in dynamischer Weise ein Leben lang weiter. Diesen ihren »Selbststand« im Sinne einer eigenen bleibenden Prägung hat sie jedoch nur um des Dienstes willen im Rahmen eines Beziehungsgefüges.

Wenn die spezifisch-eigene neue Relation von Gott her zu den Menschen, in die der ordinierte Amtsträger durch die Ordination für den Dienst gestellt wird, für die Person des Amtsträgers nicht »unwesentlich« bleibt, wird umso deutlicher klar, dass die Funktionen des ordinierten Amtes wesentlicher Ausdruck dieser neuen Relationen sind. Nicht aus eigener Kraft, sondern kraft der neuen und wesentlichen Inbeschlagnahme von Gott für die Menschen kann die Person des ordinierten Amtsträgers ihren Dienst vollziehen. Die wesentliche Bezogenheit zu Gott und den Menschen hat die ordinierte Person durch ihre Funktionen darzustellen und zu gestalten. Die relational-ontologischen Beschreibungen in der Trinitätstheologie mit ihren Auswirkungen auf das geschöpfliche Dasein lassen sich auch in der Christologie finden, welche nun als zweites Beispiel relationaler Sichtweise dient.

2. Relational-ontologische Aspekte in der Christologie

Der Zusammenhang von »Sein und Funktion« Christi wurde in der Theologiegeschichte unterschiedlich gesehen und gewichtet. In der Neuzeit gab es teilweise heftige Debatten, in denen eine »ontologische« gegen eine »funktionale« Christologie ausgespielt wurde und umgekehrt. Mit Hilfe relational-ontologischer Kategorien kann eine integrale Sicht der Person und des Wirkens Jesu gefunden und damit die im Folgenden dargestellten historischen wie aktuellen Einseitigkeiten überwunden werden.

In einem ersten Schritt werden die unterschiedlichen Aussageweisen der biblischen Texte und der altkirchlichen Konzilien zur Person und »Funktion« Jesu Christi verdeutlicht (2.1) und dann am Beispiel der untrennbaren Zusammengehörigkeit von Christologie und

Soteriologie konkretisiert. Dort zeigt sich, dass das Sein bzw. die Person Jesu Christi nicht von seinen Funktionen getrennt werden kann (2.2). Nach einem Blick auf die Aussagen von Nizäa und Chalkedon (2.3) ergibt sich, dass das Wesen Jesu sowohl biblisch als auch nach dem Verständnis dieser Konzilien Einheit im »Sein von« und »Sein für« ist (2.4). Dies wird beispielhaft erläutert mit den Aussagen des Johannesevangeliums, das das relational-ontologische Sein Jesu mit den Begriffen Sohn, Sendung und Logos beschreibt (2.5). Neben dem Johannesevangelium sind auch bei den Synoptikern und in der paulinischen Theologie relational-ontologische Christusaussagen erkennbar. Aus all dem ergibt sich, dass in einer »relationalen Christologie« die »ontologischen« und »funktionalen« Aspekte der Person Jesu Christi als wesentlich-untrennbar dargestellt und die biblischen und dogmatischen Aussagen inhaltlich ins Heute übersetzt und in angemessener Form verständlich gemacht werden können. Diese Kategorien dienen auch der Darstellung einer relational-ontologischen Sicht des Seins überhaupt (2.6). Die abschließende Auswertung zeigt, dass die Kategorien einer relationalen Sicht des Seins, wie sie in der Christologie verwendet werden, auch für die Amtstheologie fruchtbar gemacht werden können, indem sie zwischen »ontologischen« und »funktionalen« Aspekten des ordinierten Amtes vermitteln und beide als untrennbar zusammengehörend darstellen können (2.7).

2.1 Unterschiedliche Sprachformen und Kategorien der biblischen Christusaussagen und der altchristlichen Konzilien und daraus folgende Einseitigkeiten

Die bis heute gültigen dogmatischen Aussagen über Jesus als den Christus gehen hauptsächlich auf die altchristlichen Konzilien von Nizäa (325) und Chalkedon (451) zurück. Beim Betrachten der Sprachformen zeigt sich, dass die eher geschichtlich-dynamische Denkweise der biblischen Christusaussagen von Kategorien einer vorwiegend statischen Seinsauffassung im Gefolge der beiden Konzilien (vor allem nach Chalkedon) abgelöst wurde, was bisweilen Engführungen und Vereinseitigungen mit sich brachte.[434] Die alt-

[434] Vgl. Peter Stockmeier: Das Konzil von Chalkedon, in: Josef Blank / Gotthold Hasenhüttl (Hgg.), Glaube an Jesus Christus. Neue Beiträge zur Christologie, Düsseldorf 1980, 102–116, hier: 102: »In der dogmengeschichtlichen Entwicklung der

kirchlichen Konzilsteilnehmer wollten und mussten die Aussagen der Bibel in ihre Situation und in ihren Verstehenshorizont übersetzen.[435] Bernhard Welte weist darauf hin, dass die Heilige Schrift auf andere Weise von Jesus Christus spricht als die o.g. altchristlichen Konzilien und dass zwischen der Abfassungszeit und Entstehungssituation der biblischen Schriften und dieser Konzilien ein epochaler (nicht jedoch inhaltlicher) Unterschied besteht. Deshalb ist es wichtig, die jeweils zugrunde liegenden Seinsverständnisse zu beachten: »In Nikaia kam das Seinsverständnis der abendländischen *Metaphysik* in der Theologie zur Herrschaft, während das in der Bibel vorherrschende Seinsverständnis ursprünglich vormetaphysischer Natur war und am ehesten vom Begriff des *Ereignisses* her deutbar scheint.«[436]

An Stelle des biblischen, überwiegend dynamisch-ereignishaften Verstehens der Wirklichkeit, in dem das Sein nicht von seinen Funktionen trennbar ist, sondern sich gerade in diesen Funktionen zeigt und darstellt, prägte das eher statisch-metaphysische Seinsverständnis die abendländische Theologie und Geistesgeschichte lange Zeit und hatte einseitige Betrachtungsweisen zur Folge. So wurde die Person Christi oft statisch-ontologisch in ihrem göttlichen »Sein in sich« betrachtet, losgelöst von aller heilsgeschichtlich-dynamischen Offenbarung und Relevanz für die Menschen. Als Gegenpol dazu

---

Christologie nimmt das IV. Ökumenische Konzil von Chalkedon einen entscheidenden Platz ein, weil es jene Formeln definierte, die bis heute als Richtschnur des Christusglaubens gelten. Im landläufigen Glaubensbewußtsein äußert sich die Aussage der Formeln durch die Rede vom Gottmenschen Jesus Christus; im Umkreis der Theologie spricht man zumeist von der metaphysischen Gottessohnschaft Christi. Chalkedon ... ist damit zu einer Art Reizwort geworden ... als Signal dafür, daß der Christusglaube auf diesem Konzil im griechischen Geist formalisiert wurde und so das Dynamische der Gestalt und Sendung Jesu von Nazaret verlorenging ... In ihrer Konzentration einerseits und durch die Übernahme eines philosophisch-anthropologischen Vokabulars andererseits erweist sich die christologische Formel von Chalkedon als Musterbeispiel einer Übersetzung biblischen Christusglaubens in zeitbedingte Aussageweisen mit dem Anspruch absoluter Gültigkeit.«

[435] Siehe ebd., 103: »Durch die Begegnung der biblischen Botschaft mit der philosophisch orientierten Umwelt ergab sich die Notwendigkeit, auch das Christusgeheimnis in entsprechenden Kategorien zu erläutern, ein Vorgang, der durch die Formel von Joh 1,14 ›das Wort ist Fleisch geworden‹ vorbereitet war; im Grunde wurde dadurch die dynamische Aussageweise der Schrift weitgehend durch Seinsbegriffe abgelöst.«

[436] Bernhard Welte: Die Krisis der dogmatischen Christusaussagen, in: Die Frage nach Jesus (im Auftrag des Direktoriums der Salzburger Hochschulwochen hg. von Ansgar Paus), Graz – Wien – Köln 1973, 151–179, hier: 172.

entwickelte sich in der Neuzeit eine »funktionale« Christologie, die allein das Wirken Jesu für die Menschen sah, wobei die Frage seiner göttlichen Natur bzw. seiner Gottessohnschaft und das Zueinander von Person und Funktion kaum eine Rolle spielten. Diese weder den Grundaussagen des Neuen Testaments noch der altkirchlichen Konzilien gerecht werdende Trennung zwischen Sein bzw. Person Jesu und seinen Funktionen mit den daraus resultierenden einseitigen Alternativen einer entweder »ontologischen« oder »funktionalen« Christologie gilt es zu überwinden.

Deshalb müssen die Christusaussagen der altkirchlichen Konzilien im Kontext der historischen Umstände und Denkweisen gesehen werden, um die damals formulierten Aussagen in Rückbindung an die Schrift inhaltlich ins Heute zu übersetzen, um Einseitigkeiten zu vermeiden und um den untrennbaren Zusammenhang von »ontologischer« und »funktionaler« Betrachtungsweise in heute verständlichen Kategorien deutlich zu machen: »Auch die Treue gegenüber dem chalkedonischen Glauben erlaubt und verpflichtet, diese Formulierungen der klassischen Christologie zu hinterfragen und nach ursprünglicheren oder mindestens gleich ursprünglichen christologischen Aussagen zu suchen, die vielleicht der Schrift ... näher liegen, für uns besser verständlich sind, glaubwürdiger klingen und dennoch die klassische Christologie, als darin implizit gegeben, hergeben ... Ich bin durchaus der Meinung, daß eine vernünftige Ontologie (oder wie Sie das Gemeinte nennen wollen) von vornherein davon überzeugt sein kann und soll, daß funktionale und essentiale Aussagen im Grunde genommen gar keinen Widerspruch bilden. Aber eben daraus ergibt sich ja, daß man durchaus sogenannte funktionale Christologie treiben kann, mit dem Bewußtsein, dadurch die essentiale Christologie der klassischen Kirchenlehre auch schon getrieben zu haben.«[437]

Es ist hier nicht der Ort, um verschiedene christologische Entwürfe im Laufe der Geschichte bis heute gerade auch in ihren unter-

[437] Karl Rahner: Kleine Anmerkungen zur systematischen Christologie heute, in: J. Blank / G. Hasenhüttl (Hgg.), Glaube an Jesus Christus. Neue Beiträge zur Christologie, Düsseldorf 1980, 134–144, hier: 139–141. Vgl. dazu auch die Ausführungen zu einer »personalen, relationalen und funktional-dynamischen Christologie« von Dietrich Wiederkehr: Entwurf einer systematischen Christologie. Desiderata der ntl. Christologie an die Systematik, in: Johannes Feiner / Magnus Löhrer, Mysterium Salutis. Grundriß heilsgeschichtlicher Dogmatik (Bd. III/1. Das Christusereignis), Einsiedeln – Zürich – Köln 1970, 477–648, hier: 490–493.

schiedlichen Akzenten und teilweise heftigen Kontroversen darzustellen und zu beurteilen.[438] Im Folgenden wird eine Einseitigkeit, die das Thema dieser Arbeit explizit betrifft, näher dargestellt.

2.2 Das untrennbare Zueinander von Christologie und Soteriologie

Ein Beispiel für ein einseitig-metaphysisches Verständnis ist die Trennung der Christologie von der Soteriologie in der mittelalterlichen Scholastik: Die Lehre von der Person Jesu Christi, seiner Gottheit, seiner Menschheit sowie der Einheit beider wurde von der Lehre vom Werk und den Ämtern Christi getrennt und nahezu beziehungslos in den beiden getrennten Traktaten Christologie und Soteriologie betrachtet. In der Christologie wurde eher die Person Jesu »in sich« und in ihrer Gleichwesentlichkeit mit dem Vater betrachtet, während das ereignishafte »für uns«, die Heilsereignisse von Tod und Auferstehung Jesu, im soteriologischen Traktat behandelt wurden.[439] Im heutigen »nachmetaphysischen Zeitalter« ist es für Welte entscheidend, die metaphysische Christologie unter Bewahrung ihrer echten Substanz und im Rückgriff auf die biblische Botschaft und ihre Sprache in eine neue Ebene des Verständnisses zu führen.[440] Dazu gehört auch die Rückkehr zu einer soteriologisch bestimmten Christologie und die Überwindung der scholastischen Trennung der Person Jesu Christi von ihrer heilsgeschichtlichen Bedeutung.

Dieser Trennung widersprechen die Berichte des Neuen Testaments, in denen alle christologischen Aussagen Heilsbedeutung und alle soteriologischen Aussagen ein christologisches Fundament haben

---

[438] Siehe dazu die Darstellung und Auswertung verschiedener christologischer Entwürfe durch Dietrich Wiederkehr: Christologie im Kontext, in: Theologische Berichte VII: Zugänge zu Jesus (hg. im Auftrag der theologischen Hochschule Chur und der theologischen Fakultät Luzern von Josef Pfammatter / Franz Furger), Zürich – Einsiedeln – Köln 1978, 11–62. Vgl. auch Rudolf Schnackenburg: Der Ursprung der Christologie, in: J. Blank / G. Hasenhüttl (Hgg.), Glaube an Jesus Christus. Neue Beiträge zur Christologie, Düsseldorf 1980, 43–63.

[439] Siehe dazu die Ausführungen von B. Welte: Die Krisis, 156f.

[440] Vgl. ebd., 176: »Die Formel von Nikaia und den Folgekonzilien (und der folgenden dogmatischen Christologie) gilt es nicht abzuwerfen. Sie will die biblische Botschaft und Offenbarung aussagen. Sie tut es in der Form und mit den Denkmitteln, die für eine große und folgenreiche Epoche grundlegend waren und für lange blieben ... Der erste Schritt dieser Modifikation ist die Rückübersetzung der dogmatischen Aussagen auf die Ebene der biblischen Rede.«

und letztlich in Gott verankert sind: »Entgegen der Trennung von Christologie als ›Lehre von der Person Jesu Christi‹ und Soteriologie als ›Lehre von der Erlösung‹ in der neuscholastischen Dogmatik begegnet uns im NT stets ihre fundamentale Zusammengehörigkeit und Einheit. ›Dies aber ist das ewige Leben‹ – also das Heil – ›dich, den einen wahren Gott zu erkennen und den du gesandt hast, Jesus Christus‹ (Joh 17,3). Alle christologischen Aussagen haben Heilsbedeutung; alle soteriologischen Aussagen haben ihr christologisches Fundament. Beide handeln von dem einen Subjekt Christus und seiner Geschichte und verweisen darüber hinaus auf Gott als den letzten tragenden Grund Jesu und seiner Geschichte. So ist, vor allem nach der am weitesten fortgeschrittenen Christologie des Johannesevangeliums, Jesus Christus der Offenbarer und die Offenbarung; der Heilbringer ist selbst das Heil; der Geber ist mit der Gabe identisch.«[441]

Auch für Walter Kasper ergibt sich, »daß Person und Geschichte Jesu unablösbar sind von seiner universalen Bedeutung, wie umgekehrt, daß die Bedeutung Jesu unlösbar ist von seiner Person und Geschichte. Christologie und Soteriologie, d.h. die Lehre von der Heilsbedeutung Jesu Christi, bilden deshalb eine Einheit ... *Aus diesem Grund ist die scholastische Trennung von Christologie und Soteriologie zu überwinden.*«[442] Dabei darf jedoch nicht in das andere Extrem einer Reduktion der Christologie auf die Soteriologie gefallen werden.[443]

In all dem bisher Gesagten geht es »*nicht darum, eine ontologisch bestimmte Christologie der Tradition gegen eine nichtontologische, meist dann als funktional bezeichnete Christologie auszuspielen. Es geht vielmehr darum, eine christologisch bestimmte geschichtliche und personale Ontologie zu entwerfen.*«[444] Kasper verdeutlicht weiter: »In dem Bekenntnis ›Jesus ist der Christus‹ sind Sein und Bedeutung unlösbar miteinander verbunden ... *Das Dilemma zwischen einer ontologischen und einer funktionalen Christologie ist deshalb*

---

[441] Josef Blank: Art. Jesus Christus / Christologie. A. Bibeltheologisch, in: Peter Eicher (Hg.), Neues Handbuch theologischer Grundbegriffe (Bd. 3), München 1991, 7–20, hier: 19.

[442] Walter Kasper: Jesus der Christus, Mainz ^{4}1975, 23. Siehe dazu auch Ders.: Neuansätze gegenwärtiger Christologie, in: Ders. (Hg.), Christologische Schwerpunkte, Düsseldorf 1980, 17–36, hier: 18.

[443] Vgl. dazu die Ausführungen von Kasper ebd., 23.

[444] Ebd., 22.

theologisch ein Scheinproblem und eine Alternative, in die sich die Theologie nicht hineinmanövrieren lassen darf.«[445]
Die von Welte beschriebene »ereignishafte« Seinsebene der biblischen Botschaft im Unterschied zum eher statisch-metaphysischen Seinsverständnis deckt sich in vielem mit der in dieser Arbeit dargestellten dynamisch-relationalen Seinsauffassung, so z.B. in der dialogischen Struktur des »Von-her« und »Auf-zu«, die schon mehrfach angeklungen ist und die in den christologischen Ausführungen eine entscheidende Rolle spielt: »Im Ereignis geschieht etwas, und es geschieht so, daß es aus sich selbst hervortretend und sich öffnend den Glaubenden oder den zum Glauben bereiten hörenden Menschen angeht und anruft und, falls er sich öffnet, in dessen Eigenstes eintritt oder doch ihn in sein Innerstes hineinruft. Es er-eignet sich aus seinem göttlichen Ursprung und es eignet sich zu an seinen menschlichen Adressaten. Es ist das Zwischen der lebendigen Spannung zwischen beiden Polen, es hat einen dialogischen Charakter von Anfang an.«[446] So ergibt sich in der Person Jesu ein von ihr und in ihr untrennbares »Sein von Gott her« und »Sein für Gott und die Menschen«, was die altchristlichen Konzilien von Nizäa und Chalkedon in ihrer metaphysischen Sprache ausdrückten. Diese Aussagen der beiden Konzilien gilt es nun, in ihrem zeitgeschichtlichen Kontext zu betrachten und ins Heute zu übersetzen.

2.3 Die Aussagen von Nizäa und Chalkedon

Die christologische Formel des ersten Konzils von Nizäa lautet: Christus ist »ὁμοούσιον τῷ πατρί« – wesensgleich mit dem Vater

[445] Ebd., 25f.
[446] B. Welte: Die Krisis, 173. Siehe auch die Charakterisierung der metaphysischen Auffassung im Unterschied zur biblisch-ereignishaften, ebd., 173f: »Wenn wir demgegenüber ... sagen, daß in Nikaia überwiegend ein metaphysisches und also nicht mehr ein primär ereignishaftes Fragen, Denken und Sprechen in der Kirche zur Herrschaft gekommen ist, dann ist nun dieses in Abhebung von dem angedeuteten Ereignisbegriff näher zu erläutern ... Es wird in dieser Epoche immer mehr das Seiende im Begriff festgestellt und gleichsam fixiert. Indem es im Begriff festgestellt und fixiert wird, wird es dem Zugriff des Denkens unterworfen und ist also diesem Denken verfüglich geworden. Das Feststellende und Verfügende im Wesen des Denkens sind charakteristische Züge des Metaphysischen, d.h. des vorstellenden Denkens. Dieses kommt immer mehr dazu, das Seiende durch den Griff des Begriffs fest- und sicherzustellen als das Ständige, Fest- und Sichergestellte vor sich hinzustellen ... Das ursprüngliche Ereignis der Offenbarung ist in seiner Ereignishaftigkeit zurückgetreten.«

(DH 125). Damit wurde in Abgrenzung zum Arianismus, der in Jesus Christus nur einen besonderen, einzigartigen Menschen sah, die Wesensgleichheit Jesu mit dem Vater ausgesagt. Es ging dabei darum, »mit Hilfe dieses Begriffs, der sich so in der Bibel nicht findet, der aber die Bibel zu erläutern erlaubte, das Verhältnis Jesu zum Vater korrekt und verbindlich auszusagen, nämlich als ein Verhältnis der Homoousie, also der Wesensgleichheit.«[447] Im Verlauf der weiteren Geschichte musste dann der anderen extremen Auffassung, dem Monophysitismus, begegnet werden, der in Jesus Christus nur noch Gott, aber nicht mehr den Menschen sah, es musste also die volle Menschennatur Jesu eigens betont werden. So wurde schließlich auf dem Konzil von Chalkedon eine christologische Formel gefunden, die von zwei Naturen in Jesus Christus spricht, nämlich von einer göttlichen und einer menschlichen, und die gleichzeitig das nizänische ὁμοούσιος die Gleichwesentlichkeit und Einheit mit dem Vater bewahrt. Das Konzil von Chalkedon sagt von Jesus Christus: »Derselbe ist vollkommen in der Gottheit und derselbe ist vollkommen in der Menschheit; derselbe ist wahrhaft Gott und wahrhaft Mensch aus vernunftbegabter Seele und Leib; derselbe ist der Gottheit nach dem Vater wesensgleich und der Menschheit nach uns wesensgleich, in allem uns gleich außer der Sünde [vgl. Hebr 4,15] … ein und derselbe ist Christus, der einziggeborene Sohn und Herr, der in zwei Naturen unvermischt, unveränderlich, ungetrennt und unteilbar erkannt wird, wobei nirgends wegen der Einung der Unterschied der Naturen aufgehoben ist, vielmehr die Eigentümlichkeit jeder der beiden Naturen gewahrt bleibt und sich in einer Person und einer Hypostase vereinigt; der einziggeborene Sohn, Gott, das Wort, der Herr Jesus Christus, ist nicht in zwei Personen geteilt oder getrennt, sondern ist ein und derselbe …« (DH 301f).

2.4 Das Wesen Jesu: Einheit im »Sein von« und »Sein für«

Obwohl die Sprache der Bibel sich von der Sprache der altchristlichen Konzilien unterscheidet, finden sich im Neuen Testament v.a. im Johannesevangelium Hinweise auf das Verhältnis der Gleichheit Jesu mit dem Vater, wie es das Konzil von Nizäa mit dem Begriff »ὁμοούσιος« ausdrückte. Dieses Verhältnis ist jedoch nicht statisch,

[447] Ebd., 152.

sondern dynamisch-relational im Sinne der Einheit von Wesen und Sendung zu verstehen: »Die innere Einheit von Sendungs- und Wesenschristologie wird vor allem im vierten Evangelium thematisch. Daß in diesem Evangelium von einer wesenhaft verstandenen Gottessohnschaft Jesu die Rede ist, steht außer Frage. Die Einheit von Vater und Sohn wird klar ausgesprochen (10,30); sie vollzieht sich als Einheit des gegenseitigen Kennens (10,15) wie des gemeinsamen Wirkens (5,17.19.20) ... Die Wesensaussagen werden nicht in sich und an sich verstanden, sie stehen vielmehr im Dienst des soteriologischen Interesses. Jesus hat teil am Leben Gottes, um uns dieses Leben weiterzugeben (5,25f). Die Wesensaussagen dienen also der inneren Begründung der soteriologischen Aussagen. Umgekehrt ist der Gehorsam Jesu in der Ausübung seiner Sendung die Daseinsform seiner wesenhaften Gottessohnschaft.«[448] Das »funktionale« Wirken Jesu, seine Sendung für uns, ist nicht zu trennen von seinem Sein in und vom Vater her.
Somit ist die Wesensgemeinschaft Jesu mit dem Vater personal und relational, ebenso ist *in* Jesus Christus, wie es Chalkedon ausdrückt, die Einheit von Göttlichem und Menschlichem gegeben, sie ist eine untrennbare Einheit von Sein und Sendung, von Person und Funktion in personalem Vollzug.[449] Das relationale Zueinander von Christologie und Soteriologie zeigt sich bei Jesus als dem Christus von daher, »daß es bei jenem Jesus nicht möglich ist, Amt und Person zu unterscheiden; diese Differenz wird ihm gegenüber einfach

[448] W. Kasper: Jesus der Christus, 195.
[449] Vgl. ebd., 274: »Das christologische Problem im engeren Sinn, die Frage nach der inneren Konstitution Jesu, wurde erst später entfaltet, als man auf die innere Möglichkeitsbedingung der Einheit von Vater und Sohn reflektierte und als man den einzigartigen ontischen Selbstvollzug Jesu ontologisch auslegte. Sobald man sich dieser im Neuen Testament noch nicht gestellten Frage zuwandte, mußte man – durchaus auf der Linie des vierten Evangeliums und des gesamten Neuen Testaments – sagen, daß die Hingabe Jesu an den Vater die Selbstmitteilung des Vaters an Jesus voraussetzt. Diese Selbstmitteilung, die sowohl die Einheit wie die bleibende Unterschiedenheit zwischen Vater und Sohn konstituiert, nennt die Tradition den Logos, die zweite göttliche Person. Insofern Jesus ganz und gar aus dieser Liebe des Vaters lebt und nichts aus sich sein will, ist Jesus nichts anderes als die menschgewordene Liebe des Vaters und die menschgewordene Antwort des Gehorsams. *Die Einheit des Menschen Jesus mit dem Logos kommt im Neuen Testament nur indirekt als innerer Grund der Einheit zwischen dem Vater und Jesus zur Sprache. Wir werden also die Persongemeinschaft zwischen Jesus und dem Vater als Wesensgemeinschaft, die Wesensgemeinschaft aber als personalen Vollzug zu verstehen haben. Es ist die Eigentümlichkeit dieser Wesensgemeinschaft, daß sie personal und relational ist.*«

gegenstandslos. Die Person *ist* das Amt, das Amt *ist* die Person. Beides ist nicht mehr trennbar: Hier ist kein Vorbehaltsraum des Privaten, des Ich, das schließlich hinter seinen Handlungen und Taten verbleibt und deshalb irgendwann auch ›außer Dienst‹ sein kann; hier ist kein von seinem Werk abgetrenntes Ich – das Ich ist das Werk, und das Werk ist das Ich.«[450]
Das Konzil von Chalkedon spricht in der Erklärung der Seinsweise Jesu Christi im griechischen Urtext von »πρόσωπον und ὑπόστασις«, zwei eher statischen Begriffen, die das dargestellte dynamisch-relationale Sein Jesu Christi in heutiger Zeit nur ungenügend beschreiben können. Schon mehrfach ist die Bedeutung des Begriffes »Sohn« für Jesus angeklungen. Das bisher Gesagte wird nun noch vertieft, indem die Bedeutung der Bezeichnung »Sohn« zusammen mit dem ebenfalls schon erwähnten johanneischen Begriff »Sendung« und dem Begriff »Logos« in ihrer relational-aktualen Seinsweise genauer betrachtet wird.[451]

2.5 Das relational-ontologische Sein Jesu im Johannesevangelium am Beispiel der Begriffe Sohn, Sendung und Logos

2.5.1 Sohn

Jesus bezeichnet sich selbst im Johannesevangelium als »der Sohn« und das Johannesevangelium hat diese Selbstbezeichnung Jesu in den Mittelpunkt seines Jesusbildes gestellt.[452] Die Bezeichnung

---

[450] J. Ratzinger: Einführung, 191.

[451] Vgl. weitere Aussagen der Heiligen Schrift zur menschlichen Gestalt Jesu und seinem Sein für die Menschen in: W. Kasper: Jesus der Christus, 254–269 und die Zusammenfassung ebd., 257f : »Überblickt man alle diese Aussagen der Schrift, dann läßt sich als ein entscheidender Grundzug der menschlichen Gestalt Jesu herausstellen: Jesus findet sein Wesen nicht darin, hypostasis, d.h. In-sich-selbst-Stehen zu sein, wie es etwa den Griechen als höchste Vollkommenheit galt; sein Wesen ist vielmehr das Für-andere-Stehen; sein Wesen ist Selbsthingabe, Selbstweggabe; er ist der Weggetretene, der für andere Eintretende, der Solidarische. *Jesus Christus ist nach der Schrift der Mensch für die andern Menschen. Sein Wesen ist Hingabe und Liebe. In dieser Liebe zu den Menschen ist er die konkrete Daseinsform der Herrschaft der Liebe Gottes zu uns. Seine Mitmenschlichkeit ist also die Erscheinungsform (Epiphanie) seiner göttlichen Sohnschaft. Seine Transzendenz auf den Nebenmenschen hin ist Ausdruck der Transzendenz auf Gott hin. Wie er Gott gegenüber ganz Existenz im Empfang (Gehorsam) ist, so uns gegenüber ganz Existenz in der Hingabe und Stellvertretung. In dieser doppelten Transzendenz ist er Mittler zwischen Gott und den Menschen.«*

[452] Vgl. J. Ratzinger: Einführung, 211 und den Hinweis ebd., dass die Bezeichnung »der Sohn« nicht zu verwechseln ist mit dem aus der jüdischen Messianologie stam-

Sohn ist ein Relationsbegriff und drückt eine Beziehungswirklichkeit aus: Einen Sohn aus sich selbst und für sich allein gibt es nicht, er kommt von einem Vater her und lebt in Beziehung zu ihm. Jesus redet Gott als seinen Vater mit »Abba« an. Die Bezeichnung Jesu als »Sohn« und seine Gottesanrede mit »Abba« drückt eine einmalige Gottesbeziehung Jesu aus, die sonst keinem zukommt. Das totale »Von-her« Jesu vom Vater (»Der Sohn kann nichts von sich aus tun«, Joh 5,19.30) korrespondiert mit dem totalen Einssein Jesu mit dem Vater (»Ich und der Vater sind eins«, Joh 10,30). Diese einmalige Gottesbeziehung steht nicht exklusiv in sich selbst, sondern drückt sich aus in einem radikalen »Sein für«: »Die Benennung Jesu als Sohn ist für Johannes nicht Ausdruck einer Eigenmacht, die Jesus sich zulegen würde, sondern Ausdruck der totalen Relativität seiner Existenz. Wenn Jesus ganz unter diese Kategorie gestellt wird, so bedeutet dies, dass seine Existenz als gänzlich relative ausgelegt wird, die nichts anderes als ›Sein von‹ und ›Sein für‹ ist, aber eben in dieser Totalrelativität mit dem Absoluten ineinsfällt.«[453] Jesus lebt ganz in dieser totalen Relation von Gott her für die Menschen, er will sie in diese Relation hineinnehmen. Das bedeutet für den Christen, dass er sich nicht in sich selbst verschließen darf, sondern wie der Sohn (und durch den Sohn) ganz von Gott her für Gott und die Menschen offen sein soll: »Wenn so deutlich wird, dass das Sein Jesu als des Christus ein gänzlich offenes Sein ist, ein Sein ›vonher‹ und ›auf-zu‹, das nirgendwo an sich selber festhält und nirgendwo nur auf sich selber steht, dann ist zugleich deutlich, dass dieses Sein reine Beziehung ist (nicht Substantialität) und als reine Beziehung Einheit ... Christ sein heißt für Johannes: Sein wie der Sohn, Sohn werden, also nicht auf sich und nicht in sich stehen, sondern ganz geöffnet leben im ›Von-her‹ und ›Auf-zu‹.«[454]

---

menden Titel »Sohn Gottes«, der geschichtlich wie theologisch sehr befrachtet war. Siehe dazu und zu den folgenden Ausführungen ebd., 203–214.

[453] Ebd., 211f. Siehe auch ebd., 173: »Wenn es nichts gibt, worin er [der Sohn] bloß Er ist, keinerlei abgegrenztes Privatim, dann fällt er mit Jenem [dem Vater] zusammen, ist ›eins‹ mit ihm. Gerade diese Totalität des Ineinander will das Wort ›Sohn‹ ausdrücken. ›Sohn‹ bedeutet für Johannes das Sein-vom-andern-her; mit diesem Wort definiert er also das Sein dieses Menschen als ein Sein vom andern her und auf die andern hin, als ein Sein, das ganz und gar nach beiden Seiten geöffnet ist, keinen Vorbehaltsraum des bloßen Ich kennt.«

[454] Ebd., 173.

2.5.2 Sendung

Ein weiterer christologischer Grundgedanke ist im Johannesevangelium mit dem Begriff der »Sendung« verbunden. Dieser Begriff ist wie die Bezeichnung »Sohn« ein relationaler. Sendung kann nicht für sich und in sich allein stehen, auch sie hat immer ein »Von-her« und »Auf-zu«: »Wiederum ist Sendungstheologie Theologie des Seins als Relation und der Relation als Weise der Einheit. Bekannt ist das spätjüdische[455] Wort: ›Der Gesandte eines Menschen ist wie dieser selbst‹.«[456] So drückt sich auch hier das Einssein Jesu mit dem Vater aus: Jesus lebt ganz vom Vater her, es ist seine Speise, den Willen dessen zu tun, der ihn gesandt hat (vgl. Joh 4,34). Die entsprechende »Funktion« der Sendung Jesu, sein Dasein für Gott und die Menschen, ist zugleich sein Wesen, das sich aktual in der Sendung vollzieht. Es gibt keine eigenständige »funktionale Christologie« im Gegensatz zu einer »Seinschristologie«, beide gehören zusammen: »Die sogenannte funktionale Christologie ist im Grunde eine Christologie im Vollzug. Sie bringt nicht nur eine äußere Funktion Jesu zum Ausdruck, sondern sieht seine Funktion, d.h. seinen verzehrenden Dienst und seinen Gehorsam gegenüber seiner Sendung als Ausdruck und Verwirklichung seines Seins bzw. des Seins Gottes in ihm und durch ihn. Die sogenannte funktionale Christologie ist also selbst eine Gestalt einer bestimmten Seinschristologie. Sein wird hier aber nicht als Vorhandensein, sondern als Vollzug, nicht als Substanz, sondern als personale Relation verstanden. Jesu Sein verwirklicht sich vom Vater her und auf die Menschen hin. So bringt gerade die funktionale Christologie Gottes Wesen als sich verschenkende Liebe zum Ausdruck.«[457]

Wie bei der Sohneschristologie wird auch in der Sendungschristologie die ganze christliche Existenz des Menschen in die Sendung Jesu

---

[455] Der Sprachgebrauch hat sich mittlerweile gewandelt, sodass man heute von »Frühjudentum« spricht. Vgl. Johann Maier: Art. Frühjudentum, in: LThK³ (Bd. 4) 1995, 199–201. Siehe dazu auch Klaus Scholtissek: Art. Sendung. I. Biblisch-theologisch, in: LThK³ (Bd. 9) 2000, 456f.

[456] J. Ratzinger: Einführung, 175.

[457] W. Kasper: Jesus der Christus, 195f. Siehe dazu auch ebd., 131: »*Jesu Sein als Sohn ist also untrennbar von seiner Sendung und seinem Dienst. Er ist Gottes Dasein für die andern. Sein und Sendung, Wesenschristologie und Funktionschristologie können hier nicht gegeneinander ausgespielt werden; sie können nicht einmal voneinander getrennt werden; sie bedingen sich gegenseitig. Seine Funktion, sein Dasein für Gott und für die andern, ist zugleich sein Wesen; umgekehrt impliziert die funktionale Christologie eine Wesenschristologie.*«

mit einbezogen: »Amen, amen, ich sage euch: Wer einen aufnimmt, den ich sende, nimmt mich auf; wer aber mich aufnimmt, nimmt den auf, der mich gesandt hat« (Joh 13,20). »Wie du mich in die Welt gesandt hast, so habe auch ich sie in die Welt gesandt« (Joh 17,18). »Wie mich der Vater gesandt hat, so sende ich euch« (Joh 20,21).

2.5.3 Logos

Schließlich kommt in einer dritten wichtigen Bezeichnung des Johannesevangeliums, im Begriff des »Logos«, dasselbe relationale Wesen Jesu zum Ausdruck wie in den Begriffen »Sohn« und »Sendung«. Auch der Logos kann nicht in sich und für sich alleine stehend betrachtet werden, sondern nur in seinem »Von-her« und »Auf-hin«. Seine Funktionsaussage ist wiederum gleichzeitig seine Wesensaussage: »Der Begriff ›Logos‹, der für die Griechen ›Sinn‹ (ratio) bedeutet, wandelt sich hier wirklich zum ›Wort‹ (verbum). Der, der hier ist, ist Wort; er ist folglich Gesprochensein und damit die reine Beziehung vom Sprechenden her auf die Angesprochenen zu. So ist Logos-Christologie als Wort-Theologie abermals Eröffnung des Seins auf den Gedanken der Beziehung hin. Denn wiederum gilt: Wort ist wesentlich ›von jemand anders her‹ und ›auf jemand anders hin‹, ist Existenz, die gänzlich Weg und Offenheit ist.«[458]

Die drei im Johannesevangelium genannten christologischen Bezeichnungen »Sohn«, »Sendung« und »Logos« kommen also darin überein, dass sie das Sein und das Tun Jesu als untrennbare relational-aktuale Wesenseinheit sehen. Das macht das Wesen Jesu aus: Sein Werk ist vollkommen identisch mit dem Sein, die Tat mit der Person, die ganz in ihrem Werk aufgeht. Somit »kann man in der Tat behaupten, bei Johannes liege eine ›Ontologisierung‹ vor, ein Rückgriff auf das Sein hinter die Phänomenalität des bloßen Geschehens. Es wird nicht mehr bloß vom Wirken, vom Tun, vom Reden und vom Lehren Jesu gesprochen, sondern vielmehr wird nun festgestellt, dass seine Lehre im Grund er selber ist. Er als Ganzer ist Sohn, Wort, Sendung; sein Tun reicht bis in den Grund des Seins hinab, ist eins mit ihm. Und eben in dieser Einheit von Sein und Tun liegt sein Besonderes. In dieser Radikalisierung der Aussage, in der Einbeziehung des Ontologischen, liegt für den, der die Zusammen-

[458] J. Ratzinger: Einführung, 176. Vgl. dazu auch W. Kasper: Jesus der Christus, 200f.

hänge und Hintergründe zu sehen vermag, keinerlei Preisgabe des Früheren ... Im Gegenteil – wer den Vorgang richtig begriffen hat, muss sehen, dass das Frühere jetzt erst in seiner vollen Tiefe erfasst wird. Das Knechtsein wird nicht mehr als eine Tat erklärt, hinter der die Person Jesu in sich stehen bleibt, es wird in die ganze Existenz Jesu eingelassen, sodass sein *Sein* selber Dienst ist. Und gerade darin, dass dieses Sein als Ganzes nichts als Dienst ist, ist es Sohnsein.«[459]

Das Sein Jesu ist also weder statisch abgetrennt von seinem Wirken zu sehen noch können umgekehrt seine Funktionen von seinem Sein getrennt werden (die Soteriologie kann nicht von der Christologie abgespalten werden), das Sein Jesu ist actualitas, ist reiner Akt des »Von« und »Für«.[460] In einer »relationalen Christologie«, die die »ontologischen« und »funktionalen« Aspekte der Person Jesu Christi als wesentlich-untrennbar darstellt, können die biblischen und dogmatischen Aussagen inhaltlich ins Heute übersetzt und in angemessener Form verständlich gemacht werden.

2.6 Die Kategorien einer relationalen Christologie als zeitgemäße integrale Sicht von »Person« und »Funktion« in einer relationalen Sicht des Seins

Aus dem bisher Dargelegten ergibt sich, dass Jesus Christus in seinem Sein und damit auch in der alten Frage seines »Selbst- und Sendungsbewusstseins« und seiner Funktionen nicht gespalten und losgelöst von wesensbestimmenden Relationen betrachtet werden

---

[459] J. Ratzinger: Einführung, 212f. Siehe auch die Bemerkung zu Nizäa und Chalkedon ebd., 213: »Der Sinn der Dogmen von Nizäa und Chalcedon wird deutlich, die nichts anderes als diese Identität von Dienst und Sein aussagen wollten, in der der ganze Gehalt der Gebetsbeziehung ›Abba-Sohn‹ zutage tritt.«

[460] Vgl. ebd., 213f: [So ist] »unschwer zu sehen, dass die ›Ontologie‹ des vierten Evangeliums und der alten Bekenntnisse einen viel radikaleren Aktualismus einschließt als alles, was heute unter dem Etikett Aktualismus in Erscheinung tritt ... Die Christologie des Johannes und der kirchlichen Bekenntnisse geht demgegenüber in ihrem Radikalismus viel weiter, indem sie das Sein selbst als Akt bekennt und sagt: Jesus ist sein Werk. Dahinter steht dann nicht noch ein Mensch Jesus, an dem eigentlich nichts geschehen ist. Sein Sein ist reine actualitas des ›Von‹ und ›Für‹. Eben darin aber, dass dieses Sein nicht mehr trennbar ist von seiner actualitas, fällt er mit Gott zusammen und ist zugleich der exemplarische Mensch, der Mensch der Zukunft, durch den hindurch sichtbar wird, wie sehr der Mensch noch das zukünftige, das ausstehende Wesen ist; wie wenig der Mensch noch begonnen hat, er selbst zu sein.«

kann. In seinem radikalen »Von-her« und »Auf-zu« ist das »Selbstbewusstsein« Jesu gerade nichts Eigenmächtig-Abgeschlossenes, sondern gewissermaßen ein »Wissen« Jesu um seine relational-ontologische Verfasstheit und in gleicher Weise sein »Sendungsbewusstsein« ein Bewusstsein, in der Beziehung zum Vater und zu den Menschen zu leben und daraus zu wirken: »Die Beziehungsaussagen des synoptischen Jesus etwa lassen sich nicht mehr abschwächend aufteilen je auf die göttliche und die menschliche Natur Christi, sondern sie sprengen die ganze in sich geschlossene Wirklichkeit Christi, wie sie bisher im Modell der Zweinaturenlehre und der hypostatischen Einheit dargestellt wurde ... Hier könnte die relationale Christologie weiterführen und die offenbarungsgeschichtliche Funktion des Wissens, Erkennens und Redens Christi in die sonst abstrakte und ungeschichtliche Thematik einbringen. Die *ganze* Wirklichkeit Christi, ohne Unterschied nach göttlicher und menschlicher Natur, ist durch die relationale Person des Sohnes und des Logos getragen; damit ist der ganze Lebensvollzug Christi von diesem Beziehungsvektor bestimmt.«[461]

---

[461] Dietrich Wiederkehr: Konfrontationen und Integrationen der Christologie, in: Theologische Berichte II: Zur neueren christologischen Diskussion (hg. im Auftrag der theologischen Hochschule Chur und der theologischen Fakultät Luzern von Josef Pfammatter / Franz Furger), Zürich – Einsiedeln – Köln 1973, 11–119, hier: 33f. Siehe auch die weiteren Ausführungen ebd., 33–36: »Die Abkünftigkeit des Seins spiegelt sich und legt sich aus in der Erfahrung und Erkenntnis Christi: dem Empfang seines Seins entspricht das Hören auf den Vater, die Beauftragung mit der Botschaft, die gehorsame Orientierung am Wirken des Vaters usw. Die ur-menschliche Offenheit und Empfänglichkeit für das Wort Gottes macht dann nicht halt vor der göttlichen Natur Christi, sondern erweist sich als eine auch innergöttliche Lebensordnung, als deren Annäherung und zugleich als deren Ausweitung. Erst so stellt sich die Entsprechung zwischen der existenziellen sohnschaftlichen Selbsterfahrung Jesu einerseits und seiner seinshaften Sohnschaft andererseits wieder ein ... Wie Jesus seine Botschaft nicht aus sich selber, sondern von Gott her verkündet, seine Werke nicht aus sich selber, sondern aus der Macht des Vaters tut, wie er umgekehrt sein eigenes Dasein zu Gott hin lebt und ausspricht, so läßt sich dann auf sein ontisches Sein in der göttlichen Natur des Sohnes und auf die hypostatische Hereinnahme seiner menschlichen Natur in diese Sohnschaft schließen. Der verkürzte binnenchristliche Dialog zwischen der Erkenntnisfülle des Logos und der menschlichen Erkenntnis Jesu wird dadurch aufgebrochen und wieder auf die richtige Dimension ausgeweitet ... Die gleiche relationale Struktur modifiziert auch die analoge Verkürzung, die im Verständnis des Gehorsams Jesu eingetreten war, im ganzen Komplex des *Willens Christi*. Die richtige Erkenntnis der Zweinaturenlehre bleibt bestehen, nämlich die Identität des Menschen Jesus mit dem Sohn Gottes, die Ineinssetzung von Gottes eschatologischem Willen und Anspruch mit dem gebietenden Wort des Menschen Jesus von Nazareth. Wiederum darf sich diese Einheit nicht in sich selber verfangen, sondern muß aufgebrochen werden auf die gleiche relationale Bewegung, die uns in

Anknüpfend an das Neue Testament – neben der dargestellten relationalen Ontologie des Johannesevangeliums v.a. auch an die Synoptiker und an die paulinische Theologie – ist somit in der Betrachtungsweise der relationalen Christologie das göttliche Sein Jesu, seine radikale Bezogenheit zum Vater, gleichzeitig untrennbar die radikale Bezogenheit zu den Menschen. Die Relation Christi vom Vater her zu den Menschen nimmt die Menschen soteriologisch in eine neue, Heil schaffende Beziehung zu Gott hinein: »Die ntl. Christologie isoliert die Existenz, wie sie Jesus vom Vater her und auf ihn hin lebt, nicht von der übrigen Menschheit, sondern öffnet diese ursprüngliche Existenz Jesu schon immer für die Menschen, indem sie sie entweder ausweitet oder zusammenfassend die Existenz der andern Menschen in die neue Bewegung Christi einbezieht ... Existenz und Botschaft Jesu bestehen darin, daß er – synoptisch – die Menschen in die gleiche Freiheit vor dem Vater bringt und beruft, in welcher er ursprünglich schon immer existiert; oder – paulinisch – daß die Menschen glaubend in seinen Tod und seine Auferweckung eintreten, nicht mehr sich selber, sondern für Gott leben ... Nicht nur verleiht die relationale Struktur der seinshaften Wirklichkeit Christi selber ihre personale und existenzielle Dynamik, sondern sie wird sogleich in ihrer soteriologischen Bedeutung, Auswirkung und Ausweitung auf die Menschen erkennbar.«[462]
Aus den Kategorien der in einer relationalen Christologie dargestellten Vermittlung von »Person« und »Funktion« bzw. von »ontologischen« und »funktionalen« Aspekten lässt sich eine heutiger Wirklichkeitsauffassung zeitgemäße ganzheitlich-relationale Sicht des Seins entwickeln, wie sie schon in den trinitätstheologischen

der Freiheit und im Gehorsam Jesu begegnet. Es stehen sich in Christus nicht ein gebietender göttlicher Wille und ein gehorsamer und ausführender menschlicher Wille gegenüber; damit wird in Christus eine falsche göttliche Autonomie und Absolutheit gesetzt, und andererseits wird die menschliche Freiheit derart untergeordnet, daß sie als echte Freiheit nur schwer gedacht werden kann. Die Relationalität darf auch hier nicht auf die menschliche Freiheit begrenzt werden, sondern ist durchzuhalten auch für die eigene göttliche Vollmacht Jesu, die zugleich sohnschaftliche, also abkünftige und hingeordnete Vollmacht ist ... In Jesu Gehorsam ereignet sich nicht bloß menschlicher Gehorsam *gegenüber* dem göttlichen Sohn in seiner göttlichen Natur, sondern der Gehorsam *dieses* Sohnes gegenüber dem Vater. Damit sind die verschiedenen Differenzierungen, die in der jüngeren Christologie für das Wissen und den Willen Christi im Rahmen der Zweinaturenlehre vorgebracht wurden, nicht einfach hinfällig geworden, aber sie müssen noch durch diese relationale Struktur korrigiert werden.«

462 Ebd., 35.

Überlegungen betrachtet wurde. Nach dem bisher Dargelegten kann es für ein der heutigen Zeit adäquates Wirklichkeitsverständnis keine beziehungslose »Substanz an sich« geben, weder bei Gott noch bei den Menschen. Eine relational-ontologische Sicht des Seins sieht die Person immer als Selbststand in Bezogenheit (vgl. 1.3): [In der Auseinandersetzung mit dem neuzeitlichen Denken geht es darum], »aus der Theologie heraus und im Streit mit ›der Philosophie‹ eine Ontologie zu entwickeln, die die Ansätze der Tradition aufgreifend – Sein als In-Beziehung-Sein versteht und an Stelle der ›Substanz‹ bzw. der ›Subjektivität‹ die ›Person‹ als ›Selbstsein in Bezogenheit, Eigenstand in Selbstverwirklichung‹ ... als erste Kategorie wählt.«[463]

2.7 Auswertung

Wie schon in den Ausführungen zur Trinitätstheologie wird auch in der Christologie deutlich, dass einseitige Betrachtungsweisen, wie etwa eine »statisch-ontologische« oder eine »aktual-funktionale« Christologie, in Aporien führen, da sie keine adäquaten Kategorien für eine ganzheitliche Sicht des Seins in all seinen wesentlichen Bezügen ermöglichen. Eine relationale Christologie vermag die grundlegenden Bezüge und Funktionen des Seins Christi als wesensbestimmend darzulegen und kann so zwischen »ontologischen« und »funktionalen« Aspekten vermitteln, anstatt sie gegeneinander auszuspielen.

Die Kategorien einer relationalen Christologie lassen sich auch auf die Betrachtung des geschöpflichen Seins anwenden. In einer solchermaßen relationalen Seinsbetrachtung hat die menschliche Person kein ihr Wesen bestimmendes »Sein an sich« und daneben noch verschiedene Relationen als »Akzidenzien«, denn eine Person kann nicht von ihren wesentlichen Relationen getrennt werden. Von daher können auch die Funktionen einer Person nicht von ihr getrennt werden: Sie sind Ausdruck ihres relationalen Wesens, das sich – im Vergleich zur Person Christi natürlich in menschlich-gebrochener Form – in den jeweiligen Funktionen zeigt.

---

[463] Bernd Jochen Hilberath / Theodor Schneider: Art. Jesus Christus / Christologie. B. Systematisch. in: P. Eicher (Hg.), Neues Handbuch theologischer Grundbegriffe (Bd. 3), München 1991, 20–37, hier: 34.

Wenn das Wesen eines Menschen durch verschiedene Relationen geprägt ist und wenn die Funktionen einer Person nicht von ihrem Sein getrennt werden können, sondern Ausdruck ihres relationalen Wesens sind, dann kann man die aus Taufe und Firmung herrührenden Funktionen des gemeinsamen Priestertums als wesentlich eingeprägt und grundgelegt in der jeweiligen Person betrachten: Gott schenkt in Taufe und Firmung neue und wesentlich-bleibende Relationen zu sich und zu den Menschen. Diesen neuen Relationen soll der Mensch durch sein Verhalten, durch seine »Funktionen« entsprechen.

Wenn die Funktionen eines Menschen Ausdruck seines relationalen Wesens sind und nicht davon getrennt werden können, dann können auch die aus dem Sakrament der Ordination sich ergebenden spezifischen Dienstfunktionen als wesentlich in der Person des Ordinierten grundgelegt betrachtet werden. Mit Hilfe der Kategorien einer relationalen Christologie bzw. einer relationalen Seinsbetrachtung gelingt es also, die falsche Alternative einer »ontologischen« gegenüber einer »funktionalen« Amtsbegründung und umgekehrt zu überwinden. Die Funktionen des ordinierten Amtes sind durch die im Sakrament der Ordination geschenkten neuen Relationen zu Gott und den Menschen wesentlich im Sein des Ordinierten als Dienstauftrag verankert. Es sind wirksame Funktionen, weil sie nicht »grundlos« in der Luft hängen, sondern weil sie als heilsame Relation Gottes zu den Menschen in der ordinierten Person wesentlich grundgelegt sind. Die Person des Ordinierten ist als menschlicher Vermittlungsdienst dazu notwendig und wird dafür wesentlich geprägt, aber eben nicht als Privilegierung und Höherstellung im Sinn eines besseren Christseins, sondern um des Dienstes willen.

Der glaubende Mensch ist, wenn er den spezifischen Dienst des Ordinierten in Anspruch nimmt, nicht auf die Person des Ordinierten an sich verwiesen, sondern auf die Heil schaffende Relation Gottes, die durch den Dienst der ordinierten Person zum Tragen kommt.

Noch ein Weiteres ergibt sich für eine ordinierte Person und ihr Wesen, wenn man die Funktionen als wesentlich grundgelegt und als Ausdruck der wesentlichen Prägung durch verschiedene Relationen betrachtet: Wie jede Funktion als Ausdruck einer wesentlichen Relation den entsprechenden Menschen ein Leben lang prägt, so wird auch der Ordinierte von Gott sowohl einmalig mit diesen grundlegend neuen Relationen zum Dienst im Sakrament der Ordination wesentlich beschenkt als auch ein Leben lang von ihnen geprägt. D.h. er ist einerseits zu diesem Dienst wesentlich ermächtigt und befähigt, andererseits wird die Art und Weise der *Ausübung* seines Dienstes auch Rückwirkung auf seine Person im Sinne einer glaubwürdigen Ausübung seines Dienstes, seiner Integrität und seines Heiles haben. Dieser Zusammenhang war unter anderem schon in den Ausführungen zum ordinierten Amt bei Augustinus erkennbar (vgl. 2. Kapitel, III.1): Entspricht die ordinierte Person den ihr geschenkten Relationen von Gott her zu den Menschen in ihren entsprechenden Dienstfunktionen, bedeutet dieser Dienst für sie Heil. Handelt sie in ihren Funktionen gegen diese Relationen, dann handelt sie gegen ihr Wesen, d.h. ihr Dienst wird ihr zum Unheil.

3. Relational-ontologische Aspekte in der Eucharistielehre

Die Eucharistiefeier ist Quelle und Höhepunkt des ganzen christlichen Lebens (LG 11) und enthält durch die bleibende Selbstgabe Christi das Heilsgut der Kirche in seiner ganzen Fülle (vgl. PO 5). Sowohl in Bezug auf die eucharistischen Gaben als auch in ihrer Gesamtheit wird die Eucharistiefeier heute als umfassendes Beziehungs- und Erlösungsgeschehen zwischen Gott/Jesus Christus und der glaubenden Gemeinde gesehen. In der Betrachtung der verschiedenen Gegenwartsweisen Christi in der Eucharistiefeier spielt die *Wesensverwandlung* der eucharistischen Gaben und die *somatische Realpräsenz* Christi eine wichtige Rolle. Dieses Erreichen einer ontologischen Dimension in den eucharistischen Gaben von Brot und Wein ist geradezu zum »Inbegriff des Katholischen« geworden. Die Übersetzung der überlieferten Lehre in die jeweiligen zeitgemäßen Kategorien ist in der Geschichte der Eucharistie immer geschehen und auch heute Aufgabe der Theologie: »Die Wandlung von Brot und Wein – seit dem Mittelalter bevorzugtes Thema der Eucharistietheologie – kann auf verschiedene Weisen ausgedrückt werden. Die griechischen Kirchenväter sprachen, das Bilddenken ihrer Epoche aufgreifend, von ›Symbolen‹, ›Bildern‹ des Leibes Christi … Die Scholastik entwickelte im Streit zwischen leibabwertend-spiritualisierenden und magisch-materialisierenden Deutungen, im Anschluss an die aristotelische Metaphysik, den Begriff der

Substanzverwandlung (Transsubstantiation ...). Die gegenwärtige Theologie sucht nach neuen Deutekategorien, weil sich Sprache und Denkvoraussetzungen wiederum geändert haben.«[464] Die Diskussion über die seinsmäßige Wandlung der eucharistischen Gaben und über die angemessene Beschreibung dieser somatischen Realpräsenz bringt wichtige Kategorien, die schon in der Trinitätslehre und Christologie zu entdecken waren.
Zunächst werden kurz die traditionelle Lehre und die zeitgeschichtlichen Kategorien der Wesensverwandlung (Transsubstantiation) dargestellt (3.1). Dann werden Engführungen und Schwierigkeiten (3.2) und anschließend heutige Versuche aufgezeigt, in angemessenen Sprachformen die somatische Realpräsenz Christi in Brot und Wein und ihre Bedeutung für die Menschen auszudrücken (3.3). In der abschließenden Auswertung wird deutlich, dass in der Eucharistielehre relational-ontologische Kategorien hilfreich sind, um die Wesensverwandlung von Brot und Wein in heute verständlichen Sprechweisen zu beschreiben. Diese Kategorien sind – natürlich in entsprechender Übersetzung und Differenzierung – auch für die angemessene Darstellung der wesentlichen Prägung der Person in der Ordination im Zusammenhang mit den Funktionen des ordinierten Dienstes hilfreich (3.4).

3.1 Die traditionelle Lehre von der Transsubstantiation

Es ist hier nicht der Ort, um die historischen Schwerpunkte und die jeweils zeitbedingten Ausfaltungen der Eucharistielehre im Gesamten darzulegen. Da innerhalb der Eucharistietheologie die Transsubstantiationslehre ausdrücklich ontologisch argumentiert und bis heute Gültigkeit beansprucht, werden zunächst wichtige Aussagen und Kategorien der Transsubstantiationslehre dargelegt und daran anschließend heutige Deutekategorien aufgezeigt.[465]

---

[464] Franz-Josef Nocke: Spezielle Sakramentenlehre, in: Theodor Schneider (Hg.): Handbuch der Dogmatik (Bd. 2), Düsseldorf ²2002, 226–376, hier: 298.

[465] Einen Überblick von den biblischen Grundlagen bis zur nachtridentinischen Theologie bietet z.B. Alexander Gerken: Theologie der Eucharistie, München 1973, 17–156. Für eine Zusammenfassung zur Geschichte, zur Bedeutung und zum theologischen Inhalt der Transsubstantiationslehre siehe Hans Jorissen: Art. Transsubstantiation, in: LThK³ (Bd. 10) 2001, 177–182. Über die Vorbehalte und den reformatorischen Einspruch zur Transsubstantiationslehre vgl. Joseph Ratzinger: Das Problem der Transsubstantiation und die Frage nach dem Sinn der Eucharistie, in: ThQ 147 (1967) 129–146.

Das IV. Laterankonzil (1215) hat im Gefolge der scholastischen Aristotelesrezeption formuliert, dass »Leib und Blut [Jesu Christi] im Sakrament des Altares unter den Gestalten von Brot und Wein wahrhaft enthalten sind, wenn durch göttliche Macht das Brot in den Leib und der Wein in das Blut wesenhaft verwandelt sind: damit wir selbst zur Vollendung des Geheimnisses der Einheit von dem Seinigen empfangen, was er selbst von dem Unsrigen empfangen hat« (DH 802). Hans-Joachim Höhn schreibt zum Hintergrund dieser Definition und zum zeitgeschichtlichen Verständnis der verwendeten Kategorien und Begriffe: »Gemäß der aristotelischen Seinslehre geht man davon aus, dass jedes Ding dieser Welt ein inneres unsichtbares Wesen in sich trägt, eine Idee, eine eigentliche Substanz, durch die es ist, was es ist. Gestalt und Aussehen, Form und Geruch, Farbe und derlei Eigenschaften kommen als äußerer Ausdruck des Wesens zu dieser Substanz hinzu. Man bezeichnet sie als Akzidentien ... In der ›Transsubstantiationslehre‹ wird nun gesagt, dass die unsichtbare Wesenheit von Brot und Wein, die nur geistig-metaphysischer Erkenntnis zugänglich ist, verwandelt wird in die Wesenheit von Leib/Blut Jesu Christi, die nur einer Glaubenserkenntnis zugänglich ist. Die Akzidentien, d.h. das, worin und wodurch die Substanz erscheint und als etwas sinnlich-empirisches erkennbar ist, bleiben unverändert. Die eucharistische ›Transsubstantiation‹ bezieht sich per definitionem nicht auf das, was erscheint, sondern auf das, was nicht Gegenstand empirischer Erkenntnis sein kann. Physikalisch und chemisch gesehen, vollzieht sich an Brot und Wein schlechterdings nichts.«[466]

Das Konzil von Trient hat 1551 im Dekret über das Sakrament der Eucharistie die Transsubstantiationslehre definiert.[467] In der Folgezeit gab es Engführungen in der Verwendung der scholastischen Kategorien in der Transsubstantiationslehre. Auch heute gibt es

[466] Hans-Joachim Höhn: Spüren. Die ästhetische Kraft der Sakramente, Würzburg 2002, 141.

[467] »Weil aber Christus, unser Erlöser, sagte, das, was er unter der Gestalt des Brotes darbrachte ... sei wahrhaft sein Leib, deshalb hat in der Kirche Gottes stets die Überzeugung geherrscht, und dieses heilige Konzil erklärt es jetzt von neuem: durch die Konsekration des Brotes und Weines geschieht eine Verwandlung der ganzen Substanz des Brotes in die Substanz des Leibes Christi, unseres Herrn, und der ganzen Substanz des Weines in die Substanz seines Blutes. Diese Wandlung wurde von der heiligen katholischen Kirche treffend und im eigentlichen Sinne Wesensverwandlung [transsubstantiatio] genannt [*Kan. 2*]« (DH 1642).

Schwierigkeiten, mit diesen Kategorien das Gemeinte auszudrücken, da die dort verwendeten Denkmodelle dem heutigen Menschen nicht mehr ohne weiteres einsichtig sind und daher Missverständnisse begünstigen (z.B. wird unter »Substanz« nicht mehr die metaphysische, sondern die physikalisch-chemische Wirklichkeit, in unserem Fall von Brot und Wein, verstanden) oder durch andere Kategorien und Sprachformen abgelöst wurden.

3.2 Engführungen und Schwierigkeiten in der Verwendung zeitbedingter Kategorien

In Folge des mittelalterlichen Denkhorizontes war die Gegenwart und Selbstgabe Christi in der Eucharistie oft in statisch-dinglicher Vorstellung auf die durch Wesensverwandlung von Brot und Wein zu Leib und Blut Christi gewordenen eucharistischen Gaben fokussiert. Die eucharistischen Gaben, besonders die Hostie, wurden losgelöst von ihrem Bezug zur gottesdienstlichen Feier und zur Kommunion der Gläubigen »in sich« betrachtet und angebetet. Dies ging bisweilen bis zu einer magisch-materialistischen und statisch-dinglichen »Hostienfrömmigkeit«, in der die Heilsbedeutung der Person Jesu Christi und ihres Lebenswerkes, seine Lebenshingabe, die sich in der Feier der Eucharistie und in den eucharistischen Gaben in einmaliger Weise verdichtet und auf den Mitvollzug der Glaubenden angelegt ist, in ihrem personal-dynamischen Charakter leicht in Vergessenheit geriet. Obwohl diese Gegenwart Christi in den eucharistischen Gaben »objektiv« zustande kommt, d.h. unabhängig von der subjektiven Disposition und dem Glauben der einzelnen Teilnehmer, ist sie doch weit davon entfernt, ein statisch-dingliches und beziehungsloses »Etwas« zu sein. Sie zielt auf die lebendige Hineinnahme aller in die einmalige Erlösungstat Christi, die in jeder Eucharistiefeier Wirklichkeit wird und die sich den eucharistischen Gaben und ihrem gläubigen Empfang auf einmalige Weise verdichtet. Ein bloßes »Ding an sich« kann nicht wirken, wenn es nicht zumindest intentional einen Bezug zur »*Wirk*-lichkeit«, d.h. zum Bezugszusammenhang hat, in dem es steht und der zu seinem Wesen untrennbar dazugehört.

Die eucharistischen Gaben sind als von Gott wesensmäßig relational geprägt zu bestimmen mit dem Ziel, dass in ihnen Christus mit seiner ganzen Person den glaubenden Menschen zur Nahrung wird.

Im Zusammenhang der Diskussion um die angemessene Beschreibung der Transsubstantiation mit der bisweilen einseitig statisch-dinglichen Betrachtungsweise unter Auslassung des dynamisch-relationalen Geschehens vermerkt Ratzinger im Jahr 1967: »[Es] stieg bei dem Wort ›Transsubstantiation‹ die Erinnerung auf an jene bis tief in unser Jahrhundert hinein weithin dominierende Selbstentfremdung der Eucharistielehre, in welcher der innere Schwerpunkt des Sakraments vom handelnden Zusammensein mit dem auferstandenen Herrn, der uns die Tischgemeinschaft mit sich gewährt, fortrückte auf eine statisch-ontologische Betrachtungsweise, von der aus ... die Hostie unter Überspringung der Menschlichkeit Jesu Christi einfach als Ort der Anwesenheit Gottes aufgefaßt wurde, als Gottes irdischer Thron, vor dem man Anbetung leistete, während man die Einladung zur Tischgemeinschaft ... vergißt.«[468]

Der traditionelle Substanzbegriff, der Grundlage der Transsubstantiationslehre war, hat sich im heutigen Sprachgebrauch verändert. Somit müssen auch die ursprünglichen Anliegen und die Aussagen der Transsubstantiationslehre jenseits aller statisch-dinglichen Einseitigkeiten der Geschichte in heutige Verstehens- und Denkkategorien übersetzt werden. Dieser neue Substanzbegriff »ist durchweg nicht mehr metaphysisch (als Wesensaussage), sondern physisch verstanden (zur Beschreibung einer physikalisch-chemisch bestimmbaren Masse). Der zweite Grund ist noch fundamentaler: Verstehenshorizont und Denkformen haben sich gewandelt. *Das Substanzdenken wurde abgelöst vom Beziehungsdenken, nach welchem das Wesen der Dinge nicht in dem liegt, was sie in sich sind, sondern sich ergibt aus dem Beziehungsgefüge, in dem sie stehen*« [Hervorhebung TO].[469]

Um dem Inhalt und der Aussageabsicht der traditionellen Transsubstantiationslehre gerecht zu werden und um sie nicht durch eine falsche Auffassung von »Substanz« sogar zu verändern, muss also nach neuen Kategorien gesucht werden. So werden im Folgenden Beispiele relational-ontologischen Denkens in der Theologie der Eucharistie vorgestellt.

---

468 J. Ratzinger: Das Problem der Transsubstantiation, 129f.

469 F.-J. Nocke: Spezielle Sakramentenlehre, 298. Vgl. auch H.-J. Höhn: Spüren, 89: »Die Konzentration auf die ›Transsubstantiation‹ von Brot und Wein ist solange hilfreich gewesen, wie sich in und mit dieser philosophischen Sprechweise existenzielle Fragen der Wirklichkeitsdeutung, der Identitätsvergewisserung und der Heilsgewissheit verhandeln ließen. Mit dem Schwinden der Plausibilität ihrer Voraussetzungen

3.3 Heutige Ansätze, die ontologische Verwandlung der eucharistischen Gaben in relationalen Kategorien zu beschreiben

3.3.1 Joseph Ratzinger

Für Ratzinger ist die Wandlung der eucharistischen Gaben ein ontologisches Geschehen, in dem Brot und Wein zu *realen Zeichen* der Heil schaffenden Gegenwart Christi werden. Dabei ist das Wesen des eucharistischen Leibes Christi nur mit einem von einseitigen Auffassungen gereinigten Substanzbegriff zu erreichen.

Dieses »Wesen«, diese »Substanz« der eucharistischen Gaben ist anders zu sehen als im physikalisch-naturwissenschaftlichen Sinn. Unter dem »Äußeren« von Brot und Wein verbirgt sich eine neue Wirklichkeit, eine neue »Substanz«, die wesentlich relational ist. Brot und Wein sind somit wesentlich in Dienst genommen als reale Zeichen der Gegenwart Christi und darauf angelegt, als solche realen Zeichen in der Tischgemeinschaft der Eucharistie und in bleibendem Zusammenhang mit dieser Feier auch darüber hinaus entgegengenommen und verehrt zu werden: »Brot und Wein nehmen zunächst an der allgemeinen Selbständigkeit des kreatürlichen Seins teil, sie haben teil an der grundsätzlichen ›Substanzialität‹, die dem Geschaffenen als einem selbständigen Sein neben dem göttlichen Sein zukommt. Transsubstantiation aber besagt, daß diese Dinge diese ihre kreatürliche Selbständigkeit verlieren, daß sie aufhören, in der dem Geschöpf zukommenden Weise einfach in sich selbst zu stehen und daß sie statt dessen zu *reinen* Zeichen Seiner Anwesenheit unter uns werden. Das sakramentale Wort bewirkt nicht eine physikalische Transformation (sie müsste durch physikalische Operationen bewirkt werden), sondern es bewirkt durch Gottes machtvolle Huld, daß die Dinge aus in sich stehenden Dingen zu bloßen Zeichen werden, die ihren kreatürlichen Eigenstand verloren haben, nicht mehr für sich selbst stehen, sondern allein für Ihn, durch Ihn, in Ihm. Sie sind so in ihrem *Wesen*, in ihrem Sein, Zeichen, wie sie vorher in ihrem Wesen *Dinge* waren. Und sie sind darin wahrhaft ›umsubstanziiert‹, in ihrem Tiefsten und Eigensten, in ihrem Sein, in ihrem wahren An-sich getroffen ... Was grundsätzlich in allen Krea-

muss nach neuen Möglichkeiten gesucht werden, wie strukturell einsichtig zu machen ist, dass die Eucharistie ein Vorgang verwandelnd-verwandelter Gegenwart ist: Hier geschieht Präsenz durch Verwandlung und Verwandlung durch Präsenz.«

turen steckt: daß sie Zeichen sein können und sollen Seiner Anwesenheit, das wird hier durch das sakramentale Wort in höchstem Maße Wirklichkeit.«[470] Ratzinger hält also am Begriff der »Substanz« bzw. der »Transsubstantiation« fest, definiert aber die neue Substanz, das neue Wesen der eucharistischen Gaben nicht als statisch-dinglich und in sich stehend, sondern als durch einen neuen Bezugszusammenhang wesentlich geprägte, als relational durch Christus in Beschlag genommene »reine Zeichen« der Anwesenheit Christi.

3.3.2 Alexander Gerken

Für das Thema dieser Untersuchung ist die bereits genannte Arbeit von Gerken zur Theologie der Eucharistie interessant, in der er für die Eucharistielehre analog zur Trinitätslehre und Christologie eine relational-ontologische Betrachtungsweise fordert und entfaltet.[471] Für Gerken ist *Ontologie* im Zusammenhang mit der Eucharistie unbedingt notwendig, um die *reale* Gegenwart Christi in der Eucharistie auszusagen. Eine *relationale* Ontologie löst die Sichtweise dieser Gegenwart aus einer isoliert-statischen Betrachtung heraus und bringt sie in Verbindung mit der ganzen Person und Heilsgeschichte Jesu, in sein »Dasein für«, das in den Ausführungen zur

---

[470] J. Ratzinger: Das Problem der Transsubstantiation, 152f. Siehe auch die Anmerkungen dazu von Georg Hintzen: Die neuere Diskussion über die eucharistische Wandlung. Darstellung, kritische Würdigung, Weiterführung, Bern – Frankfurt/Main – München 1976, 169–172.

[471] Vgl. A. Gerken, Theologie der Eucharistie, 192f, im Anschluss an die Diskussion der Ansätze von Heidegger und Welte: »Hier stellt sich die für heutige Ansätze in der Eucharistielehre entscheidende Frage: Ist eine *relationale* Ontologie denkbar? Ist es denkbar, daß dort, wo Wirklichkeit als *bezogen*, d.h. als Wirklichkeit *für jemanden* gesehen wird, nicht nur eine Dimension angezielt wird, die zum Wesen kategorial hinzukommt, die also das Wesen selbst nicht konstituiert, sondern daß eine Dimension angezielt wird, in der die Wirklichkeit in ihrem eigenen Wesen *konstituiert* wird? Eine relationale Ontologie ist nach unserem Dafürhalten nicht nur möglich, sondern sie ist auch dem Charakter der christlichen Botschaft in besonderer Weise zugeordnet, wenn ihre Anfänge nicht sogar geschichtlich auf das Christentum zurückzuführen sind. Wenn etwa das Sein Christi von seinem Werk nicht getrennt werden kann, wenn also das Sein Christi ein »Sein für Gott und für die andern« ist, dann ist vom Inhalt der christlichen Botschaft her die Wirklichkeit relational zu fassen. Die Trinitätslehre deutet unübersehbar in dieselbe Richtung. Die aristotelische und damit die hochmittelalterliche Philosophie war allerdings von einem unrelationalen Seinsbegriff geprägt, und so hat sie es nicht vermocht, alle Aussagen der Schrift in ihre Sprache zu übersetzen.«

Christologie schon näher betrachtet wurde:[472] »Eine solche Ontologie empfiehlt sich deshalb als Ansatz in der Eucharistielehre, weil sie Sein und Geschichte, Statik und Dynamik in der eucharistischen Wirklichkeit als Einheit zu sehen vermag. Die somatische Realpräsenz muß ... als Vergegenwärtigung der Selbsthingabe Christi am Kreuz, als Sein im Vollzug, als ›Dasein für‹ gesehen werden ... Da sie Ontologie ist, löst sie nicht alles Sein in bloße Akte auf, ist also kein Aktualismus.«[473]

Gerken verhindert durch den Begriff »relational«[474] eine Gleichsetzung des Begriffes »ontologisch« mit »dinglich«.[475] Die von Gerken dargestellten neueren Interpretationsvorschläge halten an der somatischen Realpräsenz, an der bleibenden Wesensverwandlung der eucharistischen Gaben von Brot und Wein in Leib und Blut Christi fest und intendieren eine ontologische Erklärung, in denen jedoch »der Begriff des *Wesens* und damit der Wesensverwandlung so gefaßt wird, daß die *Relation*, die Beziehung, von vornherein mitgedacht ist ... [Die Ontologie wird also] nicht mehr dinglich, sondern relational oder personal gefaßt.«[476] Ähnlich wie in der Christologie können auch in der Eucharistie Person und Ereignis Christi und die Bedeutung für die Menschen nicht getrennt werden, sie stehen in untrennbarer Relation zueinander.[477]

Im eucharistischen Mahl schenkt sich Christus mit seiner ganzen Person und Heilsbedeutung den Menschen zur Speise. Bei aller

---

[472] Vgl. ebd., 200f: »Eine Ontologie scheint uns notwendig zu sein, weil wir sonst dem von allen Epochen der Kirchengeschichte bezeugten Realismus in der Eucharistie nicht entsprechen können ... [notwendig ist jedoch eine *relationale* Ontologie, denn:] Ein *bloß* dingliches *Da* kann nie zu einer gnadenhaften Wirkung auf Personen führen.«

[473] Ebd., 202f.

[474] Der nach Gerken nicht mit »relativ« verwechselt werden darf – zur Unterscheidung von »relational« und »relativ« siehe ebd., 203–205.

[475] Vgl. ebd., 208: »Insofern ist mit einer personalen Ontologie immer notwendig eine Ontologie der Dinge mitgegeben, aber diese geraten damit notwendig unter die Kategorie der Relationalität, die das personale Sein grundlegend charakterisiert.«

[476] Ebd., 176.

[477] Siehe ebd., 164: »Wenn wir ›Person‹ nicht einseitig auf den beziehungslosen Kern des Menschen beschränken, wenn wir Dialoghaftigkeit im umfassenden Sinne als Gemeinschaftsfähigkeit verstehen und dabei die sachhafte und biologische *Sub*struktur des Menschen mitdenken, ohne sie zu verabsolutieren, so können wir die heute geforderte Denkform als personale, als dialogische oder als relationale Ontologie bezeichnen. Die Aufgabe der Eucharistielehre ist es heute, die Eucharistie innerhalb des so bestimmten Denkhorizontes so auszusagen, daß sie sich dabei als die leibhaftige Gegenwart Jesu in der Feier der Kirche auf ihrem Weg in die Vollendung auslegt.«

Hervorhebung des Ereignischarakters und der dialogischen Struktur der Eucharistie, in welcher im Gegensatz zur statisch-dinglichen Betrachtungsweise die Lebenshingabe Christi auf den gläubigen Mitvollzug der Gemeinde hingeordnet ist, betont Gerken in der relational-ontologischen Darstellung immer wieder die *bleibende* Selbstgabe Christi im Gegensatz zu einer rein aktualistischen oder funktionalistischen Auffassung. Die somatische Realpräsenz in den eucharistischen Gaben ist bleibend gestiftet und dauert über die jeweilige Eucharistiefeier hinaus an, freilich immer in engem Bezug zu der in der Eucharistie gefeierten Selbsthingabe Jesu: »Macht man nämlich mit einer relationalen *Ontologie* Ernst, d.h. sieht man Sein und Beziehung wirklich als transzendentale Einheit, so kann eine Beziehung auch bleibend gestiftet werden, kann also ein Seiendes auf Dauer in seinem Wesen verwandeln.«[478]

In einer relationalen Ontologie wird somit im Rahmen der Eucharistielehre das Sein als untrennbare Einheit sowohl dynamisch-personal als auch als wesentlich und bleibend geprägt betrachtet, es handelt sich also nicht um einen nur jeweiligen (und vorübergehenden) Aktualismus oder Funktionalismus: »Die Sorge derer, die sich eine relationale Ontologie schwer vorstellen können, läuft im wesentlichen auf dieses Eine hinaus: Sie vermuten in jedem relationalen Denken einen reinen Funktionalismus und Aktualismus, d.h. sie unterstellen, daß die Relation mit ihrer Ausübung zusammenfällt und mit ihrer Ausübung wieder verschwindet. Im Umkreis der Eucharistielehre würde ein reiner Funktionalismus besagen: Die von den eucharistischen Gaben innerhalb der Feier wahrgenommene Funktion berührt nicht das Sein dieser Gaben, sondern vollzieht sich im reinen Akt des Nehmens, des Essens und Weiterreichens innerhalb des Bewußtseinsraumes der Versammelten; an den Gaben selbst geschieht nichts. Daß relationales Denken immer funktiona-

---

[478] Ebd., 191. Siehe auch die weiteren Erläuterungen ebd.: »Insbesondere legt die Reuelosigkeit und Unbedingtheit der Liebe Christi, seine ›Liebe bis ans Ende‹, es nahe, an seine Gegenwart in den eucharistischen Speisen auch nach der Feier zu denken. Vor allem aber spricht dafür die seit der Väterzeit ununterbrochene Überzeugung der Kirche. Denn schon in patristischer Zeit wurde die Eucharistie aufbewahrt und den Kranken und Gefangenen gebracht, die an der Feier nicht teilnehmen konnten, offensichtlich in der Überzeugung, daß es sich hier um die *bleibende* Selbstgabe Christi handelte. Falsch wäre allerdings eine von Feier und Mahl völlig losgelöste Verehrung der Eucharistie, in der die Todeshingabe Jesu vergessen würde.«

listisches Denken sein muß, darf und muß aber energisch bestritten werden.«[479]
Die Ausführungen Gerkens zeigen, dass die verwandelte »Substanz« der eucharistischen Gaben nicht etwas materialistisch Abgeschlossenes ist, sondern dass diese Gaben ontologisch in ein neues und bleibendes Beziehungsgefüge gestellt werden, dass ihr »Wesen« und ihre Bedeutung durch die somatische Realpräsenz Christi gewandelt wird. Sie sind somit keine beziehungslosen »Dinge an sich«, sondern ihre bleibende Funktion ist der heilschaffende Bezug zum Menschen. Für Gerken gehören somit »Wesen« und »Funktion« der eucharistischen Gaben zusammen und können nicht getrennt oder gegeneinander ausgespielt werden. Ein solcher dynamischer Wesenswandel der eucharistischen Gaben wird heute vielfach in personal-relationalen Kategorien ausgedrückt. Dabei werden häufig die Begriffe »Transsignifikation« und »Transfinalisation«, in neuerer Zeit von Hilberath auch der Ausdruck »Transinstitution« verwendet, da sie diesen wesentlich-relationalen Aspekt des neuen Beziehungsgefüges (speziell und in einmaliger Weise in den Gaben von Brot und Wein, zum Teil auch, jedoch nicht in dieser einmaligen ontologischen Tiefendimension, z.B. für die gottesdienstliche Gemeinde und andere Sakramente) besser auszudrücken vermögen.

3.3.3 Transsignifikation, Transfinalisation und Transinstitution

Der Begriff »Transsignifikation« ist v.a. von niederländischen Theologen[480] vorbereitet und weiterentwickelt worden, um unter Wahrung der ontologischen Tiefendimension die traditionelle Lehre von der somatischen Realpräsenz Christi in Brot und Wein in heutigen Kategorien zu erläutern.[481] Der der Transsignifikationslehre zu-

[479] Ebd., 193f.

[480] Die Gedanken zur Transsignifikation des reformierten Theologen Franz-J. Leenhardt haben auf katholischer Seite Piet Schoonenberg u. E. Schillebeeckx entfaltet. Zur Bedeutung der Transsignifikation bei P. Schoonenberg u. E. Schillebeeckx siehe G. Hintzen: Die neuere Diskussion, 89–97 (Schoonenberg) sowie 130–138 (Schillebeeckx).

[481] Vgl. Wolfgang Beinert: Die Enzyklika »Mysterium fidei« und neuere Auffassungen über die Eucharistie, in: ThQ 147 (1967) 159–203, hier: 171f: »Nach Ansicht dieser [holländischen] Autoren läßt die Auffassung des Dogmas von der Transsubstantiation in der alten Theologie zu wenig aufscheinen, daß die Wandlung ein Heilsgeschehen ist. In der statischen Sicht der Scholastik schien sie vielmehr ein Endpunkt zu sein denn Mittel zu unserem Heil. Die modernen Theologen stellen daher vorwiegend die Frage nach der Bedeutung (signum) und dem Sinngehalt (finis) dieses Vorgangs. Sinngehalt und Bedeutung werden dabei in einer solchen Tiefe verstanden,

grunde liegende Gedanke »geht aus von der für die Wirklichkeitserfahrung des Menschen zentralen Erkenntnis, dass das jeweils Begegnende als Element eines Beziehungszusammenhanges zu begreifen ist, der ihm grundlegend seine Bedeutung verleiht. In dem Maße, wie man ernst nimmt, dass das Wesen einer Sache oder eines Ereignisses sich aus dem Beziehungsgefüge ergibt, in welchem es steht und uns begegnet, in dem Maße wird auch der Begriff der Substanz von dem der Bedeutung und der Beziehung neu bestimmt … Die Gaben von Brot und Wein werden von Jesus Christus selbst, den gekreuzigten Erhöhten, in der Kraft seines Hl. Geistes in eine völlig neue Beziehung zu uns gesetzt, empfangen eine neue Bedeutung, gewinnen eine neue Zeichenfunktion, die (nicht von uns, sondern) von ihm gestiftet und bewirkt (!) und von uns im Glauben erkannt und angenommen wird. Durch diese göttliche Indienstnahme verlieren die Gaben ihre vordergründige Selbstbezüglichkeit und erfahren einen definitiven Bedeutungswandel, der eine Veränderung der ›Sache‹ selbst mit sich bringt. Der an diesem Mahl und seinen Gaben von Brot und Wein geschehende ›Wesenswandel‹ ist nicht mehr überholbar, er hat eschatologischen Sinn und bezeichnet das endgültige Wesen dieser ›Speise zum ewigen Leben‹.«[482]
Der Begriff »Transfinalisation« hängt eng mit dem der »Transsignifikation« zusammen und sieht die eucharistischen Gaben durch ih-

daß sie auswechselbare Begriffe für Wesen werden. Transsubstantiatio wird zum Synonym für Transsignifikation und Transfinalisation.«

[482] Bernd Jochen Hilberath / Theodor Schneider: Art. Eucharistie. B. Systematisch, in: Peter Eicher (Hg.), Neues Handbuch theologischer Grundbegriffe (Bd. 1), München 2005, 313–323, hier: 320. Siehe auch die Ausführungen von Bernd Jochen Hilberath: Art. Transsignifikation, in: LThK³ (Bd. 10) 2001, 177: »Der überl. Glaube der Kirche an die ›wahrhafte, wirkl. u. substanzhafte Gegenwart‹ Jesu Christi … soll unter Wahrung der ontolog. Tiefendimension (ohne Verwendung des mißverständlich gewordenen Substanz-Begriffs) u. im Blick auf die sakr. Feier als ganze (nicht fixiert auf die somat. Realpräsenz in den Gaben) erläutert werden. In der Perspektive einer relationalen Ontologie wird Seiendes (Brot, Wein) in seiner *significatio* (Bezeichnung, Bedeutung) u. seinem Worumwillen (Ziel, lat. *finis*; v. daher die Rede v. *Transfinalisation*) betrachtet. In dieser Perspektive wird das eucharist. Geschehen als T. [Transsignifikation], d.h. als eine Umwandlung des bisherigen Bedeutungs-Zshg. in einen neuen, höheren Sinnkontext verstanden. Dabei stellt die Wandlung der Gläubigen in der Feier der verwandelten Gaben nicht menschl. Handeln dar, sondern ist Werk des Hl. Geistes (Epiklese): Menschen werden auf ein göttl. Ziel ausgerichtet, Brot u. Wein werden Speise z. ewigen Leben. Eine konsequent ontologisch ausgearbeitete Theorie der T. könnte den Anforderungen der Enz. Mysterium fidei Pauls VI. (DH 4410–13), in der die T. sehr kritisch beurteilt wird, durchaus entsprechen.«

ren von Gott gegebenen neuen Bedeutungszusammenhang von ihrem Ziel (lat. finis) her wesentlich neu bestimmt. Das Wesen der eucharistischen Gaben wird also aus ihrem Wozu, die Substanz vom Finis her verstanden. Diese Bestimmung mit Hilfe des Begriffs »Transfinalisation« ist ontologisch zu verstehen und darf nicht im Sinne eines bloßen Symbolismus missverstanden werden: »Die eucharistische Transfinalisation ist eine substantielle Transfinalisation (Transsubstantiation). Die Gestalt von Brot erhält einen völlig neuen Sinn, der in der das natürliche Wesen von Brot konstituierenden Sinnfülle (dem ›Wozu‹) von Brot nicht angelegt ist, denn es gehört nicht zu den natürlichen Wesensmöglichkeiten von Brot, dass es zum Leib des Herrn wird, und darum wird auch das *Wesen* von Brot *gewandelt*, wenn es zum Leib des Herrn wird.«[483]
In der Enzyklika *Mysterium fidei* Pauls VI. von 1965 (DH 4410–4413) waren gegenüber der Transsignifikations- und Transfinalisationslehre solche Bedenken eines nicht die *Seinsebene* betreffenden, rein symbolischen Zeichenverständnisses vorgebracht und die ontologische Dimension der Transsubstantiationslehre im Sinne einer ontologischen Neubestimmung der Elemente als verbindlich betont worden.[484] Die aufgeführten Beispiele heutiger Ansätze wollen diese Bedenken berücksichtigen und die Überlegungen vertiefen, indem sie einerseits die Notwendigkeit zeigen, die traditionelle Transsubstantiationslehre durch heutige Kategorien zu ergänzen bzw. neu zu beschreiben, ohne dabei jedoch andererseits die ontologisch einmalige »Tiefendimension« der bleibenden somatischen Realpräsenz in der Eucharistie zu nivellieren.
Hilberath betont in dieser Richtung, dass es in der Transsignifikationslehre nicht um einen von Menschen gesetzten Bedeutungswandel geht, sondern um eine *von Gott bewirkte* wesentliche »Umstiftung« der Gaben von Brot und Wein. Zur Bezeichnung dieses ontologischen Geschehens, in dem Gott selbst den Wirklichkeiten von Brot und Wein schöpferisch eine neue Seinsbestimmung gibt, schlägt Hilberath die Bezeichnung »Transinstitution« vor: »Der Terminus der ›Transinstitution‹ akzentuiert den Gesichtspunkt der Transsignifikationstheorie, der am heftigsten umstritten ist. ›Bedeu-

[483] Georg Hintzen: Gedanken zu einem personalen Verständnis der eucharistischen Realpräsenz, in: Cath 39 (1985) 279–310, hier Anm. 39, 295.
[484] Vgl. dazu G. Hintzen: Die neuere Diskussion, 151–155.

tungswandel‹ und ›Umstiftung‹ setzen jeweils einen anderen Akzent: Der erste Begriff betont den Effekt, der zweite den Akt der eucharistischen Wandlung. Nimmt man die Eucharistiefeier selbst als Sinnwelt und Verstehenshorizont der ›mirabilis et singularis conversio‹, so kann man die differentia specifica der eucharistischen Gegenwart und ihres ›Zustandekommens‹ auch mit einem einzigen Begriff benennen, dem der Transinstitution = Umstiftung.«[485]

3.4 Auswertung

Die Auseinandersetzung um eine angemessene und heute verständliche Darstellung der ontologischen Wandlung der eucharistischen Gaben zeigt (wenn auch von der begrifflichen Bezeichnung noch nicht eindeutig geklärt), dass durch relationale Kategorien für die Beschreibung einer seinsmäßigen Prägung sowohl die notwendige ontologische Tiefe und Dauerhaftigkeit als auch die Bezogenheit und Funktion der Gaben als untrennbar zusammengehörend dargestellt werden können. Die gewandelte Substanz von Brot und Wein ist nicht etwas Dinglich-Statisches, das völlig abgeschlossen und beziehungslos für sich steht, sondern eine dynamische »Bezogenheit«, die von Gott einmalig und bleibend ontologisch gestiftet wird, damit die Gaben von Brot und Wein ihre »Funktion« erfüllen: als Leib und Blut Christi von den Menschen gläubig empfangen zu werden. Für die Amtstheologie steht eine notwendig gewordene zeitgemäße Übersetzung der wesentlichen Prägung bei der Ordination und des Zueinanders von Person und Funktion des ordinierten Amtsträgers noch weitgehend aus. Überträgt man die o.g. Diskussion und die relational-ontologischen Kategorien der Eucharistielehre (in aller Differenzierung und analogen Übersetzung) auf die Amtstheologie, so muss man zunächst grundsätzlich sagen: Gottes Wirken vermag die »Substanz« (im Sinne des Wesens) von Menschen und Dingen neu zu bestimmen. Wie in der Eucharistielehre dargelegt, geschieht dies nicht in physikalisch-chemischer Hinsicht, sondern in der neuen Seinsweise als Bezogenheit von Gott zu den Menschen, die nur dem Glaubenden einsichtig wird.

---

[485] Bernd Jochen Hilberath: »Substanzverwandlung« – »Bedeutungswandel« – »Umstiftung«. Zur Diskussion um die eucharistische »Wandlung«, in: Cath 39 (1985) 133–150, hier: 150.

Durch Taufe und Firmung geschieht diese fundamentale ontologische Verwandlung des Menschen. Seine »Substanz«, sein Wesen wird von Gott für immer in Beschlag genommen. Bei dieser wesentlichen Prägung der Substanz des Menschen wird ihm nicht ein statisch-materielles »Etwas« von Gott eingepflanzt, sondern es wird ihm eine neue und bleibende Beziehung zu Gott und zu den Menschen geschenkt, um dynamisch daraus zu leben. Der Glaubende wird also seinsmäßig in einen neuen und bleibenden Bezugsrahmen zu Gott und zu den Menschen gestellt, damit er darin sein Heil findet und damit er in diesen Bezügen Gottes Heil wirken kann. Dies macht das neue Sein, das neue Wesen des getauften und gefirmten Menschen aus.
In der Ordination geschieht eine nochmalige seinsmäßige Prägung durch Gott mit der Befähigung und der Funktion, dass die betreffende Person an Knotenpunkten kirchlichen Lebens Gottes heilschaffende Gegenwart für andere darzustellen vermag. Dies ist der Person des Ordinierten weder etwas »Äußerlich-Bleibendes« noch eine im Vergleich zu den anderen Christen seinsmäßig-graduelle Auszeichnung und Erhöhung. Es ist eine von Gott zum Ziel seiner Heilstätigkeit gestiftete wesentliche Prägung, die fortan das Leben und den Dienst dieser Person zuinnerst bestimmt. Das neue »Sein« des ordinierten Amtsträgers ist ein Sein in einer neuen Bezogenheit, nämlich von Gott her ein »Sein von« und in Bezug auf die Menschen ein »Sein für«: Gott will durch ihn an wesentlichen Knotenpunkten sein Heil für die Menschen wirken. Diese neue Beziehung prägt das Sein der ordinierten Person bleibend und wesentlich. Der ordinierte Amtsträger hat seinen Dienst aus dieser Beziehung heraus so zu gestalten, dass nicht seine Person, sondern Gott im Mittelpunkt steht. Der Ordinierte ist ein »personales Zeichen«, das auf Gottes heilschaffendes Wirken für die Menschen verweist und es in grundlegenden Vollzügen der Kirche zeichenhaft-real darstellt.
Wenn man so das ordinierte Amt als wesentlich-neue und bleibende »Dienstbezogenheit« beschreibt, die das »Wesen« und das Sein dieser Person ausmacht, dann kann man die Wirkung der Ordination als ontologisch bezeichnen um der Funktion des der Ordination entsprechenden spezifischen Dienstes willen. Die grundsätzliche Auszeichnung und Verwandlung der Gläubigen durch Taufe und Firmung und die daraus folgenden neuen Bezogenheiten des gemeinsamen Priestertums sollen gestärkt und genährt werden durch

das darauf bezogene spezifische Priestertum, deren Träger dafür von Gott im Sakrament der Ordination wesentlich befähigt und in Dienst genommen sind.

Schluss

Die Identität des sakramental ordinierten Amtes in Bezug auf Person und Funktion des ordinierten Amtsträgers angesichts der heutigen Situation des Umbruchs neu zu klären und zu stärken ist Ziel dieser Arbeit. Im biblischen Teil wie in allen untersuchten Epochen und philosophisch/theologischen Entwürfen wurde unabhängig von den je gebräuchlichen Denkformen und Kategorien und trotz aller vorkommenden Einseitigkeiten bzw. missbräuchlichen Auffassungen deutlich, dass sowohl das Christsein aller Gläubigen wie auch das Innehaben eines speziellen Amtes nie in und für sich betrachtet werden können, sondern immer Beziehungswirklichkeiten sind. Die Auswertungen am Ende jedes Abschnitts haben unter anderem gezeigt: Es sind grundlegende Beziehungen, in die die Person durch Taufe und Ordination in neuer Weise hineingestellt wird, die den Gläubigen und den Amtsträger wesentlich prägen und innerhalb derer sie ihre jeweiligen Funktionen auszuüben haben für andere. Dies bedeutet für den Amtsträger keine Privilegierung, sondern Begnadung zu einem Dienst. Die Voraussetzungen für die Wahrnehmung dieses Dienstes sind durch die unwiderrufliche Treue von Seiten Gottes der jeweiligen Person als bleibende Möglichkeit wesentlich geschenkt, damit der Amtsträger ohne Anmaßung, aber auch ohne falsche Furcht seine Funktionen erfüllen und darin auch seinen Weg der Heiligung gehen kann.

Die Ergebnisse der Untersuchung können Ausgangspunkt für weitere Konkretisierungen und systematische Entfaltungen sein. In heutiger Zeit ist es dringend geboten, diese relational-ontologische Perspektive des sakramental ordinierten Amtes neu auszuloten und weiter zu entwickeln. Ähnlich wie in der Trinitätstheologie, der Christologie und der Eucharistielehre gilt es auch für die Amtstheologie, die von der Schrift her vorgegebenen und in der Geschichte in je eigener Sprache formulierten grundlegenden Aspekte des ordinierten Amtes in heute verständlicher Sprache und zeitgemäßen personal-relationalen Kategorien systematisch wie pastoral auszuwerten und fruchtbar zu machen. So wird die relational-ontologische Perspektive sowohl den unaufgebbaren Vorgegebenheiten

des ordinierten Amtes von Seiten der Schrift und der Tradition gerecht als auch eine Hilfe zur Identitätsfindung in der von vielen Umbrüchen geprägten pastoralen Situation.
Die Auswertungen am Ende jedes Abschnittes enthalten Ergebnisse und Perspektiven, die weiter ausgebaut werden können. Dazu zum Schluss noch einige Beispiele: Wenn etwa in neu gebildeten Seelsorgeeinheiten eine Menge von unterschiedlichen Erwartungen und Ansprüchen auf den ordinierten Amtsträger einströmen, dann ist es gut, wenn er sich auf den gnadenhaft geschenkten bleibend-tragenden Grund seiner Beziehung zu Gott und zu den Gläubigen besinnen und von daher seine Grundfunktionen für sich selbst und für die Gemeinde klären und verdeutlichen kann. Die durch die Ordination bleibende »gnadentheologische Basis« des Dienstes ist nicht nur Ermöglichung, sondern auch Ansporn, sich ganz im Dienst einzusetzen, ohne sich dabei »gnadenlos« zu verausgaben und alles selbst machen zu wollen. Andere wichtige Funktionen können ohne Konkurrenzangst von haupt- und ehrenamtlichen Gläubigen erfüllt werden, deren gnadenhaft-wesentliche Ermächtigung dazu ebenfalls noch weiter verdeutlicht und konkret entfaltet werden kann.
Für die Gemeinden kann neu plausibel gemacht werden, dass Christsein untrennbar ist von der Communio aller Glieder, die durch Taufe und Firmung miteinander verbunden und beziehungsmäßig aufeinander verwiesen sind. Ohne in Engführungen und alte Einseitigkeiten zurückzufallen, ist es hilfreich und für die pastorale Praxis entlastend, die Funktionen des gemeinsamen wie des ordinierten Priestertums noch klarer zu sehen und in ihrem beziehungsmäßigen Zueinander und Miteinander sowie in ihrer jeweiligen personalen Grundlegung durch Taufe, Firmung und Ordination herauszustellen. Ansonsten stehen sowohl die ordinierten Amtsträger wie auch die anderen pastoral haupt- und ehrenamtlich Tätigen in Gefahr, dass sie sich im Vielerlei der Aufgaben verlieren oder dass aufgrund ungeklärter Zuständigkeiten aus dem beziehungsmäßig aufeinander verwiesenen Miteinander ein Gegeneinander wird.
In ökumenischer Hinsicht ist die relational-ontologische Perspektive des ordinierten Amtes wie dargelegt eine wichtige Grundlage und Verständigungsbasis, mit deren Hilfe viele Einseitigkeiten und Missverständnisse überwunden wurden. Durch die personal-relationalen Kategorien ist die Aufspaltung in eine »ontologische« oder »funktionale« Amtsauffassung gegenstandslos. Auch hier lohnt es

sich, die Ergebnisse der vorliegenden Untersuchung systematisch wie pastoral noch weiter zu vertiefen und in die jeweiligen Gemeinsamkeiten und noch offenen Fragestellungen »hineinzubuchstabieren«.

Für die Spiritualität des gemeinsamen wie des ordinierten Priestertums ist neben der Besinnung auf die in Taufe und Firmung bzw. Ordination wesentlich geschenkte gnadentheologische Grundlage für die entsprechenden Funktionen ein weiterer Aspekt der vorliegenden Untersuchung ausbaufähig: Wenn die Art und Weise der Ausübung der Funktion zum Heilsweg der jeweiligen Person gehört, dann ist neben der mit allen Christen gemeinsamen Spiritualität die je eigene Prägung im Dienst zu suchen. Die gut ausgeübte Funktion ist die Aktualisierung des persönlichen Bezuges zu Gott in der und für die Communio der Glaubenden und entspricht dem »Wesen« der dafür von Gott geprägten Person.

Die Spiritualität aus solch relational-ontologischer Perspektive kann schließlich auch über den kirchlichen Raum hinaus fruchtbar weiter wirken: Wenn menschliches Leben generell beziehungsmäßig verwoben, Relation wesensbestimmend ist und der Mensch am Du zum Ich wird (Martin Buber)[486], dann können suchende Menschen an überzeugten Christen und ihren Amtsträgern ablesen, was es heißt, sein Wesen und seine Bestimmung in der Beziehung zu Gott und zur Gemeinschaft der Glaubenden zu finden.

---

486 Vgl. Martin Buber: Ich und Du, in: Martin Buber: Werke (Bd. 1). Schriften zur Philosophie, München – Heidelberg 1962, 97.

Literaturverzeichnis

Bibelausgaben

Die Bibel. Altes und Neues Testament. Einheitsübersetzung, Freiburg – Basel – Wien, 1980.

Bibelkommentare

KLIESCH, KLAUS: Apostelgeschichte, Stuttgart 1986 (Stuttgarter kleiner Kommentar. Neues Testament 5).

OBERLINNER, LORENZ: Erster Timotheusbrief, in: DERS., Erster Timotheusbrief, zweiter Timotheusbrief: Auslegung, Freiburg – Basel – Wien, Ungekürzte Sonderausgabe 2002 (Herders theologischer Kommentar zum Neuen Testament, Apostelgeschichte und Briefe).

OBERLINNER, LORENZ: Zweiter Timotheusbrief, in: DERS., Erster Timotheusbrief, zweiter Timotheusbrief: Auslegung, Freiburg – Basel – Wien, Ungekürzte Sonderausgabe 2002 (Herders theologischer Kommentar zum Neuen Testament, Apostelgeschichte und Briefe).

OBERLINNER, LORENZ: Der Titusbrief, in: DERS., / MUßNER, FRANZ, Der Titusbrief: Auslegung, Der Jakobusbrief: Auslegung, Freiburg – Basel – Wien, Ungekürzte Sonderausgabe 2002 (Herders theologischer Kommentar zum Neuen Testament, Apostelgeschichte und Briefe).

SCHNEIDER, GERHARD: Die Apostelgeschichte. Erster Teil, Apg 1,1–8,40, Freiburg – Basel – Wien, Ungekürzte Sonderausgabe 2002 (Herders theologischer Kommentar zum Neuen Testament, Apostelgeschichte und Briefe).

SCHNEIDER, GERHARD: Die Apostelgeschichte. Zweiter Teil, Apg 9,1–28,31, Freiburg – Basel – Wien, Ungekürzte Sonderausgabe 2002 (Herders theologischer Kommentar zum Neuen Testament, Apostelgeschichte und Briefe).

SCHRAGE, WOLFGANG: Der erste Brief an die Korinther (3. Teilband: 1 Kor 11,17–14,40), Zürich – Düsseldorf – Neukirchen – Vluyn 1999 (EKK VII,3).

a) Patristik

AUGUSTINUS, AURELIUS – *außer den in CSEL, CCL und PL benutzten Texten ist zu nennen:*
Miscellanea Agostiniana. Sancti Augustini sermones post Maurinos reperti, hg. von Germani Morin, Rom 1930 [= MA I].

CLEMENS von ROM: Epistola ad Corinthios, übersetzt und eingeleitet von Gerhard Schneider, Freiburg – Basel – Wien 1994 (FC 15).

Der erste Clemensbrief, übers. und erkl. von Horacio E. Lona, Göttingen 1998 (Kommentar zu den Apostolischen Vätern, Bd. 2).

CLEMENS ALEXANDRINUS (Bd. 2): Stromata (Buch I – VI), hgg. von Otto Stählin und Ludwig Früchtel, Berlin ³1960 (GCS 52 [15]).

Die apostolischen Väter, griechisch und deutsch, eingel., hrsg., übertr. und erl. von Joseph A. Fischer, München 1956.

GREGOR von NYSSA: Oratio in diem luminum (PG 46).

GREGOR von NYSSA: Rede auf den Tag der Lichter (übers. von Günter Koch), in: Sakramentenlehre II, bearb. von Günter Koch, Graz – Wien – Köln 1991 (Texte zur Theologie, D9), 219.

PSEUDO-DIONYSIUS AREOPAGITA: De ecclesiastica hierarchia, in: Corpus Dionysiacum II, hgg. von Günter Heil und Adolf Martin Ritter, Berlin – New York 1991 (PTS 36), 61–132.

Theodori Mopsuesteni in epistolas B. Pauli commentarii, griech. und lat. Text, hg. von Henry Barclay Swete, 2 vols., Cambridge 1880–82 (In 1 Tim 3,1: Bd. 2, 97f).

THEODOR von MOPSUESTIA: Kommentar zu 1 Tim 3,1 (übers. von Günter Koch), in: Sakramentenlehre II, bearb. von Günter Koch, Graz – Wien – Köln 1991, 219f. (Texte zur Theologie, D9).

TITUS FLAVIUS KLEMENS von ALEXANDRIA: Die Teppiche (Stromateis), übers. von Franz Overbeck, hgg. von Carl Albrecht Bernoulli und Ludwig Früchtel, Basel 1936.

b) Mittelalter

THOMAS von AQUIN: Summa theologiae, zitiert nach der Marietti-Ausgabe, Turin 1948ff [= STh].

c) Reformation

CALVIN, JOHANNES: Institutio christianae religionis 1559 librum IV. continens [= Inst. IV], in: Opera selecta (Bd. 5), hgg. von Petrus Barth und Guilelmus Niesel, München 1936.

LUTHER, MARTIN: Werke. Sonderedition der Kritischen Gesamtausgabe (Weimarer Ausgabe), unveränderter Nachdruck der Ausgabe von 1888, Weimar 2000–2007 [= WA].

MELANCHTHON, PHILIPP: Apologia der Confession [= ApolCA], in: Die Bekenntnisschriften der evangelisch-lutherischen Kirche, hg. im Gedenkjahr der Augsburgischen Konfession 1930, Göttingen ⁴1959, 139–404 [= BSLK].

KIRCHENAMTLICHE DOKUMENTE

Bilaterale Arbeitsgruppe der Deutschen Bischofskonferenz und der Kirchenleitung der Vereinigten Evangelisch-Lutherischen Kirche Deutschlands (Hg.): Communio Sanctorum. Die Kirche als Gemeinschaft der Heiligen, Paderborn – Frankfurt/Main 2000.

Bischofskonferenz der Vereinigten Evangelisch-Lutherischen Kirchen Deutschlands (Hg.): Allgemeines Priestertum, Ordination und Beauftragung nach evangelischem Verständnis. Eine Empfehlung der Bischofskonferenz der VELKD, Hannover 2004 (Texte aus der VELKD 130).

Bischofskonferenz der Vereinigten Evangelisch-Lutherischen Kirchen Deutschlands (Hg.): »Ordnungsgemäß berufen«. Eine Empfehlung der Bischofskonferenz der VELKD zur Berufung zu Wortverkündigung und Sakramentsverwaltung nach evangelischem Verständnis, Hannover 2006 (Texte aus der VELKD 136).

Gemeinsame Römisch-Katholische – Evangelisch-Lutherische Kommission (Hg.): Kirche und Rechtfertigung. Das Verständnis der Kirche im Licht der Rechtfertigungslehre, Paderborn – Frankfurt/Main 1994.

Sekretariat der Deutschen Bischofskonferenz (Hg.): Eine katholische Stellungnahme zu den Konvergenzerklärungen der Kommission für Glauben und Kirchenverfassung des Ökumenischen Rates der Kirchen. Taufe, Eucharistie und Amt, Bonn 1987 (Verlautbarungen des Apostolischen Stuhls 79).

Sekretariat der Deutschen Bischofskonferenz (Hg.): Stellungnahme der Deutschen Bischofskonferenz zur Studie »Communio Sanctorum«, Bonn 2003 (Die deutschen Bischöfe 71).

Konzilskommentare

FUCHS, OTTMAR/HÜNERMANN, PETER: Theologischer Kommentar zum Dekret über die Ausbildung der Priester *Optatam totius*, in: HÜNERMANN, PETER / HILBERATH, BERND JOCHEN, Herders theologischer Kommentar zum Zweiten Vatikanischen Konzil (Bd. 3), Freiburg – Basel – Wien 2005, 315–489.

FUCHS, OTTMAR/HÜNERMANN, PETER: Theologischer Kommentar zum Dekret über den Dienst und das Leben der Presbyter *Presbyterorum ordinis*, in: HÜNERMANN, PETER / HILBERATH, BERND JOCHEN, Herders theologischer Kommentar zum Zweiten Vatikanischen Konzil (Bd. 4), Freiburg – Basel – Wien 2005, 337–580.

FUCHS, OTTMAR: Exkurs II. Das Presbyteramt in ökumenischer Perspektive, in: HÜNERMANN, PETER/HILBERATH, BERND JOCHEN, Die Dokumente des Zweiten Vatikanischen Konzils: Theologische Zusammenschau und Perspektiven, Freiburg – Basel – Wien 2006 (Herders theologischer Kommentar zum Zweiten Vatikanischen Konzil, Bd. 5), 229–238.

Lexika und Hilfsmittel

Duden. Fremdwörterbuch (Band 5) Mannheim – Leipzig – Wien – Zürich [7]2001.

Kleines Konzilskompendium. Sämtliche Texte des Zweiten Vatikanums mit Einführungen und ausführlichem Sachregister, hg. von Karl Rahner und Herbert Vorgrimler, Freiburg – Basel – Wien, [19]1986.

Kompendium der Glaubensbekenntnisse und kirchlichen Lehrentscheidungen (Heinrich Denzinger), hg. v. Peter Hünermann, unter Mitarbeit von Helmut Hoping, Freiburg – Basel – Rom – Wien [37]1991 [= DH].

Lexikon für Theologie und Kirche (LThK[3]). Dritte, völlig neu bearbeitete Auflage, hg. v. Walter Kasper u.a., 11 Bände, Freiburg – Basel – Rom – Wien 1993–2001.

Theologische Realenzyklopädie (TRE), hg. v. Gerhard Krause / Gerhard Müller, 36 Bände, Berlin – New York 1976–2004.

Literatur

ANGENENDT, ARNOLD: Geschichte der Religiosität im Mittelalter, Darmstadt 1997.

ANZENBACHER, ARNO: Einführung in die Philosophie, Wien – Freiburg – Basel 1981.

AUGUSTIN, GEORGE: Das Weihesakrament als Kraftquelle des priesterlichen Lebens, in: DERS./RIßE, GÜNTER (Hgg.), Die eine Sendung – in vielen Diensten. Gelingende Seelsorge als gemeinsame Aufgabe in der Kirche, Paderborn 2003, 31–69.

BAUMGARTNER, KONRAD: Der Wandel des Priesterbildes zwischen dem Konzil von Trient und dem II. Vatikanischen Konzil, München 1978 (Eichstätter Hochschulreden 6).

BAUSENHART, GUIDO: Das Amt in der Kirche. Eine notwendende Neubestimmung. Freiburg – Basel – Wien 1999.

BEINERT, WOLFGANG: Die Enzyklika »Mysterium fidei« und neuere Auffassungen über die Eucharistie, in: ThQ 147 (1967) 159–203.

BLANK, JOSEF: Art. Jesus Christus/Christologie. A. Bibeltheologisch, in: EICHER, PETER (Hg.), Neues Handbuch theologischer Grundbegriffe (Bd. 3), München 1991, 7–20.

BÖHM, THOMAS: Theoria – Unendlichkeit – Aufstieg. Philosophische Implikationen zu »De vita Moysis« von Gregor von Nyssa, Leiden – New York – Köln 1996 (Supplements to Vigiliae Christianae 35).

BOETHIUS, ANICIUS MANLIUS SEVERINUS: Die Theologischen Traktate. Lateinisch-Deutsche Ausgabe. Übersetzt u. hg. von MICHAEL ELSÄSSER. Hamburg 1988, 74.

BUBER, MARTIN: Ich und Du, in: Martin Buber: Werke (Bd. 1: Schriften zur Philosophie). München – Heidelberg 1962, 97.

CORDES, PAUL JOSEF: Sendung zum Dienst. Exegetisch-historische und systematische Studien zum Konzilsdekret »Vom Dienst und Leben der Priester«, Frankfurt/Main 1972 (Frankfurter theologische Studien 9).

DASSMANN, ERNST: Charakter, in: MAYER, CORNELIUS PETRUS (Hg.), Augustinus-Lexikon (Bd. 1), Basel 1986, 835–840.

DASSMANN, ERNST: Charakter indelebilis. Anmaßung oder Verlegenheit? Köln, 1973 (Kölner Beiträge, 11).

ESPER, MARTIN: Der Mensch: Ein Turm – keine Ruine. Überlegungen zum Denkprinzip Gleiches zu Gleichem bei Gregor von Nyssa, in: DROBNER, HUBERTUS R./KLOCK, CHRISTOPH (Hgg.), Studien zu Gregor von Nyssa und der christlichen Spätantike, Leiden – New York – Kopenhagen – Köln 1990 (Supplements to Vigiliae christianae 12), 83–97.

FABER, EVA-MARIA: Einführung in die katholische Sakramentenlehre, Darmstadt 2002.

FAGERBERG, HOLSTEN: Art. Amt/Ämter/Amtsverständnis. VI. Reformationszeit, in: TRE (Bd. 2) 1978, 552–574.

FAHRNBERGER, GERHARD: Bischofsamt und Priestertum in den Diskussionen des Konzils von Trient. Eine rechtstheologische Untersuchung, Wien 1970 (Wiener Beiträge zur Theologie 30).

FRANK, KARL SUSO: Lehrbuch der Geschichte der Alten Kirche, Paderborn ²1997.

FREITAG, JOSEF: Sacramentum ordinis auf dem Konzil von Trient. Ausgeblendeter Dissens und erreichter Konsens, Innsbruck 1991 (Innsbrucker theologische Studien 32).

FREITAG, JOSEF: Schwierigkeiten und Erfahrungen mit dem »sacramentum ordinis« auf dem Konzil von Trient, in: ZKTh 113 (1991) 39–51.

GANZER, KLAUS: Art. Trient, 3. Konzil, in: LThK³ (Bd. 10) 2001, 225–232.

GENN, FELIX: Trinität und Amt nach Augustinus, Einsiedeln 1986 (Sammlung Horizonte, Neue Folge 23).

GERKEN, ALEXANDER: Theologie der Eucharistie, München 1973.

GRESHAKE, GISBERT: Der dreieine Gott. Eine trinitarische Theologie, Freiburg – Basel – Wien 1997.

GRESHAKE, GISBERT: Priester sein in dieser Zeit. Theologie – pastorale Praxis – Spiritualität, Freiburg – Basel – Wien ²2000.

GRESHAKE, GISBERT: Art. Priester/Priestertum. III. Christliches Priesteramt. III/2. Systematisch, in: TRE (Bd. 27) 1997, 422–431.

HEMMERLE, KLAUS: Funktionale Interpretation des priesterlichen Dienstes?, in: FORSTER, KARL, Priester zwischen Anpassung und Unterscheidung. Auswertungen und Kommentare zu den im Auftrag der Deutschen Bischofskonferenz durchgeführten Umfragen unter allen Welt- und Ordenspriestern in der Bundesrepublik Deutschland, Freiburg – Basel – Wien 1974, 27–40.

HEMMERLE, KLAUS: Gerufen und verschenkt. Theologischer Versuch einer geistlichen Ortsbestimmung des Priesters, München – Zürich – Wien ²1987.

HEMMERLE, KLAUS: Leben aus der Einheit. Eine theologische Herausforderung (hg. von Peter Blättler), Freiburg – Basel – Wien 1995.

HEMMERLE, KLAUS: Thesen zu einer trinitarischen Ontologie, Einsiedeln – Freiburg ²1992.

HEMMERLE, KLAUS: Vorspiel zur Theologie. Einübungen, Freiburg – Basel – Wien 1976.

HILBERATH, BERND JOCHEN: Art. Transsignifikation, in: LThK³ (Bd. 10) 2001, 177.

HILBERATH, BERND JOCHEN: Der Personbegriff der Trinitätstheologie in Rückfrage von Karl Rahner zu Tertullians »Adversus Praxean«, Innsbruck – Wien 1986 (Innsbrucker theologische Studien 17).

HILBERATH, BERND JOCHEN: »Substanzverwandlung« – »Bedeutungswandel« – »Umstiftung«. Zur Diskussion um die eucharistische »Wandlung«, in: Cath 39 (1985) 133–150.

HILBERATH, BERND JOCHEN/SCHNEIDER, THEODOR: Art. Eucharistie. B. Systematisch, in: EICHER, PETER (Hg.), Neues Handbuch theologischer Grundbegriffe (Bd. 1), München 2005, 313–323.

HILBERATH, BERND JOCHEN/SCHNEIDER, THEODOR: Art. Jesus Christus/Christologie. B. Systematisch. in: EICHER, PETER (Hg.), Neues Handbuch theologischer Grundbegriffe (Bd. 3), München 1991, 20–37.

HINTZEN, GEORG: Die neuere Diskussion über die eucharistische Wandlung. Darstellung, kritische Würdigung, Weiterführung, Bern – Frankfurt/Main – München 1976.

HINTZEN, GEORG: Gedanken zu einem personalen Verständnis der eucharistischen Realpräsenz, in: Cath 39 (1985) 279–310.

HÖHN, HANS-JOACHIM: Spüren. Die ästhetische Kraft der Sakramente, Würzburg 2002.

HONNEFELDER, LUDGER: Art. Metaphysik. I. Systematisch, in: LThK³ (Bd. 7) 1998, 190–192.

HONNEFELDER, LUDGER: Art. Scholastik. 3. Strukturmerkmale, in: LThK³ (Bd. 9) 2000, 200–201.

HONNEFELDER, LUDGER/MÖHLE, HANNES: Art. Scholastik. 1. Begriffliche Abgrenzung, in: LThK³ (Bd. 9) 2000, 199.

HÜBNER, REINHARD M.: Die Einheit des Leibes Christi bei Gregor von Nyssa. Untersuchungen zum Ursprung der ›physischen‹ Erlösungslehre, Leiden 1974 (Philosophia patrum 2).

JEDIN, HUBERT: Geschichte des Konzils von Trient (Bd. I–IV), Freiburg – Basel – Wien 1949–1975.

JEDIN, HUBERT: Krisis und Abschluss des Trienter Konzils 1562/63. Ein Rückblick nach vier Jahrhunderten, Freiburg – Basel – Wien 1964 (Herderbücherei 177).

JOEST, WILFRIED: Ontologie der Person bei Luther, Göttingen 1967.

JOHANNES PAUL II: Nachsynodales Apostolisches Schreiben PASTORES DABO VOBIS an die Bischöfe, Priester und Gläubigen über die Priesterbildung im Kontext der Gegenwart. In: Verlautbarungen des Apostolischen Stuhls 105 (hg. vom Sekretariat der Deutschen Bischofskonferenz), Bonn 1992.

JORISSEN, HANS: Art. Transsubstantiation, in: LThK³ (Bd. 10) 2001, 177–182.

KASPER, WALTER: Diener der Freude. Priesterliche Existenz – priesterlicher Dienst, Freiburg – Basel – Wien 2007.

KASPER, WALTER: Jesus der Christus, Mainz ⁴1975.

KASPER, WALTER: Neuansätze gegenwärtiger Christologie, in: DERS. (Hg.), Christologische Schwerpunkte, Düsseldorf 1980, 17–36.

KOCH, KURT: Berufung ist ein Lebensprogramm. Wegweisungen kirchlicher Berufungspastoral, in: Pastoralblatt 54 (2002) 3–13.

KRIEGBAUM, BERNHARD: Art. Donatismus, Donatisten, in: LTHK³ (Bd. 3) 1995, 332–334.

KRUMENACKER, YVES: L‹ école française de spiritualité. Des mystiques, des fondateurs, des courants et leurs interprètes, Paris 1998.

LEHMANN, KARL/PANNENBERG, WOLFHART (Hgg.): Lehrverurteilungen – kirchentrennend? (Bd. I: Rechtfertigung, Sakramente und Amt im Zeitalter der Reformation und heute), Freiburg – Göttingen 1986 (Dialog der Kirchen 4).

LOHSE, BERNHARD: Luthers Theologie in ihrer historischen Entwicklung und in ihrem systematischen Zusammenhang, Göttingen 1995.

MAIER, JOHANN: Art. Frühjudentum, in: LThK³ (Bd. 4) 1995, 199–201.

MANNS PETER: Amt und Eucharistie in der Theologie Martin Luthers, in: BLÄSER, PETER, Amt und Eucharistie (Hg.), Paderborn 1973 (Konfessionskundliche Schriften des Johann-Adam-Möhler-Instituts 10), 68–173.

MEYER, HARDING/URBAN, HANS JÖRG/VISCHER, LUKAS (Hgg.): Dokumente wachsender Übereinstimmung. Sämtliche Berichte und Konsenstexte interkonfessioneller Gespräche auf Weltebene (Bd. 1: 1931–1982), Paderborn – Frankfurt/Main 1983 [= DwÜ 1].

MÖHLE, HANNES: Art. Metaphysik. II. Historisch. 2. Mittelalter, in: LThK³ (Bd. 7) 1998, 194–196.

MÖHLE, HANNES: Art. Scholastik. 2. Entwicklung, in: LThK³ (Bd. 9) 2000, 199–200.

MÜLLER, GERHARD LUDWIG (Hg.): Der Empfänger des Weihesakraments. Quellen zur Lehre und Praxis der Kirche, nur Männern das Weihesakrament zu spenden, Würzburg 1999.

MÜLLER, JUDITH: In der Kirche Priester sein. Das Priesterbild in der deutschsprachigen katholischen Dogmatik des 20. Jahrhunderts, Würzburg 2001.

NEUNER, PETER/KLEINSCHWÄRZER-MEISTER, BIRGITTA: Kleines Handbuch der Ökumene, Düsseldorf 2002.

NOCKE, FRANZ-JOSEF: Spezielle Sakramentenlehre, in: SCHNEIDER, THEODOR (Hg.), Handbuch der Dogmatik (Bd. 2), Düsseldorf ²2002, 226–376.

PANNENBERG, WOLFHART: Ökumenisches Amtsverständnis, in: DERS., Ethik und Ekklesiologie. Gesammelte Aufsätze, Göttingen 1977, 268–285.

PASTERCZYK, PIOTR: Theologie des kirchlichen Amtes. Das priesterliche Amt in den Dokumenten des 2. Vatikanischen Konzils und in der nachkonziliaren Theologie, Frankfurt/Main – München – Miami – New York 2002.

PESCH, OTTO HERMANN: Art. Thomas von Aquino/Thomismus/Neuthomismus, in: TRE (Bd. 33) 2002, 433–474.

PESCH, OTTO HERMANN: Das Zweite Vatikanische Konzil. Vorgeschichte – Verlauf – Ergebnisse – Nachgeschichte, Neuauflage, Würzburg 2001.

PESCH, OTTO HERMANN: Hinführung zu Luther, Mainz ³2004.

RAHNER, KARL: Kleine Anmerkungen zur systematischen Christologie heute, in: BLANK, JOSEF/HASENHÜTTL, GOTTHOLD (Hgg.), Glaube an Jesus Christus. Neue Beiträge zur Christologie, Düsseldorf 1980, 134–144.

RATSCHOW, CARL HEINZ: Art. Amt/Ämter/Amtsverständnis. VIII. Systematisch-theologisch, in: TRE (Bd. 2) 1978, 593–622.

RATZINGER, JOSEPH: Das Problem der Transsubstantiation und die Frage nach dem Sinn der Eucharistie, in: ThQ 147 (1967) 129–146.

RATZINGER, JOSEPH: Einführung in das Christentum. Vorlesungen über das Apostolische Glaubensbekenntnis. Völlig unveränderte, mit einer neuen Einführung versehene Neuausgabe, München 2000.

RATZINGER, JOSEPH: Zur Frage nach dem Sinn des priesterlichen Dienstes, in: GuL 41 (1968) 347–376.

ROLOFF, JÜRGEN: Art. Amt/Ämter/Amtsverständnis. IV. Neues Testament, in: TRE (Bd. 2) 1978, 509–532.

ROMBACH, HEINRICH: Strukturontologie. Eine Phänomenologie der Freiheit, Freiburg – München, 1971.

ROMBACH, HEINRICH: Substanz, System, Struktur. Die Ontologie des Funktionalismus und der philosophische Hintergrund der modernen Wissenschaft (Bd. 1), Freiburg – München 1965.

SAIER, OSKAR: »Communio« in der Lehre des Zweiten Vatikanischen Konzils. Eine rechtsbegriffliche Untersuchung, München 1973 (Münchener theologische Studien. III. Kanonistische Abteilung 32).

SALMANN, ELMAR: Die Freiheit als Welt und die Welt als Gefüge. Zur theologischen Bedeutung der Strukturontologie Heinrich Rombachs, in: FZPhTh 33 (1986) 153–179.

SATTLER, DOROTHEA: Art. Charakter, sakramentaler, in: LThK³ (Bd. 2) 1994, 1009–1013.

SATTLER, DOROTHEA/WENZ, GUNTHER (Hgg.): Das kirchliche Amt in apostolischer Nachfolge (Band 2: Ursprünge und Wandlungen), Freiburg – Basel – Wien – Göttingen 2006 (Dialog der Kirchen 13).

SCHILLEBEECKX, EDWARD: Christliche Identität und kirchliches Amt. Plädoyer für den Menschen in der Kirche, Düsseldorf 1985.

SCHILLEBEECKX, EDWARD: Das kirchliche Amt, Düsseldorf 1981.

SCHLUND, ROBERT: Vom priesterlichen Dienst-Amt. Theologische Reflexionen zum Selbstverständnis des Priesters nach dem Zweiten Vatikanischen Konzil, Freiburg 1990.

SCHNACKENBURG, RUDOLF: Der Ursprung der Christologie, in: BLANK, JOSEF/HASENHÜTTL, GOTTHOLD (Hgg.), Glaube an Jesus Christus. Neue Beiträge zur Christologie, Düsseldorf 1980, 42–63.

SCHNEIDER, THEODOR/WENZ, GUNTHER (Hgg.): Das kirchliche Amt in apostolischer Nachfolge (Band 1: Grundlagen und

Grundfragen), Freiburg – Basel – Wien – Göttingen 2004 (Dialog der Kirchen 12).

SCHOLTISSEK, KLAUS: Art. Sendung. I. Biblisch-theologisch, in: LThK^3 (Bd. 9) 2000, 456f.

SÖDER, JOHANNES R.: Art. Scholastik. 4. Institutionelle Gestalt, in: LThK^3 (Bd. 9) 2000, 201–202.

STOCKMEIER, PETER: Das Konzil von Chalkedon, in: BLANK, JOSEF/HASENHÜTTL, GOTTHOLD (Hgg.), Glaube an Jesus Christus. Neue Beiträge zur Christologie, Düsseldorf 1980, 102–116.

SZAIF, JAN: Art. Metaphysik. II. Historisch. 1. Antike, in: LThK^3 (Bd. 7) 1998, 192–194.

TOLLU, FRANÇOIS: Pietas seminarii sancti sulpicii, in: OLIER, JEAN-JACQUES, Vivre pour Dieu en Jésus-Christ. Textes rassemblés sous la direction du Père Michel Dupuy, Paris 1995, 211–218.

WALTER, PETER: Gemeindeleitung und Eucharistiefeier, in: FRALING, BERNHARD/HOPING, HELMUT/SCANNONE, JUAN CARLOS, Kirche und Theologie im kulturellen Dialog [FS Peter Hünermann], Freiburg – Basel – Wien 1994, 378–391.

WEISSMAHR, BÉLA: Ontologie, Stuttgart – Berlin – Köln ^{2}1991 (Grundkurs Philosophie 3).

WEISSMAHR, BÉLA: Philosophische Gotteslehre, Stuttgart – Berlin – Köln – Mainz 1983 (Grundkurs Philosophie 5).

WELTE, BERNHARD: Die Krisis der dogmatischen Christusaussagen, in: Die Frage nach Jesus (im Auftrag des Direktoriums der Salzburger Hochschulwochen hg. von Ansgar Paus), Graz – Wien – Köln 1973, 151–179.

WENZEL, KNUT: Kleine Geschichte des Zweiten Vatikanischen Konzils, Freiburg – Basel – Wien 2005.

WIEDERKEHR, DIETRICH: Christologie im Kontext, in: Theologische Berichte VII: Zugänge zu Jesus (hg. im Auftrag der theologischen Hochschule Chur und der theologischen Fakultät Luzern von Josef Pfammatter / Franz Furger), Zürich – Einsiedeln – Köln 1978, 11–62.

WIEDERKEHR, DIETRICH: Konfrontationen und Integrationen der Christologie, in: Theologische Berichte II: Zur neueren christologischen Diskussion (hg. im Auftrag der theologischen Hochschule Chur und der theologischen Fakultät Luzern von Josef Pfammatter / Franz Furger), Zürich – Einsiedeln – Köln 1973, 11–119.

WIEDERKEHR, DIETRICH: Entwurf einer systematischen Christologie. Desiderata der ntl. Christologie an die Systematik, in: FEI-

NER, JOHANNES/LÖHRER, MAGNUS, Mysterium Salutis. Grundriß heilsgeschichtlicher Dogmatik (Bd. III/1. Das Christusereignis), Einsiedeln – Zürich – Köln 1970, 477–648.

ZIZIOULAS, JOANNES D.: Priesteramt und Priesterweihe im Licht der östlich-orthodoxen Theologie, in: VORGRIMLER, HERBERT, Amt und Ordination in ökumenischer Sicht, Freiburg – Basel – Wien 1973 (QD 50, Der priesterliche Dienst 5), 72–113.

ZOLLITSCH, ROBERT: Amt und Funktion des Priesters. Eine Untersuchung zum Ursprung und zur Gestalt des Presbyterats in den ersten zwei Jahrhunderten, Freiburg i. Br. 1974 (Freiburger theologische Studien 97).

ZULEHNER, PAUL M./HENNERSPERGER, ANNA: »Sie gehen und werden nicht matt« (Jes 40,31). Priester in heutiger Kultur. Ergebnisse der Studie Priester 2000, Ostfildern ^{2}2001.

Internet-Quellen

www.fides.org/deu/statistiche/2000_4.html (26.02.2007).

www.dbk.de/imperia/md/content/kirchlichestatistik/welt_ordenspriester_1992_2005.pdf (26.02.2007).

Abkürzungsverzeichnis der Zeitschriften

Cath =	Catholica. Vierteljahresschrift für Ökumenische Theologie, Münster.
GuL =	Geist und Leben. Zeitschrift für christliche Spiritualität, Würzburg.
FZPhTh =	Freiburger Zeitschrift für Philosophie und Theologie. Jahrbuch für Philosophie und spekulative Theologie, Freiburg (Schweiz).
Pastoralblatt =	Pastoralblatt für die Diözesen Aachen, Berlin, Essen, Hildesheim, Köln, Osnabrück.
ThQ =	Theologische Quartalsschrift, hg. von den Professoren der Katholischen Theologie an der Universität Tübingen, Donauwörth.
ZKTh =	Zeitschrift für Katholische Theologie, hg. von den Professoren der Theologischen Fakultät der Universität Innsbruck, Wien.

Personenregister